大学体育理论教程

主　审　蔡晓波
主　编　金　凯
副主编　张惠红

东南大学出版社
SOUTHEAST UNIVERSITY PRESS
·南京·

内容提要

本书根据《中共中央国务院关于加强青少年体育增强青少年体质的意见》(中央七号文件)精神,介绍符合大学生身心特点的体育理论知识,指导大学生科学地进行体育锻炼。本书分知识篇和指导篇两部分,共计十二章,内容主要包括:体育与人的发展、体育与健康、学校体育教育、运动竞赛与欣赏、奥林匹克运动、体育锻炼、身体素质的练习方法、运动与营养、体育锻炼与安全、运动处方、传统体育养生与简易健身法、体质测量与评价。

本书内容全面,讲解通俗易懂,适合各高等学校用作"公共体育"课程教材,也可供广大体育爱好者阅读。

图书在版编目(CIP)数据

大学体育理论教程 / 金凯主编. —南京:东南大学出版社,2017.9(2025.8重印)

ISBN 978-7-5641-7194-0

Ⅰ. ①大… Ⅱ. ①金… Ⅲ. ①体育理论-高等学校-教材 Ⅳ. ①G80

中国版本图书馆 CIP 数据核字(2017)第 124868 号

大学体育理论教程

出版发行	东南大学出版社
出 版 人	江建中
责任编辑	姜晓乐
社　　址	南京市四牌楼 2 号　邮编 210096
网　　址	http://www.seupress.com
经　　销	全国各地新华书店
印　　刷	常州市武进第三印刷有限公司
开　　本	787 mm×1092 mm　1/16
印　　张	18.25
字　　数	422 千字
版　　次	2017 年 9 月第 1 版
印　　次	2025 年 8 月第 10 次印刷
书　　号	ISBN 978-7-5641-7194-0
定　　价	38.00 元

* 本社图书若有印装质量问题,请直接与营销部联系,电话:025-83791830。

前 言

《中共中央国务院关于加强青少年体育增强青少年体质的意见》(中发〔2007〕7号)、《关于强化学校体育促进学生身心健康全面发展的意见》(国办发〔2016〕27号),把加强青少年体育增强青少年体质上升到国家战略高度,充分体现了党中央、国务院对广大青少年学生体质健康的高度重视和巨大关怀。

大学生是最富活力的社会群体之一,是未来社会的栋梁,他们的身体状况和生活方式理应最阳光、最具活力。然而生活富裕了、知识丰富了、体质下降了、健康意识淡薄了。这一方面体现在身体素质持续下降,肥胖、近视的增多,心理承受力、意志与毅力的下降,团结拼搏、和谐合作、克服困难勇气与胆识的不足;另一方面文明健康的生活方式远未建立,时尚科学的健康理念和自觉参与健身的氛围尚未形成。教育是立国之本,是提高整体国民素质的根本,大学体育作为高等教育和青少年体育的重要组成部分,在增进学生身心健康、提高全面综合素质方面具有不可替代的作用和责无旁贷的历史使命。

本书以增强学生体育意识、提高学生体育能力、培养学生体育兴趣和养成良好运动习惯为主线,注重理论联系实际,体现体育与健康的紧密结合,力求通过我们的努力使广大同学有所受益。

本书由金凯任主编、张惠红任副主编,蔡晓波审阅,所有内容均由东南大学体育系教师撰写。全书共分上下两篇十二章内容:第一章由张建宁、金凯撰写,第二章由金凯、张惠红撰写,第三章由张惠红、金凯撰写,第四章由郭沛杰、金凯撰写,第五章由张来明撰写,第六章由韩军生撰写,第七章由刘龙柱、李晓晨、陆建明、肖佩琮撰写,第八章由陈东良、陈佩、周晓明撰写,第九章由王青禾、尹红松、金凯撰写,第十章由陆素文、钱景虹撰写,第十一章由王立靖撰写,第十二章由智永红、金凯、沈辉撰写。另外,汤晨皓、李晓晨和陈佩同学在拍摄图片过程中给予了帮助。在此,向所有参与撰写和制作的老师和同学们表示衷心的感谢!

在整个编写过程中,本书参考了其他专业书籍和兄弟高校的体育理论与实践教材,在此一并致以谢意!

由于编写经验欠缺和能力有限,书中难免存在不妥之处,恳请广大读者批评指正。

编者
2017年7月

目　录

上篇：知识篇

第一章　体育与人的发展 ……………………………………………… 003
　第一节　体育的演变 …………………………………………………… 004
　第二节　体育的分类和功能 …………………………………………… 006
　第三节　体育与现代社会 ……………………………………………… 011

第二章　体育与健康 …………………………………………………… 019
　第一节　健康与亚健康 ………………………………………………… 020
　第二节　心理健康与体育 ……………………………………………… 029
　第三节　社会适应与健康 ……………………………………………… 037

第三章　学校体育教育 ………………………………………………… 042
　第一节　国内外学校体育教育的历史过程 …………………………… 043
　第二节　高等学校体育教育的目的与任务 …………………………… 049
　第三节　21世纪大学生体育规格要求 ………………………………… 052

第四章　运动竞赛与欣赏 ……………………………………………… 057
　第一节　运动竞赛 ……………………………………………………… 058
　第二节　体育美学与竞赛欣赏 ………………………………………… 066

第五章　奥林匹克运动 ………………………………………………… 076
　第一节　古代奥运会史略 ……………………………………………… 077
　第二节　现代奥林匹克运动 …………………………………………… 081
　第三节　奥林匹克与中国 ……………………………………………… 087
　第四节　奥林匹克运动与现代科学技术 ……………………………… 094

下篇：指导篇

第六章　体育锻炼 ……………………………………………………… 101
　第一节　体育锻炼的科学规律 ………………………………………… 102
　第二节　科学锻炼的基本原则 ………………………………………… 106
　第三节　科学锻炼的内容、方法与计划 ……………………………… 111

第七章　身体素质的练习方法 124
第一节　力量素质 125
第二节　耐力素质 130
第三节　速度素质 137
第四节　柔韧素质 141
第五节　灵敏素质 145
第六节　协调素质 149

第八章　运动与营养 153
第一节　营养素与健身运动 154
第二节　专项运动员营养膳食 171
第三节　健身者营养评价 175

第九章　体育锻炼与安全 186
第一节　体育锻炼中的安全卫生 187
第二节　运动损伤及其处理 189
第三节　康复的运动疗法 201
第四节　运动损伤与按摩 210
第五节　女子体育锻炼与安全卫生 219
第六节　野外活动与遇险自救 222

第十章　运动处方 227
第一节　运动处方的概念、分类及内容 228
第二节　运动处方的制定和实施 233
第三节　运动处方实例 237

第十一章　传统体育养生与简易健身法 242
第一节　传统体育养生 243
第二节　简易健身方法 254

第十二章　体质测量与评价 260
第一节　身体匀称度的测量与评价 261
第二节　心肺健康功能的测量与评价 267
第三节　肌肉功能的测量与评价 272
第四节　柔韧性与平衡能力的测量与评价 277
第五节　国家学生体质健康标准 280

参考文献 285

上篇 知识篇

Chapter 1

第一章
体育与人的发展

  21世纪的中国已然实现全面建设小康社会的目标，经济总量位居世界第二位，体育的发展也随着社会的进步在质和量等方面全面提高。从2008年北京奥运会无与伦比的成功举办到2022年冬奥会的申办成功；从1984年洛杉矶奥运会中国获得第一块金牌到2016年里约奥运会的26块金牌；从1981年北京成功举办马拉松开始到2016年全国300余场马拉松赛事，中国已成为办赛组织能力一流、竞技体育水平一流、大众体育开展一流的体育大国。在追逐"中国梦"的幸福生活中，体育已与人们的日常生活息息相关，人们开始崇尚自我健身，关注自身健康。随着社会的飞速发展和经济的繁荣昌盛，人们自觉或不自觉地被体育的大环境所感染，从而关注体育，热爱体育，参与体育。

第一节 体育的演变

一、体育的发展

体育是随着人类社会的发展而产生、发展起来的。它的产生和发展按照生存需要、享受需要与发展需要3个层次经历了各个历史阶段。原始社会人类为了生存需要，经常进行走、跑、跳、投、攀越、涉水等运动，在改变身外的自然时，也改变了人本身的自然。人们在劳动中学习生存技巧，可以说是最初的体育形态。随着社会的发展，人类为了享受需要，开始有目的、有意识、有规律地将健身与医疗相结合，逐渐形成了养身之道，使体育慢慢地与生产劳动中的活动区别开来，得以独立存在，体育竞技的形式也开始出现。

中国和世界其他文明古国都有大量的文物记载着体育的发生和发展进程。山西省高县出土的石球距今已有10万年，是原始人类用以投猎获取食物的工具，也是现代体育投掷项目器械的原始形态。青海省大通县出土的新石器时代的陶盆距今1万年至4000年，其内壁绘有3组舞蹈的人，这一舞蹈其实就是人体操练的雏形。公元前11世纪至公元前8世纪，西周盛行的射、御、礼、乐、书、数合为"六艺"构成了教育的内容，射箭和驾驭马车以及马术等是当时军事训练中的重要项目。春秋战国时期，还出现了"导引术""吐纳术"，即把身体活动和呼吸动作作为健身、防病的方法。长沙马王堆出土的西汉时期的帛画《导引图》，描绘了不同性别和年龄的人做直臂、下蹲、收腹、踢腿、弯腰、呼吸等40多种动作，足以证明在两千多年以前，中国已有了与现代医疗体操相类似的健身手段。东汉名医华佗所创的"五禽戏"，阐明了生命和健康在于运动的道理。魏晋南北朝时期，由于连年战争，民不聊生，玄学之风盛行，阻碍了体育运动的发展。而到了唐和北宋，社会相对稳定，经济繁荣，体育运动一度出现兴旺景象，球戏、相扑等有了进一步发展。明清之际，中国封建社会大动荡，阶级矛盾和民族矛盾复杂、尖锐，在抵御外侮和不断发展的农民战争中，武术得到了进一步丰富和发展。在中国史书中，介绍各种拳术、器械操练术的内容很多，历代流传。

小贴士

"六艺"出自《周礼·保氏》："养国子以道，乃教之六艺：一曰五礼，二曰六乐，三曰五射，四曰五御，五曰六书，六曰九数。"这就是所说的"通五经贯六艺"的"六艺"。

礼：礼节（类似今日德育教育）。五礼者，吉、凶、宾、军、嘉也。

乐：音乐。六乐：云门、大咸、大韶、大夏、大濩、大武等古乐。

射：射箭技术。五射分别为：白矢、参连、剡注、襄尺、井仪。

御:驾驶马车的技术。

书:指书法(书写,识字,作文)。六书:象形、指事、会意、形声、转注、假借。

数:指理数、气数(运用方法时的规律),即阴阳五行生克制化的运动规律。《广雅》:"数,术也。"即技术、方法、技巧而已。

孔子讲学图

世界文明古国,如古埃及、古印度、古希腊等,在人类体育发展史上也都留下了光辉的篇章。古埃及第五王朝(公元前26世纪至公元前25世纪)普塔—郝台普墓中的浮雕和新王国时期拉美西斯三世(公元前1204年至公元前1173年)葬祭殿中的浮雕,表明在古埃及角力和击剑盛行。距今约5000年前,印度河流域已经产生了高度发达的奴隶制城市文化——哈拉帕文化,当时已经出现了与巫术紧密结合的舞蹈、保健体操、按摩术和类似后来瑜伽的某些姿势。古希腊人是最爱体育运动的民族,公元前8世纪以前,古希腊就盛行拳击、角力、赛跑、射箭、投标枪、掷铁饼和赛战车等竞技活动。

公元前776年至公元393年在希腊举行的古代奥林匹克运动会,是近代奥林匹克运动会的雏形。古代斯巴达通过体育训练使贵族子弟具有勇敢、坚韧和绝对服从的军人性格。古罗马为了军事目的而进行体育训练的体育思想,在现代体育理论中仍发挥着一定的作用。

二、体育的演变

"体育"一词最早出现在1760年法国报刊论述儿童身体教育问题的论文中,直到100年后才由西方传入我国,它在含义上有一个演化的过程。体育刚传入我国时,是作为教育的一部分出现的,指身体的教育,是一种与维持和发展身体各种活动有关的教育过程,与国际上理解的"体育"是一致的。随着社会的进步和体育事业的不断发展,其目的和内容都大大超出了原来的范畴,体育的概念也出现了"广义"和"狭义"的解释。近几年来,人们对"体育"的概念提出了一些多样性的解释,认为"体育"的概念应从人类的价值观来确定,"体育"追求身体运动本身给人带来的快感和美感。"体育"是人们以在自觉意识支配下的身体活

动为主要手段对自己的身心进行改造，使其臻于完善的实践。对于体育的概念，大多数学者比较趋于一致的解释为：体育是以身体活动为媒介，以谋求个体身心健康、全面发展为直接目的，并以培养完善的社会公民为终极目标的一种社会文化现象或教育过程。

体育应包括身体教育（即狭义的体育）、竞技运动、身体锻炼3个方面。身体教育与德育、智育、美育相配合，成为整个教育的组成部分，它是有目的、有组织、有计划地促进身体全面发展、增强体质、传授锻炼身体的知识和技能，培养高尚的道德品质和坚强意志的一个教育过程。早在1919年，伟大的革命家、政治家、军事家毛泽东以"二十八画生"为笔名，在《新青年》上发表了著名的《体育之研究》，文章指出："体者，为知识之载而为道德之寓者也，其载知识也如车，其寓道德也如舍"，对体育与智育、德育的辩证关系作了精辟的论述。竞技运动是指为了最大限度地发展和提高个人、集体在体格、体能、心理及运动能力等方面的潜力，以取得优异运动成绩而进行的科学的、系统的训练和竞赛。身体锻炼是指以健身、医疗卫生、娱乐休闲为目的的身体活动。它们都是通过身体活动全面发展身体和增强体质，都有教育和教学的作用，也都有提高技术和竞赛的因素。因此，体育可以简单地被解释为：是以身体锻炼为基本手段，以增强体质、提高运动技术水平、丰富文化生活为目的的一种社会活动。

19世纪以后，许多国家建立了体育制度。随着大工业的飞跃发展，国际交流不断增多，体育活动也日益频繁，促进了竞技运动和体育科学研究的开展。从1896年开始举办的第一届现代奥林匹克运动会到今天，奥运会的形式不断变化，有冬季奥运会、夏季奥运会、残疾人奥运会、特殊人奥运会等。除奥运会外，还有各大洲的综合性运动会、世界大学生运动会、中学生运动会和各个项目的世界锦标赛以及世界杯赛等，同时每年还有名目繁多的大奖赛、邀请赛等。每年举行的国际的、洲际的、地区的运动竞赛不计其数，几乎每天都有令人瞩目的具有影响力的体育竞赛。在高度现代化的今天，先进的科学技术不断被推广和应用到体育的各个方面，人们从事各种科学的体育训练，健身、娱乐、保健越来越成为全社会的需要、人民生活的需要。

第二节　体育的分类和功能

一、体育的分类

我国的体育由学校体育、竞技体育和社会体育3部分组成。

（一）学校体育

在洛克教育思想的影响下，德国教育家巴泽多（Johann Basedow，1724—1790）受法国启蒙思想家卢梭自然体育思想的启迪，继承了古希腊学校体育的文化遗产，于1744年12月在泛爱学校将体操和游戏引入学校教育。之后，丹麦政府于1809年在中等学校正式设置体操学科。1920年，瑞典在中学开设体育课，体育作为一门学科开始进入学校这一神圣殿堂。

第一章 体育与人的发展

学校体育是学校教育的重要组成部分，是全民教育的基础。它作为教育和体育的交叉点和结合部，又是国家体育事业发展的战略重点。国家在各个时期都非常重视体育教育，中华人民共和国成立之初，为了加强学校体育工作，毛泽东在给教育部部长马叙伦的信中写道："中共华东局提出健康第一、学习第二的方针，我认为是正确的。"接着又指出："你是教育者，应该把青年的体育运动，看得比什么都重要。必须记住，有志参加革命工作的人，必须锻炼身体。身体健康、精力充沛，才能担负起艰巨复杂的工作。"为了达到教育、教养及发展的总目标，学校体育按不同教育阶段和年龄特征，通过体育课程、课余体育训练和课外体育活动等基本组织形式，以"增强体质、增进健康"为核心，全面完成学校体育的各项任务。由于处在学校教育这个特定环境，体育的实施内容被列入学校总体计划，实施效果又有相应的措施予以保证，从而与其他教育环节共同构成一个完整的教育过程，促使学生德、智、体等各方面全面发展。

随着社会的不断发展，体育科学化、社会化、娱乐化和终身化的发展趋势已明显呈现。从此视角审视，现代学校体育在注重增强体质、增进健康的实际效益前提下，还必须着眼于学生个体生存、发展和享受的需要，即重视包括生理、心理及社会等因素在内的综合效益，力求满足个人的体育兴趣和爱好，启发学生主动参与体育的意识，讲究体育锻炼的科学性，不断提高学生对体育的欣赏水平和参与水平，以适应21世纪开拓型人才对精神、体质、文化生活日益增长的需要，并创造条件为国家输送和培养竞技体育人才作出贡献。

（二）竞技体育

竞技体育亦称竞技运动，它是在体育实践中派生出来的。Sport（竞技运动）出自拉丁语cespoit，含义原指"离开工作进行的游戏和娱乐活动"；国际竞技体育协会将其定义为"含有游戏的属性并与他人进行竞争以及向自然障碍进行挑战的运动"。但随着竞争因素的增加，它已成为在全面发展身体素质的基础上，最大限度挖掘体力、智力与运动才能，以夺取优异运动成绩为目标而进行的科学训练和各种竞赛活动。竞技体育在现代奥林匹克运动的推动下，已有50多种用于国际比赛的运动项目，并设有相应的国际体育组织和单项运动协会。如国际奥林匹克运动委员会，在世界政府与非政府成立的各种组织机构中，它是仅次于联合国的非政府机构；各国际单项运动协会，具有广泛的会员和严密的组织，受到各国政府的重视并得到相对应的地位，以此来推广该运动项目，如国际足球联合会、国际田径联合会等。所有的运动协会在奥林匹克的旗帜下，发扬奥林匹克精神，在追求"更高、更快、更强"目标的同时，又提倡"公平竞赛"和"参与比取胜更重要"等原则。竞技体育被认为是在高水平竞争中，以夺取优胜为目标，对健康人体进行旷日持久的生物学和心理学改造，进而实现最大限度开发人的竞技运动能力的教育过程。由于在组合"对抗"的同时，非常强调"规则"的完整性和准确性，即认为竞技规则在保证运动顺利进行的同时，也在引导运动不断趋向科学化，因此，它作为一种极富感染力又容易传播的精神力量，在活跃社会文化生活、振奋民族精神、促进各国人民之间友谊和团结等方面都有着特殊的教育作用。

但必须警惕，竞技体育在发展中也遇到不少困惑，其中最重要的问题是：运动员滥用兴奋剂，靠金钱绑架、操纵和控制比赛输赢等。这些有悖于奥林匹克精神与公平竞赛原则的现象和行为，无疑使竞技体育的正常发展受到严峻的考验。

(三) 社会体育

社会体育亦称大众体育,健身、娱乐、休闲体育、余暇体育、养生体育和医疗体育等均可列入社会体育的范畴。由于它吸引的对象主要是一般民众,其中包括男女老幼及伤病残者,活动领域遍及整个社会乃至家庭,所以堪称活动内容最广、表现形式多样、适应性较强、参加人数最多的一项群众性体育活动。它作为学校体育的延伸,可使人们的体育生涯得以继续维持并受益终身。

社会体育开展的广泛性和社会化程度,取决于一个国家经济的繁荣程度、生活水平的高低、人们余暇时间的多少及社会环境的安定情况等因素。从世界发展趋势看,社会体育作为现代体育发展的重要标志,无论普及程度或开展规模,都不亚于竞技体育,很多国家都已将社会体育放在与竞技体育同等重要的位置,甚至已开始超越竞技体育。

我国的社会体育正在蓬勃兴起,特别是《全民健身计划纲要》实施以来,全民健康理念的提高伴随着体育意识大大增强。除廉价型的"公园体育"仍旧热度不减外,不少人已逐渐改变了体育观念,注重健康投资,开始把健身器械引进家庭,并涉足台球、网球、保龄球、高尔夫球等消费水平较高的休闲、娱乐体育。各种体育俱乐部、体育游乐园、健身娱乐中心也都竞相开办,由此吸引了大批体育爱好者,我国社会体育已进入一个新的历史发展阶段。特别是近些年兴起的马拉松热潮,已吸引了越来越多的民众参与到体育锻炼中来。2016年全国马拉松赛事直接参与的普通民众高达280万人次,带动消费额超过百亿元。

二、体育的功能

体育作为一种社会现象,是社会实践的产物。体育的功能就是指在人类的社会实践中,体育对社会的发展和人的发展所产生的特殊作用和效能。现代奥运会的创始人顾拜旦在他的《体育颂》中,满腔热忱地歌颂了体育的功能。它主要表现在如下几个方面:

小贴士

顾拜旦的《体育颂》:啊,体育,天神的欢娱,生命的动力。你猝然降临在灰蒙蒙的林间空地,受难者激动不已。你像是容光焕发的使者,向暮年人微笑致意。你像高山之巅出现的晨曦,照亮了昏暗的大地。啊,体育,你就是美丽!你塑造的人体变得高尚还是卑鄙,要看它是被可耻的欲望引向堕落,还是由健康的力量悉心培育。没有匀称协调,便谈不上什么美丽。你的作用无与伦比,可使二者和谐统一;可使人体运动富有节律;使动作变得优美,柔中会有刚毅。啊,体育,你就是正义!你体现了社会生活中追求不到的公平合理。任何人不可超过速度一分一秒,逾越高度一分一厘。取得成功的关键,只能是体力与精神融为一体。啊,体育,你就是勇气!肌肉用力的全部含义是敢于搏击。若不为此,敏捷、强健有何用?肌肉发达有何益?我们所说的勇气,不是冒险家押上全部赌注似的蛮干,而是经过慎重的深思熟虑。啊,体育,你就是荣誉!荣誉的赢得要公正无私,反之便毫无意义。有人要弄见不得人的诡计,以此达到欺骗同伴的目的,他内心深处却受着耻辱的绞缢。有朝一日被人识破,就会落得名声扫地。啊,体育,你就是乐趣!想起你,内心充满欢喜,血液循环加剧,思路更加开阔,条理愈加清晰。你可使忧伤的人散心解闷,你可使欢乐的人生活更加甜蜜。啊,体育,你就是培育人类的沃地!你通过最直接的途径,增强民族体质,矫正畸形躯体,防病患于未然,使运动员得到启迪;希望后代长得茁壮有力,继往开来,夺取桂冠的胜利。啊,体育,你就是进步!为人类的日新月异,身体和精神的改变要同时抓起,你规定良好的生活习惯,要求人们对过度行为引起警惕。你告诫人们遵守规则,发挥人类最大能力,而又无损健康的肌体。啊,体育,你就是和平!你在各民族间建立愉快的联系。你在有节制、有组织、有技艺的体力较量中产生,让全世界的青年学会相互尊重和学习,使不同民族特质成为高尚而和平竞赛的动力!

(一) 健身功能

体育是通过身体运动方式进行的,这是体育最本质的特点,这一特点决定了体育具有健身功能。人体机能适应变化的原理、遗传与变异的关系,从不同的角度科学地论证了体育可强健体魄、增强体质、增进健康、延年益寿的特殊功效。全民健身是一项基本的公共服务,作为国家战略首次纳入"十三五"规划,"全民健身和公共体育服务的公益性、基本性、公平性和普惠性,将健康和体育服务做到人群全覆盖、生命周期全覆盖、健身过程全覆盖",真正诠释了"生命在于运动"的法则。

(二) 娱乐功能

体育运动的娱乐功能客观依据是为了满足人们的精神需要。体育以它特有的娱乐性,吸引着越来越多的人,使其成为人们"善度余暇"的一个必不可少而又饶有兴趣的活动。现代体育运动,特别是竞技运动,其技艺日益向"难、新、尖、高"的方向发展,使"健、力、美"高度地统一起来,产生一种使人赏心悦目的体育运动之美。人们在紧张的工作和劳动之余,通过观看体育比赛,体验运动活力,可以松懈神经、调节心理、获得积极性休息,这不仅有助于快速消除疲劳,更是一种精神上的享受。

(三) 教育功能

体育是社会文化教育的重要内容。体育的教育功能突出表现在它已被世界各国纳入教育体系之中。各种身体活动的游戏是儿童教育的重要内容,可以促进儿童的生长发育、增长认知、陶冶性情、培养优良习惯。青少年正处于长身体、长知识的阶段,也是人生观、世界观形成的关键时期,体育独具一格的教育功能,在培养他们掌握科学锻炼身体的知识与方法、促进身心全面发展,培养他们意志品质、行为道德准则与规范以及爱国家、爱集体的优良品质等方面都具有极其重要的作用。

(四) 预防康复功能

体育的预防康复功能与防病治病直接有关,人们很早就对体育能防病强身的医疗作用有了认识。我国古代就有不少关于锻炼理论的论述,如《吕氏春秋·尽数》中有:"流水不腐,户枢不蠹,动也。形气亦然,形不动则精不流,精不流则气郁"。东汉末年的华佗提出:

"动摇则谷气得消,血脉流通,病不得生,譬犹户枢不朽是也"。他总结继承了当时"导引"方面的经验,以虎、鹿、熊、猿、鸟等5种禽兽的动作创编了一套保健体操——"五禽戏",用来防病治病。宋代的健身操"八段锦",明清时代的"太极拳"以及后来的"保健功""大雁功"等都是在对体育的预防康复功能有深刻认识的基础上发展起来的。体育运动的特性可以大大增进人体的身体素质,增强身体的免疫力,从而减少疾病的发生。现代医疗的康复手段除了电子类康复外,几乎全部采用了体育运动的相关技术和技能。随着经济和科学技术的发展,人们的体力劳动随之减少,脑力劳动相应增加,膳食结构中肉类食品增多、膳食结构的不合理,使"文明病"或者"都市病"也相继出现,如神经衰弱、肥胖症、高血压、高血脂、高血糖等发病率显著上升,发病年龄普遍提前,给人体的健康带来了严重威胁。《2016中国儿童青少年营养与健康报告》显示,1985~2014年的30年间,我国学生肥胖检出率呈现快速增长趋势,其中城市男生肥胖检出率从1985年的0.2%增长到2014年的11.1%。另外,男生肥胖的检出率高于女生,且男生增长更快,城市高于乡村,但乡村增幅更大。肥胖导致高血压的风险更大,2014年体重正常和肥胖学生的血压偏高检出率分别为4.96%和17.86%,相差近3倍。形势更为严峻的是学生视力情况,报告显示,2005~2014年,我国学生视力不良检出率不断增长,城市学生视力不良率更高,但乡村学生视力不良率增长更快。2014年,城市学生检出率接近70%,乡村则接近60%,低年级组视力不良检出率增长更为快速,视力不良呈现出低龄化趋势。种种深感忧虑的现象使人感悟和自觉地行动起来,纷纷通过步行、跑步、体育舞蹈、武术等体育活动来预防疾病,消除亚健康,提高健康水平。实践证明,体育的预防康复功能在现代社会中已日趋突出和重要。

(五)社会功能

体育的社会功能是与人的社会心理稳定性直接相关的。所谓心理稳定性,是指人的心理与社会的一致,在通常情况下,由于传统的教育、宣传、习惯等各方面的社会影响,人们总会产生和形成与社会一致的心理,反映为个体的需要与社会的需要基本一致,以这些需要为原动力,促使人们努力工作,遵守社会原则,为社会作出贡献。但是,有时因种种原因不可避免地会导致某些人心理的失调,而产生一种变态心理。由于体育运动有竞赛性,竞赛有对抗性,对抗的结果有不确定性,因此,它能引起社会的广泛关注,激发人们的兴趣,引起人们在感情上的共鸣,从而使人的某些不平衡心理得到调整。体育运动既是一种物质力量,又是一种精神力量,它能促进民族团结,振奋民族精神,增强爱国热情,在全面建成小康社会,建成富强、民主、文明、和谐的社会主义现代化国家方面有不可估量的作用。体育运动的竞赛,具有国际上共同遵守的竞赛规则,能为世界人民所接受,为国际间的交往和交流创造了条件。

(六)竞争意识功能

体育运动中的竞技比赛,其中一个突出特点是激烈的竞争,这种竞争一旦扩大到世界舞台上,就具有广泛的国际性。国际比赛的性质反映着一个国家的强盛和民族的精神,在人们的思想感情上会产生强烈共鸣。人类的生活如同竞技场上的比赛,大到与自然竞争,小到与对手竞争,无一不是在竞争中不断完善自我和超越自我。无论是参观还是参赛,运动场无疑是为人们在生活中即将发生的竞争提供了极佳的预演场所。许多哲学家早就把运动场当作社会的一个缩影,运动场本身就是一个特殊的社会环境。

(七) 经济功能

体育的经济功能主要表现为：冠名权和转播权、门票收入和广告收入、在经济增长中的作用、对国民经济拉动消费的影响等。过去认为体育属于上层领域的一项事业，是由国家和政府在人力、资源和财政上投入，公民在各级体育部门的领导下从事锻炼。而现在体育已形成了国家、民间和个体共同参与的一项全民运动，体育的自身经济功能和生产力功能得到了较大的发展。体育经济在体育用品业、体育博彩业、体育旅游业、体育健身休闲娱乐业、体育竞赛表演业等诸多领域都有广阔的经济发展空间。体育经济的发展将对国家GDP的贡献率达到1%左右。在我国经济转型阶段，消费拉动经济增长的比例越来越大，体育经济完全是消费增长的亮点。2016年的博鳌亚洲论坛首次开设了以体育为主题的分论坛。人们在观念上和认识上有了新的变化，越来越多的企业对马拉松赛、龙舟赛、群众活动、健身体育等都怀有极大的兴趣，他们称之为创造健康财富。健康本身就是财富，几乎是所有人最大的财富。所以，积极地参与体育运动就是多赢，通过体育运动减少了疾病的发生，同时促进了体育经济增长。现在全民健身的马拉松项目参与人数一般都有几万人，涉及服装、电子（计时芯片）、汽车运输、物流、广告、旅游、当地名产、人力资源等社会方方面面，一个体育运动项目在竞赛中的经济功能就能折射出其在整个社会经济中的作用。

第三节　体育与现代社会

体育是人类一项有目的、有意义的社会文化活动。社会发展到现代，科技进步带来的产业革命，既创造了人类生存所需要的丰富的物质基础，又提供了更多的可以自由支配的休闲时间，人类也将更多的精力转向改造自我的社会活动。如何克服运动不足对健康的影响，消除社会竞争中的精神压力；如何利用休闲时间，延长寿命，享受生活的乐趣，对于这些问题，人类在探索中重新认识体育，得到了满意的答案。体育已成为现代社会人类克服自身缺陷，改造、完善、优化自身，追求自我完美的最佳选择。

一、现代社会体育的发展趋势

人类社会进入20世纪后，科学技术的发展迅速改变了社会的生产方式和生活方式，生产过程的机械化、电气化和人工智能化在工业发达国家已成为现实。体力劳动更多地被脑力劳动所代替，1956年美国历史上第一次出现"白领"人数超过"蓝领"人数。激烈的社会竞争和紧张的脑力劳动，给人们的精神带来了极大的压力。据统计，在美国的劳动者中，约有1900万人患有不同程度的精神性疾病，其比例之高令人吃惊。

现代生活中，交通和通信高度发达，家庭设备的电气化及家务劳动的社会化，使人们的体力劳动明显减少，加之饮食结构的改变、高脂肪和高蛋白食品的摄入，造成了人体的热量摄取大于消耗，这是当前常见的心脏病、高血压、肥胖症等生活方式病的主要原因，它不断威胁着人类的健康和生命。

生产力的发展带来了生产效率的不断提高,人们的工作时间减少了,休闲时间增多了。法国社会学家加·荪拉斯泰在《4万小时未来劳动的预测》一文中指出:"人类未来社会的劳动总量为每年工作40星期,每星期30 h,按35年计算,共4.2万 h。按21世纪人类的平均寿命80岁计算,寿命总共为70万 h,根据人体维护生命必需的睡眠、休息和饮食每日需10 h计算,所需时间为29.2万 h。为此,人的一生70万 h减去4.2万 h工作时间和29.2万 h维持生命的时间,还有36.6万 h自由支配时间。"这一预测目前在许多国家已逐步成为现实。世界上经济发达的国家已普遍实行每星期5日工作制,同时缩短了每日的工作时间。我国从1995年开始实施5日工作制,每日除工作、睡眠和日常生活等必需的时间外,如何科学地利用不断增加的休闲时间,充实生活和实现人的全面发展,为人类传统的生活方式提出了新的课题。

现代社会的发展不断改变着人类的生存环境,这一变革对人类的健康既产生不利的影响,同时也为人类的体育文化生活提供了广阔的空间。体育作为一种提高生活质量、满足人类身体需要和精神享受的重要手段,成为现代社会人类文明、健康、科学生活方式不可缺少的组成部分,不仅对健康的人生有着重要的意义,同时与建立幸福的家庭和社会紧密联系在一起。社会未来学家的预测认为,体育甚至可能上升为未来社会人类生活的第一需要。社会的进步,使体育在人类生活中的发展领域越来越广,内容和形式也日趋丰富多样。

(一)体育的社会化

发展体育事业得到了全社会的普遍重视,各国政府以立法的形式保证体育的广泛开展。日本1961年制定了《体育运动振兴法》;美国1978年推行了《业余体育法》。我国1995年颁布了《中华人民共和国体育法》,并在全国实施了《全民健身计划纲要》,以示国家对体育的重视。经济发达的国家都把体育设施列为城市建设规划的重要内容。2014年第六次全国体育场地普查,截至2013年底全国共有体育场地169.46万个,人均体育场地面积1.46平方米,与第五次普查相比将近翻了一番,这些场馆为体育的社会化创造了良好的物质条件和广阔的空间。原体育总局局长刘鹏在2016年3月16日列席十二届全国人大四次会议时表示,国务院将颁布第二个全民健身计划,到2020年人均体育场地面积达到1.8 m^2,虽然这一数据与发达国家相比仍有不小的差距,但是对于拥有十几亿人口的中国来说已经是一个不小的进步,可为人们进行体育锻炼提供更多的运动场所。过去,有组织的体育活动多限于学校和军队,而现在从企事业单位到城市住宅区和农村都在广泛展开,参加的人数不断增加。我国在2015年的统计数据显示,体育人口已达到33.9%。随着社会的发展及生活水平的提高,人们的体育意识不断增强,对体育的需求日益迫切。"生命在于运动,运动胜过良药",已成为社会普遍接受的观点。

小贴士

体育人口,是指在一定时期、一定地域,经常从事体育锻炼、健身娱乐,接受体育教育、参加运动训练和竞赛,以及其他与体育事业有密切关系的、具有统计意义的一种社会群体。它是以体育为重要特征并具备人口规模、人口结构、人口空间分布三个基本要素。体育人口是经济和社会发展到一定历史阶段的人口现象和体育现象。体育人口是一项重要的社会体育指标,它反映了人们对体育的参与程度及亲和程度,它是经济和社会发展程度的一个重要标志,它是制定社会体育发展规划与进行体育发展战略研究的一个重要依据。国际上判定体育人口的标准差异较大,我国对体育人口的判定标准为:

* 每周身体活动频度3次(含3次)以上;
* 每次身体活动时间30 min以上;
* 每次身体活动强度中等程度以上。

现代社会中人们对体育的普遍需求,促进了全社会办体育的热情。在与人类生活有关的各领域中,均可看到体育的足迹,如运动服装、运动食品和饮料、赛艇、跑车等。在工业发达国家,体育俱乐部、体育医疗、保健咨询等商业性体育产业非常兴旺发达。数据统计显示,2013年全球体育产业增加值接近9000亿美元,其中美国就达到了4500亿美元,占全球该行业的50%,且约占美国该年国民生产总值的2.93%,而我国仅为3100亿元人民币(约合500亿美元),占国民生产总值的0.56%。在我国,实行社会主义市场经济后,体育朝着社会化和产业化发展的趋势日益突出,并已成为当前体育改革的方向。

(二) 体育的多样化

为了满足现代社会人类的需要,体育运动的目的、内容、形式等正朝着多样化的方向迅速发展。娱乐性体育运动的内容更加丰富,形式更加灵活多样。体育和音乐、舞蹈等艺术结合,形成了健美、健身活动,其和谐的韵律、鲜明的节奏,给人们一种力的表现和美的享受。练气功、钓鱼、下棋使人轻松悠闲,乐在其中;游戏和球类运动使人机智灵活,满足人们交往和合作的需要;游山玩水使人胸怀开阔、赏心悦目。在紧张的工作之后进行娱乐运动,可以使人们活动身体,调节情绪,消除精神疲劳,获得积极性的休息,使身心得到协调发展。现代社会中各种趣味性强、轻松愉快、规则不很严格的娱乐运动,已成为合理利用闲暇时间必不可少的方式和内容,普遍受到人们的喜爱。

环境污染和城市人口的高度集中,使人类生活与大自然的距离越来越远。摆脱喧闹的城市生活给人们带来的烦恼,回归大自然、亲近大自然,已成为更多人的需要和追求。游泳、野营、远足等野外活动逐步增加。远离污染的城市环境,在大自然中进行运动,是消除身体疲劳的极好方式,其对健康的作用是其他活动难以代替的。野外运动可使人们深刻感受自然环境对人类生存的重要性,也是进行环境保护教育的良好时机。在经济发达的国家,野外教育作为学校体育的组成部分受到高度重视。

(三) 体育的终身化

现代社会为人类生存提供了良好的条件,延缓人体的衰老进程,保持良好的健康状况,愉快地度过有意义的人生,成为人们追求的目标。运动是增强体质和延缓人体衰老的重要手段。原国际运动医学联合会主席普罗科普指出:"不锻炼的人,30岁起身体机能就开始下降。而经常进行体育锻炼的人,当他60岁的时候,心血管系统的功能大约相当于20~30岁人的功能。"国际运动医学联合会主席赫尔曼教授认为:"每天坚持跑步10 min,心脏可以年轻20年。"科学研究和实践表明,体质是维护健康的物质基础,体质是指人体的质量,它是在先天遗传和后天获得基础上,表现出来的形态结构、生理功能、身体素质、适应能力和心理因素综合的,不断发展的相对稳定性特征。体质好的人不仅能抵抗疾病的侵袭,而且能以旺盛的精力去完成日常工作,并以充沛的精力去享受休闲时间的乐趣。

体育在人的一生中对维持健康的身心状态起着极为重要的作用。以往体育在家庭、学校、社会各自分离的状况,显然已不能适应现代社会的需要。现代体育要求从幼儿、儿童、少年、青年到中老年,都应连续不断地从事体育运动,形成家庭、学校、社会连贯的终身体育新体系。各年龄段对体育运动有各自独特的需求,儿童、少年健康发育和成长,青壮年人希望获得健美的体格和充沛的精力,中老年人希望延缓衰老、健康长寿。体育在社会不同职业范畴、不同生活领域和人类生命的全过程都应得到充分利用,并朝着终身化的方向发展。

(四) 体育的国际化

现代通信网络和交通工具的迅速发展,使人类生活的空间距离相对缩小,创造了人类交流的客观条件,可以说万里之遥,举足即至。在物质极其丰富的情况下,人们更热衷于文化的交流。体育作为现代社会最受欢迎的文化现象之一,正以前所未有的速度朝着国际化方向迈进。它不受国家、地区、种族、文化的限制,把不同国家和民族联结在一起,交流体育文化和情感,传播友谊与和平。每年国际间体育交流频繁,运动项目、参加人数不断增多,规模不断扩大。

与此同时,各国之间的体育互访和体育科技交流也日益频繁,许多体现民族文化特点、对人类自身发展有利的运动项目,通过国际体育交流,在各国得到迅速发展。如西方的健美操、艺术体操和花样游泳等在我国受到广泛喜爱;我国的武术和气功也在世界各国得到发展。日本的柔道、韩国的跆拳道已被许多国家接受,并已成为奥运会的正式比赛项目。国际体育交流丰富了体育内容,增进了国家和民族之间的相互了解和友谊。

(五) 体育的科学化

现代体育的发展特征是科学化。目前体育发达的国家,都普遍重视体育科学研究。美国在1976年的蒙特利尔奥运会上败于苏联和民主德国,总结经验认为是缺乏科学训练而导致失败。于是,美国1977年年初在海拔2000 m的斯阔谷投资200万美元修建了奥林匹克训练中心,并集中了一批生物力学、营养学、生理学和心理学专家,与教练员配合进行技术诊断和科学训练,保证了运动技术水平的提高。

现代竞技运动水平在一定意义上可以说是科学技术的较量,以男子跳高成绩为例,从1941年到1976年,25年内每提高1 cm需要21个月零8天。而到1977年以后,由于注重了训练的科学性,每提高1 cm仅需要12个月零7天。美国艾里尔博士在1976年奥运会前,运用生物力学和计算机技术,对铁饼运动员威尔斯金的投掷技术进行分析,并模拟出最佳技术动作来指导他的训练,预测他的成绩可在原成绩基础上提高3 m,结果在3天后的比赛中,威尔斯金的铁饼成绩竟提高了4.86 m,打破了世界纪录。

以增强体质为目的的健身运动的兴起,促进了体育锻炼的科学研究。在经济发达的国家,营养过剩、运动不足等现代"文明病"给人类的健康造成了很大的威胁。在美国,由于体力不足和过度的应激状态导致的职工死亡,使国家每年的补偿费用高达250亿美元。尽管许多人明白体育锻炼能增强体质,但对于如何进行体育锻炼,锻炼多长时间,使用多大负荷才能达到增强体质的目的,却很少有人能作出确切的回答。美国生理学家库帕在大量研究的基础上,提出了行之有效的运动处方,通过科学的诊断,根据个人的身体情况安排运动负荷、时间以及每星期的活动次数等,从而使身体锻炼逐步走上了科学化的轨道。在日本,最初参加体育锻炼的人多数认为:只要多运动就有好处,只要多流汗就会健康,结果运动中的伤害事故和过度疲劳时有发生。为解决这一问题,在东京大学运动生理学教授猪饲道夫的倡议下,日本于1970年组织14个单位22名教授,成立了"日本体育科学研究中心",着手研究体育锻炼的科学机理,提出体育锻炼的运动处方,并成立了"医务监督研究委员会",拟订了各种运动的医务监督方案。科学指导下的体育锻炼获得了显著的效果,日本国民的体质和健康水平不断提高,从而使其成为世界上人均寿命最长的国家。

可以说,传统体育如果给人们留下的是单纯玩耍和游戏的乐趣,那么,现代体育则是在科学指导下,为增强体质、增进健康、丰富文化生活,使人类自身得到全面发展的一种特殊的社会实践活动。

二、现代社会需要体育对现代人进行培养

现代社会要由现代人来创造,现代人要由现代教育来培养。体育是现代教育的组成部分,是培养德、智、体、美全面发展的现代人的重要手段。现代化在不断改善人们生活条件和工作条件的同时,对人体的健康也产生了一些不利的影响。大量的科学研究和实践证明,体育运动是防止现代化生产和生活方式对人类健康造成不良影响、防止现代文明病的妙方良药,已越来越被人们所认识和重视。例如,以鼓励全民健身为宗旨的"大众体育"浪潮,在发达国家不断掀起并逐渐形成国际化潮流,到1989年,全世界已有80多个国家公布了《大众体育发展大纲》。通过体育运动来增强人们的身心健康,丰富人们的生活,已经不仅是个体的需要,还是整个社会的需要;不仅是提高社会生产的需要,还是保证人体健康发展和人类正常生命活动的需要。《全民健身计划(2016—2020)》指出,实施全民健身计划是国家的重要发展战略,要以增强人民体质、提高健康水平为根本目标,以满足人民群众日益增长的多元化体育健身需求为出发点和落脚点,坚持以人为本、改革创新、依法治体、确保基本、多元互促、注重实效的工作原则,通过立体构建、整合推进、动态实施,统筹建设全民健身公共服务体系和产业链、生态圈,提升全民健身现代治理能力,为全面建成小康社会贡献力量,为实现中华民族伟大复兴的中国梦奠定坚实基础。

(一) 现代社会对人才的基本要求

世界经济的全球化和科学技术的迅猛发展,正日益深刻地改变着当今人类的生产方式和生活方式,以信息技术为特征的知识经济时代已初见端倪,预示着未来世界的一个重要发展方向,使得知识、人才、民族的素质和国家的创新能力等要素成为经济增长和社会发展的关键因素。当今世界各国的竞争,实际上是知识、人才的竞争。要想在竞争中抢占制高点,赢得主动权,最根本的就是要依靠高素质的劳动者和创新的人才。从现代社会的发展来看,对合格人才的基本要求可以归纳为以下几方面:

1. 健康的身心

（1）体质、体能良好，体格健壮，适应能力较强。

（2）体能方面，包括身体基本活动能力、身体素质的全面发展以及身体各机能系统的协调发展。

（3）健康的心理，体现在思维敏捷、态度积极、兴趣广泛、心胸宽广、情绪良好、敬业协作等方面。由于科学技术的发展，生产机械化、自动化程度的提高，人们大量从事高速度、高强度的脑力工作，工作的紧张程度要求我们有更加健康的身体、持续工作的能力和较快的恢复能力，像宇宙航行、海洋工程等上天下海的工作，如没有健康的身体，是不能胜任的。而现代社会科技的发展已经把地球变得越来越小，人与人的交往越来越需要加强协作，人们既要有奋发向上、百折不挠的精神，还要有经得起失败和挫折的心理素质。

2. 高超的智能

随着以信息技术为特征的知识经济时代的来临，预示着对人的智能要求将发生深刻的变化。首先，知识的更新越来越快，有人称现代社会为知识爆炸的时代毫不为过，这就要求人们具有较强的学习能力，不学会学习，则很难适应社会的发展。其次，应具有开拓和创新能力。创新能力是一种综合能力，必须有坚实的基础，敏锐的观察能力，很强的动手能力，好奇的探索能力。最后，还应具有竞争能力。

3. 高尚的道德情操

作为社会人，人生态度、社会公德、职业道德、协作精神等是最基本的并为全世界所认可的，其中尤以职业道德和协作精神最为重要，是人们取得成功所必备的思想品质。现代科学的发展一方面使专业越分越细，另一方面协同攻关的要求越来越强烈。近几十年，诺贝尔奖极少单人夺魁便是很好的说明。现代的科学实践和经济贸易已趋全球化，协作精神已成为科技人才的重要素质。

（二）体育培养现代人的作用

体育作为教育的重要组成部分，对培养现代社会所需要的人才有重要的作用。主要表现在以下几个方面：

1. 体育促进人的身心健康

现代社会的发展对人的身心健康提出了更高的要求，而体育的最本质特征就是通过身体的运动，使人的身心得到健康发展。古希腊伟大的思想家亚里士多德有句"生命在于运动"的名言，深刻地表达了运动对身体健康所起的重要作用。医学和生理学关于"适者生存"的理论明确指出：人的健康状态和工作效率，不仅取决于全身各器官系统的功能和相互协调，还有赖于身体对自然和社会环境的适应能力，而这种能力的获得在相当程度上与体育锻炼休戚相关。英国著名教育家洛克有句至理名言："健康的心理寓于健全的身体"，说明身心相互的依存关系。

（1）体育促进人体体格健壮，使人全面发展体能，提高适应能力

体格健壮的主要标志是生长发育良好，科学的体育运动可以使人体的生长、发育更加完善。如经常参加运动可以促进骨骼变粗、骨密质增厚、骨骼抗弯、抗折、抗压能力增强；还可以改善肌肉的血液供应，增加肌肉内营养物质，使肌纤维变粗，从而使人体体格变得健壮。

第一章 体育与人的发展

健壮的体格又是发展体能的物质基础,体能实质上是有机体各器官、系统的机能。

体育运动能使人体能量消耗加速,新陈代谢旺盛,血液循环加快,从而使人体内脏系统如血液循环系统、呼吸系统、消化系统的机能得到改善,为这些系统工作的器官——心、肺等在构造上发生变化,如心肌增强、心壁增厚、心腔容积增大。体育运动还可以促使大脑皮层神经过程的均衡性和灵活性加强,对体外刺激的反应更加迅速、准确,大脑分析综合能力加强,使整个有机体的工作能力提高。体育运动能促进人体血液循环,提高造血机能,增强免疫能力,因而可以提高人体对各种病毒、公害的抵御能力,可以防止各种因长时间伏案工作所造成的肌肉饥饿症以及各种文明病。体育运动中人体常常处于非正常状态的动作(如倒立、滚翻等)中,或在严寒、酷暑、高山、海洋等条件下进行,因此能提高有机体对外界环境的适应能力。

(2)体育调节人的心理,使人充满活力,达到精神健康

体育锻炼可以增强人的意志品质,催人奋发进取,培养集体观念,协调人际关系,使人态度积极、心胸宽阔、情绪良好,促进心理调节能力的提高,有利于排除各种不健康的心理因素,使人在与环境的和谐统一中变得欢快、轻松和活泼。

体育对增强人体身心健康功能、培养现代社会所需人才起到了不可忽略的作用,能为现代社会所需人才打下坚实的物质基础。

2.体育促进人的智能发展

现代社会知识的更新越来越快,这就要求人们具有较强的学习能力。体育能提高大脑皮质反应的灵活性和工作能力,有激活脑细胞的功能;可以促进积极思维、良好记忆和集中注意力,而这些都是学习知识所必备的生理和心理品质。随着科技的发展,从事脑力劳动的人不断增多已是现代社会不可避免的现象。脑力劳动的机能特点是呼吸表浅、血液循环慢、新陈代谢低下、肌体肌肉活动量大大降低,但大脑神经系统却处于高强度状态,疲劳的产生会使工作、学习能力下降。根据高级神经活动的负诱导规律,运动中枢的兴奋可以使思维、记忆中枢得到更完全的休息。运动生理学研究表明:科学的体育运动,能对大脑中枢神经系统和内分泌系统产生良好的刺激,能促进人体新陈代谢,加速血液循环,提高心脏功能,改善大脑的供氧,从而消除大脑的疲劳,恢复和提高大脑的工作能力。

邓小平同志提出,教育要面向现代化,面向世界,面向未来。我们认为这"三个面向"的核心是要求我们培养的人才应具有创新和开拓能力。创新和开拓能力无疑是现代社会人才必备的素质,而体育在培养创新和开拓能力上具有独特的作用。在体育竞赛中,要取得竞赛的胜利,创新是必不可少的。体育锻炼能培养敏锐的观察能力、好奇的探索能力和敏捷的思维能力,这些能力的锻炼无疑对人的创新能力的培养起到了积极的作用。

现代社会是知识、信息竞争的社会,其竞争会越来越激烈,如果缺乏竞争能力和竞争精神,必将落伍于社会,最终被无情淘汰。竞争能力无疑是现代社会人才的一种特殊重要的素质。"竞争"是体育的重要特征之一,现代社会体育教育的意义,不仅是传授体育的知识和技能,也不仅是增强体质,更重要的是在培养竞争精神上有它的独到之处。在体育教育或运动竞赛中,始终贯穿着竞争和向上的精神,甚至在体育游戏中,也有你追我赶、你胜我负的问题。发达国家十分重视一个人的体育经历,在美国,许多成名的大企业家均或多或少有体育经历,即在学生时代当过运动员或是体育爱好者。

现代人具有强烈的个人效能感,对人和社会的能力充满信心,办事求效率。"效能""信心""效率",在体育教育中均有体现,特别是在长期的教学训练过程中,学生或运动员都会在这方面得到锻炼。这也是运动员拼搏精神的心理基础。

3. 体育培养人高尚的道德情操

体育运动中不分民族、职务和社会地位的高低,参加者都是在公平的前提下进行竞争,是人与人之间最透明的交往活动。在活动中,人的喜怒哀乐都能充分地表现出来,这样便能有效地促进人的个性发展。在竞赛中无论输赢,尊重对手、尊重裁判都能受到公众的鼓励,这对培养人的文明礼貌行为、社交能力和公平竞争意识具有积极的作用。运动项目又有其各自的特征,对不同运动项目的学习,可产生不同的情感体验。

作为新一代大学生,不仅要有强健的体魄和丰富的科学知识,同时,要为以高尚的情操和文明的精神风貌走向社会打下坚实的基础。

思考题:

1. 简述体育的演变过程。
2. 简述体育的概念、分类及功能。
3. 简述体育在培养现代人中的作用。

张建宁、金凯

Chapter 2

第二章
体育与健康

　　健康是人的身体、精神和社会完美状态的综合体现，是人类生存和发展、实现理想境界的基本条件，也是人类物质文明和精神文明发展的基础。而体育锻炼则是实现人类健康目标和理想的一种最积极、最有效的手段。

第一节 健康与亚健康

一、健康的概念

健康是人类生存和发展最基本的自身条件,是创造社会物质文明和精神文明的基础。回溯健康概念的演变历史:从神到人;从人内在的平衡到人和环境外在的平衡;从单纯生物因素到生物、心理和社会因素的综合;从一时的健康到整个人生的健康;从个人的健康到社会整体的健康;从人类健康到人类和环境共同健康。健康在"自然—人—社会"这个动态的大系统中,用以表示人类生命存在、生命质量、生命价值的范畴。

在《辞海》中,健康的概念是:人体各器官系统发育良好、功能正常、体质健壮、精力充沛并具有良好劳动效能的状态。通常用人体测量、体格检查和各种生理指标来衡量。这种提法比"健康就是没有病"要完善些。虽然提出了"劳动效能"这一概念,但仍然是把人作为生物有机体来对待。而现代健康的定义是:健康不仅是疾病与体弱的匿迹,还是身心健康、社会幸福的完美状态(《阿拉木图宣言》,1978)。到了 1989 年,世界卫生组织(WHO)又进一步深化健康的概念:健康不仅仅是没有疾病,还包括躯体健康、心理健康、社会适应良好和道德健康。美利坚大学的国家健康中心也提出了一个与 WHO 健康定义相似的健康五要素,即个体只有身体、情绪、智力、精神和社交等 5 个方面都健康,才称得上真正的健康,或称为完美状态。因此,现代人的健康内容应包括:躯体健康、心理健康、心灵健康、社会健康、智力健康、道德健康、环境健康等。健康是人的基本权利,健康也是人生的第一财富。

现代健康的含义是多元的、广泛的,包括生理、心理和社会适应性 3 个方面,其中社会适应性归根结底取决于生理和心理的素质状况。心理健康是身体健康的精神支柱,身体健康又是心理健康的物质基础。良好的情绪状态可以使生理功能处于最佳状态,反之则会降低或破坏某种功能而引起疾病。身体状况的改变可能带来相应的心理问题,生理上的缺陷、疾病,特别是痼疾,往往会使人产生烦恼、焦躁、忧虑、抑郁等不良情绪,导致各种不正常的心理状态。作为身心统一体的人,身体和心理是紧密依存的两个方面。

维护健康的四大基石:平衡饮食、适量运动、戒烟限酒、心理健康。

二、健康的内涵

(一)健康的内涵

健康的内涵包括:体力、技能、形态、卫生、保健、精神、人格、环境。

(二)健康的标志

WHO 为使健康概念进一步具体化,以丰富和完善其内涵,提出了健康的 10 个标志:

(1) 有充沛的精力,能从容不迫地担负日常繁重的工作;
(2) 处事乐观,态度积极,勇于承担责任,不挑剔所要做的事情;
(3) 善于休息,睡眠良好;
(4) 身体应变能力强,能适应外界的变化;
(5) 能抵抗一般性感冒和传染病;
(6) 体重适当,身体匀称而挺拔;
(7) 眼睛明亮,反应敏捷;
(8) 牙齿清洁,无龋齿,不疼痛,牙龈颜色正常,无出血现象;
(9) 头发有光泽无头屑;
(10) 肌肉丰满,皮肤有弹性。

(三) 影响健康的因素

《渥太华宪章》中指出:健康最基本的条件和资源是和平、住房、教育、食品和收入、稳定的社会经济制度、稳定的资源、社会公正和公平。有了这些先决条件,才有改善健康可言。因此,人体的健康是许多因素相互交叉、渗透、影响、制约和相互作用的结果。若将影响人体健康的诸因素归纳起来,可分为先天遗传因素和后天因素两大类。

1. 先天遗传因素

在个体的生长发育过程中,遗传因素起着决定性的作用。如个体的体型、长相、性格和气质都是受其父母的种族以及一切遗传基因(包括某些遗传性疾病,如色盲、精神病、高血压病等)的影响。遗传程度还取决于后天的环境条件,通过外界环境的改善,机体在充分发挥其遗传潜在特征的同时,还能促使机体朝着良好的方向发展;反之,如果在不良环境的干扰下,易使机体内外平衡失调,诱发遗传疾病。因此,倡导科学健身、科学婚姻及优生优育是关系到一个民族世代繁衍、体质强健、获得健康美好生活的基本措施。

2. 后天因素

后天因素对人体健康有着重要影响。主要归纳为三大类:环境因素、生活方式因素和公共医疗卫生水平因素。

(1) 环境因素

环境因素是影响人体健康的重要因素之一,它分为自然环境和社会环境。自然环境是指天然形成的水、空气、土壤、阳光等生态系统,它们是人体生存的物质基础,良好的自然环境对人体健康有促进作用,反之则会导致传染病和地方疾病的流行。社会环境包括政治、法律、经济、文化、教育、人口、民族等方面,社会动荡、经济不景气、失业、工作压力大等都会影响到身体的健康。

(2) 生活方式因素

生活方式是在一定环境条件下所形成的生活意识和生活行为习惯的统称,它对人体健康的影响具有潜伏性、积累性、经常性、广泛性和持久性的特点。不良的生活方式范围广泛,如不合理的饮食、吸烟、酗酒、吸毒、缺少运动锻炼等都会对健康产生影响。经常进行体育运动不但有利于改善消化功能、促进呼吸系统功能,同时能够使人保持一个良好的生活状态。

(3) 公共医疗卫生水平因素

公共医疗卫生服务包括社会医疗服务和公共卫生服务两个方面,健全的医疗卫生机构、完备的服务网络、一定的卫生投入以及合理的卫生资源配置均对人体健康有促进作用。

3. 健康的第一杀手——冠心病、高血压与恶性肿瘤

冠心病的发生主要由于动脉粥样硬化,许多专家认为这种病的病理改变更趋年轻化,35 岁左右的人有近 1/3 可出现这种病的病状。从事脑力劳动的病人比体力劳动的病人多 1 倍。高血压也是我国的高发病种,它最危险的并发症是中风,中风病人的死亡率可达 50%;国内有统计资料表明,中风病人的年龄在 51~60 岁者占 72.5%,知识分子人群比例很高。恶性肿瘤以肝癌、肺癌的死亡率最高。肝癌多发生于 31~50 岁的中年人中,肺癌多发生在经常抽烟的人群当中。

随着生活水平的不断提高与卫生条件的不断改善,我国的人均寿命值多年来一直呈不断增长趋势,2010 年我国进行了第六次人口普查,人均预期寿命为 74.8 岁,比 2015 年世界卫生组织公布的全球人口平均寿命 71 岁高 3.8 岁。根据国外的研究表明,社会中有文化的中年人所占比例越大,平均期望寿命越长,这是因为受教育的程度决定了人们能否掌握保健知识,能否事理通达及正确应付适应外界的变化,保持自己的健康。然而在我国,情况却与此相反,许多满腹经纶、学富五车的教授、科学家,其保健知识相当贫乏,自我保护意识极差,有不少是因为平时麻痹大意,对自己的健康漠然视之而酿成了悲剧。卫生部副部长殷大奎在 2013 年 9 月 16 日北京论坛"公共卫生与和谐社会的建立"分论坛透露,我国知识分子的平均寿命仅为 58 岁,给国家和社会带来巨大损失。因此,如果大学生不能把关心自己的身体健康同追求知识看作是同样重要的话,什么宏图大志都将付之东流,而且给社会、家庭和个人带来的只是悲剧。

三、亚健康概述

(一)亚健康的概念

古老的健康概念,常以是否有病作为分界线,有病为不健康,无病则为健康。现代对健康的科学定义可理解为机体与自然环境和社会环境的动态平衡,是一种身体、精神和社会的完满状态。实际上,大多数人不同程度上处于不完全健康又没有患病的状态。这种既不完全健康也不患病的中间状态,医学上称之为第三状态,即通常所说的亚健康状态。世界卫生组织认为:亚健康状态是健康与疾病之间的临界状态,各种仪器及检验结果为阴性,但人体有各种各样的不适感觉。这是新的医学理论、新概念,也是社会发展、科学与人类生活水平提高的产物,它与现代社会人们的不健康生活方式及所承受的社会压力不断增大有直接关系。亚健康虽然不是疾病,却是现代人身心不健康的表现。

由于亚健康是健康与疾病的临界状态,是健康与疾病相互转化的中介点,是一种不稳定的平衡,一旦环境稍有变化或精神受到某种刺激,这种平衡就极易被打破。亚健康的人可以工作几年甚至几十年,但它将大大降低社会劳动的效率。因此,要预防疾病就必须采取有效措施,延缓第三状态出现,以利于增进人民的健康,挖掘社会劳动的潜力。当代大学生更应从时代和文化的高度,从生理、心理、社会 3 个方面去珍惜生命的存在,提高生命的质量,创造生命的价值。

(二)成年人亚健康的主要特征

对 2.3 万人的调查显示,18~40 岁的人随着年龄增长,身心轻度失调呈缓慢上升趋势;40

岁之后,潜临床状态的比例陡然攀高;55岁前后进入潜临床状态的明显增多;65岁以上的人即使没有明确的病变存在,大多数人也处于生理性衰老状态,后者也可看作是亚健康的一类特殊表现类型。这告诉我们,亚健康状态在中年以后变得明朗化,人滑向疾病的步伐迅速加快。

成人亚健康状态的主要特征——五病综合征,即:肥胖、高血压和高血脂、冠心病、糖尿病、中风。这是一组随年龄增长而增长的现代文明病,它们的亚健康特征为高血脂、高血压、高血糖、低免疫力"三高一低"倾向。

亚健康的自我监测方法

如果在以下30项现象中,您感觉自己存在6项或6项以上,则可视为进入亚健康状态。

(1) 精神焦虑,紧张不安　　　　(2) 忧郁孤独,自卑郁闷
(3) 注意力分散,思维肤浅　　　(4) 遇事激动,无事自烦
(5) 健忘多疑,熟人忘名　　　　(6) 兴趣变淡,欲望骤减
(7) 懒于交际,情绪低落　　　　(8) 常感疲劳,眼胀头昏
(9) 精力下降,动作迟缓　　　　(10) 头昏脑涨,不易复原
(11) 久站头晕,眼花目眩　　　 (12) 肢体酥软,力不从愿
(13) 体重减轻,体虚力弱　　　 (14) 不易入眠,多梦易醒
(15) 晨不愿起,昼常打盹　　　 (16) 局部麻木,手脚易冷
(17) 掌腋多汗,舌燥口干　　　 (18) 自感低烧,夜常盗汗
(19) 腰酸背痛,此起彼安　　　 (20) 舌生白苔,口臭自生
(21) 口舌溃疡,反复发生　　　 (22) 味觉不灵,食欲不振
(23) 反酸嗳气,消化不良　　　 (24) 便稀便秘,腹部饱胀
(25) 易患感冒,唇起疱疹　　　 (26) 鼻塞流涕,咽喉疼痛
(27) 憋气气急,呼吸紧迫　　　 (28) 胸痛胸闷,心区压感
(29) 心悸心慌,心律不齐　　　 (30) 耳鸣耳背,晕车晕船

(三) 青少年、大学生亚健康的主要状态

(1) 身体成长的亚健康。学生营养过剩和营养失衡同时存在,营养失衡导致体质比较弱,营养过剩会使一些身体器官超前发育。

(2) 心理素质的亚健康。心理素质发育不全将影响心理健康。学习的压力,主观愿望与现实之间的差距,情感发展的不均衡,会使人对社会和很多事物表现出或冷或热,思想脆弱、不坚定,易接受和改变的态度。

(3) 行为亚健康。表现为行为的程式化,时间长了易产生行为上的偏激。

(四）走出亚健康，调整胜于补

如果已明确知道自己处于亚健康状态，应该怎么办？怎样才能解决好这些问题呢？医学界的观点是：调整医学教育的设置，大力发展预警医学，通过转变医学职能，建立健康医学与保健预防体系，从治疗疾病转向以身心健康与环境和谐一致为目的的健康教育科学体系，丰富健康教育的内涵，从根本上重视亚健康。对亚健康者来说，最重要的在于调整。要调整代谢，调整脑血管功能和血液循环，调整身心功能状态，充分利用体育锻炼的手段与方法，克服不良的生活方式，使身体恢复健康状态。

以下20个项目可以测试评定是否患上了慢性疲劳。你可以根据自己的实际情况，每题选择"是"或"否"。

1. 早上起床就觉得难受；
2. 眼看电车或汽车进站，也懒得跑几步追上去；
3. 上楼梯容易绊倒；
4. 不想与领导或众人见面；
5. 写起文章来不顺利；
6. 说话声细，连不成句；
7. 对别人的谈话不放在心上；
8. 不知不觉用两手托腮靠在桌子上；
9. 总想喝茶等提神饮料；
10. 不想吃油腻的食物；
11. 饭菜中非常喜欢加辛辣调料；
12. 总觉得两手发僵发硬；
13. 眼睛总是睁不开似的；
14. 哈欠打个不停；
15. 连亲密朋友的电话号码都记不住；
16. 想在桌椅上歇一歇；
17. 烟酒过量；
18. 体重不知不觉下降；
19. 容易拉肚子或便秘；
20. 难以入睡。

以上是由慢性疲劳引起的身体反应。如果您在许多题目上都回答"是"，说明你已经患有相当严重的慢性疲劳，工作效率会明显下降，容易感染身体疾病。

四、大学生行为习惯与健康

（一）行为的含义

行为是有机体在环境影响下所引起的内在生理、心理变化反应。狭义的行为是指外露的、可以被人直接观察或测量记录的行为；广义的行为则不限于外露，还包括人的思想、意识、动机等不易观察到的潜在的行为。个人行为是个体与环境交互作用的产物。社会行为是由社会刺激引起的个人行为，或是由个人行为引起的另一个人或人群的行为。个人行为如果直接或间接地与另一个人的行为发生关系就具有社会性。

健康行为是指符合健康标准的言行举止及社会行为规范，包括习惯养成和方法获得。简单地说，是使健康转向令人满意的一种行为。它包括个体内在的特征及过程，如性格、情感、价值观、动机、信念等；也包括外露的特征，如习惯、举止、生活方式等。它作为影响健康的社会行为，取决于每个人都用良好的人格标准去要求自己。

（二）大学生基本健康行为

一般指个人日常生活中的行为，主要包括：

（1）积极休息，体力或脑力活动强度越大，休息越要充分，应该采取丰富多样的积极性休息，而不仅是静卧的消极性休息。

（2）充足睡眠，营养合理，平衡膳食，食物多样化，饮食不过量，饮食合乎卫生要求。

（3）积极主动参加体育锻炼。

（三）戒除不良行为

吸烟、酗酒、饮食结构不合理、缺少运动锻炼、滥用物质等，已成为世界公认的危害健康的行为。

（1）吸烟对健康的危害。烟草的主要有害成分为尼古丁、烟焦油、一氧化碳、胺类、烷烃、酚类、多环芳烃、氮氧化物、重金属元素、农药等。尼古丁是一种无色透明的挥发性液体，是一种细胞毒，它会刺激中枢神经系统从而引起血管收缩，导致血管硬化、血压上升，容易诱发冠心病、心肌梗死等。吸烟成瘾后，当尼古丁在体内达不到一定水平，人就会产生烦躁、头胀、头痛等不适。继续吸烟后可迅速改善，产生对烟的依赖。此外，尼古丁还可引起消化功能紊乱、性功能障碍等，而烟草中的其他有毒成分如一氧化碳、烟焦油等能使组织器官功能产生畸变甚至癌变，也是肺癌、口腔癌发病的重要原因。如果妇女妊娠期间吸烟，胎儿发育也将会被抑制，畸胎率很高。

根据有关部门对全国部分高等学校的调查，大学生中经常吸烟者占学生总数的 34.5%，偶尔吸烟者占学生总数的 25%，支持吸烟的女大学生也占 13.4%。造成学生吸烟人数居高不下的原因包括：有的学生把吸烟当作提高学习效率、平衡心理冲突、消除身心疲劳、人际交往中表达友情的手段；还有一些学生把吸烟当作潇洒、成熟甚至炫耀经济条件优越的标志。

对于求学的学生来说，吸烟的危害将直接影响到学习。因为人在尼古丁等的刺激下，短暂兴奋后，血管收缩、血流缓慢、脑血流量减少，易使注意力分散、记忆力下降、智力活动能力降低。吸烟学生在行为上与不吸烟学生有明显的差别，往往还伴有其他不良行为习惯。大学生作为高知识群体，应不吸烟，以健康的行为影响社会、影响同龄人，获得健康的身体。

吸烟对健康的危害

1. 吸烟缩短寿命：提到吸烟的危害，我们不得不谈的就是寿命，根据调查显示，人平均每吸一支烟会缩短11分钟的寿命，当然这个数字不一定准确，但是有一点可以肯定的是，不吸烟者比吸烟者要长寿。

2. 吸烟影响睡眠质量：德国科学家的一项最新调查表明，吸烟的人睡眠时间比不吸烟的人要少，并且睡眠质量也较差。其中，尼古丁是影响睡眠的罪魁祸首，睡眠质量差不仅会让人在清醒后精神状态差，一些研究还显示，如果习惯性睡眠质量差，还会产生肥胖、糖尿病、心脏病等健康问题。

3. 吸烟影响生育功能：调查研究表明，长期吸烟者的精子受精能力较不吸烟者下降了75%。罪魁祸首仍然是香烟中的尼古丁，因为精子可以识别尼古丁，并对它产生反应。长期吸烟使得人精子中尼古丁受体超载，从而使得受精能力下降。

4. 吸烟增加流产危险：孕妇吸烟不仅危害自己的健康，同时还可能对肚子里的胎儿造成伤害，香烟中所含的烟碱和尼古丁会造成全身血管病变，子宫血管因此受累。怀孕早期吸烟容易发生流产，到中期容易发生怀孕期间最危险的并发症——妊高征。

5. 吸烟导致肺部疾病：吸烟是慢性支气管炎、肺气肿和慢性气道阻塞的主要诱因之一。吸烟可引起中央性及外周性气道、肺泡及毛细血管结构及功能发生改变，同时对肺的免疫系统产生影响，从而导致肺部疾病的产生。

6. 吸烟诱发心血管疾病：吸烟不仅会诱发肺部疾病，同时也会诱发心血管疾病。研究表明，吸烟者的冠心病、高血压、脑血管病及周围血管病的发病率明显高于不吸烟者，吸烟促发心血管疾病的发病机理则主要是吸烟使血管内皮功能紊乱，血栓生成增加、炎症反应加强及氧化修饰。

7. 吸烟导致骨质疏松：吸根烟难道还会骨质疏松？很多吸烟者可能会有如此疑问，吸烟确实能够导致骨质疏松，其原理是烟草中的尼古丁可影响钙的吸收，烟碱抑制成骨细胞，刺激破骨细胞的活性等，其他暂且不说，单单是钙摄入不足就会让一部分骨钙释放入血液以维持正常的血钙水平。如此，就会使骨密度降低，引发骨质疏松。

8. 吸烟致癌：吸烟致癌已经是一件公认的事实，吸烟不但是肺癌的重要致病因素之一（吸烟者患肺癌的危险性是不吸烟者的13倍），同时，吸烟与唇癌、舌癌、口腔癌、食道癌、胃癌、结肠癌、胰腺癌、肾癌和子宫颈癌的发生都有一定关系。研究表明，烟雾中的致癌物质还能通过胎盘影响胎儿，致使其子代的癌症发病率显著增高。

(2) 酗酒对健康的危害。酒是以酒精和水为主要物质的混合液,含有醇类、醛类、酯类等有机酸和人工添加剂等。酒中的酒精,口服后可经消化道直接吸收入血液,分布到全身,少量的酒精能使人自我感觉振奋、机警、注意力集中,而大量饮酒会使大脑、小脑等损伤变性,使人记忆力减退、意识障碍、反应迟钝、心跳加快、血压升高等,严重者会继而进入抑制状态,发生脑的严重并发症,甚至昏迷死亡。

慢性过量酗酒,导致慢性酒精中毒,引起心、肝、肾、脑等脏器功能损害,酒精中的亚硝胺等致癌物又是多种化合物的良好溶剂,一些致癌物如3,4-苯并芘、黄曲霉素等在酒精中会增加溶解度,发挥毒性,诱使致癌。

大学生酗酒后会做出违纪、违法的行为,增加意外事故的发生,使他们的社会责任感下降,也会使思维迟缓,记忆力减退,导致学习效率下降。与吸烟相比,酗酒者醉后判断力下降,"酒毒"比"烟毒"更重。在大学生中进行不过度饮酒的宣传,在校园内推行以不吸烟、不饮酒为荣的风尚,对于酗酒滋事者,要认真教育处理。

(3) 吸毒对健康的危害。毒品可分三大类:第一类为鸦片,即由罂粟果的浆汁提炼而成,是最原始的毒品;第二类是大麻及其合成致幻剂;第三类是可卡因,是从南美洲古柯碱中提炼出来的一种生物碱,成品可做成针剂、粉剂、溶剂等。毒品的危害是众所周知的,但吸食后所产生的飘飘欲仙感,万虑全消,呈现十分明显的欣快感觉,导致许多人宁愿放弃健康的生命而依赖毒品生存,对社会造成不良的影响。2016年2月18日,国家禁毒委在京举行新闻发布会,会上公布2015年我国共查处有吸毒行为人员106.2万人次,其中新发现吸毒人员53.1万名,同比分别上升20%和14.6%。吸毒人员低龄化特征突出,在全国现有的234.5万名吸毒人员中,不满18岁的有4.3万名,占1.8%,18~35岁的有142.2万名,占60.6%。现实教训令人触目惊心。吸毒者往往还与乱性同时并存,艾滋病高发,吸毒也被当今世界称为社会瘟疫。大学生预防吸毒要做到:永远不要尝试,远离毒品,对有亲属、朋友染上毒品者要劝其进行强制戒毒,不能企望说服教育。

(4) 不良性行为的危害

青少年从十几岁就有性意识和性欲。渴望爱情,是大学生这一年龄段成熟的正常现象。我国因受传统文化的影响,青少年从小缺乏正确的性启蒙教育,常常被"性幻想"所困扰,而且还有过早涉及性行为的现象。近期北京医科大学公共卫生学院对北京5所高等学校1310名在校本科大学生进行的性观念调查显示,有半数以上学生同意在双方相爱的情况下发展婚前性关系,其中已有过性行为的男生占15%,女生占13%;首次发生性关系的平均年龄,男生为18.7岁左右,女生为19岁左右,其中仅有42.2%的人自称采取了避孕措施。这一调查结果表明,当今大学生一方面表现相当传统,另一方面受西方性自由思潮的影响,性观念和婚前性行为处于混乱和危险阶段,甚至直接面临未婚先孕、人工流产和性病等生殖健康问题的威胁。

不良性行为是诱发性传播性疾病(STD)的主要途径。目前,国际上列为性病的病种已逾20种,我国重点防治的性病有8种,即淋病、梅毒、生殖器疱疹、非淋菌性尿道炎、尖锐湿疣、软下疳、淋巴肉芽肿和艾滋病。统计资料表明,性病已成为威胁青少年健康的重要危险因素,必须加以高度重视。

大学生是国家的栋梁、民族的希望。虽然说个人有满足性欲的权利,但性行为的发生也要负一定的社会责任。性活动已不再是个人的行为,它还具有丰富的社会含义,它不仅是人类生理需要的反映,还是人类精神文明和精神需要的一部分。为了稳定社会秩序,青年学生要用性道德的规范来约束性行为,自觉抵制腐朽思想的侵蚀,杜绝卖淫嫖娼等丑恶行为,树立正确的性道德观,洁身自爱,做到自尊自重,将自己的性观念、性行为保持在法律和社会公德所允许的范围内。

五、大学生生活方式与健康

生活方式是指人们长期受一定的文化、民族、经济、社会、风俗、规范,特别是家庭影响而形成的一系列生活习惯、生活制度和生活意识。虽然人们早已知道生活习惯、规律意识等与健康有关,但对其全面评价则是在最近才开始。据世界卫生组织统计,每年全球有3800万人死于"非传染性疾病"(NCD)(即"生活方式病"),包括心血管疾病、癌症、呼吸系统疾病以及糖尿病,其中有1600万人年龄不足70岁,属于过早死亡。烟草、缺乏运动、不健康饮食以及酒精等是对健康威胁最主要的因素。

大学生精神压力大,缺少体育锻炼以及生活起居不规律的状况,远比社会其他人群严重得多。据对北大、清华学生的抽样调查,学生感到课程负担重和非常重的,男生占50.4%,女生占43.3%;平时深夜24:00结束作业的,男生占30.5%,女生占32.6%;当学习最紧张的临考阶段,最晚入睡时间在凌晨1:00以后的,男生占56.5%,女生占52.4%;由于学习负担重、精力不足,每星期仅能从事1~2次体育锻炼的,男生占41.2%,女生占44.9%;每星期根本不锻炼的,男生达6.1%,女生达7.1%。另一方面,由于高等学校普遍实施了学分制,班级、集体意识逐渐淡化,个人自制约束行为能力差的学生就难以自律,致使晚上通宵打牌、下棋、玩电脑,白天则懒于起床、不吃早餐。据一项随机调查反映,至少有超过10%的大学生长期不吃早餐,把过"夜生活"视为现代时尚。所有这些不健康行为,无论对身体或精神健康,都构成了相当大的威胁。

因此,大学生在校期间应注重培养自己良好的生活习惯,克服已有的不良习惯,做到:

(1) 心胸豁达,情绪乐观;
(2) 劳逸结合,坚持锻炼;
(3) 生活规律,定期检查;
(4) 营养合理,防止肥胖;
(5) 不吸烟,不酗酒;
(6) 适应环境,善用休闲时间;
(7) 与人为善,自尊自重;
(8) 爱好清洁,注重安全。

第二节 心理健康与体育

一、心理健康的意义

(一) 心理健康的概念

人的健康包括生理健康和心理健康两个方面。生理健康有明确的标准,如生长发育、成熟衰老等;心理健康由于社会、文化等方面原因而无明确的标准。

心理健康的含义主要包括下面几个方面:促进健康有效的心理状态的形成,充分发挥人的潜能,使人形成一种向上的精神力量。关于心理健康所包含的具体内容,国内外学者有过种种阐述。早在1946年的第3届国际心理卫生大会上,就为心理健康下过这样的定义:所谓心理健康,是指身体、智能以及情感上与他人的心理不相矛盾的范围内,将个人心境发挥成最佳的和谐状态。或者说,心理健康就是一个人没有困扰足以妨碍其心理效能的状态。目前大家普遍认为,心理健康是指一种持续且积极发展的心理状态,在这种状态下,人体能作出良好的适应,并且充分发挥其身心潜能。

对心理健康的标准定义:

(1) 具有充分的适应力;
(2) 能充分地了解自己,并对自己的能力作出适当的评价;
(3) 生活的目标切合实际;
(4) 不脱离现实环境;
(5) 能保持人格的完整与和谐;
(6) 善于从经验中学习;
(7) 能保持良好的人际关系;
(8) 能适度地发泄自己的情绪和控制自己的情绪;
(9) 在不违背集体利益的前提下,能够有限度地发挥个性;
(10) 在不违背社会规范的前提下,能够恰当地满足个人的基本需求。

(二) 心理健康是生活、学习和工作的重要保证

对于现代人来说,身体健康是做任何一件事的基础和前提。而心理健康对人的作用,似乎还不明确。实际上和身体健康一样,心理健康也是人们工作和学习的前提。如果一个人缺少健康的心理状态,学习、工作将缺乏积极性,生活也会变得枯燥乏味,给自己和他人增添许多麻烦,成为家庭和社会的包袱。

当今信息社会,"知识爆炸",科学技术迅速发展,人们的生活将高度现代化,社会的竞争愈加激烈和残酷。生活的快节奏和工作压力使人们产生焦虑、抑郁、悲观、烦恼和孤独等各种心理疾病。正如联合国一位专家所说:"从现在起到21世纪中叶,没有任何一种灾难像心理冲突一样,带给人们持久而深刻的痛苦。"面对飞速发展和变化的现代社会,我们将迎

接许多方面的严峻挑战。就人的自身来说,最大的挑战就是人的心理。心理健康是我们生活、学习和工作的重要保证。

二、影响大学生心理健康的主要因素

人的心理因素是一个复杂的动态过程,因此影响心理健康的因素也是多样和复杂的。影响心理健康的主要因素有生理因素、家庭因素、学校因素、社会因素和个体因素几个方面。

(一)生理因素

影响个体心理健康的生理因素包括遗传和疾病。

1. 遗传因素

一般来说,人的心理活动是不能遗传的,主要是在后天社会环境影响下和在社会实践活动中形成和发展起来的。但是生理是心理的基础,如果没有充分的生理条件,人的心理活动就要受到影响。美国的理查德·格里格、菲利普·津巴多在《心理学与生活》一书中谈到,虽然遗传因素在一定程度上对个体的心理健康有影响,但其作用也不是注定不可以改变的。遗传只是提供了一种可能性,个体是否表现出心理障碍或心理异常,关键还看后天环境作用。在遗传与环境的相互作用中,遗传因素所决定的不良发展倾向可以得到防止和纠正。

2. 疾病因素

病菌、病毒干扰、大脑外伤、化学中毒、严重躯体疾病等都可能导致心理障碍及其精神失常。微生物感染所致脑炎,中枢梅毒等造成神经系统的损害,可能导致器质性心理障碍或精神失常,并可阻抑儿童心理和智力的发展,导致智力迟滞或痴呆。严重的身体疾病和生理机能障碍,如甲状腺机能紊乱也会引起心理障碍与精神失常。生理疾病对人心理活动的影响可能是轻微的,如出现易激动、失眠、不安等,随着疾病的消除,这些心理症状也会完全消失。但是,随着疾病的继续进展,心理障碍也会加剧,甚至会出现各种程度的意识障碍、幻觉、记忆障碍、躁动和攻击行为等。

(二)家庭因素

家庭是社会的细胞,是儿童的第一所学校,家长是儿童的第一任教师。家庭结构、父母教养方式、家庭环境等对儿童的个性发展和心理健康具有十分重要的影响。

1. 家庭结构

家庭结构完整且和谐有利于儿童心理健康的成长,而单亲家庭或父母关系不和谐,容易使儿童产生心理障碍。单亲家庭的儿童不一定都存在心理健康、人格障碍等方面的问题,但他们中间存在心理健康问题的人较多。瑞典的有关机构对6.5万名单亲家庭儿童的调查显示,单亲家庭儿童除了患抑郁症的可能性比一般家庭的儿童高外,更易染上酗酒和吸毒的恶习,此外,还时常发生自残和自杀等行为。

2. 父母教养方式

父母的教养方式对个体的心理发育、人格的形成、归因方式及心理防御能力等都有着极其重要的影响。已有研究表明,父母不良的教养方式对青少年心理健康水平有显著的消极影响,父母在教育中表现出态度不一致、压力过大、歧视、打骂或者冷漠等特点时,儿童常常会表现出更多的心理健康问题。2015年,贵州发生了双胞胎孩子通过三次谋杀最终将自己的父母毒死的事件,起因就是父母为了孩子的学习不让看电视、不让逛街,也不让孩子带同学回家,除了正常上课之外,周末还请了家庭老师为他们补习。孩子考好了父母就采用物质鼓励,如买漂亮衣服和给零花钱表扬孩子,而当孩子有一次考试成绩不理想,则被妈妈数落说"孩子把她的脸丢光了",爸爸也罚他们跪了20多分钟,最终酿成惨剧。家长对学生心理健康的影响除了通过"言传",更重要的是通过"身教",即通过儿童模仿的心理机制发生作用,家长的品格、行为等都直接影响子女的成长。

3. 家庭环境

家庭环境是指家庭的物质生活条件、社会地位、家庭成员之间的关系,以及家庭成员的语言、行为和感情的总和,包括实物环境、语言环境、心理环境和人际环境。居住条件的好坏对于儿童的学习和休息的质量不无关系,也影响着儿童的身心发展。要给孩子一个属于自己的小天地,有自己的独立空间,可以满足儿童的兴趣爱好,有利于儿童个性的培养和发展。家庭居室应保持整洁美观,这有利于养成儿童爱清洁、有条理的好习惯,对于陶冶情操、培养美感有潜移默化的作用。

(三) 学校因素

在个体发展中,学校教育是相当重要的,对学生社会行为的塑造是其他机构无法替代的,对学生了解社会、发展自我和人格、培养合乎角色的社会行为模式起着重要的作用。我国的中小学教育仍然没有摆脱"应试教育"体制,片面追求升学率无形中给教师和学生都造成了很大的影响,学生在巨大的升学压力下而导致心理障碍的事情屡屡发生。同时,教师的认知和行为对学生的发展有着至关重要的作用,教师的一举一动、一言一行对学生都会有影响。国外心理学家曾做过一个实验,他们选择一所小学的学生进行所谓的"智力发展前景测验",随机选取20%的学生名单交给教师,有意称这些学生是最有发展潜力的,要求教师注意观察,但不要告诉学生本人。结果8个月后,这些学生的学习成绩真的比其他学生进步更大!这个实验所揭示的现象就是著名的"罗森塔尔效应",罗森塔尔效应又称皮格马利翁效应,也就是我们所说的期望效应。这个效应揭示出这样一个规律:教师的高期望可以对学生产生良好的自我实现预言效应,促使学生向好的方向发展,并形成和谐的课堂氛围;而教师的低期望则可能导致学生自暴自弃,学习成绩越来越差,并严重影响课堂氛围。

(四) 社会因素

人生活在现实的社会环境中,在一定的社会环境影响下成长和发展。一定社会的文化背景、社区环境、社会风气和学习生活环境等因素都对个体的心理健康产生影响。一定的社会文化背景,如风俗习惯、道德观等,以一种无形的力量影响着人们的观念,反映在人们的价值观、世界观、信念、动机、需要、兴趣和态度等心理品质上。社会意识形态对人心理健康的影响,主要是通过社会信息作为媒介实现的,如影视、报纸杂志、书籍、网络等。健康的社会信息有助于个体心理健康发展,而不健康的社会信息则会对个体的心理健康造成严重危害。目前,大众媒体中不健康的内容已经成为危害个体心理健康成长的重要因素。由于个体成长发育的不成熟,是非判别能力弱,自制力差,很容易受各种暴力影视剧、淫秽书刊、网络上的不健康信息的毒害,甚至心理变态,误入歧途。社会风气通过家庭、同伴、传媒等途径影响着个体的心理健康。社会上一些不良风气,如"走后门""一切向钱看",都会对

学生心理产生不良影响,影响他们形成正确的价值观、人生观、世界观。因此,学校、家庭和社会要共同抵制不良社会风气,为个体的心理健康发展提供一个健康向上的社会氛围。

(五)个体因素

除了上述原因之外,个体某些方面的因素,如外貌、能力、习惯等也会影响个体的心理健康状况。外貌较好、能力较强的个体,往往在生活中会更多地获得别人的喜爱,但是过分的夸奖会使个体产生骄傲心理,一旦有人质疑他们的外貌、能力时就会给他们的内心造成很大的冲击,有可能会带来负面影响。反之,外貌、能力等较差的个体,往往容易感到自卑、焦虑、挫折,如果我们经常去鼓励他们,可以使他们接受现实,正视挫折,加倍努力,奋发图强。

三、大学生产生心理障碍的原因及表现

(一)心理障碍概述

心理障碍是指一个人由于生理、心理或社会原因而导致的各种异常心理过程、异常人格特征的异常行为方式,是一个人表现为没有能力按照社会认可的适宜方式行动,导致其行为的后果对本人和社会都是不适应的。当心理活动异常的程度达到医学诊断标准时,我们就称之为心理障碍,心理障碍强调的是这类心理异常的临床表现或症状,不把它们当作疾病看待。此外,使用"心理障碍"一词容易被人们所接受,能减轻社会的歧视。

我们一般将心理障碍分为轻度心理障碍和重度心理障碍。轻度心理障碍是指人的心理活动的某些方面或部分受到损害,心理活动的各个方面即主体和周围环境及人际关系受到一定的影响。重度心理障碍是指人的整体心理活动的各个方面遭到严重的破坏,而且主体和周围环境之间的关系也严重失调。有心理障碍者,足以影响正常的学习、工作和生活,个别极端的甚至可能对周围环境和社会造成危害。

(二)心理障碍产生的原因

根据心理障碍产生的原因,可分为先天性心理障碍和后天性心理障碍。根据心理活动的特性,可分为心理过程障碍和个性障碍。在国外,一般将心理障碍分为智力落后、精神病、焦虑性障碍、记忆障碍、品德障碍和个性障碍等。

学生心理障碍是指学生在心理发展过程中各种不良的行为表现。造成这种现象的主要原因有:

(1)病理与遗传。精神病学和心理学的研究证明,某些心理缺陷和心理疾病同遗传因素有着不可分割的联系。近年来,实验人员对双生子和寄养子染色体的研究结果显示,心理障碍同遗传有关。

(2)环境因素。包括社会上的不正之风、家庭教育、学校教育、学习负担过重、就业的选择、人际关系等一系列复杂因素。

(3)自身的主观原因。消极的动机冲突、相互对立和排斥引起内心矛盾,可能产生心理挫折,并使人的情绪长期处于痛苦和不安之中,对心理健康有害。

（三）心理障碍的表现

心理障碍的表现是由多种因素造成后不能进行自我调节产生的，常见的有认识障碍、情感障碍、行为障碍、个性障碍等，主要是指各种情绪上的干扰妨碍了学生有效地从事学习和探索活动。

正确区分心理活动正常与异常会有困难，其原因主要有以下4点：

(1) 人的心理活动是不可见的，只能通过个体的言语和行为推测他的心理活动过程；

(2) 心理活动受多种因素，如环境、人际和社会文化关系等的影响，而言语和行为亦是如此；

(3) 心理活动的个体差异很大；

(4) 正常的和异常的心理活动之间缺乏明显的分界。

因此，仅有一方面的心理活动异常还不能肯定就是心理障碍，诊断心理障碍需要符合一定的标准。

四、体育锻炼对心理健康的影响

体育锻炼既是身体运动，又是心理活动和社会活动，不仅有利于身体健康，而且对人的心理健康和社会适应能力具有积极的促进作用，让人既参加了体育锻炼，又掌握了增进身心健康的知识和技能。体育锻炼是生活的调节器，能帮助人们摆脱困惑，从而提高生活满足感和生活质量。

（一）智力和功能的提高

体育锻炼对智力和功能的提高有促进作用。通过锻炼，提高人的整体能力，使锻炼者的注意力、判断力、反应力、思维力、想象力和记忆力得到进一步提升。体育锻炼又是一种展示人的身体运动能力、追求操纵躯体达到极限水平最重要的方式。它显示了灵与肉的永恒冲突，凝聚了人类的竞争、创新、奋发向上的卓越品质。锻炼还可调节人的心情、稳定人的情绪、缓解人的疲劳，这些因素对智力和功能有积极的促进作用。同时，体育锻炼能够起到调节作用，在激烈多变的环境中开发人的智力和能力。

（二）调节和改善情绪状态

情绪状态是衡量体育锻炼对心理健康影响的主要指标。人们不是生活在真空状态中，而是在一个飞速发展和变化的、错综复杂的社会中。随着整个社会生活节奏的加快，人们的神经高度紧张，工作压抑，社会环境复杂，对人的情绪有着直接的影响。因此，可以通过体育锻炼来调节和改善或者是转移这种不快活的节奏，使人从烦恼和痛苦中解放出来。在学校，由于学习任务偏重，加上相互间的竞争，会使学生产生和表现出各种不良的精神状态，如焦虑、担忧、固执、浮躁等，这时可以通过参加体育锻炼来降低或摆脱一些不愉快的精神状态，在运动中放松自我、完善自我、鼓励自我，提高自身克服困难的能力。

（三）确立自我的正确观念

自我是对自己有一个正确的评价，是通过各种环境对自我的认识。西方有一句名言："腾不出时间运动锻炼的人，早晚会被迫腾出时间生病。"体育锻炼可以改善人的精神面貌，提高人的判断能力，增强战胜自我的功能，还能使人的体格健壮。充沛的精力最终离不开体育锻炼和开朗的心情。因此,体育锻炼与改善人的身体表象和身体自尊有着重要的联系。

(四) 培养坚强的意志品质

意志品质是指一个人的果断性、坚韧性、自制能力以及勇敢顽强和主动独立等精神。意志品质既是在克服困难的过程中表现出来的,有时又是在克服困难的过程中培养起来的。有的人想运动,但是缺乏毅力,不能克服惰性,不能持之以恒,所以难以取得良好的效果。体育运动项目的竞技和锻炼过程,就是在战胜自我的前提下发挥出来的,对任何一个运动项目,不去了解它的内涵,就很难从主观上战胜它。实质上,通过体育锻炼培养出来的意志品质,能为学习和工作带来战胜和克服困难的勇气和信心。

(五) 消除疲劳

疲劳是一种综合性症状,与人的生理和心理因素等有关。如果人的情绪低落,工作任务或难度超出个人能力时,在生理和心理上就会产生疲劳感,就会对所做的任何事物产生逆反情绪。通过参加适合自己的运动项目,则可以使自己的身心获得舒适感,并达到自行消除疲劳的目的。

(六) 养成良好的运动习惯

良好的运动效果来自良好的运动习惯。一旦运动成了习惯,就会习惯成自然。这种良好的习惯,可以说是一个人终身健康的投资,会受益无穷。俄国教育家乌申斯基说:"良好的习惯乃是人在其神经系统中所存放的道德资本,这个资本不断地增值,而人在整个一生中就享受着它的利息。"良好的运动习惯如同是你的健康银行,坚持运动,你的健康资本就会不断地增值,给你带来健康的身体,充沛的精力,旺盛的生命活力,使你心旷神怡,青春永驻。

五、怎样维护自己的心理健康

心理卫生与生理卫生一样,是提高人心理素质、增进人身心健康不可缺少的知识。学生的心理问题是他们成长发展中的困惑,是心理健康的大敌,是降低人的心理健康水平的主要因素。所以,如何维护心理健康,以及当心理失调时如何恢复心理平衡,对我们每一个人来说都是非常重要的。

(一) 树立正确的人生观和世界观

人生观是人们在实践中形成的对于人生目的和意义的根本看法,它决定着人们实践活动的目标、人生道路的方向,也决定着人们行为选择的价值取向和对待生活的态度。世界观是指人们对于人生、自然、社会的观点体系,是人们一切行动的指南。一个人如果有了正确的人生观和世界观,就能对世界上的各种事物有正确的认识和了解,并能采取恰当的态度和行为,做事、想问题不走极端,冷静而稳妥地处理问题。同时,也能心胸开阔,保持乐观向上的情绪,提高对心理冲突和挫折的耐受能力,从根本上防止心理疾病的发生,保持心理的平衡,维护心理的健康。

（二）客观评估自己

每个人都有自己的长处和短处，优势和劣势。一个心理健康的人始终能客观地、积极地看待自己，对自己的长处和优点感到欣慰，对自己的弱点和不足之处也不避讳。只有当你充分了解自己的能力和特点时，才能给自己确定恰当的追求目标，并通过努力去实现这一预定的目标。如果一个人不能客观地评估自己，好高骛远，仅凭良好的愿望和热情盲目地制定目标，结果往往达不到目标，心理上就会有失落、受到挫折的感觉，对自信和心境造成不良的影响。

（三）宽以待人，对他人期望不可太高

我们在生活、学习和工作中，难免会遇到各种困难和麻烦，需要他人的关心和帮助，共同解决困难。但一个人不能凡事都指望别人，尤其不能对别人期望过高。首先应当依靠自己的力量努力把事情办好，其次才考虑别人的帮助。对别人期望越高，失望就越大，如果事情没有办好，还会埋怨他人，自己的心理也会失去平衡，破坏了自己的心理健康。

（四）学会调节和控制自己的情绪

情绪是心理健康的窗口，在很大程度上反映了心理健康的状况。稳定而良好的情绪状态，使人心情愉快、轻松、安定，精力充沛，自我感觉良好，对生活充满信心。相反，一个人如果处在不良的情绪状态下，而自己又不会调节和控制，就会导致心理失衡和心理障碍。因此，要学会对情绪进行调节和控制。

（五）正确、科学用脑，培养有规律的生活习惯

心理健康与脑的健康密不可分，因此要养成良好的生活方式和习惯，学会科学用脑。保持大脑的优势兴奋，提高学习效率，主要取决于学生的自觉性和兴趣。有了自觉性，就能排除各种干扰，使学习的对象和内容始终保持清晰的程度，花费较少的时间和精力，获得最佳效果。良好生活习惯的养成，应结合学校、家庭和自身的实际情况，科学地安排起居、学习、锻炼、娱乐和休息等时间，形成生活有规律、有节奏，克服忙乱。这样，有利于提高学习和工作效率，有益于身心健康。

（六）提高对挫折的容忍力

现代社会的竞争比以往任何时代都激烈，谁也不能保证永远成功。相反，我们随时都可能遇到各种各样的挫折和磨难。心理学上把对挫折的适应能力，即受挫折后免于行为失常的能力，称为挫折的容忍力。在遭受到挫折、打击和坎坷等磨难时，一方面，要提高思想认识，正确对待挫折，不轻易产生悲观、动摇和畏难心理，而是承受困难和压力，提高对挫折的容忍力；另一方面，要冷静思考对策，学会一些应付挫折的方法，特别是在遇到各种意想不到的打击和突如其来的灾难及不幸时，处变不惊，泰然处之，即使深陷困难之中，也能用乐观、自信的态度和顽强的意志力去征服困难，走出困境。

（七）多找朋友倾诉

在生活、学习和工作中，经常会碰到许多不尽如人意的事情。当遭遇到挫折而感到心情烦闷抑郁的时候，如果与朋友交谈，倾诉自己的不快，发泄自己的不满，压抑的心情就可能得到缓解，烦闷的情绪就可能得到疏导。弗兰西斯·培根曾说："如果你把快乐告诉一个

朋友,你将得到两个快乐;而如果你把忧愁向一个朋友倾诉,你将被分掉一半的忧愁。"在与朋友的交谈中,你可以得到他们的情感支持和理解,获得认识和解决问题的思路,增强克服困难的信心。

(八)发展兴趣爱好,学会自我娱乐

美国人说:"光学习不玩耍,聪明的孩子也变傻。"一个人如果有多方面的兴趣爱好,可以进行自我娱乐,调节自己的情绪,使自己的生活更加丰富多彩。在你感到寂寞孤独、烦闷抑郁的时候,它可以帮助你从不良的情绪状态中转移到其他事物上;当你学习紧张、工作有压力的时候,它可以帮助你缓解紧张的情绪和压力,振奋精神,使身心得到有益的休整和放松。打球、唱歌、跳舞、弈棋、集邮、绘画等,没有固定的进度和要求,不以获得分数为目的,而是以兴趣为主,通过这些活动,可以使由于繁重学习而造成的紧张心情得以松弛,个人的兴趣、特长有机会得到发展,从活动中获得一定的满足和愉快之感,从而有益于学生的身心健康。

(九)积极参加社会活动,主动与人交往

古人曾说:喜欢孤独的人不是野兽便是神灵。人的社会性决定了我们必须生活在社会群体之中。在群体中通过交往活动,人们可以交流信息、思想和情感,从而得到对他人的认识和理解,以及他人对自己的看法,获得他人的关心、支持和帮助。因此,参加社会活动可以使人感受到充足的社会安全感、信任感和激励感,从而大大地增强生活、学习和工作的信心及力量,最大限度地减少心理障碍和心理危机感。所以,为了维护自己的心理健康,必须积极参加社会活动。参加集体活动,主动与人正常而亲密地交往,可使学生体验到集体的温暖、同学之间的情意、生活的乐趣,从而使自己心情舒畅、精神振奋,在心理上产生安全感,有益于身心健康。

(十)加强体育锻炼,保持身体健康

"健康的心理来自健康的身体。"心理和身体,乃是整个人体不可分开的两个方面,彼此相互制约,相互促进。健康是快乐之源头,一个人如果失去健康、病魔缠身或失去常态时,经常受到病痛困扰,心理功能也会随之发生改变。美国的心理研究人员曾研究人处于半饥饿状态下的行为,发现被试者在心理功能方面有显著改变,其态度冷淡,不善与人交往,易于激动,趋于怀疑。同样,心理方面的障碍和异常,也会影响身体健康。人的情绪长期处于紧张状态,使身体的某些器官功能不能保持常态,甚至造成机体的损害。可见,身体和心理紧密联系,相互影响,相互渗透。因此,要保持和增进心理健康,就必须坚持锻炼身体,在运动场上求健康,从健康中得到快乐;而且,体育锻炼本身就是人体的调节器,锻炼不仅使人精神振奋,心情愉快、轻松,而且对增强体质、提高抵抗疾病的能力、保持健康的身体有积极作用。

(十一)开展心理咨询

提起心理咨询,学生对其的理解可能有一些差异。有的人可能认为它不过是近似朋友之间的聊天;有的人可能觉得它是政治思想工作的又一种形式;有的人甚至认为只有病人才去心理咨询。其实,心理咨询对学生健康成长的作用是巨大的,当人们无法通过上述方法解决心理问题时,就要进行心理咨询。心理咨询是一种由受过专门训练的专业人员向来

访者提供心理学帮助的过程。来访者就自身存在的各种心理不适或心理障碍,向具有专业技术的心理咨询员述说、询问和商讨,在其支持和帮助下,就有关问题进行共同的探讨和研究,找出问题的症结,寻求摆脱困境、解决问题的途径和对策,从而恢复心理平衡,提高对环境的适应能力,增进身心健康。

第三节 社会适应与健康

一、现代社会的主要特征

21世纪科技的发展将会更加迅速和快捷。人类正步入知识经济时代,往往将发端于"3C"(Computer,Communication,Content)后来进一步发展为"三化"(即数字化、网络化、信息化)的信息革命作为其特征。数字化是技术特征,网络化是实施途径,信息化是目的或结果。因此,以多信息、新知识、高智力、新技术为主要内容的无形资产投入越来越得到认识和重视。想要在21世纪占有一席之地,就得重视科技和教育,加快知识更新的速度,对人的要求以及对教育终身化的要求也越来越高。

二、人才是现代社会的生命,健康是现代社会的基础

社会的变迁和发展,对人才的要求也随之发生变化。现代社会发展对人的要求可归纳为:健壮的体魄、高超的智能、良好的心理因素、高尚的职业道德和协作精神。由此,可以看出健康的内涵已经明显扩大,即从生物观点扩展到心理学、社会学的范围。人才是现代社会的生命,健康是现代社会的基础。现代健身跑的创始人、法国医学博士范·阿肯说:"在我们这个社会,只要有了钱,就可以买到你想要的一切。但只有一样东西你买不到,这就是健康。健康得来需要付出一定的代价——顽强的意志,克服贪图安逸的惰性,艰苦锻炼和流汗。"另一位法国医学家蒂素曾经说过:"运动的作用可以代替药物,但所有的药物都不能代替运动。"

三、社会适应的健康标志及意义

"适应"本身是一个心理学名词,即顺应的意思,其实质是人们为了生存而与环境之间发生的调节活动。要很好地适应社会环境,有两种方式:一是改造环境,使环境合乎人们的要求;二是改造我们自己,去适应环境的需要。实际上,社会适应是指对社会环境中的一切刺激能作出恰当正常的反应。

人是有着丰富情感和独特个性的特有思维能力的心理人,从本质上而言,人是社会人,在社会活动中扮演着各种各样的角色。每个人总是在复杂的社会环境中生活,而非生活在真空中。因此,人们对社会环境的适应情况不仅表现在对自己、对社会的态度上,而且还表

现在与他人和社会建立联系的方式和程度及对各种事物的处理上。

社会不适应症会给人带来心理上的烦恼,使人持续出现焦虑、压抑、愤怒、狂躁等不良情绪的反应,最终可使人体的免疫能力降低,从而导致疾病发生的可能性进一步提高。

因此,为了能够适应社会,应注意以下几个方面:

(1) 主动接触现实

对社会现实生活保持良好的接触,不回避现实,主动面对现实生活中的各种挑战。必须从实际出发,正确认识客观现实,不逃避现实,也不做无根据的幻想,从而把自己置于各种事物之中,了解它,掌握它,并进一步改造它。

(2) 积极调整,选择对策

当个人需要与社会现实矛盾时,能充分发挥主观能动性,积极妥善处理环境与自身的关系,创造条件使自己始终处于有利环境中。从主观上要采取积极态度,不是消极等待;在选择对策上应当审时度势,有条件时选择改造环境的条件,无条件时选择改造自身的办法,这样才能既不想入非非,又不自暴自弃,从而找到最佳方案。

(3) 采用心理防御措施

不论改造环境还是改变自己,都要有一个转变和考虑的过程,在这个过程中,往往会有某种困扰,为解决这种窘境,不妨采用心理防御,达到解脱的目的。

(4) 保持身心健康

人在生活中除了需要营养、体育锻炼、休息等生理方面的满足外,也需要通过家庭、友谊、支持、理解、尊重等获得心理方面的满足。在日常工作中,和谐的人际关系是生命的滋补品。为了提高人的生活质量,应该培养和提高处事、做人的能力。

(5) 加强体育锻炼

通过体育锻炼可以接触更多的人和事,通过运动与人的交往,增强大脑兴奋与抑制的调节功能,改善神经系统,使人忘却烦恼和痛苦,消除孤独感。锻炼可以唤醒人们的精神情绪,使人精神振奋,心情轻松、愉快,可以提高人们焕发青春的激情,并能提高自己的社会适应性。

四、体育锻炼与人际交往

(一) 体育锻炼的含义

体育锻炼是实现体育目的、任务的基本途径之一,是运用各种体育手段,并结合自然力(日光、空气、水)来锻炼身体,以增进健康、增强体质为目的的体育活动过程。体育锻炼对促进人体生长发育和形态结构的发展、培养健美体态、提高机体工作能力、消除疲劳、调节情感,以及预防与治疗某些疾病等,都有重要意义。从遗传与变异的观点来看,体育锻炼对改善与提高人的体质有重要作用。体育锻炼的特点是涉及面广,各种年龄、性别、职业和健康状况的人,都可根据不同情况和要求参加适当的锻炼;形式与内容灵活多样,应因人而异,循序渐进,持之以恒,注意适宜的负荷和锻炼价值、效果。

(二) 人际交往的含义

人际交往是指人与人之间的一种心理和行为的沟通过程。它是人类之间最基本的交往,也是人的一种需要。交往无论是对我们的学习、工作还是生活都具有重要的意义。我国著名心理学家丁瓒认为:人类的心理适应,最主要的就是对人际关系的适应。据对学生的心理调查,发现有关人际关系的问题较为突出,甚至影响了他们在学校的生活和学习,严重的导致休学和退学。人类的心理疾病,主要是由人际关系的失调而来。学生在社会化的活动过程中,要学会正确处理人际关系。学会人际交往这一最基本的生活技能,无疑是非常重要的。

(三)人际交往的功能及意义

人际交往作为人类必然会出现的社会活动,具有如下几方面的作用和意义:

(1) 交流信息

人际交往是迅速获得信息的方式之一。对于学生来说,交往不仅能加强互相联系,而且也能获得一定的知识。同时,交往可以使我们思维灵活,想象丰富,视野扩大,增加信息来源,提高对信息、知识的了解和鉴别能力,有助于事业的成功。

(2) 调节情感,有益身心健康

人际交往可以调节人的情感,联络彼此的感情。交往是维持心理健康的基本条件。若人际关系和谐,人们相互理解、支持,大家经常处在愉快的情绪状态中,积极的情感交流能加强人们的亲密感,增进友谊,增强人们的安全感和力量感,为心理健康创造条件。研究表明,同宿舍关系融洽的学生,心理健康程度高,心情舒畅,乐于交往和助人。当人们遇到不快的事情,产生烦恼、郁闷时,可通过人际交往,转移和发泄不良的情绪,谨防心理压力,恢复心理平衡,从而达到身心健康的目的。

(3) 提高自我评价的能力

人际交往是个体自我认识的途径,不但有助于个人走向社会、适应社会,也有助于自我完善和自我提高。自我评价是自我认识、自我发展、自我实现的必要手段。正确的自我评价能力,对自身的言行有重要的调节作用。只有正确认识自己和周围的环境,才能形成良好的自我形象,并塑造完美的人格。

(四)人际交往的原则

学生在学校期间,要建立良好的、多层次的、多侧面的人际关系,需在人际交往中注意以下原则:

(1) 平等与尊重

平等与尊重是人与人之间建立情感的基础,也是人际交往的第一基本原则。人们虽然在能力、气质、性格等方面各不相同,并因社会分工而具有不同的身份、地位,但是在人格上是平等的。

(2) 诚实与守信

诚实和守信是中华民族的美德,也是人际交往的核心。与人交往要心胸坦荡,只有以诚待人,才能建立互相信任的关系,并结成深厚的友谊。在现代化的今天,诚信是许多成功人士、成功企业的立身之本。

(3) 宽容与忍让

宽容和忍让也是一种优秀品质。尊重别人,要能容忍别人的缺点和不足,原谅别人所

出现的一些失误,不去无端议论、指责别人,更不诽谤污蔑别人。宽容和忍让能消除误会,化解矛盾,避免人际关系的紧张。

(五) 人际交往的艺术

学生最终要走向社会,适应社会,接受新的挑战。而对社会的适应,主要是对人际关系的适应。所以,要使社会尽快地接受自己,就要学会和掌握人际交往的方法和技巧。人际交往也是一门艺术,掌握得当,有助于改善人际关系,增进人际吸引力,保证身心健康和事业成功。

(1) 给人留下美好的第一印象

社会心理学的研究表明:首因效应在人际交往中有心理定势作用。第一印象是人们初次见面后给人留下的印象,它往往是鲜明而强烈,深刻而持久的。所以,我们在与人交往时,要给人留下美好的第一印象。

(2) 学会沟通、倾听、赞扬、微笑

良好的交往关系取决于相互了解,而相互了解又取决于彼此沟通。与人交谈时,要耐心倾听,不随意打断别人的谈话,让对方尽量陈述意见和事实。人们总是倾向于喜欢那些在心理上能给自己带来快乐的人,我们要想得到他人的认同,首先必须喜爱他人,赞赏他人。人们一旦受到别人的夸奖,心理就会感到满足,从而对此人产生心理上的接近和好感,因而也就减少了相互间的摩擦和人际关系的紧张,达到情感的互动,为良好的人际交往提供了心理条件。适时适度地赞扬别人是人际关系的润滑剂,赞扬能释放出一个人潜在的能量。有人说,微笑会使你的相貌更加动人,微笑会使你的声音更有魅力。你的微笑会从别人那里换回更多的微笑,而别人的微笑会使你的心情更加舒畅。微笑的力量是巨大的,它可以消除误会,化解矛盾,使紧张的气氛缓和下来。微笑应该是真诚的,发自内心的。若要发出真正的微笑,就应从提高自己的素质、培养爱心做起,因为人们对微笑的判断往往是很准确的,是不易被欺骗的。

五、竞争精神、团队协作精神与体育锻炼

21世纪人类面临的将是一个既互相竞争又越来越依赖的复杂、多变的世界。现代人必须具备坚韧不拔的意志,艰苦奋斗的精神,积极乐观、奋发进取等良好的心理品质。体育具有满足群体自然交往的功能,运动竞赛就体现出一种弥足珍贵的社会意义——维护人类和平。

(一) 未来社会对人的要求

未来的社会将是一个高度自动化、高效率、直接劳动人数少、工作分散化和家庭化、劳动强度不断降低、休闲娱乐时间不断增多的社会。生产方式的突变,体力劳动处理的环节减少,人类的体力不再是生产力的重要衍生因素,这必将导致体育需求方式的彻底变革。学生在学校学习知识,毕业以后要用知识促进经济发展,并且要"学会生存",为自己创造良好的生存空间。社会对体育提出了比增强体质更高的要求,即树立健康第一的长远目标。

(二) 体育精神的作用

体育将和人的健康、幸福生活更加紧密地联系起来,它不仅是一种强身健体的教育方

式,也是一种通过扩大消费需求来促进经济增长的生产方式,甚至还可以是一种给人民极大快乐和精神享受的准艺术形式。当一个群体开始奋起之时,国家可以利用体育作为强有力的、直接的宣传鼓动工具,使之成为振奋民族精神、掀起爱国主义热潮的巨大动力。一次重大国际比赛的胜利,使千万人乃至整个民族、国家沸腾起来,使民族精神得到升华,爱国激情得到张扬,民众之心联成一体,体育为国家的腾飞、民族的昌盛提供精神力量。

(三) 竞争意识

竞争意识是现代人必备的素质,是体育的特性之一。在体育领域里,始终贯穿着竞争和向上的精神。许多发达国家十分重视个人的体育经历。美国不少知名的大企业家和成功人士均或多或少有体育经历。许多公司在招聘人才时,在条件基本相同的应聘对象中,优先录取有体育经历者。日本著名企业家松下幸之助也曾表示,他成功的秘密是善于用人,他把人分为3种类型:文人型,善于思考;武士型,敢打敢冲,有开拓能力;运动员型,有竞争精神。一个人不可能同时具备这3种类型,因此必须把这3种类型的人结合在一起,尤其需要运动员型的人才,能够在企业中形成一股很强的竞争力量。

(四) 团队协作精神

管理学家斯蒂芬·罗宾斯认为:团队就是由两个或者两个以上的,相互作用、相互依赖的个体,为了特定目标而按照一定规则结合在一起的组织。任何团队的组成,都建立在有共同的心理倾向和奋斗目标以及一致的行为方式的基础上。体育是展示人的身体运动能力、追求操纵躯体达到极限水平最重要的方式。它显示了灵与肉的永恒冲突,凝聚了人类的竞争、创新、奋发、向上的卓越品质。体育虽然是一种锻炼身体的方法和手段,但它根据不同时代、环境的需要也会产生不同的效果。大到国家,可以通过顽强拼搏的竞争精神、团结协作的团队精神振兴一个民族,使整个民族为国家的荣誉而奋斗。小到学校、系、班集体,通过竞赛可以形成很好的内聚力,内聚力是团结协作的吸引力和对集体的向心力相结合而形成的凝聚力。内聚力越强,就越能提高人们对集体利益的自觉性,从而促进集体的巩固和发展,保证步调一致。体育运动就是通过这种竞赛形式,表现出人际关系和谐和相互间的默契协调,最终形成一种团结的力量和奋发向上的进取精神。

思考题:

1. 什么叫健康、亚健康,简述健康有哪些标志?如何走出亚健康?
2. 影响健康的因素有哪些?简述大学生的基本健康行为。
3. 何谓心理健康和心理障碍?
4. 心理障碍产生的原因及表现是什么?怎样维护自己的心理健康?
5. 团队协作精神和竞争精神与体育锻炼的关系是什么?

金凯、张惠红

Chapter 3

第三章
学校体育教育

大学生历来有对各种事物寻根究底的品质,更多的人渴望从理性上认识体育、了解体育。因此,熟悉学校体育概况,明确高等学校体育的目标及组织形式,可帮助大学生树立现代体育价值观,构建在校期间的体育自主锻炼模式,为终身从事体育锻炼奠定理论基础。

第三章 学校体育教育

第一节 国内外学校体育教育的历史过程

一、国内学校体育教育的历史过程

体育是教育的重要组成部分，作为社会的一种文化现象，它有着令人神往的历史。在人类上下五千年的文明历程中，追溯体育的发展轨迹，了解学校体育的过去与未来，自有一番乐趣。

中国古代字典中没有"体育"一词，而与体育意义接近的词却有几个，如"养生""导引""武术"等。与体育相反，"大学"一词古已有之。在《礼记·文王世子》中郑玄注引董仲舒曰："五帝名大学曰成均。""成均"以乐教民，包括舞在内，是三皇五帝时期教育的一大形式。

我国古代学校出现于奴隶社会，夏代已有称为"校""序""庠"的不同的学校；商代出现了"大学"和"庠"两级施教的学校教育；西周时又分为"国学"和"乡学"两种，学校教育的内容包括礼、乐、射、御、书、数，射、御在当时属于军事技能，已具有体育的性质；到了春秋时期，"六艺"成为修身、入仕的必备课程。这些学校都是为奴隶贵族设立的，是培养统治者和官吏的学校。同时，中国古代有一些体育活动是以游戏娱乐的方式开展的，比如击壤、蹴鞠、击剑、扛鼎、举石等，都是在游戏或者表演中锻炼人的意志品质。但是从西汉到清朝末年受儒家思想的影响，重文轻武，学校体育未能在学校教育中取得应有的地位，体育竞赛在礼仪的节制下主要是培养按礼仪行事的习惯，并以礼仪来制约心理，抑制人们争强好胜的天性。《论语·寄氏》中就指出："及其壮也，血气方刚，戒之在斗。"中国古代人民认为身体运动可以调和血脉，病不得生，只有清心寡欲、品德高尚才能健康长寿，所以提倡以体育运动来达到修身养性的功效。

小贴士

蹴鞠的起源

众多资料表明，中国古代足球的出现比欧洲更早，历史更为悠久。我国古代足球称为"蹴鞠"或"蹋鞠"，"蹴"和"蹋"都是"踢"的意思，"鞠"是球名。"蹴鞠"一词最早载于《史记·苏秦列传》，苏秦游说齐宣王时形容临淄："临淄甚富而实，其民无不吹竽、鼓瑟、蹋鞠者。"汉代的《西京杂记》《盐铁论》《蹴鞠新书》《刘向别录》中都有关于蹴鞠的记载。三国两晋南北朝时，蹴鞠之习依旧流行未衰。唐代时，蹴鞠仍是一项很普遍的运动，杜甫有诗曰："十年蹴鞠将雏远，万里秋千风俗同。"1958年7月，国际足联前任主席阿维兰热博士来中国时曾表示：足球起源于中国。当然，由于封建社会的局限，中国古代的蹴鞠活动最终没有发展成为以"公平竞争"为原则的现代足球运动。这个质的飞跃是在英国完成的。

鸦片战争后,中国人民为反对侵略、反对封建统治,不断进行起义,推出了一系列的改革措施。在教育方面,主张学习西方,开办新式学堂。中国学校体育发端于1903年清朝政府颁布的《奏定学堂章程》,这是中国近代史上第一个正式面向全国学校颁行的法令性文件,在它的规定下,"体操科"进入了高等学堂。该章程不仅对大、中、小学校体操科的课程设置作了规定,而且对体育科的目的、内容作了一些简要说明。从小学到高等学堂都要设体操科,每星期必修2小时或3小时,其教学内容以德、日等国的"兵式体操"和普通体操为主,从而使中国近代学校教育首次出现了体育课程和体育活动。清末,兵操和体操在高等学堂的推行,除了受到官方文件的支持外,还受到当时"军国民教育思想"的影响。但是,由于学堂多以兵弁充任体育教师,这些临时教员作风粗野、好施体罚,加之兵操形式呆板、内容枯燥,很快引起学生和社会的不满与愤慨。

"新文化运动"使我国学校体育进入了一个新的发展时期,在军国主义已不合时宜的大势下,以及在一些留学返国的有识之士的口诛笔伐之中,"兵式体操"逐渐废除。1923年《新学制课程标准》的公布正式将"学校体操科"更名为"体育科",将当时的兵式体操改为球类、田径、游泳、普通体操等近代体育项目的内容,这是我国体育史上的一个里程碑,体育教育规律和方法的不断改进使之出现了"三段教学法""单元教学法""分类教学法"等方法。由此可见,经过20年的政治变迁并受西方思想的影响,我国高等学堂的体育才"名正言顺"。

民国时期,国民党政府一度为加强学校体育的管理成立了学校体育的领导机构,并颁布了不少学校体育法令。1936年颁布了《暂行大学体育课程纲要》,该纲要对高等学堂体育课教学时数、教学内容、课程标准、实施方案作了具体规定和说明。1940年3月公布的《各级学校体育实施方案》,是我国近代史上第一个比较全面的学校体育实施方案。由于国民党政府腐败,学校经费不足,很多规定和方案都成为一纸空文,体育课以"放羊式"教学为主,课外体育活动以"选手体育"为主,从而逐渐形成学堂学生体育无人问津,体育锦标主义泛滥成灾,高等学堂体育坠入半封建半殖民地的泥潭。

从1903年的《奏定学堂章程》至中华人民共和国成立前,我国高等学堂体育经过四十多年的惨淡发展,完成了近代体育思想和体育教学方法在高等学堂的传播与实施,表现出了初创时期的幼稚与无奈。

1949年10月1日,中华人民共和国的成立揭开了中国历史崭新的一页,学校体育也进入了一个全新的发展阶段。高等学校体育在批判新中国成立前影响我国体育的形形色色的资产阶级教育思想和改造旧中国体育教学不良风气的前提下,接受凯洛夫的教育思想,全面学习苏联有关体育教学的理论,从而结束了中华人民共和国成立前高等学校体育混乱无章的局面,我国高等学校体育进入了树立自我的定型时期。1950年和1951年,毛泽东主席两次作出"健康第一"的指示,并在1951年7月中华全国学生第15届代表大会中提出"要积极开展学校中的体育和文化娱乐活动,努力改进全国学生的健康状况,要使每一位同学都具有强健的体魄,能够胜任紧张的学习和繁重的工作"。1952年,教育部和国家体委联合颁布了《学校体育工作暂行规定》,明确了我国学校体育的基本目标是"促进学生身心发展,增强体质,并对学生进行道德品质教育,使他们能很好地完成学习任务,从事社会主义建设和承担起保卫祖国的重任"。为了达到这一目标,1952年,教育部颁布的《各级各类学校教育计划》中正式规定,从小学一年级到大学二年级均开设体育必修课,每周2学时(大学体育规定一直沿用至今)。同时,1952年,由当时的南京工学院(现为东南大学)的部分体育教师赴上海创立了中国历史上第一所体育学院——华东体育学院(1956年改为上海体育学院)。1951年制定和实行了《体育锻炼标准》,在此基础上,1954年制定并公布了《准备劳动与卫国体育制度》(简称《劳卫制》),它的实施激发了学生有组织、有计划地参加体育锻炼,增进健康,提高学习效率,对推动当时的体育教学改革起到了积极的作用。

在1958年"大跃进"和"三年困难时期",受"左"的思想干扰,出现了以劳动代替体育、盲目追求目标体育等错误做法,学校体育课和课外活动被迫减少或停止,学生体质普遍下降。"文化大革命"期间,在"怀疑一切、打倒一切"的口号声中,高等学校体育所建立的一套行之有效的制度、原则和方法被一律视为"封、资、修"的东西,横遭批判,惨遭砸烂,教学秩序一扫而光,体育课再现"放羊",我国高等学校体育陷入了无所适从的变型时期。

粉碎"四人帮"后,尤其是党的十一届三中全会以后,我国高等学校体育昂首阔步进入了恢复教学的整型时期。1979年5月,在扬州召开的"全国学校体育、卫生工作经验交流会"(简称为"扬州会议")标志着我国学校体育、卫生工作开始进入科学管理阶段。同年10月,教育部和国家体委联合下发了《高等学校体育工作暂行规定(试行草案)》,对学校体育工作的基本任务、内容和学校体育工作成绩的评定作了明确规定。1979年,教育部颁发的《高等学校普通体育课教学大纲》规范了体育课程,这些规定都为高等学校体育的拨乱反正起到了中流砥柱的作用。

改革开放以来,我国高等学校体育在党的基本路线指引下,更加显示出一片光明。1990年,国家教委、国家体委联合颁发了《学校体育工作条例》,再一次规定了学校体育工作的基本任务:增进学生健康、增强学生体质;使学生掌握体育基本知识,培养学生体育运动能力和习惯。同年,国家教委还颁发了《大学生体育合格标准》和《大学生体育合格标准实施办法》作为促进大学生德智体全面发展的教育手段、接受体育教育的个体评价标准和学生能否毕业的必备条件,为鼓励学生经常锻炼身体、不断提高体质、提高自我保健能力和健康水平提供理论支撑。1999年,《中共中央、国务院关于深化教育改革,全面推进素质教育的决定》指出:"健康体魄是青少年为祖国和人民服务的基本前提,是中华民族旺盛生命力的体现。学校教育要树立健康第一的指导思想,切实加强体育工作。"这一系列规定表明了党和国家对大学生体质状况和健康状况的高度关心,其有效实施与推行,使我国大学体育跨入了锐意创新的转型时期。2002年7月,由教育部和国家体育总局联合下发的《学生体质健康标准(试行方案)》(2004年更名为《国家学生体质健康标准》)开始在全国各类高校中实施,进一步落实了"健康第一"的指导思想。随着人民生活水平的不断提高,2007年4月,教育部、国家体育总局、团中央联合下发了《关于全面启动全国亿万学生阳光体育运动的通知》,号召全国青少年学生走向操场、走进大自然、走到阳光下,积极参加体育锻炼。同年5月7日,中共中央、国务院联合下发了《关于加强青少年体育增强青少年体质的意见》(中央7号文件),清醒地认识到目前学校片面追求升学率,出现重智育轻体育的倾向,学生的课业负担重,休息和锻炼时间严重不足,应切实将提高学生体质作为当前学校教育的重要任务,全面提高学生的身体素质,学校体育工作步入了一个全新的发展阶段。2016年5月6日,国务院办公厅下发了《关于强化学校体育促进学生身心健康全面发展的意见》,明确说明强化学校体育是实施素质教育、促进学生全面发展的重要途径,对于促进教育现代化、建设健

康中国和人力资源强国,实现中华民族伟大复兴的中国梦具有重要意义。

二、国外学校体育教育的概貌

第二次世界大战结束以后,尤其是新技术革命和"第三次浪潮"以来,许多国家认识到,科学技术的竞争归根到底是人才的竞争。因此,他们对教育目标和人才培养倾注了更多的精力,由此也引发了教育思想的革命和著名教育家的产生。伴随着这一过程,许多国家的高等学校体育教学也体现了自己的特色与个性。

1. 美国的高等学校体育

美国的高等学校体育教育重视发展学生的体力和身体素质,也注意培养学生的竞技能力。在美国,体育教育被认为是培养学生成为一个完整的人的重要手段,将终身健康意识贯穿于教育的始终。

美国没有全国统一的体育教学大纲,高等学校的体育教学项目繁多,学生可以自由选择所学项目和施教老师。教育的理念是使学生能够自由、全面的发展。

美国高等学校体育的教材之间缺乏有机的联系,教材讲求实效而不追求连贯,教学中强调发展学生个性,以学生兴趣为中心安排教学内容。他们强调,只有给予学生与当前生活相适应的技能才能自由发展,充分体现了生活本位的教育理论。

近些年来,美国的体育理论家提出,美国的体育教学应充分体现娱乐性、选择性、社会使用价值和个性发展。这表明,美国的高等学校体育教学正以美国的方式进行改革和深化。

2. 日本的高等学校体育

日本的学校体育课程创建于1872年,当时称为"体术",翌年改为"体操"。日本的学校体育方针是培养学生成为"自主、民主的人",体育教学尤其重视学生体力的增长。

日本强调对大、中、小学体育教学的统一管理,文部省不定期对全国统一的体育教学大纲进行修订,大纲对教学目标的规定也体现大、中、小学的阶段性。

日本体育大纲规定,日本高等学校的体育教学目标是提高运动技术和竞赛能力,增强体质,有选择地进行锻炼。

日本高等学校体育教材具有多于中小学、难于中小学的明显特点,而且独立性运动项目占相当大的比重。

日本很讲究体育理论知识的系统教学。在日本,小学讲保健知识,初中讲体育知识,高中和大学讲体育理论,这是其体育教学的一大特色。在全世界范围内,从小学到大学,有关生理卫生知识和体育知识的"体育课"占有教学时数并进行考核的,只有日本一个国家。

3. 俄罗斯的高等学校体育

俄罗斯体育教学继承苏联体育教育的一贯思想,重视品德教育和知识技能的传授,并重视在教学中发展学生的身体素质。

苏联解体前,曾对学校体育的目的和任务做过4次修改,苏联的体育教育已经形成教材系统性和教学目标整体性的特色。

作为苏联主体的俄罗斯,现在其高等学校体育教学仍然沿袭旧制,即强调运动项目的文化价值,讲究学习和掌握各种运动项目的基本知识、基本技术和技巧。

在体育教学方式上,俄罗斯人比较机械,强调课程的结构、教学内容的计划性和连贯性,不太重视发挥学生的积极性。最近一段时期,由于意识到这些问题,俄罗斯在体育教学中提出了以控制论思想组织和运用体育教法的理论,并在体育教学中试行"能动教学法"。这反映出俄罗斯人依托苏联体育理论的优势,正在探索将现代科学理论运用于体育教学中。

4. 古巴的高等学校体育

古巴是世界体育竞赛圈中一支不可轻视的力量。古巴的女排队员,素有"黑色橡胶"之称。古巴在其他运动项目(篮球、棒球、田径)所获得的成就,也足以令许多大国汗颜。

古巴在国际运动竞技场上的不凡表现,归功于其大、中、小学体育教学的"金字塔"方针。

在古巴,政府对中小学体育课明确规定了两个目的:一是增进健康,提高身体素质,准备劳动卫国;二是寻找有体育才能的青少年,使他们的运动天赋得到充分发挥。

古巴的高等学校体育教学是对中小学体育教学的继承和发展,它以培养竞技能力和提高运动水平为中心,突出对重点项目的教学投入。

以上所举的几个国家的高等学校体育情况,基本上反映了目前国外高等学校体育的概貌。从中我们可以发现,一个国家的政治、经济、文化、教育背景,对该国高等学校体育教学的目的、方针、内容、方法有着重要的影响。因此,我们应从中寻求启示,取长补短,而不是盲目迷信,一切照搬。只有具备了这种认知,我们才不会在探索与创建中国特色的大学体育教学模式中迷失方向。

三、我国高等学校体育的未来展望

21 世纪是一个知识密集的信息时代,是一个充满竞争和挑战的时代,是一个各种文化融合的时代。因此,必然会对人才素质提出更高的要求。

身处 21 世纪,我国高等学校体育在回首过去、比较同行所获得的经验与教训的基础上,对即将面临的机遇与挑战充满了自信,但我们仍应清醒地认识到,高等学校体育在取得了人所共识的成就的同时,也存在着诸多令人困扰的问题。

1. 重新为高等学校体育定位

长期以来,体育教育中存在高等学校体育课程的目的、任务与中小学区别不明显,重点任务不突出,教学安排与中小学雷同,组织形式与中小学差异不大等问题,造成这些问题的原因是高等学校体育课程和教学的"定位"产生了偏差。为了改变现状,应该校准高等学校体育的重点目标,突出高等学校体育课程的个性,在内容上鼓励专项性学习,在形式上提倡俱乐部式的教学。

2. 提高体育教师的素质

目前,高等学校体育师资与教学要求的基本情况是"大致符合"而不是"完全符合",高等学校体育师资存在的主要问题是继续学习的意识不强,自身素质有待提高。为了适应教师水平提高的需要,高等学校体育教师应从更新自身的知识结构、提高个人的素质应从品格、治学、科研、教学、专业知识、综合知识、跨学科学习能力、竞争能力、协调能力和掌握操作工具的能力等10个方面去努力。

3. 优化高等学校体育的硬环境

高等学校体育离不开环境,没有环境便没有高等学校体育。创造和改善适宜的体育运动环境,有助于体育教学内容的选择和教学手段的实施,也有助于学生的体育锻炼与运动竞赛。目前,我国高等学校体育的硬环境不尽如人意,不论是教学、练习环境还是训练、竞赛环境,都有待进一步加强。优化高等学校体育的硬环境,首先要保证学生有充足的体育活动空间;其次要对体育场地的位置、朝向、布局、密度进行合理规划;第三是使体育场地尽可能多一点绿化,并避免水污染、空气污染、噪声污染和辐射污染。

著名历史学家保罗·肯尼迪曾在《大国的兴衰》一书中预言:21世纪全球发展的重心将转移到包括中国在内的亚洲新兴工业国家。怎样为腾飞的中国造就一大批拥有高素质的人才,以迎接历史的机遇,教育界已经对此进行了提纲挈领的回答。我们体育教育工作者对此的反应是:把握契机,以挑战者的姿态迎接挑战。因此,我们不但要宏观把握大学体育的发展走向,还要在微观上解决当前高等学校体育课程定位不当、教师素质欠佳、教学条件不足等问题。相信通过高等学校体育工作领域里的专家学者与广大体育教师的共同奋斗,在21世纪,我国高等学校体育将出现:

(1) 高等学校体育成为大学里的重点学科,科学的教育思想和准确的课程定位使它成为大学生踊跃参与的学习课程;

(2) 在现代教育理论的指导下,高水平的高等学校体育教科书、参考书、音像教材、体育理论的多媒体教学课件相继出台,高等学校体育成为一门严谨的学科;

(3) 高等学校体育教育模式不拘一格,但都兼顾到大学生的兴趣、运动偏好和体育基础,并且教育效果显而易见;

(4) 高等学校体育教师大多是受过研究生教育的高学历专门人才,他们知识全面、专长突出、热爱本职工作,真正成为大学体育工作的主体;

(5) 在科教兴国战略的指引下,高等学校体育与生命科学研究已经有机地结合起来,"科教兴体"在高等学校得到落实;

(6) 高等学校体育与社会"联姻"成为现实,双方的互补使学校体育和社区体育得到广泛开展;

(7) 高等学校体育的功能进一步扩大,它在体育教学、运动训练、竞赛管理、休闲娱乐、保健康复、体育开发等方面皆有令人刮目的表现,其中最典型的是,高等学校体育训练的高水平运动员代表国家参加奥运会;

(8) 高等学校对体育的投资有了改观,开发"人的体质"的投资受到多方面的重视,大学生人均体育经费得到了提高;

(9) 高等学校体育场馆的数量增加、质量提高,一些高等学校拥有能接纳高水平运动竞赛的场馆;

(10) 在高等学校体育的指导与陶冶下,我国大学生终于摘下"文弱书生"的帽子,成为新世纪高科技竞争群中的"强壮一族"。

第二节 高等学校体育教育的目的与任务

学校体育作为教育的有机部分,当前最重要的任务是贯彻落实"学校教育要树立健康第一"的指导思想,完成为新世纪培养具有健康体魄、"同现代化要求相适应的数以亿计的高素质的劳动者和数以千万计的专门人才"的目标。而作为培养高素质专门人才的高等学校,在新的历史时期被赋予的历史责任就更为重大,大学体育教育是传授体育文化、增强学生体质、提高学生身心健康水平和适应能力的有目的、有计划、有组织的教学过程。

一、高等学校体育教育的目的

大学体育是学生接受体育教育的最后阶段,在高等教育中,由于学校体育在培养全面发展的专门人才、发展我国体育事业、建设社会主义精神文明、培养人的现代社会意识中的作用越来越大,范围日益扩展,从而决定了它在教育中的重要地位。因此,高等学校体育教育的总体目的是:使学生了解体育与健康的基本知识;掌握自身从事体育活动的基本能力并拥有健康的体魄,培养学生终身进行体育锻炼的意识和体育能力;理解体育活动在促进人类健康中的作用,养成良好的体育锻炼习惯,增进身心协调发展;形成良好的体育生活方式,达到具有科学的体育素养,成为社会主义事业的建设者和接班人。

二、高等学校体育教育的任务

(一)增强学生体质,促进学生身心健康发展

增强体质、增进健康是高等学校体育教育的首要任务。这个任务体现了社会主义现代化建设对各类专门人才的要求,也是大学生顺利完成学业最基本的保证,是体育的本质与功能的科学反映。

健康水平和体质的强弱虽然受遗传因素影响,但可在后天环境中得以改善。科学研究实践证明,体育运动是影响体质的关键因素。组织学生参加体育活动,指导学生科学地进行身体锻炼,养成良好的卫生习惯,能促进学生塑造强健的体魄,提高身体素质和运动能力,促进生理机能和心理发展水平的提高。体质综合水平的提高增强了人体的适应能力和对疾病的抵抗能力,从而可使大学生保持健康的身心状态并顺利完成学业。

(二)掌握体育的基本知识,培养学生良好的体育意识,促进学生运动能力和习惯的形成

高等学校体育是中小学体育的继续,注重体育知识、能力和习惯的养成,既符合大学生的特点,也符合教育发展的规律。对身体锻炼形成的感性认知,一旦上升到对体育本质、身体运动规律等方面的理性认识,体育意识才能强化和持久,并形成终身体育观,才能成为大学生终身的财富,使其在一生中享受体育带来的乐趣。

大学生应系统地学习和掌握体育卫生保健和身体锻炼的方法、健康生活的基本知识、不同运动对身心作用的特点以及在生活工作中需要的基本活动技能。这些知识和技能不仅能促进大学生身心全面发展,建立终身体育观,同时使学生在走入社会后,能根据工作性质和年龄的变化,利用所学的基本技术,选择适宜的方法进行科学的身体锻炼,为适应社会工作和生活打下良好的基础。

(三) 提高运动水平,培养体育人才

高等学校是优秀青年人才集中的地方,并具备完善的运动训练的基础条件。应充分发挥高等学校的有利条件,在开展大学生体育活动的基础上,对有专项运动才能和潜力的学生进行课余系统训练,不断提高他们的体育运动水平,为我国培养体育后备人才作出应有贡献。这也是高等学校体育的重要任务。

提高运动水平是普及高等学校体育的有效措施。高水平的竞赛和表演是对体育运动最好的宣传,能吸引更多学生自觉参加体育锻炼,从而推动学校体育的普及。良好的训练水平是比赛获胜的基础,在比赛中获得优胜,也可以扩大学校的社会影响力和知名度。在当前国际体育交流中,四年一届的世界大学生运动会竞赛任务,已开始由各国各高等学校直接承办。因此,迅速提高我国大学生的运动技术水平,在国际舞台上展现当代中国大学生的精神风貌,为国争光,对树立我国高等学校的国际形象具有重要的意义。

(四) 进行思想教育,提高道德修养

我国宪法和教育法规规定,教育的任务是培养德、智、体全面发展的社会主义现代化事业的建设者和接班人。作为高等教育重要内容之一的体育,必须根据其自身特点,把思想教育和道德培养努力贯穿和渗透到整个实施过程中,实现育人的体育教育任务。

在高等学校体育实施过程中,始终要教育学生正确理解健康与工作、学习和生活的辩证关系,为社会主义现代化建设锻炼身体,树立正确的体育观。在各种体育活动中,培养学生遵守纪律、团结互助、勇敢顽强、开拓进取等良好品质,形成现代社会提倡和赞赏的体育作风和文明行为。培养学生的独立性、创造性和审美能力,提高其热爱美、欣赏美和表现美的精神境界,促进学生的个性发展。通过思想教育和道德品质的培养,增强大学生对体育的认识,逐步形成由身体到精神、个体到社会这种更高层次需要的动机,这对树立科学的体育观具有重要作用。

三、实现高等学校体育教育目的的途径

随着教育改革的深入,人们对教育的认识不断加深,素质教育在各级学校被大力推广。学生的健康成长直接关系到21世纪我国国民素质的提高,这是整个教育界面临的最大任务。

健康的人应是:体质良好——具有健壮的体格、良好的体能和较强的适应能力;素质全面——身体素质的力量、速度、灵敏度、耐力、柔韧性得到全面发展;身心健康——神经系统、呼吸系统、消化系统、循环系统、泌尿系统等机能协调发展,精力充沛、思维敏捷、态度积极、兴趣广泛、心胸宽广、情绪良好;道德高尚——敬业乐群、诚实谦虚、充满爱心、勇敢顽

强。《中共中央、国务院关于深化教育改革,全面推进素质教育的决定》中明确指出:"健康体魄是青少年为祖国和人民服务的基本前提,是中华民族旺盛生命力的体现。学校教育要树立健康第一的指导思想,切实加强体育工作,使学生掌握基本的运动技能,养成坚持锻炼身体的良好习惯。确保学生体育课程和课外体育活动时间,不准挤占体育活动时间和场所。举办各种各样的群众性体育活动,培养学生的竞争意识、合作精神和坚强毅力。"造就一个身心健康协调发展的人与学校体育的基本目的和任务有密切的关系,学校体育教育以它独特的形式和途径,为实现这一目标打下基础。

(一)体育课程

体育课程是我国高等学校教学计划的重要组成部分,被视为高等学校体育教育的中心环节,也是高等学校体育教育最基本的组织形式。它为确保高等学校体育教育的目的和任务的圆满实现提供了具体途径。

通过体育课程这种特殊的组织形式,使学生逐步树立正确的体育观念,了解体育的基本知识,掌握锻炼身体的基本技术,形成较强的体育意识,增强自身的体育能力,养成自觉坚持参加身体锻炼的习惯,接受潜移默化的良好品德教育,增强审美和创造美的能力,深刻领会体育教育与成才的内在联系,从生存、发展、享受等不同层次的需要上去理解体育给自身和国家、民族带来的好处。学以致用,勇于实践,充分理解体育课程目标与高等学校体育目标的一致性,把握参与体育课程学习的良好时机,努力完成体育课程的各项任务,自觉地使体育与运动进入自己的生活。

(二)课外体育活动

高等学校的课余体育活动是体育课程的延续和补充,是高等学校体育教育过程中不可分割的环节,它为实现高等学校体育的目的和任务提供了又一重要途径。课外体育教学是学校体育的基本形式,其目的在于增强学生体质,培养学生自觉锻炼身体的习惯,同时可以陶冶学生的情操,丰富学生的文化生活,发展学生的个性,对于完成不课程教学任务具有潜移默化的作用。

我国各高等学校都十分重视根据本校的实际状况和传统特点,因人、因时、因地制宜地开展多种多样的课余体育活动。改革开放以来,我国许多高等学校为了给课余体育活动加倍注入时代气息,在内容和形式上均有较大突破,已经收到令人满意的实效。

课外体育活动一般有以下几种形式:

1. 早操和课间活动

早操是学生清晨起床后进行的体育锻炼,是我国大学生作息制度的内容。早操可以使处于睡眠状态的各组织器官逐步过渡进入唤醒状态。清晨的身体活动能提高大脑皮层的兴奋度,加快血液循环,促进新陈代谢,为大脑工作的能量供应做好准备,使人以良好的身心状态进入一天的学习生活,有利于提高学习效率。

早晨是一天中进行各种活动的身心准备时间,人体各组织器官均处于抑制状态,所以早操活动时间不宜过长,活动量和强度应根据学生的个体差异而定,不要过大,防止造成身体疲劳而影响学习。活动内容可根据学生的兴趣和需要而多样化,有计划、有组织地长期进行。长期坚持早操是养成晨练习惯、形成科学的生活作息观念的重要途径。这既有利于

大学生的身心健康,也对他们走向社会以后继续保持良好的生活作息规律有帮助。

课间活动是在课与课之间的休息时间,在教室周围或附近的运动场进行轻微的身体活动,可呼吸室外新鲜空气,消除维持坐姿时身体局部肌肉、视听等感觉器官和大脑皮层的疲劳,调节精神状态,是一种脑力劳动后有效的积极性休息。课间活动时间短,可采用广播操、眼保健操、散步、韵律操等形式,使身心充分放松,从而以充沛的精力进入下节课的学习。

2. 课余体育锻炼

课余体育锻炼是高等学校根据《学校体育工作条例》的规定,在大学生一天课程学习结束后,有计划、有组织地进行的体育活动。大学生在完成每天的学业后,下午时间相对集中,充分利用这段时间,组织学生进行科学的体育锻炼,对增强学生体质、增进健康、丰富校园文化生活、促进学生个性的全面发展十分重要。

在组织形式上,可以以班级为单位,分组、分项目进行锻炼,也可根据学生的爱好以运动项目成立兴趣小组为单位进行活动,还可组织多种多样的校内比赛等。

在内容上,既要和体育课相互联系,巩固和提高课堂学习的内容,也要安排大学生喜爱和需要的各种现代运动项目。

在组织措施上,要充分发挥学生体育骨干的作用,建立必要的规章制度,重视安全教育,防止运动伤害事故的发生,合理安排体育场地器材等。

课余体育也是培养学生独立的体育锻炼能力的重要途径,特别是不开设体育必修课的年级,学生应通过课余体育锻炼,逐步掌握锻炼计划的制订、活动内容和锻炼方法的选择以及自我实施体育锻炼等技能,为终身体育奠定基础。

3. 课余运动训练

高等学校课余运动训练是利用课余时间,对部分身体素质较好并有某项运动专长的学生进行系统训练的一种专门教育过程。它是高等学校体育教育的一种主要组织形式,也是认真贯彻执行普及和提高相结合方针的重要措施。一方面,它肩负着提高运动技术水平、创造优异成绩、参与校际和国际交往、为校为国争光的光荣使命;另一方面,它又承担着指导、普及、促进高等学校体育运动蓬勃发展的艰巨任务。

第三节　21世纪大学生体育规格要求

在教师的引导下,主动参与高等学校体育的全过程;探索成才的客观规律,揭示体育的本质,明确高等学校体育的目的,昭示身心健康的具体途径,亲自体验参与诸多运动的无穷乐趣,构建自身全面发展的合理机制;更新观念,拓宽视野,掌握理论,勇于实践,努力使体育和运动成为自己生活不可分割的组成部分;促使自己在体力和智力上都得到和谐的发展,成为体魄强健、人格完整、知识渊博、才能卓越、心理健康、精力充沛的21世纪合格人才。这些应该是当代大学生的共同心愿。

但是,要把良好的愿望变为现实,必须认真接受和主动参与高等学校体育教育,并努力达到以下4项基本要求。

一、形成正确的体育意识

由于认识视角的差异，人们对体育意识的理解是不尽相同的，各自力图赋予它特殊的内涵。体育是一种复杂的社会现象，体育意识作为人们的大脑对这一现象的反映自然也是十分丰富的。用通俗易懂的方式可将体育意识表述为：人们对体育及其重要性的认识，以及由此产生的思想观念、心理活动的总和。

增强体育意识的途径有：

（1）对大学生来说，积极主动地投身于体育实践活动是形成和增强体育意识的首要途径，因为实践是意识的源头，体育意识是对体育实践的客观反映。

（2）增强体育意识有赖于大学生热心关注体育运动，努力探索体育世界的真谛。应明确个人所达到的层次，既受认识规律的影响，又受认识能力、兴趣、动机、需要、态度、情感体验和思想观念等诸多因素的制约。

（3）充分认识传播媒介对提高自身体育意识的重要作用。当今世界的传播媒介除了各种印刷符号之外，图文并茂、声色斑斓的图像把众多的人带入了多彩多姿的体育世界，促使人们去经历复杂多变的情感体验。许多大学生在满足了高尚的精神享受后，认识就会登上一个又一个新的台阶，会立即产生跃身实践、显示身手的直接动机，从而深刻地影响自身的体育实践活动。"我要锻炼"的意识和行为应运而生。

当然，我们还必须记住，在现代社会生活中，体育与商品经济和社会化大生产之间存在着极其密切的联系。体育中的竞争意识、参与意识、合作意识、奋斗意识、拼搏意识、创新意识、自强意识、交往意识以及健美意识等都是与商品经济所需要的各种意识息息相关的。从这里我们应更加深刻地体会到意识与跨世纪合格人才健康成长的内在联系。从这个角度上说，增强体育意识已远远超过了增强体质、增进健康的范畴。如果我们立足此点，升华、拓展、辐射人类社会这个多维的存在体，认真探索、理解和掌握其诸多构项的变换机制，把握和遵循其演进历程，在客观地确认人在其中的地位和作用的前提下，竭尽全力地增加自己对生活、对社会的适应性，争做21世纪强有力的竞争者，以立于不败之地，这应该是有作为的大学生现实而崇高的愿望。

二、提高人的基本活动能力

能力通常是指人在从事某种活动中表现出来的本领。人们最为重视的是智力。其实，智力也是一种能力，即人们认识客观事物和运用知识经验解决实际问题的能力。但是人们很少知道，人的任何一种能力都是在以下3个因素的相互作用下产生和发展变化的：第一是生理素质的基础，第二是教育培养的作用，第三是个人努力和实践的成就。从这个视角来看，人的任何一种能力都是相应的外在表现，其内在基础都有相通的构项，都应该是一个综合的概念。一个人相应能力的大小都受其德、智、体实际状况的制约和影响。所以，人的任何一种能力都不能仅看成是某个单一素质的因素，而均应视为人的素质整体构成部分中的一项。

在这里,我们有必要弄清知识和能力的内在联系。学习和掌握的知识通过消化和升华,转化为自身的各种素质,再经过丰富的实践活动,外显为多种能力。

(一) 人的基本活动能力

走、跑、跳跃、投掷、悬垂、支撑、攀登、爬越和涉水等人的基本活动能力,既是人们相应个性心理特征的反映,又是人们随意运动的具体表现。它们直接影响着人的活动效率与顺利完成的程度。基本活动能力强的人其实际活动效率相应较高,顺利完成程度相应较好;基本活动能力弱的人,其实际活动效率相应较低,顺利完成的程度相应较差;基本活动能力有缺陷的人,其相应活动必有障碍或没有效率甚至根本不能完成。由于诸多因素的影响,我国青少年的基本活动能力呈下降趋势,这与21世纪的要求形成很大的反差,这一现象应该引起全社会特别是当代大学生自身的高度重视。

(二) 提高人的基本活动能力的有效途径

在漫长的人类历史进程中,我们对体育与运动是形成和发展人的基本活动能力的良好手段和有效途径早已有深刻的认识,并在不断深化。立志成才的每一位大学生都应该树立"健康第一"的观念,认真参与体育课程学习,积极参加课余体育运动锻炼、休闲体育活动等多种形式和内容的体育运动,重视通过学校体育的全过程,努力提高自己的基本活动能力,为自身的全面成长打下坚实的物质基础。

(三) 优化智能结构

众所周知,需要既是人类社会的层序之源,又是人类个体的动力之源。同时,人的需要又是分层次的,人们满足自身需要总是逐级进行的,却又是永无止境的,人类社会因此才不断向前发展。

厚基础、宽专业、个性鲜明、社会适应能力和择业能力强、富于创造能力的德、智、体全面发展的21世纪合格人才,理应有他相应的最优化智能结构。对此,虽然说法众多,但是人们对智力5要素——注意力、观察力、记忆力、思维力和想象力和5种基本能力——独立获取知识的能力,独立分析、解决实际问题的能力,创造能力,口头和书面表达能力,社会与组织管理能力的培养已有了共识。但是,我们切勿忘记,人的一切活动都是在大脑指挥下进行的。对于每一个人来说,体育与运动在大脑的健全发育与良好功能、大脑的灵活性和均衡性、大脑潜能的开发与挖掘等方面起着独特的、不可替代的良好作用。

三、培养对体育的兴趣和习惯

(一) 兴趣是人们积极探究某一事物的认识倾向

人们总是对感兴趣的事物积极地探究,并常常带有情绪色彩和向往的心情。人们对体育的兴趣往往首先从多姿多彩的运动竞赛、运动游戏、身体锻炼和运动场馆、设施的关注开始的,通过对体育诸多的具体内容、方法、手段、设施的关注和向往,人们的认识就会逐渐集中地指向与体育有关的事物。

对体育的兴趣,首先是在人们对体育需要的基础上产生和发展的,因为需要的对象就是兴趣的对象。同时,我们还必须明白,在较低级的需要基础上产生的兴趣是暂时的,只有建立在文化和精神需要基础上的兴趣才是持久的,在需要得到满足后又会产生更加浓厚的兴趣。高文化层次的大学生理应将自己对体育的兴趣建立在高级需要的基础上,从学会生存、学会健康、学会做人、学会合作、学会创造的高度去立意。

(二)爱好是从事某种活动的倾向

爱好总是与活动紧密联系在一起的。有的大学生只对体育有观赏的兴趣,而没有积极从事体育活动的爱好,这样,很难使体育运动真正进入自己的生活,很难养成参与体育运动的良好习惯。

实践证明,人们对体育的兴趣一旦发展成为对体育的爱好,从事体育活动的积极性就会大大提高。当人们养成良好的体育习惯后,就可以轻松愉快地体验体育运动的无穷乐趣和它促进身心发展的诸多功能,其收益不可估量。

四、塑造强健的体魄

21世纪,千姿百态的大千世界更加瞬息万变。人们都以全新的视角审时度势,迎接挑战,众多的有识之士已深刻地认识到21世纪合格人才的丰富内涵;悟出了无论是一个国家、一个民族,还是每一个体,要想在强国林立的激烈竞争中立于不败之地,必须牢记健康第一的普遍真理;个体生命的健康存在是人全面发展的物质基础。因为人的一切活动都是在大脑皮层统一指挥下实现的,人的一切正常活动首先反映在大脑皮层机能的正常与协调上,人的一切不正常活动都是大脑皮层相应部位不正常反应的结果。人的健康发展的障碍与终止,意味着这个个体物质和精神发展的中断与结束。我们绝不能在失去了健康、影响了成才之后,才从切肤之痛中醒悟过来!

近年来,有人把德、智、体全面发展的21世纪合格人才的基本内涵概括为:知识+素质+能力+为人+精力充沛(身心健康)+创造,这是不无道理的。

增强体质、增进健康、努力塑造强健的体魄、挖掘自己的生理潜能和心理潜能,应视为我们接受体育教育的直接目标或称首要任务。它既受高等学校体育本职功能的制约,又充分反映现代社会对提高人类自身素质的现实需要,自然也是21世纪对合格人才的基本要求。

(一)高等教育阶段是塑造强健体魄的关键时期

大学生正处于青春后期和青年期,同化作用和异化作用基本平衡,生长发育日趋稳定,生理机能和适应能力发展到较高水平,是性发育成熟、生命活动旺盛、身心健康加速发展的关键时期。在此关键时期,必须十分重视通过科学的身体锻炼过程来促进和完成自身正常生长发育,全面发展身体形态、机能,努力提高身体素质和基本活动能力,增强对疾病的抵抗力和对环境的适应能力,谋求塑造强健的体魄。

(二)认真接受体育教育

高等学校体育教育的全过程应做到全员参与、面向全体学生、认真贯彻全面发展的教育方针,在教师的引导下,大学生主动、积极地学习和掌握体育与运动的基本知识、基本技能的过程,促进大学生获得参与运动实践的本领和掌握身体锻炼的科学方法。这是一个参

与运动、掌握知识、发展智力、增强体力、增进身心健康的综合过程。再加上高等学校校园文化、体育整体氛围的影响,树立正确的体育意识,提高体育基本能力,培养体育兴趣和习惯,塑造强健体魄的基本要求定会在潜移默化的高等学校体育教育过程中,通过教师的引导和学生自身的主动学习而达到圆满,从而真正体现体育教育促使个人受益终身。

思考题:
1. 进入21世纪,我国高等学校体育教育发展需解决哪几方面的问题?
2. 高等学校体育教育的目的和任务是什么?
3. 实现高等学校体育教育目的的途径有哪些?
4. 21世纪大学生的体育规格要求是什么?

张惠红、金凯

第四章
运动竞赛与欣赏

体育竞赛较之其他竞赛最显著的一个特点就是在众目睽睽之下进行,它要求"公开、公正、公平"。为此,体育竞赛不仅派生出它的竞赛组织,而且派生出它的竞赛办法。

现代社会生活中,我们每天都可以获得体育竞赛的消息,及时了解或参与体育竞赛已成为人们日常生活中不可缺少的一部分。校园休闲的时光里,体育竞赛常常是大学生的一个重要话题。因此,通过对体育竞赛本身的认识更好地去观看比赛、欣赏比赛,也就成为丰富我们体育文化素养的一个方面。

第一节 运动竞赛

一、运动竞赛的意义、特点

(一) 运动竞赛的意义

运动竞赛是以争取优胜为直接目的、以运动项目为主要内容、根据一定的规则进行个人或集体的直接对抗运动。它要求个人或集体在竞赛中发挥最大的人体机能潜力,进行人体各种能力极限水平的竞赛。运动竞赛的结果是变化莫测的,它决定于多种因素的激烈较量,有技术、战术、身体素质、心理、智力以及现代科技水平。

(二) 运动竞赛的特点

1. 运动竞赛的特点包括:
(1) 具有激烈的对抗性和竞争性;
(2) 在特定执法人的监督下,按各自项目的竞赛规则进行;
(3) 不受社会制度的约束和不同语言障碍的限制;
(4) 参赛者往往代表一个个体、一个单位、一个组织或一个国家,并在角色和位置上有明确的分工;
(5) 运动竞赛的结果被集体、社会乃至全世界所承认。

2. 运动竞赛是实现我国体育目的和任务的基本途径之一:
(1) 通过竞赛可以宣传体育运动,吸引和鼓舞人们参加体育锻炼,从而推动群众性体育活动的开展,促进和提高运动技术及人们的健康水平;
(2) 运动竞赛有利于增进团结和友谊,培养勇敢顽强、奋力拼搏、集体主义和爱国主义的优良品质;
(3) 运动竞赛可以调节和陶冶人们的情操,对建设社会主义精神文明和丰富、活跃人们的业余文化生活有重要意义;
(4) 通过运动竞赛可以检查体育教学和运动训练工作的质量,有利于改进体育教学和运动训练,发现和培养优秀的体育人才;
(5) 通过参加国际、国内的竞赛活动,不仅增进了运动员及各国人民间的友谊,同时竞赛可使运动员切磋技艺、互相学习、取长补短,有利于运动水平的提高。

第四章 运动竞赛与欣赏

小贴士

NBA 介绍

美国职业篮球联赛(National Basketball Association,NBA,中文简称"美职篮")于1946年6月6日在纽约成立,是由北美30支队伍组成的男子职业篮球联盟,是美国四大职业体育联盟之一。汇集了全世界顶级的球员,是世界上水平最高的篮球赛事。

NBA 的30支球队分属两个联盟:东部联盟和西部联盟,每个联盟由3个赛区组成,每个赛区有五支球队。

NBA 比赛分为常规赛和季后赛。常规赛采取主、客场制,每支球队在每个赛季中都要进行82场常规赛,各球队相互间的比赛场数不等。同一赛区的球队之间进行4场比赛;同一联盟不同赛区的球队之间进行3到4场比赛;不同联盟的球队之间进行2场比赛。当 NBA 出现劳资纠纷等特殊情况时比赛场次数会减少,称为缩水赛季。

常规赛结束后,东、西联盟排名前8的球队进入季后赛。季后赛采取7战4胜的淘汰赛制,常规赛胜率较高的球队获得多一个主场的优势。由东、西部联盟的第1名对第8名,第2名对第7名,第3名对第6名,第4名对第5名,直到决出东、西部冠军为止,然后由东、西部冠军队进行 NBA 总决赛,决出 NBA 总冠军。

二、运动竞赛的方法

竞赛是体育工作的杠杆,是实现我国体育目的的重要手段。组织竞赛应从赛事的实际情况出发,按规程、规则的要求做好各项准备工作,完成比赛的各项任务。对于不同规模、不同级别、不同项目的竞赛应区别对待。

(一)运动竞赛的运筹

竞赛运筹是指有效地利用体育专业知识和已有的竞赛物力与资料,合理地安排竞赛时间、空间范围的组织活动。大学体育竞赛,虽然因为规模有限而不需要庞大的组织机构,但是"麻雀虽小,五脏俱全",校园体育竞赛仍然需要细心组织和周密规划。

一般来说,运动竞赛的组织工作可分为3个阶段,即竞赛前的准备工作、竞赛期间的组织工作和竞赛后的结束工作。

1. 竞赛前的准备工作

竞赛前的准备工作是一个在预测基础上制订计划并准备实施计划的过程。通常由主办单位负责选派一些组织能力强、管理经验丰富的人员组成筹备小组,讨论组织方案,成立组织机构,制定竞赛规程,拟定工作计划。

(1)制定竞赛规程

竞赛规程是组织运动竞赛的指导文件,是竞赛组织者和参加者进行各项工作的依据。由主办单位根据竞赛要求制定并提前印发给各参赛单位,以便按要求着手准备。

规程内容包括:竞赛名称、目的和任务、时间和地点、竞赛项目、竞赛规则、赛区划分、参加单位和人数、参赛资格、竞赛办法、计分、录取名次、奖励办法、报名办法和其他(服装要求、队旗规格、伙食、交通、规程解释权等)。重大比赛还应在规程中确定正、副总裁判的名单。

拟定比赛日程,编排竞赛秩序,编制各种表格,召集领队、教练员举行会议,布置竞赛有关事宜,也是赛前准备工作的内容。

(2) 成立组织机构

组织机构是筹备和指挥竞赛的临时性组织,它的最高组织形式是"组织委员会",下设竞赛、裁判、宣传、后勤等小组。大型运动会期间,组织委员会应设竞赛、秘书、后勤、保卫、新闻等处,各个处室再根据职责内容分设各个职能组,如竞赛处应设竞赛组、编排组、裁判组、场地组等。原则上,组织委员会赛前称筹备委员会,赛后自行解散。

2. 竞赛期间的组织工作

(1) 正式比赛开始之前,应举行隆重而简短的开幕式,入场队形应整齐、严肃、美观,领导所致开幕词和其他讲话要简短、精练。大型比赛还可组织团体操或文艺表演。

(2) 对比赛场地、设备和器材应进行认真检查和管理。

(3) 加强对裁判员的教育、管理,使其公正、准确地做好裁判工作,对赛场出现的争执,应果断、及时处理,必要时由仲裁委员会裁决。严格按竞赛计划掌握时间,杜绝比赛脱节现象,及时将比赛成绩进行登记和公布。

(4) 创造良好的比赛气氛,搞好宣传鼓动,并结合比赛穿插介绍有关体育知识。

(5) 医务组到比赛场地做好应急准备,及时处理伤害事故,并根据项目特点,积极做好伤病预防。

(6) 保卫组应随时注意维护场地、宿舍和公共场所秩序,关键场次应加强安全防范工作。

3. 竞赛后的结束工作

(1) 举行大会闭幕式。闭幕式可单独进行,也可在决赛后进行,大型比赛在闭幕式上还可安排文艺演出或表演。

(2) 写好大会文字总结,汇编成绩册,安排各队和裁判人员离会,清理器材,进行经费结算。

(3) 优异成绩应按要求向上级进行申报,为今后比赛提供参考资料。

(二) 运动竞赛的种类

运动竞赛的分类方法很多,按竞赛任务的不同可以分为综合性竞赛和单项竞赛。

1. 综合性竞赛

一般称为综合性运动会或运动会。它包括若干个运动项目的比赛,其任务是全面检查各项运动普及与提高的情况,广泛总结、交流经验,推动体育运动的发展,如全国学生运动会、全国运动会、亚洲运动会、奥林匹克运动会等。这种竞赛由于比赛项目多、规模大,组织工作比较复杂,通常都是每4年举行一次。

2. 单项竞赛

以单独进行某一项目的比赛为内容,一般可分为以下几种:

(1) 锦标赛

为检查、总结某一运动项目的开展情况和教学训练经验,确定冠军和名次,促使该项运动不断发展而举行的单项比赛,如全国大学生篮球锦标赛等。有时也称冠军赛或杯赛,如戴维斯杯网球赛、世界杯足球赛、全国田径冠军赛等。

(2)邀请赛和友谊赛

由一个或几个单位、学校或国家,邀请其他单位、学校或国家参加的竞赛。目的是增进友谊和团结,互相学习,共同提高某项运动水平。各种访问比赛一般都属友谊赛,如四国篮球邀请赛、东亚四国足球赛等。

(3)对抗赛

由两个或以上实力相近的单位或国家举办的竞赛。目的是交流经验、切磋技艺、取长补短、共同提高,如中日田径对抗赛、牛津剑桥赛艇对抗赛等。

(4)等级赛(联赛)

按运动员或运动队不同技术水平和能力分组举行的比赛。集体项目多以升降级等方式鼓励运动队通过训练比赛提高自身能力,如全国大学生运动会田径比赛根据运动员专业和非专业设立甲组、乙组分别进行比赛;西班牙足球联赛分甲组、乙组进行比赛,并采用升降级制,甲组后三名降到乙组,乙组前三名升到甲组进行下一年度的比赛。

(5)测验赛(测试赛)

为了达到一定的标准或了解运动员的训练水平而组织的比赛,这类比赛一般不计名次,只记录测验成绩,如全国短道速滑测验赛、广州马拉松测试赛等。

除此之外,还有公开赛、选拔赛、及格赛等。它们可以是世界性的,也可以是地区性的或学校规模的,一般都定期举行。

高等学校除正规的竞赛活动外,在现有的场地、器材、设备等条件下还可以开展一些技术难度不大、规则简单、形式灵活、容易组织和便于经常举行的非正规比赛,以便吸引更多的人参加经常性的体育锻炼,如跳绳比赛、拔河比赛、冬季长跑比赛等。

(三)运动竞赛的方法

根据运动竞赛的具体要求、项目特点、参赛队数(人数)、比赛的期限和场地设备条件等因素,选用不同的比赛方法。

1. 循环法

又称循环制,是所有参赛的队(或人,下同)相互之间均进行比赛,最后按各队在全部比赛中胜负的场数、得分的多少排列名次。这种方法在对抗性项目中经常采用。

循环法的优点是参赛队机会均等,实战和观摩学习机会多,有利于提高技术水平,较客观地排定名次。但循环法比赛期限长,占用场地和时间较多。

循环法分为单循环、双循环和分组循环三种,可视参赛者的多少和比赛期限的长短而分别采用。

(1)单循环

所有参赛队相互比赛1次,最后按各队胜负场数和得分多少排列名次。这种方法一般在参赛队伍不多时采用。

单循环比赛的编排方法为:

第1步:计算比赛场数和比赛轮数。

比赛场数 $=N\times(N-1)/2$ (N 为参赛队数)

当参赛队数是偶数时,比赛轮数=N-1;当参赛队数是奇数时,比赛轮数=N。例如,7个队参加比赛,比赛场数为7×(7-1)/2=21(场),比赛轮数为7(轮)。

第2步:编排比赛轮次表。

当参加比赛的队数是偶数时,用1,2,3,……分别代表各队,例如有6个队参加比赛,比赛轮次如表4.1所示。将1固定,其他数字按照逆时针方向轮转。

表4.1　6个队比赛的轮次表

第一轮	第二轮	第三轮	第四轮	第五轮
1—6	1—5	1—4	1—3	1—2
2—5	6—4	5—3	4—2	3—6
3—4	2—3	6—2	5—6	4—5

当参赛队数是奇数时,例如5个队参加比赛,将表中的6换为0,其他不变,凡与0相遇的队即为轮空。

第3步:抽签定位及编排竞赛日程。

根据队数编排比赛轮次后,召集各队抽签,并将抽签结果填入比赛轮次表中,再排比赛日程。但要做好各队比赛时间与场地的平衡,使竞赛顺利完成。

(2) 双循环

在参赛队较少,比赛时间充裕,又有意增加参赛者的比赛机会时采用此法。编排方法与单循环相同,只是各队间要比赛两次,一般为作为主队和客队各赛一场,比赛轮数和场数均比单循环多1倍。

(3) 分组循环

在参赛队较多,比赛时间又有限时采用,是比赛常用的竞赛方法。

整个比赛分为预赛和决赛两个阶段。

预赛阶段把参赛队平均分成若干小组,用单循环的方法决出各组名次。分组时应尽可能列出种子队,分别编入各小组,避免强队过于集中而失去小组出线的机会。

决赛阶段常用的比赛方法有同名次赛、分段赛、交叉赛、录取名次赛等。

① 同名次赛:将各小组预赛中相同名次编在一起进行比赛,如预赛时四个组的第1名编在一组进行单循环赛,决出第1名至第4名,各小组的第2名编在一起决出第5名至第8名,依此类推。

② 分段赛:将各小组的名次分为几段,同一段名次的队编在一组,决出总名次,如预赛两个组的第1、第2名编在一起决出第1名至第4名,两个组的第3、第4名编在一起决出第5名至第8名,依此类推。

③ 交叉赛:各组的前2名交叉比赛,两场胜者进行决赛争夺第1、第2名,两场负者再相互比赛决出第3、第4名,各组第3、第4名用同样方法决出第5名至第8名,依此类推。

2. 淘汰法

即汰劣选优的方法,通过比赛淘汰成绩差的,最后决出优胜者。体育竞赛中的淘汰法有两种方式:一种是按一定的顺序,让参赛者一个一个地表现其成绩,通过及格赛、预赛、复赛、决赛等淘汰成绩差的,直到决出优胜名次,如田径、游泳多采用这种形式;另一种是球类和其他对抗性项目,每队(人)按事先排好的淘汰表进行比赛,胜者进入下一轮,直到最后一队(人)决出优胜者。

淘汰法的优点是能在最短的时间内、场地较少的条件下,安排大量的选手进行比赛;同时,比赛的对抗性较强,比赛双方不受其他队的影响也不会影响其他选手的成绩,能较充分地体现运动竞赛的竞争性。但其也存在一些缺陷,如除了第1名之外,很难客观地排定其他名次,参赛者之间交流、学习、比赛的机会较少。

淘汰赛的编排方法为:

当参赛队数为2的n次方时(2^n,$n=1,2,3,\cdots\cdots$),则没有轮空队,n即为轮次。例如,有8个队参赛($2^3=8$),需要进行三轮比赛。当参赛队不是2的n次方时,则有些队需要轮空,用略大于参赛队数的2^n数减去队数,其差数即为轮空数。例如,有6个队参赛,取略大于6的8,则8-6=2,即第1轮比赛应有2个队轮空。其编排比赛的秩序如图4.1所示。

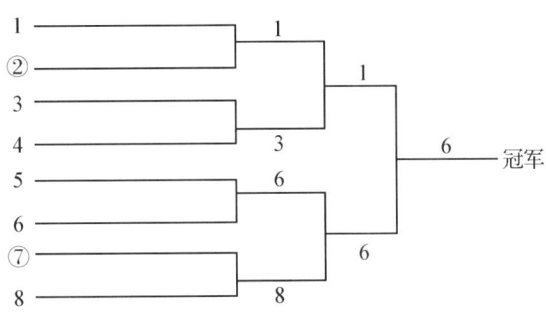

图4.1　单淘汰法秩序图

淘汰法分为单淘汰、双淘汰和交叉淘汰三种:

(1) 单淘汰

比赛中失败1次即被淘汰,称为单淘汰。其优点是:参赛者很多时,能在较短时间里完成任务。缺点是:很难合理地排出除第1名之外的其他名次;1次失败即被淘汰,学习、锻炼的机会少。

单淘汰在编排时为了不使强队过早相遇而遭淘汰,可将最强的两个队定为种子队排在两头,如有轮空则应先让种子队轮空。图4.1中的1和8为种子队,②和⑦为轮空位置,其他各队位置按抽签排定。

当参赛队数为2的n次方时,n为比赛轮数,例如8个队(2^3)比赛,轮数为3轮;当参赛队数不为2的n次方时,2^n所得队数大于参赛队并最接近参赛队数,n即为比赛轮数,例如12个队比赛,16(2^4)大于12并且是最接近12的2的n次方,所以轮数为4轮。

单淘汰法的场数为$N-1$,如8个队比赛,场数为7场。

(2) 双淘汰

双淘汰法给初次失败者增加了一次比赛机会,它所产生的冠亚军亦比单淘汰法合理。

双淘汰比赛秩序的编排方法和单淘汰法基本相同,先确定种子队。

当参赛队数为2的n次方时,胜方轮数为n,例如8个队(2^3)比赛,轮数为3轮;当参赛队数不为2的n次方时,2^n所得队数大于参赛队数并最接近参赛队数,例如6个队比赛,8大于6并且是最接近6的2的n次方,所以胜方轮数为3轮。因负方轮数计算直接和参赛球队数有关,相对比较复杂,本节不作具体介绍。

双淘汰比赛的总场数＝2N－3(N 为参赛队数)。

6 个队参加的双淘汰比赛秩序图如图 4.2 所示。种子队 1 和 8 第 1 轮轮空,直接参加第 2 轮比赛。图的左半部为负部胜队,右半部为胜部胜队。

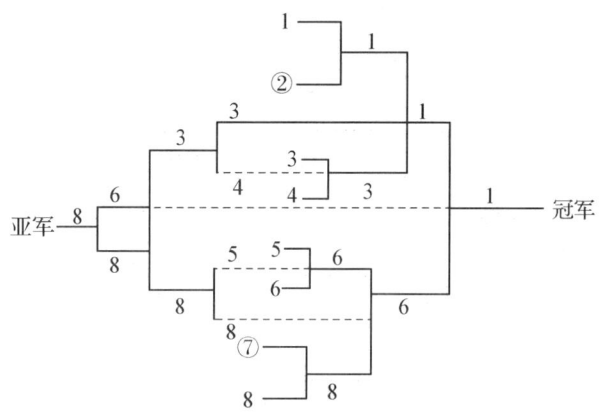

图 4.2　双淘汰秩序图

(3) 交叉淘汰

交叉淘汰是分组循环赛进入决赛阶段的一种比赛方法,分组循环赛之后采用单淘汰的方式进行比赛。

3. 混合法

混合法是淘汰法和循环法的混合使用。比赛分两个阶段,第 1 阶段采用分组循环法,第 2 阶段采用淘汰法,或者相反。如世界杯足球赛决赛阶段的比赛就是采用混合制。

4. 顺序法

按规定的顺序依次进行比赛,有分组与不分组两种。分组顺序法是把参加者分成若干组,分别进行比赛,按预赛、复赛、决赛结果决定名次,如 100 m、200 m、400 m 等短距离田径或游泳项目。不分组顺序法是在同一比赛时间内不能有两个参赛者共同进行比赛的项目中采用,如跳高、三级跳远、铅球等。顺序法的优点是竞赛条件基本相同,对抗性强,有利于创造好成绩,但费时较多,在参加者多的情况下,难以评定全部名次。

5. 轮换法

在同一比赛时间内,参赛者按规定的轮换顺序进行不同项目的比赛,如竞技体操中按各单项分组进行比赛,比赛完一个项目后,各组依次轮换,再进行其他项目的比赛。

(四) 运动竞赛成绩的评定

竞赛成绩与名次是衡量竞技水平的主要标志。为了合理地反映集体与个人的比赛实力,体育运动中依据项目特点制定出评价方法,掌握它们,对大学生自办竞赛有极大的帮助。

1. 单项名次评定方法

体育竞赛中的单项,既可指一个人,也可指一个队,它是就项目意义而言的。常见的单项名次评定方法有以下 3 种:

(1) 以时间、距离、高度、重量、中靶环数等实际计量进行评定。如田径、游泳、举重、射击、划船、摩托车等运动项目,按运动员所创造的最好成绩优劣依次确定名次。

(2) 按规定动作和动作质量进行评定。如竞技体操、技巧、跳水、花样游泳、武术等项目,由裁判员根据动作质量和编排好坏等评定分数,评分通常以 10 分为满分进行打分,并依分值高低确定名次。

(3) 根据积分多少、战胜对手数或特定因素进行评定。如各种球类、摔跤、击剑等项目。在单独评价时,以双方的进球多少、胜负局数和得失分来决定成绩和名次;在总体评价时,根据积分多少排列名次。例如篮球比赛,常采用胜一场得 2 分,负一场得 1 分,弃权得 0 分,积分多者名次列前,若两个及以上队伍积分相等,则按他们之间得失分情况排列名次,以失分低、净胜分多者名次列前。得失分的采用使得比赛各队对每一场球赛都不得放松,不仅要赢,而且要多赢和尽量少失分,因此它直接刺激了比赛的竞争程度。

2. 团体名次计分方法

体育竞赛中的团体泛指若干不同的运动类别和项目的集合,也指较大规模的竞赛活动中的总体,通常是将各参赛单位的个人或集体队伍的成绩和名次折合成分数累计评定名次。常采用的方法有如下 4 种:

(1) 大型综合性运动会,如奥运会、全运会,有两种团体名次排列办法,一种是按金牌多少和奖牌多少排名,另一种是按团体总分排名。在按团体总分排名时,对各项前 8 名以 9、7、6、5、4、3、2、1 的分值计算在各单位的总分上。

(2) 田径和游泳比赛按男子团体、女子团体、男女团体总分来衡量各队的实力,计分方法也有两种。取前 6 名时,采用 7、5、4、3、2、1 计分;取前 8 名时,则按 9、7、6、5、4、3、2、1 计分。以各单位得分总和多少排出名次,分数高者,团体名次列前。也有在规程上注明集体接力、破纪录加倍计分,鼓励创造优异成绩。若总分相等时,则以第 1 名多者或破纪录多者,团体名次列前。

(3) 体操、武术、跳水、自行车等项目,常以参赛队各项得分总和决定团体名次。

(4) 拔河、乒乓球、羽毛球、网球等以获胜场数或盘数决定团体名次。

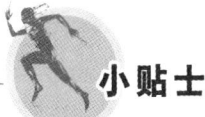

小贴士

世界杯足球赛竞赛办法

世界杯足球赛赛程分为预选赛和决赛两个阶段。

世界杯预选赛阶段分六大赛区进行,分别是欧洲区、南美区、中北美及加勒比地区、非洲区、亚洲区和大洋洲区,每个赛区需要按照本赛区的实际情况制定预选赛规则,而各个已报名参加世界杯的国际足联(FIFA)会员国(地区)代表队,则需要在所在赛区进行预选赛,争夺进入世界杯决赛阶段的名额。

世界杯决赛阶段的名额目前是 32 个,决赛阶段主办国可以直接获得决赛阶段名额,除主办国外,其他名额由国际足联根据各个预选赛赛区的足球水平进行分配,不同的预选赛赛区会有不同数量的决赛阶段名额(国际足联规定:从 2006 年世界杯预选赛起,卫冕冠军需要参加其所属区域内的世界杯预选赛,从而只有东道主可以入围

决赛圈 32 强的比赛)。

世界杯决赛阶段的主办国必须是国际足联会员国(地区),而且会员国(地区)需要向国际足联提出申请(可以两个会员联合申请承办),通过全体国际足联会员国(地区)投票选出。

通过世界杯预选赛获得决赛阶段名额的国家代表队,加上主办国的代表队一共 32 支球队,将会到主办国进行决赛阶段的比赛来争夺冠军。决赛阶段 32 支球队通过抽签被分成 8 个小组,每个小组 4 支球队,进行分组循环赛,各个小组的前两名共 16 支球队将获得出线资格,进入复赛;进入复赛后,16 支球队按照既定的规则确定赛程,不再抽签,然后进行单淘汰赛,直至决出冠军。

第二节 体育美学与竞赛欣赏

体育运动不仅能够有效地增强体质,更能完美地健全人体各种生理功能,把人体自身塑造得更加矫健强壮,而且随着体育的发展及其内容的不断丰富,人们赋予了体育越来越多的文化内涵、精神真谛和艺术色彩,潜移默化地感染、熏陶着人们,也令体育竞赛观赏成为向青少年学生实施审美教育的特殊途径和有效手段。

一、体育竞赛观赏的意义

在科技不断进步的今天,人们从事的体力劳动减少,休闲时间越来越多,进行一些轻松愉快的体育活动,缓解由繁忙工作和紧张学习造成的不良情绪,无疑是一种独特的精神享受。例如,攀登高山、驰骋雪原、遨游江河、扬帆大海,这类体育活动使人更能亲近大自然、回归大自然,因而产生一种"天人合一"、愉快振奋的情绪。这种愉悦的"户外运动情绪"将调节逐渐远离自然的人类社会生活,是现代人日益向往的审美境界。

一切通过体育运动竞赛表现出来的创造性和争取自由的不懈努力,都能够激发起观赏者更强烈、更鲜明的精神享受。例如,百米冲刺时拼搏奋进的情景、举重时力拔万钧的气势、篮球比赛中的大力扣篮等,都能使观赏者体会到体育的美感,这种美感往往超越直接的功利性目的,是由运动员表现出的创造精神、争取自由的努力而引发。紧张激烈的竞赛由于结果的不确定性,更能给观赏者带来设想、悬念、担心、忧虑、振奋、激动和高兴等情绪。人类复杂而具体的运动形式使观赏者触景生情、浮想联翩,激发起强烈的情感共鸣,唤起独特的情感体验。有些比赛出人意料地变化,甚至使观众狂热得不能自持,从而产生"神形合一"、超凡脱俗的神秘境界。

形形色色的体育运动赋予人体自由多变的形式和丰富生动的内容,使它具有芭蕾的轻柔、歌剧的抒情、影视的连绵、小说的回味、诗歌的意境、雕塑的特写、绘画的空灵与书法的潇洒,但又有不同于这些艺术门类的迅猛、刚健、清新、惊险……一切活跃的、富有生命力的创造都在这里起步、展现、终止。

因此,现代人钟情于丰富多彩、生动活泼的体育运动,积极地参与和观赏体育竞赛与其日益重视精神文化层次的审美需要是密不可分的。

（一）体育文化与审美的内在规定性

1. 体育文化的产生

体育是同人类文明一样古老的一种文化,当原始人在从事制作工具、采集食物、追捕猎物的实践活动时,就已经在创造和发展着自己的体育文化。原始社会的人类为了生存需要必须锻炼自己的肢体能力,以应付严酷的自然环境。因此,那时人类体质上的锻炼是必不可少的,但这种活动完全融入到具体的、有目的的劳动之中。人类在采集、狩猎、耕作、游戏、进行宗教仪式等活动中提高了自己的速度、力量、灵敏度、柔韧性、耐力等身体素质,生活的需要又迫使人类去跑、跳、攀、爬、腾、扑、闪、打、抓、握、翻、抢、举、掷、投、射、游等。由此,人类几乎全面地构建起了自己身体运动的各种可能,并将它们发展得尽可能完善。诚然,这种原始社会的体育活动还只是一种自在的状态,随着人类文明的进步,人的四肢以及各种功能得到了大大延伸,人类在漫长的改造自然的历史实践过程中不仅改变了外在的自然界,而且将自身的自然体也改变了,不仅创造了人的文化心理结构,同时也创造了人的生理结构,体育正是人类改造自身自然体的一种文化。

2. 体育文化与审美

在人类进入现代文明的背景下,体育文化本身也发生了质的转化,体育逐渐从实用功利的状态变成一种非功利的状态,其审美意义变得更为广泛和深刻。例如,在奥运会上点燃圣火、火炬接力、交接会旗等一系列具有浓厚体育文化色彩的仪式,构成了一幕幕最庄严、最神圣、最激动人心的场景,产生着其他社会活动远不能比拟的、震撼人心的审美教育作用。而作为体育运动主体的人,今天仍为发展自己的身体进行着大量的艰苦训练,但这并不是为了在实际生活中跑得更快、跳得更高、举得更重。今天的体育已完全是一种纯粹的非功利的人类事业。体育文化之所以没有因为它原有的实用功利的消失而消亡,反而发展壮大成为人们日常生活中不可缺少的文化形式,正是由于这种文化已将人所欲征服的自然界转入到人本身的身体,人的身体被当作是自然的象征,而人、主体、文化都在这块象征物上被一遍遍地打上征服的烙印。由于体育的这种象征性,使得体育史上每个新纪录的诞生都焕发出光辉的意义。从实质上看,当代体育运动已成为一种纯形式文化,它超越了实用功利的内容,以纯粹感性的形式呈现在人的面前,但在形式中积淀着内容、感性中包含着理性、个性中呈现着共性、非功利性中潜伏着功利性、无目的性中升华着更高的目的、自然活动中融合着文化内涵。

（二）体育精神与审美的内在一致性

1. 体育精神与人类进步的关系

在体育运动中,人所面临的要去征服和改造的自然并非广大的自然天地,而恰恰是人自身机体这个自然,冲突与创造,成功与失败都是在这个胴体中来完成和实现的,这就是体

育的本体精神。体育运动以最集中、最强烈、最壮观的形式呈现出人类永远处于对自然的超越过程中,但人却面临着一个永恒的障碍,就是作为体育运动主体的人的本身,在以运动的方式展现时必然会受困于某些极限,例如奔跑速度的极限、跳跃高度的极限、力量爆发的极限等。但另一方面,作为体育运动主体的人却从来不肯在这些极限面前低头认输,人类总是执着地、顽强地一次又一次向着这些"极限"冲刺。"更快、更高、更强"这句标志着奥林匹克精神的口号,反映出的正是体育的本质和灵魂,它强调在体育运动中培养勇敢、顽强、拼搏、进取和积极向上的精神,在田径、球类、游泳等项目中无不体现出人与自身、与对手、与大自然的顽强抗争,展示着人类在新的历史条件下开拓前进、超越现在、创造未来的搏击精神;它激励着人们在生活的各个方面努力拼搏、顽强奋斗,不断地征服自然、战胜对手、超越自我;它体现了以奋斗求幸福的人生追求,是实现生命价值的精神真谛。

2. 突显体育精神的典范——残疾人运动员

1984年6月,第7届残疾人奥林匹克运动会上,北京选手平亚利在女子半盲B2级跳远比赛中,以4.28 m的成绩夺得冠军,并创造了该项目的世界纪录,首次将中华人民共和国运动员的名字载入奥运金牌史册,显示了中国残疾运动员为国争光、为残疾人争气的伟大气概,也显示了其个人战胜自我的卓越能力。当我们作为正常人关注参加残疾人奥运会、特殊奥运会、聋人奥运会等重大国际比赛的残疾人选手时,这一特殊群体在体育竞技场上所产生的震撼人心的审美效果远非一般健康人运动会可以企及的,其中最具典型美的就是他们貌视残疾、挑战极限,在不幸的命运面前顽强拼搏、自强不息的精神,正是这种精神使他们能够抗拒盲、聋、哑、肢残等一切不幸,与黑暗斗争,向无声呐喊,同残缺较量,以心灵的健美战胜身体的残丑,反映出残疾人生活中最可贵的精神风貌,给广大残疾人和健康人以有益的启迪。他们赢得了健康人对残疾人由衷的尊敬,令观赏者与竞技者之间的爱心得到交融和升华。

3. 体育精神的审美境界

尽管从终极的结果来看,体育运动在人与自身以及自然的抗争中,每次艰苦的努力都是以失败而告终,但这条通往失败之途奠定的却是人类不断超越自我、战胜自然的一个个里程碑。体育正是因为这种失败而显得悲壮和伟大。跳高和撑竿跳高选手总以失败而结束比赛,当胜利以失败的方式来呈现时,这是一种多么辉煌的失败啊!翻开体育史,我们可以看到几乎每个非凡的运动员都是以耀眼的失败告别体坛的,当中国跳高运动员朱建华3次改写世界纪录后,他只能永远仰望自己创造的高度,深刻地去体验失败的滋味。失败是绝对的,胜利却是相对的,每个胜利都意味着再往前迈进的步伐更加艰难,但生命力却在这不断创造的洪流中感到了欢畅,"知其不可为而为之",不仅体现了体育精神之美,更体现了体育精神的审美境界。

(三) **体育艺术与审美的内在必然性**

1. 体育与艺术的关系

体育运动是一种文化的存在形式,在发展过程中,不仅自身积淀了美学因素,构成了美的形式,而且也融合了其他美的因素和形式。在现代竞技体育中人们借助音乐、舞蹈进行形体训练,在保持体育运动原有魅力的基础上,不断地采用艺术手段,使其外部形式与内容和谐统一,以获得更好的审美效果。例如,体操、技巧、跳水、冲浪、滑冰、冰上舞蹈、花样游泳、艺术体操、体育舞蹈等项目明显地打下了艺术创造的烙印,使体育运动中渗透着大量艺术美的因素,给体育运动带来很大吸引力。艺术使体育运动更加丰富、更加完美、更加生动,从而给人以独特的美的感受。

与此同时,体育运动又是一种社会现象,可作为艺术创作的"生活源泉"。各种门类的艺术都把自己的触角伸进了体育领域,努力表现着蕴藏在完善体质和复杂运动中的体育美。开始于公元前776年的古希腊奥林匹克运动会上,不仅可以看到运动员之间的角逐,还可看到艺术家、诗人的表演,他们当中的优胜者同样光荣地被授予橄榄桂冠,其卓越才能创造了许多讴歌体育运动的不朽之作,如米隆的《掷铁饼者》至今仍被视作竞技运动的最好标志;荷马史诗《伊利亚特》《奥德赛》中栩栩如生地描写了古奥运宏大的竞技场面,也是探索奥运会起源的宝贵历史文献。

2. 体育艺术的审美作用

古希腊奥运会的衰败固然有政治、经济、宗教、战争等多方面原因,但它走下坡路之日,正是它脱离艺术之时,这也是一个显著的特征。人们汲取了这段历史教训,因此在复兴奥运会时就注意到了艺术问题。现代奥林匹克运动的倡导者顾拜旦提出:"艺术、科学、运动"是构成和平、友谊的奥林匹克思想的三要素。随着人类物质文明和精神文明的发展,每届奥运会都达到了一个新水平,它不仅是对世界各地运动员的个人体能、智慧、精神风貌的检阅,同时,它要求具有一定的艺术性和审美价值,使体育与艺术相互结合、相得益彰。早在1912年瑞典举行的第5届奥运会上,就有了以体育为题材的雕塑、建筑、绘画、音乐、文学等文艺作品大赛。2008年北京奥运会艺术节从3月20日至9月28日历时半年的时间,在北京各大剧场和展览馆,推出世界80多个国家的260多台优秀剧(节)目和近160项艺术展览。由于盛大的奥运艺术节几乎集中了世界各地的艺术精华,所以大批艺术爱好者与体育迷一起,在观看紧张激烈的竞技角逐之余,又能陶醉于抒情典雅的艺术殿堂之中,获得极大的精神享受,从而使这种良好的寓教于乐方式产生了特殊的审美作用。

奥林匹克艺术节

奥林匹克艺术节(Olympic Arts Festival)是1949年罗马奥林匹克代表大会时提出的将奥林匹克艺术比赛改为奥林匹克艺术展览的方案,但未予表决。1950年,赫尔辛基奥运会组委会向国际奥委会提出3种选择方案:① 继续举办艺术比赛;② 改为艺术展览;③ 取消这一活动。国际奥委会决定采取艺术展览的方案。这样,奥林匹克艺术展在赫尔辛基首次亮相。

1954年,国际奥委会全会通过了奥林匹克艺术展的方案,并将"组委会举办艺术展览(建筑、音乐、文学、绘画、雕塑、体育邮票和摄影),也可包括芭蕾舞、戏剧、歌剧或交响乐演出"等文字写入《奥林匹克宪章》第31款。现行《奥林匹克宪章》规定,奥运会组委会需制定文化活动计划,并提交国际奥委会执委会批准。内容包括在奥运村举办象征人类文化的普遍性和多样性的活动及主要在主办城市举行的同样活动。文化活动需至少贯穿奥运村开放的整个时期。这种文化展示活动就是奥林匹克艺术节。

二、体育竞赛观赏的原则

体育运动中存在大量的美,且由来已久,我们要在体育竞赛观赏过程中加深理解,就必须首先搞清体育运动中的真、善、美以及相互关系,把握其联系和区别,美的形象就会鲜明地呈现在我们眼前。

(一)体育运动中的"真"(合规律性)

体育运动中的真就是运动员在体育实践中对各项运动规律正确地认识、掌握和运用。参加体育活动与参加社会实践活动一样,必须以掌握规律为前提,只有在符合客观规律的情况下才能取得成功,实现自己的目的。因此,凡是美的事物首先都应当是真的,蕴藏着客观规律性。体育运动中的"真"必须表现为"合规律性",运动员在训练中必须符合人体的运动规律,根据具体的身体条件、年龄、性别以及本人的生理、心理特点,按一定的科学规律进行训练。

(二)体育运动中的"善"(合目的性)

体育运动中的善是指体育运动具有满足人类需要的目的性,它不仅能增强人的体质、提高运动技术水平,而且可以丰富社会文化生活、满足人们的精神需求。体育运动只有符合人的一定的功利目的,对人有益无害,或使人得到休息、娱乐,陶冶人的品性才可能是美的。因此,"合目的性"也是美的前提。

(三)体育运动中的"美"

体育运动中的美可以理解为掌握客观规律时与人的目的一致的、富有感染力的生动形象。体育活动作为体现人们能动性、创造性的具体形象,可在感受中唤起人们情感与认识相统一的审美愉悦。

(四)体育运动中真、善、美的关系

体育运动中的真、善、美是相互联系、密不可分的。体育美和谐地融合了真与善。例如,游泳运动中,我们首先求真,用科学的方法游得越快越好。这样,对服装的要求就是穿得贴身、阻力越小越好。虽然穿得比较少,但在道德意识层面,我们又要求善,所以要求在社会伦理所能接受的范围内穿一些服装。只有在真与善和谐统一,运动员穿得恰如其分时,才能使我们产生审美意识。否则,穿得太多会使人感到臃肿,且无法游快;穿得太少或不穿,又为社会风尚所不允许,这都会使观众感到不美。

在强调体育运动中真、善、美相互紧密联系时,也应看到它们之间的区别。常有教练员为备战大赛,要求运动员"拼命"进行超负荷运动训练,不惜违反客观规律,甚至损害健康,这反映出真与善的矛盾。同样,人们观赏拳击、赛车、攀岩、跆拳道、自由搏击等体育竞技活动时,为了感官的刺激和愉悦又很少考虑善,即使这些运动会带来一些伤亡事故。而参与登山、航海、花样跳伞、高山滑雪、悬崖跳水等探险活动,人们往往不是为了健身,是靠着顽强的体能和精神,反复地尝试着探索大自然的奥秘,无数次地为之付出了生命的代价,在这种探索真理的过程中,善与美也不一定都是结伴而行的。由此也启示我们:自从人类脱离原始状态后,观赏活动并不都具有直接的功利目的,而更多的是满足精神上的需要。徐悲

鸿的"奔马"并不能骑,齐白石的"白菜"也不能吃,就是为了满足审美的需要,即精神的功利性。同样,我们观赏精彩的足球比赛或体操表演也不都是为了去踢足球、练体操,而是为了满足精神文化的需要。这也说明,体育运动中的真、善、美各自具有相对的独立性。

我们还应认识到,体育运动中的真、善、美是依次递进的,是以真为前提和基础,体现了善的内容和灵魂,表现出真、善统一的美的形态。进行一项体育活动,全过程必须以真为前提,事先准备场地、器材、设备,参赛选手经过训练、选拔、报名,拟定规则、赛程,安排裁判……才能开展竞技比赛。运动竞赛可以检验训练成绩,增加运动员的临场经验,还可以增进了解、加深友谊、丰富文化生活、促进精神文明等,这种功利性就是善。至于运动员健美的体魄、灵活的动作、生动的形象,比赛时宏伟的场面、激动人心的气氛等,体现了人改造客观世界的智慧、力量和创造才能,更能唤起人的美感,成为审美对象。

体育中美与善的结合,在效果上主要表现为健康美。体育运动能够增强体质,收到提高健康水平的效果;而健康是体育求善的特殊目标,健康美是人在"身心俱泰"时所显示的美,反映出社会功利性的审美要求。健康美是体育运动中大量呈现出来的一种审美特征,它是体育美区别于其他审美对象的一种特质。虽然不一定任何健康的都是美的,但从广义上讲,一切美的都应该是健康的。健美的体魄、美好的思想情感,是人的全面发展必不可少的,也是从事体育运动的直接效果。

三、体育竞赛观赏的内容

(一)身体美观赏的基本要素

人作为社会的主体和体育运动的承担者,是最值得我们关注和研究的对象,尤其是体育运动充分而丰富地展示了充盈着生命活力的身体之美,它能给人以美的精神享受。

1. 健康美

健康美是指拥有健康的身体和健康的心灵。作为身体美的第一要素,健康美是体育运动所追求的理想目标,它包含着人类对自己生命价值的肯定。著名诗人马雅可夫斯基曾经说过"世界上没有任何一件衣裳能比健康的皮肤和发达的肌肉更美丽",足以说明当观众看到运动员体态匀称、肌肉强健、肌肤丰润、充满阳光等外观形象时就能产生"由表及里"的视觉效果。

健康美的外部特征表现为:身体各组成部分协调一致,肌肉、骨骼等形体结构呈优化组合,使之趋向人的理想尺度。健康美表现在身体的质量方面,就是人们常说的"体质",它包括人的形态、机能、素质、运动能力、适应能力等多方面的内容。

健康美在体质方面表现为:肌肉在运动中的能力、对外界环境的适应能力和抵抗疾病的能力。同时,健康美还包括人的精神状态和心理发展水平,乐观向上、积极进取、热爱生活、对事业充满信心等都是一个人健康美的具体表现。

2. 形体美

形体美是指人的身体结构和姿态的美。追求健康身体的合理比例,是人类投身体育运动的目的之一。同时,通过超凡的力量、动机技巧和艺术造型把运动员匀称的肌肉、矫健的身姿和优美的体形雕刻得玲珑剔透并表现出来,使观赏者体验到一种健康和活力。根据人们的一般审美经验,男子的魅力在于阳刚之美,其体态线条多平直、有棱角,显示出一种刚劲有力、粗犷豪放之美。同男子相比,女子的魅力在于阴柔之美,其体态线条更圆润、柔和、秀美、精巧,这些特点在艺术体操和健美操选手身上表现得淋漓尽致。

人的体型通常决定于3个因素:骨骼比例关系,脂肪积蓄多少,肌肉发育程度。目前,在人的体型分类方面,按骨骼比例关系分为修长、适中、矮小;按脂肪积蓄多少分为肥硕、适度、干瘪;按肌肉发育程度分为强壮、中等、瘦弱。与此同时,在以体型分类去衡量人的身体时,还应注意男子和女子在生理方面的差别。

根据运动项目不同,运动员所表现出来的形态美也不一样。例如,在当今世界一些大级别的举重、摔跤、柔道、拳击、相扑等项目的比赛中,出场的运动员个个是虎背熊腰、身强体壮,这种情景就是强壮美的具体表现。而在一些对抗性较强的球类项目中,欧美国家仰仗着"人高马大"的优势取得了许多辉煌战绩,篮球比赛中男子选手身高通常在 1.95～2.20 m,女子选手接近或超过 2 m 的中锋亦不乏其人。

3. 运动美

运动美是指人在体育运动中的一种动态性操作美,这个过程往往超出了人的最大生理极限,发挥了人体机能的最大潜力,折射出人的本质力量的光辉。运动美是通过动作、技术和战术等综合表现出来的一种美,主要从身体姿势、动作方向、幅度、力量、速度、节奏、频率变化以及娴熟的技巧和变化多端、出奇制胜的激烈对抗中获得。观赏比赛时能否给大家带来运动之美主要与运动员在运动中所表现出来的力量、速度、耐力、灵敏和柔韧等有关。身体素质的各项内容,在满足人的运动方面,具有各自不同的特点和作用。概括说来,力量是人在肌肉紧张收缩时表现出的能力;速度是人进行快速运动的能力;耐力是人在尽可能长的时间内进行肌肉活动的能力;灵敏是人在运动过程中迅速改变时空关系的能力;柔韧是人通过关节、韧带、肌腱、皮肤的伸展活动而表现出的变化能力。

由于运动美本身不像形体美那样具有显而易见的特点,所以需要结合具体的运动表现观赏运动美。例如,举重运动员将沉重的杠铃高举在头上,百米选手的迅猛起跑和闪电般的冲刺,马拉松赛跑的持久较量,球类比赛中的巧妙配合以及体操选手完成的托马斯全旋、特卡切夫腾越等,这些精彩动人的体育运动形象,往往能直观地、具体可感地把人的力量、速度、耐力、灵敏、柔韧等素质所表现的美分别展现于观众的面前,并使之产生强烈的美感体验。

4. 行为美

行为美是指人在各种社会实践活动中通过所作所为而表现出来的美。行为美主要是对运动员的行为道德、思想作风、赛场表现等客观行为进行评价。运动员在比赛中表现出的团结协作、同心协力、胜不骄、败不馁的道德风尚以及面对困难时永不言败、勇于挑战、奋勇拼搏的精神,都是人们感动和效仿的榜样,即使在比赛中失败了,观众仍会报以热烈的掌声。相反,运动员若为了取得比赛的胜利不择手段、投机取巧,或故意消极比赛甚至采用暴力等手段,必然会遭到世人的唾弃和谴责。

观众对行为美的正确判断和评价,不仅有助于提高大家对体育的热爱和良好社会风气的形成,而且有助于提升观众自身文化、教育和审美。

(二) 欣赏体育赛事的维度

从不同角度欣赏体育比赛会有不同的收获,我们既可以偏重一个方面欣赏比赛,也可以全面欣赏比赛。

1. 技术美

技术美是指人在完成各种体育动作时从方法和技巧上所表现出来的美感。一般说来，在体育表演和比赛时，发挥人体能力的方法越合理、越有效，运动技术的完美程度就越高，其观赏价值也就越大。但要对"合理、有效"加以全面理解，在观赏技术美时，还要注意以下几个问题。首先，运动技术的合理性与有效性是相对的，一些更加符合人体运动规律的先进技术会不断地被创造出来。例如，跳高运动就经历了跨越式、滚式、剪式、俯卧式到背越式的发展过程，这要求人们的审美倾向和习惯必须随之改变。其次，有些运动项目（如体操、跳水、花样滑冰等）技术性很强，通常需要用"高、难、新、险"的动作来评定运动成绩和决出比赛的胜负，而有些项目（如田径、游泳等）主要表现人的体能，对技术要求强调简练实用，在观赏这类体育运动项目时，不能用一个标准去衡量它们。最后，具有同等运动水平的优秀选手往往会表现出不同的技术特点。例如，巴西队和德国队这两支足球劲旅都曾多次夺得过世界杯，但巴西球员讲究技巧、配合，德国选手则强调力量、速度。

2. 战术美

战术美是指在体育比赛中运动员个人技术的合理运用以及运动员之间协调配合时所表现出来的美。在观赏体育比赛时，要依靠一些美感经验，作为捕捉战术美的基本依据。其一，技术是战术的基础，又是战术的表现形式，全面、熟练、准确、实用的技术是实现战术的先决条件；其二，战术的运用，必须根据比赛的具体情况，灵活机动地加以变换；其三，比赛中的战术变化，总要力争主动，时刻以己之长攻彼之短。战术风格的形成是战术成功运用的高度升华。

3. 意志美

意志美是指人在体育运动中自觉地确定目的并在目的支配下调解自己行动、克服各种困难，从而实现预期目的时所呈现的美。一般说来，体育运动中的意志美总是与运动者的意志努力分不开的，即运动者为克服困难，自觉地使自己身心处于一种紧张状态。例如，举重时的提铃至胸、上挺杠铃，要靠意志努力使肌肉的紧张程度达到必要水平；射击运动员举枪瞄准动作和足球守门员扑点球的预备姿势，要靠意志努力提高注意力；长跑运动员最后冲刺常常感到身体疲劳、肌肉酸痛、呼吸困难，需要靠意志努力加以克服；跳水、跳伞及体操中的一些高难度动作，需要靠意志努力克服慌乱、胆怯、恐惧等消极情绪。凡此种种，都是运动员为了超越自我而作出的意志努力，它正是意志美的根源。

4. 智慧美

智慧美是指运动员和教练员根据赛场情况迅速作出判断、采取决策能力的完善程度。运动员在比赛中处理问题的能力，准确判断、随机应变的合理行动，以及教练员胸有成竹的调兵遣将、变换战术等，都是智慧美的具体表现形式。通常，体育运动中的智慧美同运动员的文化知识、技术水平、比赛经验以及教练的指挥才能有密切的联系。例如，美国梦之队在1992年巴塞罗那奥运会上，每场平均以30多分的绝对优势战胜对手，除了篮球运动在美国有广泛的群众基础、有先进的训练方法和比赛制度外，来自高等学校的队员文化水平高，打起球来很有灵性，得心应手、即兴发挥，也使人感到一种智慧之美。另一方面，在观赏比赛时经常会感到每当教练员要求暂停或换人后，场上形势往往会产生一定的变化，这就是教练员的智慧和才能所起的作用。

（三）不同运动项目的审美特征

总的来说，体育美既有自然美的特征，又有社会美的特征，具体到各类运动项目又表现

为不同的审美特征。根据体育竞赛观赏的一般特点,可分为两类,一类为对抗性运动项目,另一类为非对抗性运动项目。

1. 对抗性运动项目

对抗性运动项目可分为强对抗性运动项目和弱对抗性运动项目。足球、篮球、手球、橄榄球属强对抗性运动项目,特点是比赛双方针锋相对,抗争激烈,并有直接的身体接触,都以战胜对手为目的;比赛双方实力越接近,技术水平越高,冲突越尖锐,抗争越激烈,就越能唤起观众的观赏激情,使观众置于强烈的对抗环境中,产生多变的心理节奏和强烈、激昂、震撼的情感体验。显然,矛盾对抗是这类运动项目的审美特征,它表现为技术精、战术活、配合默契、瞬息万变、悬念不断、扣人心弦、气势磅礴、不可阻挡,具有强大的吸引力。

相对于强对抗运动项目来说,田径、游泳、滑冰属弱对抗性运动项目。这些运动以高度、远度、速度的形式显示人类挑战自我、征服自然的能力,并以此作为审美标准。跑得越快,跳得越高,投得越远,就越具有吸引力,审美价值也越高。这类运动项目也具有对抗性、矛盾冲突的特点,例如短跑选手在同一起跑线上竞赛,在很短的时间内决出胜负,抗争也很激烈,但不如足球等强对抗性运动项目那样激烈和集中。

2. 非对抗性运动项目(艺术性运动项目)

这类运动项目都是以动作形式来展现体育美,带有明显的艺术特征。动作形式是这类运动项目的主要审美特征,给观赏者以平静、舒适的优美感。但是,由于项目本身的特点以及所借助的物质表现手段不同,它们又有各自的特点。

(1) 艺术体操

艺术体操是一项新型的具有艺术特征的女子体育运动项目,它在国际上被称为韵律体操,产生于19世纪的欧洲,1984年正式列入奥运会比赛项目。

艺术体操运动员身材匀称,比例合度,线条明显,在外观上给人以青春活力之美。艺术体操的动作包括各种走跑、跳步、舞步、转体、波浪、旋转、摆动、平衡等近似技巧的动作,在音乐伴奏下,要求幅度大、动作美、快速连贯、对比性强。运动员手持绳、圈、球、棒、带等轻器械,在有限的场地上完成一套自然流畅、轻盈舒展、新奇巧妙、富有韵律感的动作。

(2) 花样游泳

作为一项新兴女子项目,花样游泳在20世纪20年代发源于欧洲,1984年被列入奥运会正式比赛项目。

花样游泳虽然也是以动作技术为其审美特征,但它是在水中表演各种技巧和芭蕾动作,柔和优美,节奏感强。由于水的浮力、阻力和压力给运动员提供了一个 12 m×12 m×3 m 的三维空间,运动员可充分利用水的特性,在规定时间内发挥自己的优势,编排出各种奇妙的动作,加上不同节奏的旋律和音乐伴奏,配以运动员色彩鲜明的流线型泳装和别致的头饰,更烘托出运动员的体态婀娜多姿、动作舒展流畅、节奏活泼明快、造型优美独特,因而被人们誉为"出水芙蓉"。

(3) 花样滑冰

花样滑冰有单人滑、双人滑、冰上舞蹈等形式,是冬季奥运会的比赛项目之一。花样滑冰的动作有舞步、跳跃、飞旋、托举、抛接等,是滑冰技术和音乐、舞蹈的美妙结合。

花样滑冰是在一块 60 m×30 m 的冰面上进行的。运动员脚蹬冰刀,在音乐伴奏下翩翩起舞,以快速、优美、高难的动作为特点。洁白晶莹的冰面、美妙动听的音乐、奔放潇洒的舞步,或盘旋,或跳跃,或急转……令人眼花缭乱、目不暇接,把观众带进了一个辽阔、幽远、神奇、虚幻的境界,引起无限遐想。

(4) 体育舞蹈

体育舞蹈是目前国际流行的融体育、艺术于一体的舞蹈运动,是随着社会的进步、艺术的发展以及体育运动的兼收并蓄,由交际舞派生出来的一项新兴运动,现已被列为奥运会表演项目。体育舞蹈包括摩登舞的华尔兹、探戈、狐步、快步、维也纳华尔兹,以及拉丁舞的伦巴、恰恰、桑巴、斗牛舞、牛仔舞。起源于欧洲宫廷的摩登舞庄重典雅、从容大方、舒展流畅,而源于拉美民间的拉丁舞粗犷豪放、快速激昂、别致动人。男女选手的刚柔之美贯穿于从形体到服饰、从舞蹈到音乐的各个方面,具有独特的审美作用。男女舞伴以娴熟高超的舞技、自然默契的配合展现着体育舞蹈丰富动人的艺术魅力和健身价值。

(5) 技巧

技巧比赛包括男子单人、男子双人、女子双人、混合三人、女子三人、男子四人等项目,除单人项目和男子四人外,表演时必须有音乐演奏。一套技巧动作多由跟头、抛接、平衡、造型和舞蹈动作组成,其成绩评定由动作难度、组织编排、完成情况、平衡动作的时间以及整套动作的印象决定。它以技巧为审美特征,运动员不用器械,以舒展刚劲的舞姿、刚柔相济的造型、惊险复杂的抛接、稳健有力的托举、独具匠心的编排、轻松自如的翻滚和倒立、节奏明快的乐曲,构成一幅力与技、健与美的艺术画面,从而被人们称为"美的雕塑"。

(6) 健美

健美是通过科学的力量训练,以肌肉发达和体型匀称为目的的一项体育运动,是从举重运动中派生出来的。健美运动始于20世纪初,1946年国际健身、健美联合会制定出了健美比赛的国际规则,并开始举行正式的国际比赛。运动员按体重参加不同级别(轻量级、中量级、重量级)的比赛。健美比赛以肌肉发达程度作为主要审美特征,比赛成绩主要取决于体形和肌肉发达程度及表现力,必须通过规定动作及具有个性特色的自选动作,要求上下肢及全身肌肉发达匀称、比例合度、线条清晰、造型优美、舒展大方,并与音乐节奏协调一致,以显示健、力、美紧密结合的人体美。

(7) 武术

武术是中华民族的瑰宝,历史上称武艺,也称"功夫",具有技击、健身、表演三重性质。武术内容可分为5类:拳术、器械、对练、集体表演、攻防演练。武术套路按照攻守进退、动静分明等规律编排而成,以形神兼备、威武勇猛等动作为审美特征,运动员的各种动作、招式(立如鸡、站如松、转如轮、折如弓、轻如叶、重如铁……)加上各种刀、枪、剑、戟及具有浓郁民族特色的比赛服装,显示出含蓄的力量美和英武气概,别具一格,令人身心欢愉、叹为观止。

思考题:
1. 如何组织一次小型竞赛?
2. 试述体育竞赛的一般方法,并以循环赛和淘汰赛加以阐述。
3. 简述体育竞赛观赏的意义和方法。

郭沛杰、金凯

Chapter 5

第五章
奥林匹克运动

奥林匹克运动是在奥林匹克主义指导下,以体育运动和4年一届的奥林匹克庆典为主要活动内容,促进人的生理、心理和社会道德全面发展,推动各国人民之间相互了解,在全世界普及奥林匹克主义、维护世界和平的国际社会活动。今天的奥林匹克运动不仅成为人类社会体育史上迄今为止规模最大的体育现象,而且在社会的经济、政治、教育、道德伦理、哲学、美学、新闻媒介等重要领域产生着极其广泛而深远的影响,为人类社会的进步作出巨大贡献。

第一节　古代奥运会史略

古代的奥林匹克运动究竟从什么时候开始,因为历史悠久,我们几乎无法考证出确切的时间,仅仅是根据一些传说和古希腊史诗《伊利亚特》和《奥德赛》来对古代奥运会的起源做一些解释。

一、古代奥运会的兴衰

古希腊位于巴尔干半岛南端的欧、亚、非三大洲交界处,是古代奥林匹克运动的发源地。古希腊地理位置优越,气候温和舒适,酿就了希腊人喜欢户外体育活动的习惯和情趣,养成了希腊人思变好动、敢于竞争的性格。竞技是希腊人生活的重要内容。

(一) 古代奥运会的产生

希腊神话灿烂多姿,它反映了古希腊人民和自然界斗争的历程,也是当时自然界和社会形态的反映。

希腊人相信在奥林匹斯山居住着12个巨神,宙斯是巨神之首,主宰人间天上一切,其他神也具有超人的本领,人们只有同他们建立和善关系,才有利于生存。于是人们就用祭神的方式,顶礼膜拜,祈求宙斯及诸神的保佑。希腊人还认为,神和人同形同性,同样有喜怒哀乐,因此取悦人的一切美好的东西也同样能取悦神灵。

在这个崇拜英雄和力量的尚武民族的审美观念中,超人的力量、协调的动作、惊人的速度、完善的技艺、发达的肌肉都是人类最美好的东西,也是诸神喜欢的。因此,在祭坛前向神灵献艺,以竞技形式表达对神灵的崇拜。

据《荷马史诗》记载,古希腊人在宗教祭祀和其他一些社会活动中就常有各种竞技活动,如角斗、掷石饼、赛跑、跳跃、拳击、赛车和舞蹈等。所以,古代奥运会的活动内容和形式无不打上古希腊宗教习俗的烙印。这种自发的竞技运动逐渐形成习俗传统,为后来奥运会的产生奠定了基础。

在古代奥林匹克运动初期的比赛项目也反映了战争与古代奥林匹克运动发展的关系,如摔跤、混斗、拳击、四马战车赛、马车赛、角力、赛马、武装赛跑等项目多与军事技能有关。公元前9世纪至公元前8世纪奴隶社会时期,城邦之间纷争不断,兵戎相见,频繁的战争对希腊人的生活有很大的影响。战争要求希腊人具有强悍的体格和敏捷的行动,为了适应战争,人们要寻求发展体能的有效途径,还要寻找一种显示体能的方式,于是摔跤及各种竞技运动风行一时。

此外,古代奥林匹克运动除了宗教影响之外,还受到古希腊教育制度的影响。古希腊从少年受教育到服兵役,始终贯穿着竞技与运动、神性与人性的精神。古希腊全盛时期,体育锻炼一直是城邦生活的重要内容。

综上所述,古希腊奥运会的产生有着极其深刻的社会基础和历史根源。它是在古希腊竞技运动传统基础上,并受当时社会政治、经济和文化等因素长期影响的产物,是在古希腊

各城邦长期征战驱动下,在宗教习俗和教育的作用下而逐步形成的。

(二) 古代奥运会的发展

古代奥运会因在奥林匹亚举行而得名。奥林匹亚属于古希腊城邦伊利斯,这里气候宜人,风景优美,土地肥沃,农业发达,是一个美丽富饶的地方。伯罗奔尼撒的统治者伊菲图斯努力使宗教与体育竞技合为一体。他不仅革新宗教仪式,还组织大规模的体育竞技活动,并决定每四年举行一次,时间定在闰年的夏至之后,所以公元前776年的第1届古代奥林匹克运动会就正式载入史册。参加第1届古代奥运会的城邦仅有三个:伯罗奔尼撒、伊利斯、斯巴达。当时仅有一个比赛项目,即距离为192.27 m的场地跑。为保证竞赛的顺利举行,伊菲图斯还与斯巴达城邦订立《神圣休战条约》,规定了如果在赛会期间发生战争,交战各方必须停战,直至奥运会结束。凡参加奥运会的人都受到神的保护,是不可侵犯的。从此,古代奥林匹克运动会进入了鼎盛时期,伊利斯国王伊菲图斯就成为古代奥运会的创始人。

实际上,古代运动会时间要比首届奥运会时间早得多,地点也不仅是奥林匹亚。大约在公元前1100年,在柯林斯、雅典以及包括奥林匹亚在内的许多地方,每逢祭奠祈祷仪式之后,都伴有舞蹈、歌咏和体育竞技。皮西安运动会(举办地点在泽尔菲)、伊斯米安运动会(举办地点在柯林斯)等都比首届古代奥运会要早,不过这些运动会远不如奥林匹亚的规模大、影响深且后来日趋衰落,大都不被人们所知。因此,人们谈到古代奥林匹克运动会是专指在奥林匹亚进行的体育竞技运动会。

由于比赛项目逐渐增多,古代奥运会从第1届只开1天,逐渐改为3天,之后发现3天还是不能完成比赛,于是在公元前476年的第77届奥运会上,决定把会期延长为5天。

在古代奥运会的许多规定中,有一条是女子不能参加和观看比赛,违者要受到严惩甚至处以死刑,之所以有此禁令,一是因为古希腊体育竞技活动是宗教庆典仪式的内容之一,妇女参加或出席会被认为有渎神灵,是对神的不敬;二是因为古代奥运会的大部分竞赛项目时间长而且要求选手赤身比赛,妇女观看有伤风化。不过,也有例外的情况。

斯巴达王阿格希洛斯的妹妹茜妮丝卡从小就爱驾车,并向往参加奥运会。于是,这位胆大的公主就女扮男装,驾着她的马车报名参加了第96届奥运会。在比赛中,她凭着优异的技术一举战胜了所有男选手,夺得了冠军。当人们知道这位冠军是一位姑娘时,不禁一片哗然。好在当时正值希腊最民主时期,人们宽恕了她的行为,不仅承认了她的成绩,而且大会还破例为她立了塑像。在塑像的台基上,铭刻着这位英雄女性的豪言壮语:"我,茜妮丝卡,曾驾驭狂暴的骏马在战车赛中获得了冠军,人们在此为我塑像,这塑像证明我是全希腊唯一夺得冠军的妇女,我无愧于人们的赞扬。"

从此,古代奥运会为妇女单独设立了一项赛跑,但这一比赛也要在所有男子比赛项目进行完后才能举行。妇女终于有了参加奥运会的权利。

在运动会开幕前夕的晚上,满月之时,召开庆祝大会,运动员要参观宙斯神庙,瞻仰历届奥运会的获胜者塑像,然后在宙斯神像前举行宣誓仪式。第五天晚上,在天神宙斯坛前宣布比赛成绩,颁发奖品,并且举行盛大的宴会,邀请优胜运动员参加,这也是对获胜者的奖励。

古代奥运会的颁奖仪式也是相当庄严和隆重的。比赛优胜者在天神宙斯庙前被授予橄榄冠,同时宣布运动员的名字、比赛成绩、所属城邦和地方,并且连他们父母的名字都宣布出来,加以赞扬。现场还用唱歌、奏乐、鼓掌、向运动员投掷鲜花等方式,以示对获奖者的庆贺,气氛相当热烈。颁奖结束后,运动员真可谓"衣锦还乡",受到自己城邦人民的热烈欢迎,群众载歌载舞,欢呼致意,庆贺运动员得胜而归。后来,希腊还规定免去奥运会获胜者对国家的义务,在剧场或节日盛宴上设置荣誉座位,有的城邦还发给有功勋的运动员一笔数目可观的奖金。

古代奥运会每4年一届,从公元前776年有文字记录的第1届奥运会到公元394年,共举办了293届,历时1170年。

(三) 古代奥运会的衰落

奥运会优胜者获得的巨大荣誉和奖赏,必然让许多人眼馋,因此,随着古代奥运会的逐渐兴盛,也就促使许多国王、贵族和奴隶主为了争夺荣誉和炫耀权势而去训练运动员参加比赛,他们都不再满足原来的欢迎仪式和宴会,而是堂而皇之地要酬金,争夺权势。这样,古代奥运会便出现了营私舞弊、损人利己的不义行为。此后,人们对奥运会感到灰心失望,不再像从前那样重视它,使古代奥运会逐渐失去了其应有的吸引力而逐步走向衰亡。

经历了一千多年的古代奥运会,从产生到昌盛,再到走向衰落直至灭亡,人们按照其时间点大致分为三个时期:

(1) 公元前776年至公元前338年,这一时期各城邦之间虽有纷争,但希腊是一个独立国家,政治、经济、文化都比较发达,是运动会的黄金时代。特别是公元前490年,希腊雅典在马拉松河谷大败波斯侵略军之后,精神奋发,声威大振,兴建了许多奥运会设施和庙宇等,参赛者遍及希腊各个城邦,使奥运会盛行一时,成为希腊最盛大的节日。

(2) 公元前338年至公元前146年,衰败时期。由于斯巴达和雅典之间长期(公元前431年至公元前404年)的伯罗奔尼撒战争,希腊国力大减,马其顿王国逐渐吞并了希腊。不过,马其顿征服希腊后,为了笼络人心,仍然保留了奥运会,君主菲利普还亲自参加了赛马。随后的亚历山大大帝自己虽不喜欢体育活动,但仍积极支持,并视奥运会为古希腊的最高体育活动形式,为其增添设施,不过已大为减色,开始衰败。

(3) 公元前146年至公元393年,古代奥运会由衰落直至走向毁灭。罗马帝国统治整个希腊后,希腊丧失了独立和自由,虽初期仍然举行奥运会,但已趋衰落。罗马统治者非常骄横,随心所欲地安排运动会。如公元前80年第175届奥运会,罗马统治者把优秀运动员召集至罗马比赛,而奥林匹克只举行了少年赛。职业运动员已开始大量出现,他们骄奢淫逸,以竞技为职业,希腊人民对之失去了兴趣。公元2世纪后,基督教统治了包括希腊在内的整个欧洲,它提出禁欲主义,主张灵肉分开,反对体育运动,使欧洲处于一个黑暗时代,古代奥运会也随之更趋衰落,直至名存实亡。

公元393年,罗马皇帝狄奥多西一世宣布基督教为国教,认为古代奥运会有违基督教教旨,是异教徒活动,翌年宣布废止奥运会。公元395年,拜占庭人与哥特人在阿尔菲斯河发生激战,使奥林匹亚各项设施毁失殆尽。公元426年,狄奥多西二世烧毁了奥林匹亚建筑物的残余部分。公元511年和公元522年接连发生的两次强烈地震,使奥林匹亚遭到了彻底毁灭。从此,发展了1000余年的古代奥运会不复存在,繁荣的奥林匹亚变成了一片废墟。

二、古代奥运会的历史影响

古代奥运会是希腊各民族灿烂文化之一，它团结各族人民，维护国家统一，减少和制止战争的发生，受到希腊人民的热烈欢迎和拥护。古代奥运会的鼎盛繁荣反映了希腊人民高度的物质精神文化。它既是一次运动员个人体能、体力和健美的展示，又是对各民族、城邦力量、生产水平和征服自然能力的检阅。但是由于当时社会制度的局限，古代奥运会变成了奴隶主、贵族和显要人物显示权威、炫耀豪富甚至搞政治阴谋的场合，在历届古代奥运会上都有着或多或少的政治色彩，与政治有着千丝万缕的联系。

古代奥运会仪式十分隆重，以祭祀、竞技为主，内容形式丰富多彩。盛会期间，每天都有宗教活动，然后，隆重的盛典便在燃烧的"圣火"中正式开幕。运动员及他们的父兄要在神像前宣誓。古代奥运会从清晨开始，一直进行到深夜，而且风雨无阻。竞赛期间还伴有各种政治、经济和文化活动。

竞技场外又是另一番景象，哲学家一起讨论自然与社会问题、诗人和艺术家展示作品、商人推销商品、城邦使节缔结条约等，古代奥运会已成为一个综合性的文化节日，参加人数之多、涉及面之广可想而知。

古代奥运会的竞赛有严格的章程，对组织者、运动员、裁判员以及竞赛办法都有严格的规定。

古代奥运会优胜者被视为英雄，享有极高的荣誉。比赛结束时，在宙斯神坛前为各项目优胜者举行隆重而庄严的发奖仪式，授予橄榄枝的桂冠（传说橄榄枝是智慧女神雅典娜奉献给人类的，因为它全身是宝，意喻生活和生命，至今奥运会奖牌上都有橄榄枝的图案）。

由于古希腊的衰亡，历时1170年的古代奥运会便随着奴隶制的崩溃而销声匿迹了。但它给人类社会留下了宝贵的文化财富，在世界文化和体育史上有着极其深远的影响。它创造了一种综合性运动竞赛形式，形成了一种体育与文化并重的独特体系，并对奥林匹克运动和现代竞技体育的发展起到一种启蒙、借鉴的作用；它体现了奥林匹克运动的教育功能，延续了1000多年的古代奥运会促进了古希腊人身体训练制度的形成和完善，同时又把对青年的教育原则贯穿于竞技运动，为人类在体育教育方面积累了宝贵的经验；它在体育理论和实践上留下了宝贵的财富，1000多年的实践使人们在体育的功能、德、智、体、美、劳的关系，运动医学、运动生理、运动训练、运动营养、运动道德和法制等方面积累了丰富的经验；它形成了奥林匹克精神，即和平与友谊的精神、公平竞争的精神、追求人体美的精神、奋发向上的精神等。

古代奥运会是在奴隶制度时代发展起来的一种体育文化，为人类社会留下了丰富的文化遗产。古代奥林匹克运动所创造的竞技比赛传统模式和奥运精神是现代奥林匹克运动继承和弘扬的精神财富。

第二节 现代奥林匹克运动

现代奥运会是以"恢复古代奥运会"为名义而构建的一个现代社会文化现象,它沿用了"奥林匹克运动会"的名称,继承了"奥林匹亚德"每4年一个周期的传统,借用和发展了某些仪式,吸收了公平竞争、奋勇拼搏、身心和谐发展的古代传统思想。但现代奥运会并不是古代奥运会的延续和翻版,它是在新背景下产生的新的社会文化现象,它们之间有本质的区别。

一、恢复古代奥林匹克运动会

古希腊奥运会在公元394年被禁止,在沉睡了1000多年之后,19世纪末期得到了恢复和发展。14~18世纪中叶,欧洲出现了"文艺复兴""宗教改革"和"启蒙运动"三大思想文化运动,它们极大地冲击了欧洲封建主义精神支柱——宗教哲学,提倡人本主义,以"人道"代替"神道",宣扬自由、平等、博爱和个性解放,反对在宗教的虚幻梦想中追求缥缈的来生,宣传重视现实的健康生活观,并大力宣扬古希腊身心和谐发展的教育思想。引起了人们对古代奥运会的向往。18世纪初,英、法、德等国的一些学者、专家,相继去奥林匹亚访问勘察,除发现大量史料外,还发掘出不少和古代奥运会有关的珍贵文物,引起了人们对古代奥运会更加浓厚的兴趣,也激发了人们对奥林匹克运动的向往,希望把古人高度发展的文化、忘我的爱国精神、为艺术贡献的思想、竞赛给社会带来的发展、竞赛给人类带来的欢乐等重新带给人类,于是奥林匹克的考古成果成为奥林匹克运动兴起的又一驱动因素。

在资产阶级几个世纪的教育改革中,逐步形成了全面发展的教育思想,确立了体育在教育中的地位,肯定了竞技运动的教育价值和社会价值,从而推进了奥林匹克运动思想的形成。

17世纪英国教育家洛克指出,为了我们的事业,健康对于我们是不可缺少的;法国思想家卢梭也提出"自然教育论",以培养身心两健的人。18世纪欧洲博爱主义教育家们也在教育改革中充分注意到了古希腊的教育经验和古代奥运会的教育价值。进入19世纪以后,英国进行了广泛的教育改革,其中托马斯·阿诺德在拉格比公共学校的改革影响较大。他建立了以竞技运动为主的学校体育,并且让学生自己管理竞技运动,充分发挥竞技运动的锻炼价值和教育功能。

19世纪下半叶,随着经济和国际政治的发展,竞技体育运动迅速发展,各种体操运动方式比较流行,到后来综合性较强的竞技运动又逐渐发展起来。

到19世纪末,体育超越了国界,出现了体育国际化趋势。欧洲的西方现代化体育,以商人、军人、传教士和各种文化人为媒介,向世界传播,形成了东西方体育以及不同类型体育交流融合的国际体育化大趋势。

欧美一些国家和地区为复兴奥运会而着手进行了各种尝试,例如,1834年7月和1838

年8月在赫里辛鲍尔格附近的拉姆列斯疗养地先后举办过两次纪念古代奥林匹克运动的"斯堪的纳维亚运动会"。在英国马奇温洛克和布鲁克斯博士组织的"奥林匹克节"每年举行一届,持续了几十年。

在世界各地为复兴奥运会而进行的尝试中,最早提出恢复古奥运的是德国体育教育家顾茨·姆茨(1759—1839),但他的倡议未得到社会支持。直到1852年左右,希腊人扎巴斯受到社会上恢复奥运会的影响,向希腊国王提出恢复古奥运的建议,并被国王采纳后,着手进行奥运会的恢复工作,终于在1859年10月1日于雅典举行了泛希腊奥林匹克运动会。本届运动会按照古代奥运会传统进行,运动员必须有希腊血统,竞赛的优胜者被授予按古代奥运会传统制作的荣冠和少量现金。本届运动会虽然参加的人数多,但因为是初试,比赛项目和评分标准没有较明确和科学的规定,比赛秩序混乱,但这并没使扎巴斯灰心,在他临终之前,捐赠了一大笔遗产,修建了一座体育场。随后,在1870—1889年先后举行了4届泛希腊奥运会,其中,第2届原拟于1863年召开,因国王去世未果。希腊人复兴奥运会的多次尝试,激起了全民族对恢复奥运会的极大热情,泛希腊奥运会的召开,也从各个方面积累了复兴奥林匹克运动的经验。

二、创建现代奥林匹克运动会

法国人皮埃尔·德·顾拜旦(Pierre de Coubertin,1863—1937)为使奥运会的恢复成为现实作出了杰出的贡献。

顾拜旦1863年出生于一个法国贵族家庭,享有男爵爵位,曾获得过文学、科学和法学3个学位,喜欢修辞学和古希腊历史等,对竞技运动亦颇有兴趣,擅长曲棍球和足球。上中学时就对古希腊史产生浓厚的兴趣,这对他以后放弃进入仕途的机会,把毕生精力献给奥林匹克运动有很大影响。

顾拜旦在政治上是个反对君主制的共和主义者。在他投身教育和体育改革的初期,正值法国为雪普法战争之耻,举国大兴兵式体操和军事训练的年代,而他却希望通过体育改革,增强民族体质,而不是单纯为了备战。因此,他没有一味地支持当时流行的兵操,而对欧洲大陆流行的体操和托马斯·阿诺德(英国教育家)有关竞技运动的理论和实践进行了比较,肯定了竞技运动的教育价值。他认为阿诺德推行的"竞技运动自治",可以同时收到身体训练、道德教育和社会活动能力培养的功效,在体育锻炼中培养学生勇敢、刚毅、顽强、遵守纪律、公正无私的良好品质;他主张在学生中开展体育活动,并以体育为重点来改革教育。因此,教育思想是顾拜旦的思想核心。

顾拜旦作为一个历史学者,对古希腊文化的浓厚兴趣和深入的研究,使他对古希腊体育和古代奥运会有深刻的了解。他认为,古希腊的竞技运动具有特殊的社会价值,它与艺术和品德高尚的公民共同构成了支持古希腊文明的三大支柱。他对古代奥运会也有特殊的感情。他在回忆录中写道:"古希腊历史上,没有任何事物给我的触动比奥林匹克更为强烈。"因此,1875~1881年,当奥林匹克的考古成果不断公布时,年轻的顾拜旦便酝酿着一个宏大的愿望——复兴奥林匹克。

1883年,顾拜旦提出举办类似古奥运的比赛,但不是照搬模式,而是把过去只限希腊人

第五章　奥林匹克运动

参加的古奥运扩大到世界范围。这是一个极其重大的突破，它使奥运会具有了新的生命力。顾拜旦恢复古代奥运会的主张，顺应了历史潮流，汲取了前人和同代人失败的教训。1893 年，他遍访欧洲诸国，宣传奥林匹克思想，同年 11 月 25 日于索邦神学院（巴黎大学前身）发表了《复兴奥林匹克》的著名演讲。这一年，他为恢复奥运会召开了第一次国际体育会议，正式讨论了创办奥林匹克运动会的问题。翌年 1 月，他又草拟了有关恢复细节，致函各国体育俱乐部和有关体育组织征询意见，并定于同年 6 月再次召开国际体育会议，促使奥林匹克的复兴成为现实。

经过顾拜旦多方筹措及各国支持者的共同努力，巴黎国际会议终于在 1894 年 6 月 16 日胜利召开，与会的有法国、希腊、英国等欧洲 10 余个国家的代表，日本和澳大利亚致函表示支持。同年 6 月 23 日，大会通过决议，成立了国际奥林匹克委员会。这一天，对奥林匹克运动，对世界体育运动的发展都具有划时代的意义，不少国家把这一天定为体育节日，我国也于 1986 年将这天定为奥林匹克日。

国际奥林匹克委员会，简称国际奥委会，是当今世界上最有影响的体育组织。它领导组织每 4 年一次的综合性国际体育竞赛——奥林匹克运动会，简称奥运会。

巴黎国际体育会议，批准了顾拜旦制订的第一部《奥林匹克宪章》，主要内容是比较全面地阐述国际奥委会的任务、组织管理、委员产生方式等问题，明确了奥林匹克运动的基本宗旨、原则以及举行奥运会的有关事宜。宪章强调了奥林匹克运动的业余性，规定在奥运会上只授予优胜者荣誉奖，不得以任何形式发给运动员金钱或其他物质奖励；大会选举产生了首任奥委会主席——希腊人维凯拉斯（1835—1908），顾拜旦为秘书长以及 14 位国际奥委会委员；会议还规定了法语（现为英、法两种语言）为国际奥委会法定语言；还决定沿袭古奥运传统，每 4 年举行一次运动会。第 1 届奥运会原拟 1900 年于巴黎举行，后来考虑希腊为古奥运发源地，在希腊举行比在巴黎意义重大，顾拜旦尊重了大家的意见，决定把第 1 届奥林匹克运动会会期改在 1896 年，会址设在希腊首都雅典。

第 1 届奥运会克服重重困难，于 1896 年 4 月 6 日在希腊首都雅典开幕，希腊人对这次大会表现出极大的热情，出席开幕式的观众达 8 万人，从此，拉开了现代奥运会的序幕，奥运会成为了世界性体育盛会。

从第 1 届奥运会后，顾拜旦开始担任国际奥委会主席，直到 1925 年主动引退。由于他对现代奥林匹克运动的卓越贡献，被国际奥委会授予终身名誉主席称号。

"参加比取胜更重要"是顾拜旦体育思想的重要体现，这种思想就是我们现代人常说的"重在参与"。对人生而言，重要的绝非凯旋，而是战斗，"第一"只有 1 个，关键是使人们勇敢地面对挑战去实现人生的理想和价值，去造就更加健壮的人类。这一哲理使我们更加清楚地看到，顾拜旦提倡和复兴奥林匹克运动具有非常广阔的胸怀，是以人类不断完善自己为出发点，绝非仅仅是夺取桂冠和金牌。顾拜旦说，荣誉的赢得要公正无私，反之便毫无意义，对净化奥运会赛风作出了很大的贡献。在圣火的映照下，不同肤色、不同民族的健儿们汇集在五环旗之下，为同一个目标拼搏，运动场上团结、友谊、和平的气氛就是顾拜旦终生的追求。

三、奥林匹克竞赛项目及主要文化活动

奥运会每4年一届,分夏季奥运会和冬季奥运会。1992年以后,夏季奥运会在奥林匹克周期的第1年举办,冬季奥运会则改在奥林匹克周期的第3年举办。

1960年,国际伤残人体育联合会成立,此后,也是每4年举办一届国际伤残人奥运会。

奥运会主要有下列活动内容:

(一)竞技运动比赛

纵观奥运会历史的比赛项目,总共出现了35个大项,53个分项和超过400个小项。而其中夏季奥运会包括28个大项和38个分项,冬季奥运会包括7个大项和15个分项。1896年第1届现代奥运会只有10个比赛项目,其中划船项目因恶劣的天气而被取消。此后,随着奥运会的影响力不断扩大,其规模越来越大,比赛项目也越来越多。为限制奥运会规模的扩大,2005年,国际奥委会在新加坡全会上决定,2012年伦敦奥运会只设26个大项,且今后每届奥运会最多不得超过28个大项,棒球、垒球成为了奥运"瘦身计划"的牺牲品。由此传递出一个信号:现代奥林匹克运动延续了几十年的"扩张主义"已经结束。2007年,国际奥委会又通过一项改革决议:从2020年起,奥运会将确定25个核心项目,之后每届奥运会固定设这25个大项,另外最多可以增设3个临时项目。这意味着,继棒球、垒球被"逐出"后,现有28个奥运项目中还有一个要离开。

小贴士

2016年第31届里约奥运会上共设28个项目:田径、赛艇、羽毛球、帆船帆板、篮球、足球、拳击、皮划艇、自行车、击剑、体操、举重、手球、曲棍球、柔道、摔跤、水上项目、现代五项、排球、马术、跆拳道、网球、乒乓球、射击、射箭、铁人三项、七人制橄榄球、高尔夫。

国际奥委会规定,夏季奥运会比赛项目必须包括至少15个运动大项,冬季奥运会则没有这种限制,目前冬季奥运会包括速度滑冰、短跑道速度滑冰、高山滑雪、自由式滑雪、越野滑雪、北欧两项、跳台滑雪、现代冬季两项、雪橇、雪车、花样滑冰、冰壶、冰球、滑板滑雪等项目。此外,国际奥委会还规定只有在至少4个洲75个国家广泛开展的男子项目和3个洲40个国家广泛开展的女子项目,才可列入夏季奥运会的比赛;冬季奥运会接受新项目的标准是至少在3个洲25个国家广泛开展的项目。

第五章 奥林匹克运动

小贴士

一个新的项目要列入奥运会正式比赛项目,必须提前7年提出申请,经国际奥委会批准后,该项目先列入奥运会表演项目,被接受后,再在下届奥运会列入正式比赛项目。表演项目和其他正式比赛项目一样列入比赛日程,但不发奖牌。

主办国没有自主资格添加比赛项目,奥运会的比赛项目是由单项组织或者主办国提交到奥组委,由奥组委评估组评估后提交奥组委执行会议上由全体委员投票决定。

国际奥委会确定2020年东京奥运会新增了乒乓球混合双打、4×100 m混合泳、男女混合接力、混合射箭团体、田径4×400 m混合接力、柔道混合团体赛、铁人三项混合团体接力等男女混合项目。

(二)奥林匹克仪式

奥林匹克仪式包括圣火传递、开幕式、闭幕式、发奖仪式等,不仅给奥运会增添了浓烈的节日气氛,而且大大提高了奥运会的境界,使它更加庄严、神圣。

(三)奥林匹克文化节

根据《奥林匹克宪章》规定:"奥运会组委会必须制定一项文化活动计划,这就是奥林匹克文化节。"

奥林匹克文化节是奥运会的重要组成部分,是体育运动与文化和教育融合起来的重要活动。在奥运会期间,举办充分展示承办国家和世界各种文化特色的活动,如音乐、舞蹈、文学、艺术、摄影、戏剧、建筑艺术等,五大洲艺术家济济一堂,各种艺术珍品交相生辉,这种全方位的从物质到精神和谐结合的文化魅力,使奥运会更加光辉夺目。

(四)奥林匹克青年营

奥林匹克青年营是奥林匹克文化活动的组成部分。这项活动的目的是使来自世界各地的年轻人在奥林匹克的氛围中,互相学习、互相交流,更深刻地了解奥林匹克的精神。

青年营员们是由各个国家(地区)奥委会根据参加者成绩、贡献等综合情况进行推荐的,参加者的年龄在18~22岁。青年营的营期不超过20天,人数在500~1500人,活动内容包括体育、文化和民俗活动。

小贴士

北京2008奥林匹克青年营为8月6日至17日,来自全世界205个国家和地区的奥委会派出的481名中外优秀青年齐聚北京,共同体验奥林匹克、感受中国文化,充分沟通交流。本届青年营首次实现了奥林匹克青年营历史上的大团圆,也是首次邀请残疾人青年代表参加。

(五)奥林匹克科学大会

自1956年墨尔本奥运会起,比较正式的世界性体育科学大会开始在奥运会开幕前举办国举行。1972年在德国慕尼黑第一次使用了"奥林匹克科学大会"的名称。

科学大会组委会一般由奥运会举办国的国家奥委会确定,通常在会前4～5年开始筹备,如论文征集、经费预算等。

奥林匹克科学大会的主题主要是奥林匹克史、体育美学史、奥林匹克理想教育、运动医学、运动心理学、运动生理学、生物力学、生物化学、运动训练、体育管理、人类学、社会学等体育学科及相关学科各种论文及成果,历届大会都编有《奥林匹克科学大会论文集》。奥林匹克科学大会的举行对进一步促进体育科学研究作出较大的贡献。

(六)奥林匹克奖

1. 奥林匹克运动会名次奖

各个项目在运动会上取得前3名的优胜者获金牌、银牌、铜牌奖。

2. 奥林匹克勋章

1974年,国际奥委会在维也纳会议上作出决定:凡是在体育工作中模范地遵守奥林匹克原则,积极地宣传奥林匹克理想,成绩卓著,以及对奥林匹克事业作出贡献和在体育运动中取得优异成绩者,可授予奥林匹克勋章。但国际奥委会现任成员不在此列。国际奥委会为此建立了由7人组成的"奥林匹克勋章理事会",负责提名,供国际奥委会执委会讨论。勋章分金质、银质、铜质3种。金质奖章一般授予为发展体育运动、宣传奥林匹克理想作出重大贡献的国家领导人和已退休的或健在的国际奥委会前领导人;银质奖章授予在奥林匹克运动中建立功绩的奥林匹克优秀选手和国家(地区)奥委会与体育界的领导人,以及其他知名人士;铜质勋章授予在奥运会或体育工作中取得显著成绩的运动员或体育工作者。

小贴士

迄今为止,中国被授予奥林匹克勋章的有30人,第一个获得者是荣高棠,于1983年被授予奥林匹克银质奖。1986年4月28日,时任国际奥委会主席萨马兰奇在人民大会堂将奥林匹克金质勋章授予时任国务院副总理的万里。2013年11月19日,国际奥委会主席巴赫在人民大会堂将奥林匹克金质勋章授予习近平同志。

3. 奥林匹克纪念牌

奥林匹克纪念牌发给全体运动员(包括奥运会奖牌获得者)、运动队的官员和其他工作人员、国际奥委会委员和出席奥运会的被国际奥委会承认的国际单项联合会官员,以及在国际奥委会规定名额内由有关的国际单项体育联合会正式任命的裁判员、计时员、检查员、司线员等。

4. 奥林匹克荣誉册

每届奥运会组委会都制作一部奥林匹克荣誉册,记载每个比赛项目的奖章获得者(前3名)和获奖者(第4名至第8名)的姓名。荣誉册存放于奥林匹克博物馆,作为奥林匹克运动的史料保存。

5. 国际奥委会主席体育科学奖

从 1989 年开始,国际奥委会设立了"国际奥委会主席体育科学奖",按年度轮流对体育生物、医学、体育社会科学的优秀研究成果予以奖励。

小贴士

申请 2008 年夏季奥运会的城市有 10 个,分别是中国北京、泰国曼谷、埃及开罗、古巴哈瓦那、土耳其伊斯坦布尔、马来西亚吉隆坡、日本大阪、法国巴黎、西班牙塞维利亚、加拿大多伦多。后经筛选确定中国北京、土耳其伊斯坦布尔、日本大阪、法国巴黎、加拿大多伦多 5 个城市作为考察的候选城市。在 2001 年 7 月 13 日莫斯科举行的国际奥委会第 112 次全体会议上,北京在第 2 轮即以 56 票高出第 2 名加拿大多伦多 34 票获得 2008 年第 29 届夏季奥运会的主办权。

申请 2022 年冬季奥运会的城市有:中国北京、波兰克拉科夫、挪威奥斯陆、乌克兰利沃夫、哈萨克斯坦阿拉木图。随后波兰克拉科夫、乌克兰利沃夫、挪威奥斯陆因不同原因先后宣布退出申办。2015 年 7 月 30 日在马来西亚吉隆坡举行的国际奥委会第 128 次全体会议上,北京以 4 票战胜对手阿拉木图获得 2022 年第 24 届冬季奥运会的主办权,也成为世界上迄今为止第一个既举办夏季奥运会又举办冬季奥运会的城市。

第三节　奥林匹克与中国

一、中华全国体育协进会

1910 年(清宣统二年)10 月 18 日,时任天津基督教青年会董事的张伯苓,与北京青年会总干事格林、上海青年会体育干事埃克斯纳等人,共同组织召开了第一次全国学界运动会,后被国民政府追认为首届全国运动会。会后,张伯苓以赛会发起人、总裁判的双重身份,与唐绍仪、伍廷芳、王正廷等在南京发起成立了"全国学校区分队第一次体育同盟会"。这是中国的第一个社会体育组织,也是中华全国体育协进会的前身。因此,中华全国体育协进会把 10 月 18 日作为自己成立的纪念日。

1923 年,在东京第 6 届远东运动会上,代表中国参赛队登台讲话的竟是美国人格雷(J. H. Gray),这在运动员、旅日华侨和国内民众中引起强烈反响,"尽快成立中国人自己的体育组织"的呼声一浪高过一浪。于是,中华全国体育协进会就在国人的热切企盼中被正式提上议事日程。

1924年5月22日,第3届全国运动会在武昌举行。赛会期间,五区体育联合会代表一致倡议建立一个代表整个国家民众体育的机构,并推选张伯苓、王正廷等筹备、主持其事。同年7月4日、5日,"中华教育改进社"在当时的国立东南大学化学教室召开年会(见图5.1),五区体育联合会代表也都出席了此次会议,遂借此集会之便,召开了全国性体育机构的第一次大会,通过简章,正式定名为"中华全国体育协进会",并推选张伯苓、王正廷为名誉会长,沈嗣良为名誉主任干事,其他15人为董事,改变了原来的状况,体协中全是中国人,已没有洋人。

图5.1 中华教育改进社

中华全国体育协进会的成立在推动全国和各地区体育运动竞赛的开展、加强国际体育联系、组织参加国际体育活动和推动中国奥林匹克运动的开展等方面起到了积极的作用,这是中国人自觉主动接受奥林匹克运动的重要标志。早在1922年,国际奥委会就选出第一个中国委员王正廷(被誉为中国奥林匹克之父)。1931年,中国的体育组织正式和国际奥委会联系,同年国际奥委会承认"中华全国体育协进会"为中国的国家奥委会。

"中华全国体育协进会"在有识之士的领导下,为中国的体育事业作出了重要贡献。

二、中国参加奥林匹克运动

(一)1949年以前中国三次参加奥运会情况

1928年,我国曾派宋如海作为观礼员参加了第9届奥运会,而正式派遣运动员参加奥运会比赛是1932年美国洛杉矶举行的第10届奥运会。第10届奥运会中国选派刘长春一人作为代表团参加,历尽了重重艰苦和周折。当时的中国处于内忧外患的困境中,一方面国民党政府对体育毫不关心,致使筹备中国代表团困难重重;另一方面,日本军国主义侵占东北三省,扶植起傀儡"满洲国",为将"满洲国"送上国际舞台,骗取信任,日本侵略者也多方寻找中国运动员参加奥运会并把消息首先刊登在"伪满"各报上。当然,反对日本军国主义的侵略是中国人民义不容辞的责任,虽然国民党政府抱着不抵抗的政策,对奥运会组委会接受"满洲国"参加奥运会的申请无动于衷,但是,被日本选中的两名运动员却表现出了无比高尚的民族气节,这两名运动员一个是东北大学的学生刘长春,当时全国短跑纪录的保持者;另一个是冯庸大学的学生于希渭,800 m健将。刘长春看到报纸上的消息后立即发表公开声明:"苟余之良心尚在,热血尚流,又岂能忘掉祖国,而为傀儡伪国作马牛。"明确拒绝作为"伪满"选手参加奥运会。于希渭亦称病在身,同样拒绝出席奥运会,日本军国主义的阴谋终于破产,因此便由当时的中华全国体育协进会组织中国代表团参加奥运会。由于体协无经费,国民党政府又不提供经费支持,不可能组织规模稍大的代表团,同时由于于希渭不能入关,体协不得不只派刘长春一人作为中国代表团出席奥运会,而这笔经费还是由时任东北大学校长的张学良捐赠的。

至此,中国奥运史的第一页由刘长春和体育界的志士仁人们揭开了。尽管由于种种原因和巨大的心理压力,刘长春的竞技水平未能充分发挥出来,但他尽了力,尽了心。

1936年,第11届奥运会在德国柏林举行,这是1949年以前中国第二次参加奥运会比赛。当时的国际形势发生了很大变化,奥运会东道国已在法西斯统治之下,希特勒借此大肆宣传法西斯主义,粉饰太平。国民党政府为了自己的政治目的,组建了100多人的庞大代表团,参加了田径、游泳、举重、自行车、篮球、足球和拳击7个大项的比赛,除符宝卢1人通过撑竿跳高及格赛(决赛中也被淘汰)以外,其余都在预赛中落选,每天只好当"高级观众",成绩之差,可怜之极,正如马约翰先生在返回祖国的船上对运动员说过的一段话:"别灰心,这不是你们的失败,是政府的失败,是政府不提倡体育,不关心群众健康的结果。"

小贴士

> 马约翰(1882—1966),中国近代体育史上的著名体育教育家,中国体育界的一面旗帜,发表过《体育运动的迁移价值》《我们对体育应有的认识》等论著,1914—1966年任清华大学助教、教授、体育部主任等。1954年起任中国田径协会主席,中华全国体育总会副主席、主席。

1948年,国民党政府为了掩人耳目,粉饰太平,临时拼凑了一个34人组成的体育代表团,参加了在英国伦敦举办的第14届奥运会的田径、篮球、足球、游泳、自行车等项的比赛,其成绩之差不言而喻。代表团出征前政府只给每人发西装上衣一件,领带一条,不少运动员由于穷得买不起白色长裤,只好找朋友借,借不到的运动员连开幕式也不能参加。代表团抵达伦敦之日,外汇即将用完。要不是华侨的资助,运动员们差点流落伦敦街头。

1949年以前中国参加奥林匹克运动会的历史是一部屈辱史。外国报纸常以"东亚病夫""大鸭蛋"来嘲笑我们。每见及此,我们只有忍气吞声,无可奈何,真是奇耻大辱,莫此为甚,感慨万端,一言难尽。1949年以前中国三次参加奥运的历史将警醒、激励着每一个中国人奋发向上,振兴中华。

(二)不可阻挡的历史潮流

1949年10月1日,中华人民共和国成立,同年,原中华全国体育协进会改组为中华全国体育总会(中国奥林匹克委员会),这是中国唯一合法的全国性体育组织。由于在国际奥委会某些人操纵下蓄意制造"两个中国"的阴谋,所以迟迟未被承认,直到1954年希腊举行的国际奥委会第40届会议上,中华人民共和国在国际奥委会的合法席位才得到承认。

1952年,第15届奥运会在芬兰赫尔辛基举行,我国派出了40人的代表团参加本届奥运会,包括篮球、足球、游泳三个项目。当时国际奥委会中的一些人无视中国人民的权利,甚至不惜违背《奥林匹克宪章》,拒绝中华人民共和国派遣体育代表团参加奥运会,对此,中国人民奋起抗争,展开了一场维护中国人民合法利益和中国运动员参加奥运会权利的斗争。经历这些曲折,只有游泳选手吴传玉赶上了该届奥运会的比赛。虽然经过激烈斗争,国际奥委会承认了中华人民共和国的合法席位,但是个别委员仍然不顾现实,采取敌视中华人民共和国的政策,继续制造"两个中国",中国政府多次抗议无效,于1956年11月6日正式宣布

不参加第 16 届奥运会,并于 1958 年 8 月 19 日发表同国际奥委会断绝关系的声明,退出国际游泳、田径、篮球等 8 个单项国际体育组织。此后,中国未参加第 16~20 届奥运会。

1979 年,随着国际形势的变化,中国奥委会向国际奥委会执委会提出了恢复中国奥委会合法席位的建议。10 月 25 日,国际奥委会执委会在日本名古屋举行会议,一致通过恢复中国在国际奥委会合法席位的决议。11 月 26 日,国际奥委会在洛桑宣布,批准国际奥委会执委会作出的关于中国代表权的决议。11 月 27 日,中国奥委会主席钟师统宣布,中国奥委会决定接受国际奥委会的决议,并将参加 1980 年举行的冬季和夏季奥运会。

1980 年 2 月,中国首次派出代表团参加了在美国普莱西德湖举行的第 13 届冬季奥运会。由于当时我国的冰雪项目水平很低,仅派出 40 多人的代表团参加了速滑、花样滑冰、高山滑雪等五个项目的比赛。开幕式上,当中国运动员高举鲜艳的五星红旗,踏着矫健的步伐进场时,全场欢声雷动,"中国!中国!"的欢呼声响彻云霄,那些从世界各地赶来的华侨观众更是激动不已,中国的旗帜又高高飘扬在奥运会的上空。

小贴士

第 22 届奥林匹克运动会于 1980 年 7 月 19 日至 8 月 3 日在苏联莫斯科举行。但由于苏军 1979 年年底出兵入侵阿富汗,践踏了国际法准则,给运动会带来严重的影响。许多国家的奥委会相继表态,拒绝参加。中国奥委会也发表声明,不参加莫斯科奥运会。国际奥委会已承认的 147 个国家和地区奥委会,参赛的仅 80 个。

第 23 届夏季奥运会于 1984 年在美国洛杉矶举行,中国奥委会派出了一个大型体育代表团参加了这次盛会。本届奥运会与 52 年前同样在洛杉矶举行的第 10 届奥运会相比,中国的形势已今非昔比。这次派出了 225 名运动员,参加了 16 个大项的比赛。本届奥运会,中国健儿奋力拼搏,为中国赢得了巨大荣誉,共夺金牌 15 枚,银牌 8 枚,铜牌 9 枚。本届奥运会许海峰获得了第一枚金牌,也是中国奥运史上的第一个冠军;体操名将李宁勇摘三冠,是获得金牌最多的中国运动员。本届奥运会中国队取得的优异成绩使全世界中国人为之欢欣鼓舞,民族精神大振。自此,中国奥委会派运动员参加了所有的奥运会,不断取得优异成绩,书写着中华民族在奥运舞台上的新篇章,展示出中华民族在奥运舞台上的绚丽画卷。

三、中国申办奥林匹克运动会的意义

奥林匹克运动会是当今世界上规模最大、影响最广、层次最高的国际性体育盛会。它不但是一种体育运动会,而且也是世界和平事业的一部分。奥林匹克运动对世界和平所做的贡献,是其他社会文化活动不能取代的。随着时代的发展,它在世界人民心中的地位越来越重要。这种有意义的活动在世界上任何一个城市举办,都是十分荣耀的事情。中国申办 2008 年奥运会,对于世界、中国和奥林匹克运动本身都有着极其重要的意义。

(1)"和平与发展"是当今人类社会的两大主题。它以追求"自然、融合、创新、协调、精神、人的全面发展"为特征,而奥林匹克运动具有的"美好性、广泛性、进取性、坚韧性、公正性"以及奥林匹克运动的宗旨、理想、原则,都与人类的"和平与发展"有着深刻的内在联系。中国是一个在政治、经济、文化诸方面都对世界有重大影响的国家,申办奥运会就是向世界表明:中国希望对人类的和平与发展作出更多的贡献,并积极推动人类和平与发展的伟大事业,不仅从体育方面,而且从政治、经济、文化各方面推动人类进步事业的发展。

(2) 中国是世界上人口最多的国家,占世界总人口的五分之一。中国申办奥运会,本身就是一个在近13亿人口中宣传奥林匹克理想、普及奥林匹克知识、弘扬奥林匹克精神的过程,其价值是在其他任何国家所不能相比的。

(3) 中国是一个发展中国家,发展中国家的人口占世界总人口的80%。第二次世界大战后,奥林匹克运动会已经举办过14届,其中只有两届在发展中国家举行,分别是在墨西哥和韩国,而且它们在发展中国家属于经济较发达的国家。因此,在中国举办奥运会对奥林匹克运动在第三世界的发展,有着不可估量的意义。

(4) 中国申办奥运会是顺应历史发展的必然要求。目前,中国的社会、政治、经济发展正处于一个极其重要的历史时期。中国已明确地提出要建立社会主义市场经济新体制,市场经济是一种现代化经济,它是当前世界范围内经济、文化融合的产物,它要求社会的价值观念,发展经济的原则、手段、方法与国际上的通则一致。申办奥运会不仅要按照国际奥委会规定的要求和程序进行,而且更重要的是,这是一次与国际政治、经济融合和交流的机会,它必然会推动我国社会主义市场经济的建立和发展,而且也将对世界经济的发展产生一定的影响。

(5) 申办奥运会必须学会国际上举办奥运会的通行做法。在洛杉矶奥运会后,运用市场经济的观念、原则、手段和方法来举办奥运会的趋势越来越明显,此后举办的汉城奥运会、巴塞罗那奥运会、亚特兰大奥运会、悉尼奥运会都成功地运用了市场经济规律,这对中国学习和掌握运用市场经济的规律举办运动会无疑是一个难得的历史机遇。

(6) 申办奥运会在一定程度上说明中国的综合国力、经济实力、社会发展、社会自然环境、科技教育、政治稳定、组织能力等都达到了一定的水平;也说明中国改革开放取得了巨大成就,可以让世界更了解中国;还说明中国对外开放的政策将继续深入地贯彻下去;更表明中国实施以经济建设为中心的基本路线的坚定决心。

(7) 申办奥运会对促进中国体育事业的全面发展、提高运动技术水平也起到了重要的推动作用。奥运会是世界性最高水平的综合性运动会,它的主要目的之一是提高运动技术水平,促进各项体育运动的全面发展。体育运动是一个外延较为广泛的概念,包含体育的场地器材、竞技体育成绩、群众体育的科学化程度等。因此,申办奥运会有利于加快中国体育事业的全面发展,对亚洲和世界体育运动事业有着重要的意义。

四、世界选择了中国

这是一个令中国人扬眉吐气的时刻,这是奥林匹克运动一次公正、明智和历史性的抉择。2001年7月13日,莫斯科当地时间18:10(北京时间22:10),国际奥委会主席萨马兰奇在世界贸易中心会场庄重宣布:第29届奥运会,北京。现代奥运会在经历了百年沧桑后

终于来到了世界上人口最多的东方文明古国——中国。

(一) 奥运梦想见证民族腾飞

蓦然回首,中国参与奥运的往事历历在目。20世纪初,《天津青年》杂志刊登的一篇文章提出了3个问题:中国何时派一名运动员参加奥运会?中国人何时组队参加奥运会?中国何时举办奥运会?

1932年,刘长春成为第1位走上奥运赛场的中国人,但蒙受了屈辱;1984年,许海峰实现了中国奥运金牌零的突破;2001年,北京获得了2008年奥运会的主办权。3个梦想在经过一个世纪的风风雨雨后已变为现实。

(二) 三个法宝定天下

当北京第2次提出申办奥运会时,得到全国人民的衷心拥护和支持。在申办报告撰写过程中,有关部门尽其所能,出人出力,不图回报,保证了一部长达500多页、涉及17个主题的申办报告能以高质量打动国际奥委会委员。

群众的支持是靠山,改革开放的成就是北京申奥的强大保证。北京两位数的经济增长速度是保证北京举办奥运会的物质基础。在改革开放的过程中,中国逐渐与国际惯例接轨,此次开放式的申办工作就是一个明证。在很多方面,北京都采纳了悉尼奥运会的成功经验。同时,北京奥申委还聘请多家国外公关公司,并虚心请教;奥申委还与西方各大媒体主动接触,邀请外国记者来华,看看真实的北京,效果十分明显。

突出东方文化的独特魅力是北京申奥的另一法宝。奥运会起源于西方文明的发源地之一——希腊,在具有五千年文明史的东方古国举办奥运会,对奥林匹克大家庭有一种难以抗拒的吸引力。当古老的紫禁城飘荡起世界三大男高音激昂高亢的歌声时,全世界都为这种中西文化合璧之美所深深吸引。通过奥运会,让来自世界各地的人们汇集到北京的故宫、长城和周口店,实现西方文明与东方文明的交融,是北京奥运的独特魅力。

(三) 三个赢家皆大欢喜

当北京在1999年提出要申办2008年奥运会后,新华通讯社的英文电讯立即被几家世界通讯社转播。一个从未举办过奥运会也从未放弃过举办奥运会梦想的世界人口大国,一个正在世界上扮演越来越重要角色并与世界不断融合的东方文明古国,再次引起了世界的关注。

北京申奥,意味着一个人类社会发展的历史契机已经来到。现代奥林匹克运动在走过了百年历程后,将因为汲取东方文明的深厚底蕴而变得更加富有生命力;奥林匹克理想将在近13亿人(包括4亿年轻人)中传播,并且更加深入人心;奥运会给中国带来的不仅仅是场馆和道路等硬件设施,更大程度上是对人们思想观念的一次深层次触动;中国将因担当这一世界体育盛会的主人而在更多的领域,更深入地与国际惯例接轨,也因此将在世界舞台上担负起更多的责任,作出更大的贡献。中国的国际奥委会委员何振梁感叹道:北京申奥成功形成了三赢局面,中国、世界体育和奥林匹克运动是这三个赢家。

在北京举办2008年奥运盛会,是国际奥委会委员的明智选择,也是世界对中国这几年经济社会进步的充分肯定。中国人民的智慧得到了世界的尊重和承认,世界因此将这一全球瞩目的体育盛会交给北京,北京也还给世界一个惊喜——一个充分体现人与自然和谐、用时代最新科技武装起来的、聚集世界不同肤色和不同民族的体育盛会、和平盛会和文化盛会。

(四) 一届无与伦比的奥运

2008年8月8日,举世瞩目的第29届夏季奥运会在北京国家体育场"鸟巢"隆重开幕。来自世界205个国家和地区的1.6万名选手和官员参加本届奥运会,是奥运历史上规模最大的一次盛会。对中国来说,本次奥运会还是一次弘扬国威的国际盛典。中国借此展现30年来改革开放政策的成果,并向国内外显示本国在国际社会中的地位和存在感。美国总统布什、法国总统萨科齐、日本首相福田康夫等80多个国家的元首和政府首脑应邀前往,更体现了本次奥运会的非凡意义。这不单单是体育盛事,对中国来说,这还是一个辉煌的时刻,它将向世界证明中国在经济现代化领域的成就,以及在国际事务中日益上升的地位。

罗格说得很好:"这是一届无与伦比的奥运会。""奥运会让世界了解中国,也让中国了解世界。"中国人很好地履行了"同一个世界,同一个梦想"的奥运主题,把本届奥运真正办成了"科技奥运,绿色奥运,人文奥运",也让世人重新审视中国这个东方国度。

北京奥运会在给世界制造快乐的同时,也给自己带来莫大的享受。中国运动员在此届奥运会上获得金牌总数第一,整个中国都弥漫着胜利的气息。

在赛场上,每一位中国观众有时快乐得像个孩子。在任何一个比赛场馆,他们会为中国选手的每一个动作呐喊助威,"加油,中国"的声浪此起彼伏。不过,中国观众正在迅速成长起来,尤其是中国运动员的金牌数以惊人速度上升时,外界吃惊地发现,中国观众不仅没有得意忘形,而是更友善、更从容地面对世界。当牙买加运动员博尔特在"鸟巢"打破第二项短跑世界纪录后,现场九万一千名观众齐声为他献上《生日快乐》歌。

在北京奔忙于各比赛场馆且乐此不疲的美国总统布什,在接受美联社记者采访时说:"我认为奥运会为人们提供了到中国并观察中国的机会,同时也使中国人看到了世界,有机会同世界各地的人们进行交流。"

在北京奥运会开幕之前,西方一些媒体多少带有偏见的报道,令不少运动员对北京的空气质量心生疑惧。于是,便出现几个美国运动员带着预防污染的口罩抵达北京的奇怪景象。不过他们很快就发现,那天北京的空气质量与他们的出发地纽约差不了多少。现在,整个世界都不得不承认北京从申奥成功以来所取得的成就。

在北京奥运会上获得男子跳高冠军的俄罗斯运动员安德烈·斯林诺夫说,对比以前的北京,令人觉得特别惊讶,在这么短的时间内发生如此巨大的变化。他觉得,只要中国人想做的就一定能够做到。

中国花七年的时间倾全国之力打造的奥运之城,自开赛以来运转自如:人们如潮水般地从新建的地铁里向场馆涌来,又如潮水般地退去,一切井然有序;数万名境外记者在清新的空气中,闻着五十万盆摆放街头的鲜花散发的幽香,走街串巷,与中国民众零距离接触。

北京豪迈地宣称,已完全兑现申奥时提出的"绿色奥运、科技奥运、人文奥运"三大理念,同时,不仅使这座城市的某些基础设施提前十年完成,也为未来中国人的生活提出了一

个更高的标准。年轻与古老的北京在这里共同创造出了无与伦比的奥运,这是带有中国独特的文化传统和文明印记的奥运经典。

第四节 奥林匹克运动与现代科学技术

一、奥林匹克运动与体育科技的发展

(一)奥林匹克运动与体育科学的发展

奥林匹克运动在19世纪末兴起之时,现代体育科学的若干主学科已基本形成,体育教育理论有了较完整的体系。在现代实验科学,特别是生物学和医学发展的影响下,运动人体也逐渐成为科学研究的对象,并且初步奠定了对体育进行分类研究的基础。不过,直到19世纪中叶,体育科学研究主要是由教育家和医生们进行的,他们关心的主要问题是如何从教育和医学的角度来促进青少年的全面发育。

奥林匹克运动的兴起和发展加快了体育科学的发展和现代化进程,也大大拓展了体育科学研究的深度和广度。第一次世界大战前后,奥运会逐渐发展成为世界各地运动会的基本模式,竞赛带动了单项运动成绩的显著提高,进而刺激了对运动训练的科学研究,世界各国学校体育的地位普遍得到了提升,并促进了体育专业教育的迅速发展。在上述两种趋势的共同作用下,体育科学得到进一步发展。但是直到第二次世界大战以前,依据医学、生物学和教育学的基本原理去解释青少年身体发育和锻炼之间的关系,依然是体育学科发展的基本倾向,体育学科之间尚未形成完整的体系。

第二次世界大战以后,奥林匹克运动的发展促使体育科学出现了新的发展趋势。研究的重点从以学科理论建设和分科研究为主转向重点为运动实践服务,从以自发选题研究为主转向有组织、有计划的研究。单一学科课题研究的比重逐渐下降,多学科综合性研究的比重逐步上升。随着奥林匹克运动的社会影响不断扩大,体育与社会的联系日益为人们所重视,体育社会科学方面的研究也越来越多。国际奥委会对体育科学的发展和促进、体育科学与运动实践的结合,采取了积极的态度。上述趋势促使体育科学组织在20世纪后半期有了迅速发展,陆续建立了许多国际性的体育科学组织,体育科学活动表现出组织化、国际化的特征。

(二)奥林匹克运动与运动技术的发展

奥林匹克运动的发展首先带来了运动技术的进步。第一次世界大战前后,为了追求运动成绩的提高,各国开始注重将科学、合理的方法引入到对体育运动动作的研究中,同时也开始了对运动训练过程和训练计划的研究。各种新的训练方法不断涌现,各项运动动作也日臻成熟。

第五章　奥林匹克运动

　　身体重心升起同样高度却可以越过更高的横杆,福斯贝里时代发明的"背越式"跳高技术让跨越式、剪式、滚式、俯卧式成为了历史;长跑运动中身体匀速直线性更好的"梅花鹿"式跑取代了大起大落的"袋鼠式"跑和快慢不均的"鸵鸟式"跑;体操和跳水动作中对身体转动惯量的精确把握,带来了花样百出的空翻和旋转;跳台滑雪运动中两只滑雪板呈"V"字形排开能在空气中获得更好的升阻比,因此取代了滑雪板的平行姿势。体育器械的运动更是力学定律最直观的演示,标枪滑翔性的提高带来了成绩的不断刷新,当霍恩把手中的"飞行器"投掷到 104 m 开外而威胁到赛场安全时,科学又能"略施小计"将标枪重心前移 4 cm 而"勒住"投掷的"缰绳"。体育技术的每一项进步,无不伴随着对运动科学更深刻的理解和应用,从而改变着体育竞赛的形态和面貌。

　　大约从 20 世纪 50 年代末开始,激烈竞争的奥运赛场和相对成熟的动作技术之间出现了尖锐的矛盾。这种矛盾导致了体育技术方面的一场新的革命,技术进步的重点逐渐转向运动器材、训练设备、训练方法的不断更新,转向通过多种科学手段更准确地识别和挑选运动天才,并更有效地予以训练。

　　与此同时,体育科研的手段和竞赛成绩的测试手段迅速现代化。今天,各种各样的新型材料、激光装置和高速摄影摄像设备、计算机等,已经成为奥运赛场和奥运选手不可缺少的工具和伙伴。依靠它们的帮助,技术动作变得更加合理、精确,运动员的体能和技能得到更充分的发挥,运动器材更加合理、适用,性能更加优越。

　　"工欲善其事,必先利其器",新材料、新工艺给体育运动带来了翻天覆地的变化。玻璃纤维、碳纤维杆问世后,让布勃卡把人类体育运动的高度上限标定到 6.14 m;让自行车、赛艇、雪橇、滑雪板等运动器械发生脱胎换骨的变化。碳纤维制成的网球拍、羽毛球拍不但强度增加、重量减轻,并且"甜点"扩大;海绵拍的登场对乒乓球运动的意义更不待言。短跑名将弗里曼穿着的"第二层皮肤"连体运动衣、泳坛名将索普身穿仿生技术的"鲨鱼皮"游泳衣、乔丹脚下的"气垫鞋"、约翰逊的"金缕鞋"、琼斯的"水晶鞋"、刘翔的"红色魔鞋"等高科技新型材料和人体工程学、运动力学的结合,共同推动了奥林匹克的发展。

095

二、现代科学技术在奥林匹克运动中的广泛运用

（一）奥运会中的现代科学技术

现代科学技术迅速改变了奥运赛场上的面貌。20世纪50年代以来，从运动员的运动服装、鞋帽到使用的各种运动器材，从场地的铺设材料到计时测距装置，都凝聚着现代尖端科技成果的结晶。同时，控制论、系统论、运筹学、规划学等现代决策科学和管理科学的理论成果，以及计算机和信息技术，已应用到奥运会的组织管理工作中去，成为奥运会不可缺少的工具。

现代科技更新了体育科学研究和训练的面貌。新的体育科学越来越依赖新的技术装备，体育科学理论的发展和实验研究技术的进步已成为密不可分的统一整体。同时，社会学、心理学、行为科学、美学等学科的最新理论，也普遍地应用到对运动员个体或群体行为及其与社会环境相关的研究中，数理方法的运用也越来越普遍。

对时间和距离的准确计量是体育运动"可比性"的基础。今天终点线上的摄像仪能通过每秒2000次的缝隙扫描，将计时精度提高到千分之一秒。起跑线上抢跑百分之一秒就会被"捉拿归案"，游泳池终点触摸屏则"一触即发"并精确到毫秒。激光测距仪能够瞬时判读出比赛成绩；灵敏的超声风速仪取代了机械风速仪；雷达测速仪可当场显示运动员击球的速度；而明察秋毫的"鹰眼"则能随时回放球类在三维空间的运动轨迹和准确落点。各种新颖别致的光电仪器使运动数据的粗放式测量变得日益快捷、精准和可靠。

计算机作为一切高科技的基本工具，对体育运动的影响已经无孔不入。1982年，美国队就将中国女排历次比赛的影像资料输入计算机并分析出"战术弱点"，使中国姑娘在遭到"暗算"后一度受挫。而运动员对自己的技术动作往往"当局者迷"，教练员也很难用肉眼辨别清楚，"计算机诊断"却能定量分析出一招一式的缺陷。

（二）现代科学技术与奥林匹克运动影响的扩大

对奥林匹克运动的发展影响最大的莫过于大众传播媒介的进步。在1936年柏林奥运会上，闭路电视第一次被用来转播运动会实况；1964年东京奥运会期间，第一次进行了卫星电视转播。电视实况转播使各国观众更加了解奥运赛场的风云变幻，而不是仅仅关心竞赛的结果，从而极大地提高人们对奥林匹克运动的关注程度；在奥运会全过程中展示的各种文化活动和举办国的风土人情，使人们更全面、形象地认识奥林匹克主义和奥林匹克运动的内容，从而迅速扩大了奥林匹克运动的影响。

三、奥林匹克运动对科技发展的作用

（一）奥林匹克运动对技术发展的挑战

奥林匹克运动不仅是现代科技体育发展的被动受益者，同时也对现代科技提出了许多难题，从而成为现代科技进步的一种动力。体育运动要求科学家对人体进行动态的、无损的研究，正是在这一难题的刺激下，发展了一系列先进的传感、测量和遥测技术，日趋白热化的赛场竞争促进了高速摄影分析仪器的不断进步。此外，使用和反对使用违禁药物的斗争，也促进了生物化学科学和检测分析技术的发展。在运动动作技术日趋完善的情况下，人们越来越希望通过运动器材和服装的改进来提高成绩。丰富多彩的运动项目为现代科技提供了广阔的发展前景。

（二）奥林匹克运动为科学技术的发展提供了特殊的条件

从一定意义上说，奥林匹克运动是现代科技的一个巨大实验室，许多理论假设和仪器设备方面的发明创造最终必须拿到奥运会这个特殊实验场所接受检验。奥运赛场已经成为各国展示其科技成果和实力的一个橱窗，同时也是国际科技交流的大聚会，许多国家的体育代表团都把参加奥运会视为了解国际科技进展的极好机会。可以预料，在未来岁月中，奥林匹克运动与现代科学技术之间相互促进、共同发展的趋势将变得更明显，进而对人类社会产生更为深远的影响。

小贴士

战争年代里，人类总会最先将科技成果用于军事，并把战场当作高科技武器的试验场。体育作为"没有硝烟的战争"，无疑也会优先使用最新科技成果，而每届奥运会也真的成了先进技术和尖端装备的展示橱窗。体育竞赛的巨大需求反过来成为科学发展的重要引擎。奥运的发展史足以使人相信，没有科技，奥运会成不了今天的气候，离开科技，体育将回归原始和陷入瘫痪。

思考题：
1. 古代奥运会的兴衰对现代奥林匹克运动有哪些影响？
2. 奥林匹克运动的宗旨和精神是什么？
3. 奥林匹克运动的格言、标志及其意义是什么？
4. 简述中国参加奥运会的基本概况。
5. 中国申办奥运会的意义是什么？
6. 现代科学技术在奥林匹克运动中有哪些应用？

张来明

下篇 指导篇

Chapter 6

第六章
体育锻炼

　　体育锻炼是指依据机体发展规律,运用各种体育方法和手段,在自然环境下进行,增强体质、增进健康、调节精神的体育活动过程。科学体育锻炼就是以男女老幼、身体强弱或者患有不同疾病的人为个别对象,按照人体生理的发展规律,选择和制订各种不同的锻炼内容和方法,科学地分配生理负荷量,终身进行体育活动的过程。科学地进行体育锻炼可以促进人体生长发育,改善形态结构,构筑健美形体,消除疲劳,缓解心理压力,达到提高机体活动能力以及预防和治疗疾病的目的。

第一节 体育锻炼的科学规律

科学的体育锻炼,只有遵循一定的运动规律,科学安排锻炼时间、锻炼内容、运动强度和锻炼方法,才能避免运动伤病、提高锻炼效果,才能保证大学生身体全面健康地发展,形成终身进行体育锻炼的良好习惯。体育锻炼需要遵循的规律主要包括超量恢复原理、负荷强度法则、负荷量与负荷强度互变原理、运动负荷价值阈理论以及身心互制原理。

一、超量恢复原理

超量恢复,或者超量代偿理论,是由苏联学者雅姆波斯卡娅提出的。其原理是人体在运动后的恢复过程中,体内被消耗的能量物质(ATP、蛋白质、糖和无机盐等)不仅能恢复到运动前的原有水平,而且在一段时间内可出现超过原有水平的现象。

(一)超量恢复的基本原理

超量恢复的基本原理可归纳为:

(1)在适宜的刺激强度下,有机体内肌糖原消耗量随着刺激强度的增大而增加;

(2)在恢复期的一个阶段中,会出现被消耗的物质超过原来数量的恢复阶段,称为超量恢复;

(3)超量恢复的数量与消耗过程有关,在一定范围内,消耗越多,超量恢复的效果越明显。

人体的肌肉力量及运动能力,之所以会在合理训练后逐渐提高,就是因为有"超量恢复原理"在起作用。

(二)超量恢复过程的三个阶段

1. 正在运动时的恢复阶段

运动时人体的能量消耗过程(分解过程)占优势,恢复过程(合成过程)也在同时进行,只是由于身体运动时间长、强度大,消耗的能量物质较多,身体各器官系统即使发挥最大的机能能力参与恢复(再合成),也无法满足消耗的需要,此时消耗多于恢复,体内的能量物质逐渐减少,身体活动的机能能力不断下降。

2. 运动后的恢复阶段

身体运动停止后,能量物质的消耗过程减弱,恢复过程占明显优势,这时各种能量物质和各器官系统的机能能力逐渐恢复到原来(运动前)的水平。

3. 超量恢复阶段

运动实践证明,人体运动后的能量物质和各器官系统的机能能力,在一段时间里可以超过原来的水平,如果没有后继的适宜刺激,维持一段时间后又会回到原有水平。

二、负荷强度法则

负荷强度是指在单位时间里机体所承受的负荷刺激或者说在单个(单组)动作中机体所承受的负荷刺激。

(一)负荷强度法则原理

(1)在一定的生理限度内,机体的应答性反应大小一般与刺激大小成正比。也就是说,机体的适应性反应取决于运动负荷的刺激程度。

(2)运动负荷主要由负荷量和负荷强度两个因素构成,两者相互联系、相互影响。负荷强度是体育运动的核心,只有平时高强度的训练积累才能适应比赛对机体的强烈刺激,使机体所能承受的负荷强度不断提高。同时,负荷量与负荷强度之间又存在着明显的反比关系,即提高负荷的强度,则要相应减少负荷的量;增加负荷的量,则要相应降低负荷的强度。

(二)负荷强度运用

(1)负荷强度大小对机体的影响最为明显。如果负荷强度过大,超过人体所能耐受的生理界限,即使时间不长,也会使身体产生过度反应而引起不必要的损伤,影响健康。因此,要合理安排运动负荷,使负荷的增加随着有机体的变化而变化。

(2)负荷量是提高负荷强度的基础,只有将某一训练强度通过反复训练的刺激,才能使机体产生生理上的"训练适应性"和"节省化趋势",在此基础上进一步提高强度。在平时的锻炼中,应通过突出强度获得最好的恢复效果。

(3)衡量负荷强度的指标,最方便、常用的方法是测定心率。心率越快,负荷强度越大。

负荷强度是体育锻炼的核心要素。要提高锻炼效果,就需要合理安排负荷强度。在一定范围内,负荷强度越大,对机体的刺激越强,锻炼效果越明显。

(三)超量恢复与负荷强度的关系

根据生理学的"强度法则",在人的极限能力范围内,负荷强度与负荷量所形成的总负荷越大,消耗过程越激烈,超量恢复的产生越明显。

(1)负荷量较小,强度相对较大的训练后,通过合理恢复措施,机体各种能量物质表现出"恢复速度快、时间短、恢复及超量恢复出现较早、水平较高,但保持时间较短"的特点。

(2)负荷量较大,强度相对较小的训练后,各种能量物质表现出"恢复速度较慢、时间较长、恢复及超量恢复出现较慢、水平较低,但持续时间较长"的特点。

(3)有机体在承受负荷后的恢复过程后期会出现超量恢复,而且不同的锻炼负荷量与负荷强度组合,表现出的超量恢复规律也不同。

因此,在体育锻炼中,应该正确运用超量恢复原理,在一定的生理范围内,不断增加运动负荷,提高人体机能反应。引起的超量恢复越明显,锻炼效果也就越好。同时,尽量把下一次锻炼时间安排在超量恢复阶段内进行,形成累加效应,逐步提高身体机能和运动能力。

三、负荷量与负荷强度互变原理

负荷量与负荷强度互变原理,就是指负荷量与负荷强度相互关联、此消彼长、相互制约。在总负荷不变的情况下,可以改变负荷的性质,产生不同的锻炼效果。

(一)负荷量与负荷强度互变原理

(1)负荷量小,负荷强度大:从生理学角度来说,比较接近于无氧负荷。量小而强度大的负荷,对机体的影响较深刻,但是不稳定,容易消退。

(2)负荷量大,负荷强度小:身体运动趋向于有氧负荷。量大而强度小的负荷,对机体的影响不够深刻,但是比较稳定,不容易消退。

(3)负荷量中等,负荷强度中等:属于有氧和无氧之间的混合性负荷,即不同负荷量和负荷强度的组合,可供不同类型的健身锻炼者进行选择。

(二)负荷量与负荷强度的具体安排形式

(1)负荷量和负荷强度同时升,同时降。在进行大负荷的体育锻炼时,常常采用同时提高负荷量和负荷强度的形式。在进行休整或恢复性锻炼时,采用同时降低负荷量和负荷强度的组合形式,体现了量和强度的协同性。

(2)提高负荷量降低负荷强度,或者提高负荷强度降低负荷量。前者主要用于锻炼的初始阶段,通过运动量的逐渐增加,提高有机体整体的机能水平;后者主要用于突破锻炼瓶颈,使身体机能提升到更高的水平,体现了负荷量和负荷强度的对抗性和制约性。

(3)负荷量和负荷强度在一定时间里,以及一定的负荷水平上保持相对稳定不变,主要用于巩固现有的锻炼效果或运动技术水平。

因此,有机体所承受的"总负荷"是由负荷量和负荷强度综合而成的。在设计负荷量与负荷强度的最佳组合方案时,必须依照负荷量与负荷强度互变原理,确定所要达到的总负荷水平,然后再以此为依据,设计负荷量和负荷强度的最佳组合方案。

四、运动负荷价值阈理论

运动负荷是指人体进行运动时所承受的生理负荷。运动负荷包括运动量和运动强度两个方面。在锻炼时只有运动负荷保持适宜,才能收到较好的效果。运动负荷过小,则达不到锻炼的目的;运动负荷过大,又超出了人身心所能承受的限度,会对人身心健康和继续进行体育锻炼造成负面影响。

(一)运动负荷价值阈的基本原理

(1)运动负荷价值阈是按一定的心率区间来确定运动负荷的一种计量标准。在身体锻炼过程中达到心搏量极限区间需要一个发动期,随后心搏量急剧上升,再经过一段时间,心搏量进入极限。心搏量急剧上升直至达到心搏量极限的这段数据称为心搏量极限区间。

(2)心率在心搏量极限区间的时间达到锻炼时间的2/3时,健身效果好。心率在110次/min以下为阈限下负荷,心功能没有充分发挥,机体的血压、血液成分和心电图等指标没有明显变化,健身效果不明显;心率在120~140次/min,每搏输出量大,机体各组织、器官都得到充分的氧气和养料供应,健身效果最明显,称为运动负荷的最佳价值阈;心率超过150次/min为阈限上负荷,每搏输出量开始下降,每分输出量最大,可以提高无氧代谢能力。

(3)有机体经过一段时间锻炼后,慢慢适应现有负荷,随后把被适应了的、跌落到阈限下的负荷再提高至运动负荷价值阈限以内,经过一段时间的强化,可达到新的持续性适应水平。这样,循环往复超量负荷,使机体从一个体质水平达到另一个较高的体质水平。

因此,要学会合理地安排和调节运动负荷,才能获得最佳的锻炼效果。

(二)运动负荷价值阈的实践意义

(1) 运动负荷价值阈的基本功能是:最有效的健身负荷以中等强度的有氧代谢为宜,是指导体育锻炼的主要理论依据。

(2) 通俗来说,运动负荷价值阈就是指最适宜的负荷强度(年龄偏大或者体力偏弱者,强度阈值稍小)。因为存在个体差异,所以无法确定一个运动负荷价值阈的绝对标准。但由于具有正常健康水平的人之间差异并不明显,因此,"以一定的心率区间来确定运动负荷"的运动负荷价值阈理论,仍然具有普适性。

(3) 运动负荷价值阈能根据学生机体对运动负荷的不同反应(即心率的高低),反馈运动负荷大小或适度的准确信息。体质好的学生需要较大的运动负荷,心率才能达到阈限以内,体质弱的学生只需稍大的运动负荷,心率即可升到阈限以内。所以,心率能否达到有效价值阈以内并保持适当的时间,是衡量运动负荷大小或适度的标准。

五、身心互制原理

健康的身体以良好的精神状态为依托,良好的精神状态以健康的身体为前提。身体与精神状态二者相互影响和制约。

(一)身心互制原理的基本思想

(1) 身体和心理是相互制约的。身体机能状态较差,会制约心理或精神状态的发展;心理或精神状态不好,也会制约身体机能的改进与提高。

(2) 身体与心理是相互促进的。身体机能的提高与发展,会促进心理或精神状态的改变;心理或精神状态的改进,也会促进身体机能的发展与提高。

(3) 人体拥有身心二元性的特质。身体与心理是紧密相连的,没有脱离心理的身体,也没有脱离身体的心理,两者同时存在于一个有机体之中。

(二)身心互制原理的生理学基础

(1) 人的精神生活与健康长寿的关系极为密切。科学研究证实,人在发怒、忧郁和悲伤时,会机能失调、内分泌紊乱。精神紧张时,血压和胆固醇会升高。

(2) 体育锻炼是调节精神紧张和心理失调的有效途径,体育锻炼可以使人们精神振奋,有助于消除过度紧张、疏导精神负担。

(3) 坚持体育锻炼,不仅能增强体质,而且能使人从心理上变得自制、快乐、坚韧、敏锐、自信、合群和从容不迫,从而促进身心的全面发展。

(三)身心互制原理的应用

(1) 发挥体育对人的多方面的影响,利用多种途径,增进健康,陶冶情操,促进心理健康发展。

(2) 体育运动对心理健康有积极的影响,可以使人获得乐趣并感到愉快,从而有效地缓

解社会竞争带来的压力和挫折心理，保持乐观，可以提高心理控制源的内控倾向。

（3）当身体机能出现状况时，也可以通过合理的心理疏导和积极的情绪控制，促进身体机能的快速恢复与发展。

第二节　科学锻炼的基本原则

体育锻炼的基本原则是体育锻炼过程中客观规律的反映，是人们谋求良性锻炼效果的经验总结和概括，体现了有关科学研究的最佳成果，也是人们参加体育锻炼所必须遵循的准则。如果不遵循这些锻炼原则，盲目地进行体育锻炼，不仅不能够促进身心的全面发展、获得良好的锻炼效果，还容易引发运动损伤或者运动疾病，损害锻炼者的健康。

一、自觉积极性原则

自觉积极性原则指体育锻炼者有明确的健身目标，充分认识体育锻炼的价值，自觉积极地从事体育锻炼活动。体育锻炼是一个自我锻炼、自我完善，并需要克服自身的惰性，战胜各种困难的过程。同时，还要有一定的作息制度作保证，把体育锻炼当作生活中不可缺少的一部分，才能奏效。

（一）树立锻炼有益健康的信念

自觉积极锻炼，首先应该树立"科学锻炼有益健康"的信念，自觉克服各种怕动、懒惰和对体育锻炼的麻痹或恐惧心理，以自觉、愉悦和积极的心态，开展多种形式的体育锻炼活动。

（二）明确"生命在于运动"的科学道理

遵循自觉积极性原则，要明确"生命在于运动"的科学道理，树立正确的锻炼目的，把体育锻炼当作是日常学习和生活的自觉需要，激发自我锻炼的主动性，从而调动锻炼的积极性。

（三）培养体育锻炼的兴趣

兴趣是人们认识事物和从事活动的倾向。当一个人对某项体育活动产生兴趣时，就会对这项体育活动表现出极大的主动性和自觉性，从而促进身心健康发展。

（四）形成主动参加体育锻炼的意识

大学生应有主动参加体育锻炼的意识，充分认识到适量运动对身心健康的重要性。如果一个人以某些理由放弃体育锻炼，短期内可能并不会有什么明显的恶果，但是长期的代价必定是体质下降、疾病缠身、未老先衰。也有的学生即便参加体育活动，却缺乏积极主动的心理状态，这不仅达不到应有的锻炼效果，反而容易造成消极的心理和生理影响。

二、从实际出发原则

从实际出发原则是指锻炼身体应从个人的实际情况和外界环境出发，做到因人、因时、因地制宜来确定锻炼目的、选择适宜的运动项目、合理安排运动时间和运动负荷,是增强身体素质及提高运动水平必须遵循的原则。

(一) 从自身的实际出发

由于性别、年龄、体质和健康状况的差异,体育锻炼要从个人的实际情况出发,有目的地选择和确定运动项目、练习方法,合理地安排锻炼的时间和运动负荷。在每次锻炼前,都要评估自己当时的健康状况,使运动项目的难度和强度都不要超过自己身体的承受能力。

(二) 从外界环境条件的实际出发

参加体育锻炼时,还要从季节、气候、场地、器材等外界条件的实际情况出发,按照科学锻炼的方法,合理选择运动项目、练习时间、运动负荷,才能收到良好的锻炼效果。

(三) 做到因人、因时、因地制宜

因人制宜,就是根据不同性别、年龄、健康状况、生活条件和原有的体育基础,以及对体育锻炼的兴趣爱好和要求,选择体育锻炼的内容、方法,安排适宜的运动负荷。

因时制宜,就是根据不同地区、不同季节的气候变化,来选择合适的锻炼内容和锻炼方法。人的机能能力可以随着季节的变化进行自我调节,并逐渐使之与外界环境相适应。这种适应不是一成不变的,可以通过体育锻炼得到改善。选择适时的体育锻炼内容和方法,才能获得理想的锻炼效果。

因地制宜,就是根据本地体育场馆、器材设备的具体条件,锻炼传统和优势项目,来确定体育锻炼的内容和方法。

三、持之以恒原则

持之以恒原则是指体育锻炼必须经常进行,使之成为日常生活中的重要内容。体育锻炼对机体给予刺激,每次刺激都产生一定的作用痕迹,连续不断的刺激作用则产生痕迹的积累。这种积累使机体结构和机能产生新的适应,动作技能形成的条件反射也会不断得到强化,机体的体质就会不断增强,运动技术就会不断提高。

因此,体育锻炼贵在坚持,必须经过长久、持续的积累,才能取得显著的锻炼效果。

(一) 人体生物适应的长期性

系统的持续训练是取得理想锻炼效应的必要条件,人体对运动负荷的生物适应必须通过有机体自身的各个系统、各个器官、各条肌肉乃至各个细胞的变化,一点点地去实现。人体机能的适应性改造,包括中枢神经系统功能的改造,也不是在短期内所能奏效的。因此,从人体生物适应的角度来看,持续地承受负荷、系统地进行锻炼,是身体机能不断提高的重要保证。

(二) 锻炼效应的不稳定性

人体在负荷作用下所提高的速度、力量、耐力、灵敏、柔韧等素质,以及运动技术、战术、心理品质等,都具有不稳定的特点。当运动的系统性和持续性遭到破坏而出现间断或停顿的时候,已获得的锻炼效应也会逐渐消退直至完全丧失。

（三）人体生物适应过程的周期性

人体在运动负荷下的生物适应过程，不仅是长期的，同时还是分阶段实现的。机体对一次适宜运动负荷的反应，可分为锻炼、适应、恢复和锻炼效应消失等几个阶段。在更长一些时间的跨度内，如几个月至一年的锻炼过程中，人体机体能力的变化同样经历着不同的阶段，都需要长期、持续地进行体育锻炼。

（四）掌握一项运动技术也需要持之以恒

根据"用进废退"的原理，锻炼不可能在短时间内产生显著的效果，只有坚持，才能逐步巩固、积累和提高。同理，人的大脑中有大量的神经突触，必须通过固定形式的重复练习对这些突触连续进行某种刺激，才能在大脑中形成一整套固定形式的反应，即动力定型。如果不能坚持练习，已形成的条件反射就不能及时得到强化而慢慢消退，动作记忆就不牢固。

因此，锻炼身体要有连续性和系统性，只有经常参加体育锻炼，安排适合自己兴趣、爱好的运动项目，科学地制订健身计划，才能持续有效地增强体质。

四、循序渐进原则

循序渐进原则是指在安排锻炼内容、难度、时间及负荷等方面要遵循人体自然发展规律、机体适应规律和超量负荷原理，从不同的主客观实际出发，合理安排运动负荷，有计划、有步骤地逐步提高要求，使人体在不断适应的同时，体质逐步得到增强。

（一）运动负荷的循序渐进

在体育锻炼过程中，运动负荷的大小直接影响人体机能的变化，负荷是否适宜，对锻炼效果的好坏起很大的作用。运动负荷的大小因人、因时而异。即便是同一个人，在不同的机能状态、不同的时间，对负荷的承受能力也不尽相同。因此，进行体育锻炼时应循序渐进，随时调整运动负荷，逐步提高锻炼水平。

（二）练习内容上的循序渐进

练习内容要由简到繁，在动作要求上应由易到难，逐步加大难度。首先考虑简单易行、容易获得锻炼效果的项目和内容。在每次练习时，也应先从动作简单、强度不大的内容开始练习，然后逐渐增加动作难度和运动负荷。体育锻炼只有遵循人体生理、心理发展的基本规律，根据自己身体的健康状况，科学地安排适宜的运动负荷和练习内容，才能收到良好的锻炼效果。

（三）依据外部环境的循序渐进

锻炼时，要根据外部环境和个人的身体条件，科学安排锻炼项目，选择适当的锻炼方法和身体负荷等。各种锻炼项目都要逐步适应，不要一曝十寒，急于求成，避免产生运动疲劳和损伤。锻炼时的运动量应由小到大，运动强度由低到高，动作结构由易到难、由简到繁，密度也不要过于集中，当身体逐渐适应后，再逐步增加运动量和运动强度。

五、全面锻炼原则

全面锻炼原则是指通过体育锻炼使身体形态、机能、身体素质和心理品质都得到全面协调的发展。体育锻炼能促进新陈代谢,使身体各系统、组织、器官和谐发展,达到身体相对的完善和完美。

(一)体育锻炼的内容和手段要多样化

人体是一个整体,各器官系统是相互影响、相互制约的。任何局部机能的提高,必然促进机体其他部位机能的改善,当某一运动素质得到发展时,其他运动素质也会不同程度地有所发展,某一方面的锻炼与发展,也会对其他方面产生积极的影响。

因此,体育锻炼选择的练习内容和方法应力求全面,使各种身体素质和身体各器官系统的机能得到全面发展。

(二)体育锻炼要有针对性

身心的全面发展要从适应环境、增强抵抗力、改善机体形态、提高机体功能、陶冶情操、愉悦身心、丰富文化生活等方面开始。要针对个体的实际情况,有选择地从事简单易行、富有实效的锻炼。在一定年龄、一定季节,应有适当的调整,选择项目要有所侧重,针对自身的薄弱部位进行锻炼,促进身体各个部分和素质的全面提高。

(三)体育锻炼要突出重点

体育锻炼的内容、方法既要考虑到身体的全面发展,又要突出重点,以一些功效大、兴趣浓、符合自身特点的运动项目为主,选择其他项目为辅进行全面锻炼。可以根据自身专业或未来工作特点,首先锻炼和发展那些职业最需要的部位和素质,以及在工作中活动最少的部位。

同时,对于处于生长发育关键时期的青少年来说,全面发展尤为重要。各个运动项目对身体发展都有其独特的锻炼作用,但同时也有一定的侧重性。锻炼的内容可结合自己的兴趣爱好,选择1~2个作为每天必练的主要项目,同时加强其他项目的锻炼以弥补主项的不足。全面锻炼的过程中,还应注意心理素质的发展,如群体意识、个性发展等。

六、安全性原则

安全性原则是指锻炼者在体育锻炼过程中严格遵循人体自然发展规律、机体适应规律和超量负荷原理,从不同的主客观实际出发,合理安排锻炼内容、难度、时间及负荷等,保护自己,安全第一。

(一)科学计划

在制订或实施锻炼计划前,一定要进行体检,得到医生的许可。不要盲目参加超过身体能力的活动,应该通过力所能及的体育活动来锻炼身体。如果患有某种疾病或者有家族遗传病史,在有医务监督的情况下按照体育教师和医生的建议进行锻炼。在有条件的情况下,请体育教师或者运动医学专家根据其体质健康状况开出运动处方,有目的、有计划地进行安全、科学的锻炼。

(二)环境因素

依据气候变化和气象情况,夏季预防中暑、冬季预防冻伤。大风、大雾天气不宜跑步。

不宜在交通繁忙、空气污染和高低不平的场地锻炼等。

(三) 健康状况

了解自己的健康状况,患急性病时,必须暂停锻炼;患慢性病时,要接受医生的指导;疾病初愈不宜进行较大强度的锻炼;饭后、饥饿或疲劳时应暂缓锻炼;对于不熟悉的水域,不要随便入水或潜水,以免发生意外;在公共游泳场所游泳时,要注意公共卫生,服从工作人员的管理。

(四) 热身活动

每次锻炼前必须要做好充分的准备活动,克服内脏器官的生理惰性,防止出现运动损伤。锻炼过程中要遵循技术规范,避免错误动作。运动量可依据实际情况进行适当调整,不要在身体不适的情况下勉强坚持。

(五) 水分补充

在锻炼过程中不宜大量饮水,以免加重心脏的负担或引起身体及肠胃的不适,可采用少量多次的方式补充水分。在炎热的夏季,可以在饮水中添加一些盐分,维持体内电解质的平衡。运动后也不宜立即洗冷水澡。

 小贴士

运动中如何正确补水

体育锻炼中,身体会大量出汗,体内液体环境平衡会被打破,从而影响中枢神经活动,当失水达到体重的 5% 时,还会明显影响活动能力。

运动中如何科学补水呢?美国运动医学专家指出,单纯补充白开水或者矿泉水会事与愿违,甚至越喝越渴,导致体温升高,小腿肌肉痉挛,出现"水中毒"症状。因此,正确补水应该做到以下几点:

1. 运动前 24 h 内做到饮食营养平衡,没有口渴和腹胀的感觉。
2. 运动前 2 h 喝大约 500 mL 的白开水或者矿泉水。
3. 在运动过程中,如果运动时间超过 1 h,应该在饮水中添加 4%~8% 的碳水化合物,如糖或蜂蜜;或者在每升水里加 0.11~0.15 g 盐,并将水温控制在 15~22 ℃。
4. 即使不感到口渴,也最好在运动中每间隔 20 min 左右喝一两口水。
5. 运动后要喝电解质饮料,即含有钠、钾、氯、镁、钙、磷等矿物质的饮料,或者可以按 15∶1 的比例在白开水中添加食盐,制成盐开水饮用。

(六) 放松活动

每次锻炼完之后,要注意做好整理、放松活动。可以通过慢跑、拉伸、按摩等方式,促进身体机能的快速恢复。

第三节　科学锻炼的内容、方法与计划

体育锻炼的内容、方法不同，对人体产生的影响也不尽相同。不同的锻炼内容和方法具有不同的作用，有的可以促进身体正常发育，形成良好的体形；有的可以提高身体素质，增进健康；有的可以强身自卫，调节精神；有的可以防病治病，消除生理功能障碍等。锻炼者可以根据自己的年龄、性别、身体状况、素质水平、兴趣爱好、精神需求等，在时间、场地、器材允许的情况下，选择合适的锻炼内容，长期坚持锻炼，提高身体素质和健康水平。

一、体育锻炼的分类和基本内容

（一）按照体育项目划分

1. 田径类运动

田径运动是田赛、径赛和全能比赛的全称，以走、跑、跳、投为基本技术。"田"指广阔的空地，在跑道所围绕的中央或临近的场地上举行的跳跃、投掷活动，统称为田赛，田赛是用米尺丈量高度和远度的项目。"径"指跑道，在跑道上举行的竞走和各类形式的赛跑都属于径赛，是以时间计算成绩的项目。全能项目是由跑、跳、投掷等部分项目组成。

2. 体操类运动

体操运动是一种徒手或借助器械、工具来进行各种身体操练的非周期性体育项目。"体操"是对所有体操项目的总称。体操可分为竞技体操、艺术体操和基本体操三大类。基本体操是指那些动作和技术都比较简单的体操，其主要目的、任务是强身健体和培养良好的身体姿态，所面对的主要对象是广大的人民群众，最常见的有广播体操和为防治各种职业病的健身体操。艺术体操由舞蹈、跳跃、平衡、波浪形动作及部分技巧运动动作组成，一般在音乐伴奏下进行，富有艺术性。竞技体操是一项在规定的器械上，完成复杂、协调的动作，并根据动作的分值或动作的难度、编排与完成情况等给予评分的运动。

3. 球类运动

球类运动是所有以球作为基础的运动或游戏的总称。按照不同的运动方式，可以分为"同场接触型""隔网对抗型"和"台面型"三大类。不同性质的球类运动项目，在锻炼方法、技战术、规则要求等方面各不相同、各有特点。球类运动可以提高锻炼者的灵敏、协调、力量、速度、耐力等综合素质以及判断力、团队协作精神等多项能力。

4. 水上运动

水上运动是指全部过程或主要过程都是在水下、水面或水上进行的各种形式的体育活动。水上运动可分为水上项目、船类项目、滑水运动、潜水运动。水上运动可以起到改善心血管系统、提高呼吸系统的机能、改善肌肉系统的能力、改善体温调节的机制、增强抵抗力、减肥及健美形体等多方面的、有益健康的作用。

小贴士

冬泳注意事项

健身专家指出,在冬季,游泳是非常好的健身项目,不但可以加快人体的基础代谢、促进血液循环、有效地锻炼血管的收缩和扩张、增强肌体的免疫力,也能锻炼人的意志品质和培养团结协作精神。但练习冬泳应该逐渐过渡,从夏天开始坚持冷水泳,到了数九寒天才能享受冬泳的乐趣。

冬泳对身体素质的要求较高,必须注意一些禁忌情况。例如心脏病、肝病、肾病和肺气肿等病情较重的患者,以及尚未发育完全的孩子,不适合冬泳;感冒时不能冬泳。冬泳时一定要控制活动量,不要长时间泡在水里。冬泳活动量的控制标准是,水温在14 ℃以上可以游30 min左右,水温越高,时间可以越长,10 ℃~14 ℃可以游10~30 min,10 ℃以下要坚持每下降1 ℃便减少游1分钟的原则。

另外,严禁酒后冬泳。酒后游泳,体内储备的葡萄糖会大量消耗以致出现低血糖,而酒精能抑制肝脏正常的生理功能,妨碍体内葡萄糖的转化,容易发生意外。

5. 冰雪运动

冰雪运动是指在大自然的严寒之中(通常指寒冷的冬季,气温一般在0 ℃以下)依托冰雪从事的体育运动。

6. 武术运动

武术运动,即中国武术、中国传统武术,通过"武化"流传,以"制止侵袭"为技术导向,引领修习者进入认识人与自然、社会客观规律的传统教化(武化)方式,是人类物质文明的导向和保障。作为中华民族的生存技能,中国传统武术伴随着中国历史与文明的发展,走过了几千年的风雨历程,成为维系这个民族生存和发展、承载中华儿女基因构成的"魄"。

7. 气功运动

气功(炁功)是一种中国传统的保健、养生、祛病的方法。是以呼吸调整、身体活动调整和意识调整(调息、调身、调心)为手段,以强身健体、防病治病、健身延年、开发潜能为目的的一种身心锻炼方法。气功的特点是通过练功者的主观努力,对自己的身心进行意、气、体结合的锻炼,主要包括调身、调心、调息、自我按摩和肢体活动等。调心是调控心理活动,调息是调控呼吸运动,调身是调控身体的姿势和动作,它们是气功锻炼的基本方法,也是气功学科的三大要素或称基本规范。

8. 重竞技运动

重竞技运动即按照体重分组来进行比赛的运动项目,属于"冷门"项目,具有精彩激烈、对抗性强、观赏性高的特点。

9. 舞蹈类运动

舞蹈是以人体为主,通过有组织、有节奏的姿态造型动作、过程、构图等表现手段,塑造具有动态性的直观形象,用以抒发人的思想感情,反映社会生活的表情艺术。其主要艺术特征是直觉性、动作性、节奏性、造型性、抒情性、综合性。

10. 民族体育运动

民族体育运动又称民族传统体育,是由各民族创造的、为获得增强体质的技能而进行的竞技娱乐和教育的一种综合性文化形态,是各民族以身体运动为基本方式的一种动态过程的复合体,是民族文明进步所形成的一种传统的文化生活方式,具有各民族自己的特征。民族传统体育是人类体育文化的一个重要组成部分,它既是一种带有民族特点的文化形式的表现,又是一种颇具传统色彩的文化形态;它既是人类体育文化的组成部分,又是民族传统历史文化的重要内容。

11. 休闲娱乐类运动

休闲娱乐运动主要是户外运动,指在自然环境中展开的以挑战大自然,寻求冒险刺激和娱乐,满足人们远离城市环境、亲近自然环境的时代需求为目的的各种新兴活动。这种活动不以竞赛和取得成绩为目的,主要追求活动时新鲜、刺激、娱乐的心理感受,具有明显的休闲娱乐性。休闲娱乐类运动内容非常广泛,因此,部分内容会与前面所列运动项目略有重复。

12. 军体类运动

军事体育是人们为了国防安全和战争准备,全面提高作战主体战斗力而采取的一系列与战斗技能紧密相关的、以身体训练为主要内容的特殊体育形式。

(二)按照体育功能划分

1. 健身体育

健身体育是指徒手或利用各种器械并采用专门科学的动作方式和方法进行锻炼,以发达肌肉、增长体力、改善形体和陶冶情操为目的的体育运动。健身体育运动可以改善人体健康水平,提高心肺功能,帮助术后恢复。健身体育简单易行、适用性强,能有效地增强体质,增进人体健康,锻炼全身肌力,改善体形、体态,陶冶美好情操等。

健身体育主要包括田径类、体操类、球类、游泳、郊游、健美、跳舞、走步、自行车等运动。

小贴士

如何跑步最科学

医学专家指出,慢跑能够有效提高供氧,慢跑时人的供氧能力比静坐时强 8~12 倍,是保持健康的最好手段。近几年的科学研究证明,跑步可使肺功能增强,从而提高肺活量和吸入氧气的能力;跑步可以改善心脏功能,使心肌变得强壮有力,提高心肌血液供应,防止心脏病的发生;跑步可以增加骨密度,防止骨质疏松等。

科学、安全的跑步一般包括四个部分,即准备活动、跑步活动、力量练习和整理活动。

1. 准备活动

通常需要 5~10 min,可以先慢跑 2~4 min,再做几节全身性的柔韧性练习操,也可以快步走与部分伸展运动相结合。

2. 跑步活动

跑步必须保证运动的质和量。所谓"质"就是锻炼中的心率要达到"有效心率范围"（即最高心率的60%～85%），所谓"量"就是每次进行20～30 min跑步运动，或者走、跑交替进行，每周最好运动3～5次。

3. 力量练习

跑步主要锻炼腿部肌肉，而四肢肌肉和腰腹部的肌肉没有得到充分的锻炼。因此，需要在跑步结束后，进行适当的徒手或负重肌力练习，如俯卧撑、引体向上、仰卧起坐、俯卧挺身及举重等。

4. 整理活动

运动后的整理活动是通过肌肉放松而有节律地收缩，改善肌肉的血液循环，有利于加快乳酸消除、减轻疲劳、促进体力恢复。做整理活动时，先放慢速度，继续跑和走3～5 min，然后再做全身性的肌肉放松活动，让心率慢慢降下来。当自我感觉呼吸和心脏搏动稳定，不适的感觉消失，身体觉得轻松时可以结束整理活动。

在跑步中还应注意以下事项：

初练者要做好身体检查，最好做一次心电运动试验，以了解自身的心脏情况；要注意循序渐进，运动量从小开始，逐渐增加运动时间和运动强度；天气不佳（过热、过冷、雨天路滑）不宜进行室外跑步，有条件可进行室内原地跑步或在跑步机上运动；患有心律不齐、哮喘、气胸、血尿及坐骨神经痛等疾病者，应暂停跑步，等病情好转，经医生同意后才可进行运动。

2. 健美体育

健美体育主要是指人体为了健康、体型完美而进行的身体锻炼活动，其目的是塑造体形，形成正确、优美的身体形态。健美体育以发展肌肉为主，同时塑造形体、姿态、线条与结构的美感和韵律感、协调性等。健美体育主要采用健美联合器、杠铃、哑铃、舞蹈、艺术体操、健美操、街舞等内容进行锻炼，塑造健美形体。

3. 康复体育

康复体育是指针对先天或后天等原因形成的某些生理或心理疾病而采用一些相应的体育锻炼和机体功能练习，进行治疗、恢复和预防的体育方法，是根据疾病发生、发展规律及其特点，通过特定的体育活动方法来预防、治疗疾病和加快身体康复。一般动作轻缓、运动负荷较小。

4. 矫正体育

矫正体育是指为了弥补身体缺陷或克服功能性障碍而进行的身体锻炼，是针对身体的特殊性而专门安排的练习内容。

矫正体育主要针对体态出现的某些缺陷，选择某些适当的动作来进行锻炼以达到矫正畸形的作用。如含胸驼背者，采用杠铃卧推、扩胸动作，使肌肉发达、胸廓挺拔，或者做脊柱弯曲矫正操；"X"形腿，可以通过腿部柔韧与肌肉锻炼来矫正；近视眼可通过眼保健操适当恢复视力或控制近视加深；针对肥胖问题进行的局部肌肉及力量锻炼，可改变形体。

5. 休闲体育

休闲体育指人们在闲暇时间以增进身心健康,丰富和创造生活情趣,完善自我为目的的身体锻炼活动,或者说是指人们在闲暇时开展的项目形式不拘一格,对场地设施要求不高,强调娱乐休闲、运动乐趣、放松身心的体育活动。

6. 防卫体育

防卫体育是指为提高防身和应变能力而进行的身体锻炼。这种锻炼既可强身,又有较强的实用价值。

(三) 按照供能方式不同划分

按照供能方式的不同,可将体育运动分为有氧运动、无氧运动和混合运动。

1. 有氧运动

有氧运动就是在有氧代谢状态下,长时间进行运动(耐力运动),使得血液循环系统、呼吸系统得到充分有效的刺激,从而提高心肺功能的一种运动形式。在运动过程中,人体吸入的氧气与需求基本相等,达到生理上的平衡状态,从而让全身各组织、器官得到良好的氧气和营养供应,维持最佳的功能状况。

有氧运动的时间一般至少在 15 min 或以上,运动强度在中等或中上的程度,心率保持在 130~150 次/min。

小贴士

怎样做有氧运动才能实现减肥瘦身

有氧运动对于减肥瘦身、增进健康具有非常重要的作用。但是很多同学却不清楚究竟怎样进行有氧运动减肥才是最有效的,而且也不知道做多长时间的有氧运动减肥才是最合适的,下面介绍一下在减肥瘦身的过程中需要掌握的方法和诀窍。

1. 有氧运动对减肥有什么好处?

在有氧状态下长时间运动,肌肉持续收缩,肌肉中的废物会被及时运走。另外,有氧运动时,除了消耗体内的葡萄糖,也会加速体内脂肪的燃烧,对心肺功能也有促进作用。

常见的有氧运动有步行、疾走、慢跑、游泳、健身操、骑自行车、滑冰、跳绳、打篮球、踢足球等,这些运动都有很好的减肥功效,而且运动装备和锻炼方式都比较简单,锻炼身体、减肥瘦身一举两得。

2. 有氧运动是不是比力量训练在控制体脂方面效果更好?

首先,有氧运动和力量训练同样具有健身的效果,不同的是有氧运动先消耗脂肪,而力量训练先消耗体内的糖,而且在相同时间内,有氧运动消耗的热量比力量训练消耗的热量多,即使这样,也不能说有氧运动比力量训练要好,最好的消除脂肪的方法应该是有氧运动和力量训练相结合。而且,力量训练比起有氧运动更能提高体内的新陈代谢,即使在休息的时候也能帮助消耗热量。所以,有氧锻炼与力量练习结合进行才是最佳的减肥方法。

> 3. 有氧运动是不是越多越好?
>
> 不是的,进行有氧运动要注重限度。虽然进行有氧运动能很有效地消耗体内脂肪,但是如果运动过量,就会将肌肉也一同消耗掉。相关研究发现,进行2 h的有氧运动,体内90%的白氨酸会被消耗掉,而白氨酸对肌肉的生长起着非常重要的作用。
>
> 通过有氧运动进行减肥,每周锻炼3~4次,每次在1 h以上,循序渐进,运动强度应该从低到高逐渐过渡,每次运动的时间也应该慢慢增加,太心急反而会打乱减肥行动,得不偿失。

2. 无氧运动

无氧运动是指肌肉在"缺氧"状态下高速、剧烈地运动。也就是说,身体在进行短时间、高强度的剧烈运动时,机体需要消耗大量的能量,机体有氧代谢所产生的能量无法满足需求,转而需要糖类物质进行无氧代谢,这种状态下的运动称为无氧运动。

无氧运动大部分是负荷强度高、瞬间性强的运动,所以很难持续较长时间,而且疲劳消除的时间也慢。

3. 混合类运动

混合代谢运动就是有氧、无氧代谢供能交替条件下持续的运动,是以有氧代谢、无氧代谢混合供能为主的运动形式。

(四) 按照不同素质发展要求划分

1. 以耐力为主

耐力素质是指机体在一定时间内保持特定强度负荷或动作质量的能力。耐力水平的提高表现为更长时间保持特定强度或动作质量,或在一定时间内承受更高强度的能力。

2. 以增强肌肉力量为主

肌肉力量是指整个身体或身体某个部分肌肉在收缩和舒张时所表现出来的能力,或者说是对抗阻力完成运动的能力。主要表现为最大肌肉力量、相对肌肉力量、快速肌肉力量和力量耐力四种形式。

3. 以发展速度为主

速度素质是指人体快速运动的能力,包括反应速度、动作速度和位移速度。神经系统的反应能力、做动作的频率和动作幅度的大小,是影响速度素质发展的主要因素。

反应速度指人体对各种信号刺激的快速应答能力。主要利用各种声、光等突发信号让练习者迅速做出相应的反应动作,以提高其神经系统反射弧的接通机能水平。

动作速度指人体完成某一动作的快速能力。

位移速度是指周期性动作中,人体在单位时间内快速移动的能力。

4. 以发展柔韧为主

柔韧性是人体各个关节的活动幅度、关节周围组织(跨过关节的韧带、肌腱、肌肉、皮肤及其他组织)的弹性和伸展性的表现,是人体运动时加大动作幅度的能力。

5. 以发展灵敏协调为主

灵敏性指人体在复杂多变的条件下,对刺激作出快速、准确的反应,灵活完成动作的能力。灵敏性是一种综合性的能力,需要速度、平衡、柔韧等多种能力要素的共同协调作用才能达到一定的水平。

二、科学锻炼的方法及注意事项

体育锻炼的科学方法是体育锻炼客观规律的反映,是安排锻炼计划、选择锻炼内容、运用具体锻炼手段的重要依据。运动中如果不根据自身实际情况采用科学合理的锻炼方法,不但达不到强身健体的预期效果,而且还会增加发生运动性损伤的几率,损害身体健康。

(一)科学体育锻炼的方法

1. 重复锻炼法

重复锻炼法就是指锻炼者根据自身的需要,在相对固定的条件下进行重复练习的方法,即按预定内容反复进行某一锻炼的方法。重复锻炼法的主要作用是提高心血管和呼吸系统的机能以及提高人体的耐力。

采用重复训练法时,要依据锻炼者的运动水平、身体状况等实际情况,掌握好负荷的有效价值阈(最有锻炼价值负荷量下的心率)。锻炼时,重复次数越多,身体所承受的运动负荷总量就越大,身体反应越强烈,锻炼效果越明显。但要注意控制重复次数,并给予充分的组间休息时间。

2. 间歇锻炼法

间歇锻炼法是指在多组重复运动中,对动作结构和负荷强度、间歇时间提出严格的要求,以使机体在不完全恢复状态下反复进行练习的锻炼方法。间歇锻炼法要求在两次练习之间有一个严格控制休息时间的间歇阶段,间歇阶段的长短是通过测量锻炼者心率来控制的。间歇锻炼的关键是,要在机体尚未完全恢复体力时便开始下一组练习。

同重复锻炼法一样,间歇时间要依据负荷的有效价值阈调节。一般说来,当负荷反应(心率)指标低于负荷有效价值阈时,应缩短间歇时间;高于负荷有效价值阈时,则可延长间歇时间。通过适当的间歇,把负荷量调节到负荷有效价值阈范围内,一般心率在 130 次/min 左右时,就可以进行下一组锻炼,以达到良好的锻炼效果。

3. 连续锻炼法

连续锻炼法是保持有效的、不间断的连续运动的锻炼方法。连续锻炼法的负荷强度较低,负荷时间长,中间没有间断。

连续锻炼时间的长短,同样要根据负荷有效价值阈来确定。通常认为,在 140 次/min 左右的心率下连续锻炼 20~30 min,可使机体的各个部位长时间获得充分的血液和氧的供应,因而能有效地提高有氧代谢能力。

4. 循环锻炼法

循环锻炼法由几个不同的练习点组成,各个练习点设置不同的锻炼内容。锻炼者按照一定的顺序,依次完成不同的练习点内容,循环一周,即为一次循环练习。然后根据锻炼者的实际情况,设定相应的循环次数。

循环锻炼法对技术的要求不高,练习内容简单、新颖,富有变化,单项运动负荷较小,可以在相对轻松、自然的状态下,使身体各部位得到全面发展,综合锻炼效果显著。

5. 变换锻炼法

变换锻炼法就是在锻炼过程中,不断改变运动强度、时间、速率、内容、形式以及锻炼条件、环境、组合和各种要素,提高锻炼者的兴趣,提高中枢神经系统的调节机能和身体各器官系统相互间的协调能力,以达到提高锻炼效果的目的。

变换锻炼法要遵循以下规则:要有针对性地安排变换的内容、强度、时间、形式等,变换要以锻炼的实际需要为前提,不能随意变换;锻炼中注意收集反馈信息,加强医务监督,并根据自身的体会和感受随时记录资料,以便进行科学的变换;变换应因人而异,青少年可以多采用变换练习提高其兴趣,对成年人来说,过多的变换不利于身体锻炼,要注意变换的时机和效果。

6. 负重锻炼法

负重锻炼法就是使用一些重物来进行辅助锻炼的方法。要求锻炼者在运动中,载负适当的重量进行锻炼,按一定的次数、重量、标准和动作频率去锻炼身体,增强体质。

7. 综合锻炼法

综合锻炼法是在身体锻炼的过程中,为促进身体各部位的全面发展,把对身体各个部位有不同作用的几个或更多的运动项目搭配起来,形成一个可影响身体数个部位乃至全身所有部位而进行运动的方法。

(二)正确选择锻炼时间、强度和频次

1. 锻炼时间的选择

锻炼时间是指在一天中的哪一个时段进行体育锻炼。研究发现,高强度运动可在饭后两小时进行;中等强度运动应该安排在饭后一小时进行;轻强度运动在饭后半小时进行最合理。因此,不同的人,应该根据自己的工作生活时间表,选择不同的时间段进行体育锻炼。

(1) 晨间时段

起床到早餐前,大约 6:30~7:30。

早晨空气凉爽,环境安静,进行适度的体育锻炼,有利于提高身体的新陈代谢水平,适度提高大脑的兴奋性,可增强机体的抵抗力。

因此,晨间锻炼时间最好不要过早,太早早晨太阳还未升起,温度较低,前一天污染的空气还没有扩散开,容易出现逆温层,如果此时参加体育锻炼,对身体健康不利。运动强度要适度,强度太大会促使交感神经兴奋,使人容易产生疲倦感,并影响全天的精神状态,不利于工作学习。运动项目以慢跑、散步、打太极拳以及一些球类为主。

(2) 上午时段

早餐后 2 h 到午餐前,大约 9:00~10:30。

从生理上讲,人体在 8:00~12:00 这一时间段,肌肉速度、力量和耐力处于相对最佳状态,这个时间段进行体育锻炼会起到积极的锻炼效果。但是,医学研究表明,心血管的发病率和心肌劳损的发生率均在 6:00~12:00 时间段最高,需要特别注意体育锻炼的负荷强度及负荷量。同时,受到工作、家务等现实情况的制约(不包括退休、周末或者节假日),选择上午锻炼的人群数量相对较少。

(3) 下午时段

午餐后 2 h 到晚餐前,大约 14:00~17:30。

人体体力的最高点和最低点受机体"生物钟"的控制,一般在傍晚达到高峰。从生理学角度来说,心脏跳动和血压的调节在 17:00~18:00 这一时间段最平衡;身体嗅觉、触觉、视觉等在 17:00~19:00 这一时间段最敏感;体内激素的活性在 16:00~19:00 这一时间段处于良好状态。

此外,在下午时段,人的身体适应能力和神经的敏感性最好,体内各种器官和肌肉的温度最高,肌肉承受能力较其他时间高出 50%,关节的灵活性也处在最好的状态。当人体温

度升高时,人们就会产生强烈的运动欲望,而此时参加体育锻炼,也会更加自觉、更加努力,从而收到更好的锻炼效果。

因此,综合来说,人体的最佳运动时间为15:00～17:30。

(4) 晚间时段

晚餐后2 h到睡前,大约19:00～21:00。

晚间的体育锻炼,人的精神放松,既可以强健身体,又可以帮助消化。但是,晚间的体育锻炼时间不宜过长,以1 h左右为宜。锻炼强度不要过大,心率控制在120～140次/min为宜,否则过高的运动强度会使交感神经兴奋,妨碍睡眠,反而不利于身体健康。

什么时间锻炼效果最好

关于什么时间段进行体育锻炼效果最好,存在两种观点:

第一种说法是晨练,健康界人士比较支持这个说法。一项近期发表的研究也表明,对于那些饮食质量比较差,摄入能量较高的人群来说,早晨参与运动可以抑制血糖和血脂过度上升,预防肥胖。这种观点与我国传统养生说法相符合。中医传统认为,日出而作、日落而息。人类千万年来所适应的生活,就是在太阳升起的时候开始体力活动。但是现代人经常熬夜加班,晚上休息较晚,早上很难坚持6点起床锻炼。

第二种说法是下午运动,体育界人士比较认同这种说法。因为下午4～6点,空气质量比较好,光照强度合适。从生理学角度来说,人体内各种器官和肌肉的温度在下午时段最高,力量、速度、耐力、关节韧性和灵活性都比较好,不容易发生运动伤害,锻炼效果更好。

但是,下午时段,也是学生功课最繁忙的时候,很多人此时无法抽出时间进行体育锻炼。因此,如果能够在最佳时间段进行体育锻炼最好,但也可以根据自己的时间安排、生活习惯,选择早晨、上午、晚上进行体育锻炼。只要能够在自己最为方便的时间坚持下去,就是最好的选择。

2. 锻炼的持续时间

依据不同锻炼者的身体状况和素质水平以及不同的锻炼时段,每次锻炼的持续时间也不尽相同。一般来说,锻炼时间少于30 min,锻炼效果不明显;锻炼时间超过120 min,容易引起过度疲劳。因此,早晨的锻炼持续时间在30～60 min,上午的运动时间在30～90 min,下午的运动时间在30～120 min,晚上的运动时间在30～60 min最为适当。

3. 锻炼强度

锻炼强度,也称运动强度,指身体练习对人体生理刺激的程度,是构成运动量的因素之一。运动强度以心率为衡量指标,一般来说,120次/min以下的运动量为小;120～150次/min的运动量为中等;150～180次/min的运动量为大;超过180次/min的运动量为超运动量。

人在安静时,心率一般为60～100次/min,运动时最大心率的计算公式为:220减去年龄,然后乘以相应的强度比率来确定运动强度的大小。

近年来,国内外开始采用一种新的、适用性更广的最大心率计算公式:

$$HR_{max}(运动时最大心率)=208-0.7×年龄。$$

4. 锻炼周频次

锻炼的周频次,就是指以一周为单位(7天),在一周内锻炼的总次数。一般来说,每周需要不少于3次的体育锻炼,才可以收到明显的锻炼效果。

从运动生理学的角度来看,运动的频度(即每周锻炼的次数)与锻炼的效果有着直接的关系。一次适量的运动对肌肉和全身各器官系统的健身效果,可以保持几个小时到几天。因此,最合适的运动频度为:前一次锻炼效果尚未消失前,进行第二次运动,使得每次锻炼的健身效果逐渐积累,从而达到提高体能、增进健康的目的。两次运动之间的间隔时间过长会破坏运动训练的连续性,难以取得应有的健身效果;而如果两次锻炼的间隔时间较短,使得身体还处于疲劳状态就进行下一次的强度锻炼,容易引起肌肉酸痛、过度疲劳以及某些运动创伤,也不利于身体健康。

一般来说,体质稍差、年龄偏大或初次参加体育锻炼的人,开始锻炼时,运动频度要少些,以每周2~3次、每次15~30 min较适宜。然后随着体质的不断增强,身体适应现有的运动强度和频度以后,再逐渐增加锻炼次数和锻炼时间。每周可运动3~5次,每次30~60 min。

三、科学锻炼的计划

科学的体育锻炼计划,是提高身体素质、增进健康、坚持锻炼的系统性和长期性的重要保证。在遵循技术动作从简单到复杂、运动负荷从低到高原则的前提下,可以确保体育锻炼有目的、有计划、有步骤、有针对性地进行,克服体育锻炼的盲目性和随意性,提高锻炼效果。

(一) 体育锻炼的周期与阶段划分

1. 年度锻炼计划

依据锻炼的原则、目标和要求,制定1年的锻炼计划。年度锻炼计划一般来说相对笼统,但需要确定总的指导方针,设定合理的目标,建立锻炼的动机激励机制,确保锻炼可以长期进行,养成良好的锻炼习惯。

2. 学期锻炼计划

根据学校学习阶段的划分,设定学期锻炼计划。学期锻炼计划可以把年度锻炼计划划分为两个具体的阶段,锻炼目标也细分为半年左右。根据季节特点,上、下两学期的锻炼内容及运动负荷不尽相同,如夏季以游泳、球类运动为主,冬季以长跑和身体素质训练为主,使得锻炼的目的性更强,以便于检验阶段性锻炼效果。

3. 季度锻炼计划

每个季度包含3个月,首先按照月度锻炼计划进行体育锻炼,重复进行,在每个季度结束时,进行适当的体质或技术检验,梳理锻炼内容和目标,及时调整锻炼计划,使得整个锻炼计划按照预期的目标前进。

4. 月锻炼计划

一般把月锻炼计划分为4周,每周的锻炼内容是一个小集合,四周的运动内容基本相同。每周的负荷量基本相同或者根据身体情况逐渐提高,但提高的幅度不宜过大,体现体育锻炼的周期性、系统性和长期性。

5. 周锻炼计划

每周有7天,如果选择每周锻炼3次,可以隔天进行,如果选择每周锻炼5次或者更多,可以锻炼2天休息1天或者天天坚持锻炼。一般来说,每天的锻炼内容、持续时间和强度会略有不同,负荷强度有大有小、有高有低,负荷量实现波浪式前进,让机体有充分的时间适应运动负荷,促进运动后的恢复与提高。

6. 日锻炼计划

日锻炼计划也就是设定每天进行锻炼的时间、地点、具体内容、持续时间、负荷强度、组数、间歇、次数、练习方法及要求等,是锻炼者实施锻炼计划最基本的锻炼指导和最具体的实施环节。

(二)体育锻炼计划的制订与实施

根据体育锻炼的基本原则,自身素质现状、锻炼目的,运动技术水平,个人兴趣、爱好,协调学习、生活与娱乐时间,采用合适的运动负荷,制订科学合理的锻炼计划。

锻炼计划包括年度、学期、季度、月、周、日计划,可根据需要,分别制订,记录锻炼过程。

体育锻炼计划制订与实施步骤:

1. 健康与体能现状检查

制订锻炼计划前,要对自身体能、健康状况、各项身体素质指标、运动禁忌、伤病情况等进行检查与评定。

体能现状包括:50 m 跑、800 m/1000 m 跑、引体向上、俯卧撑、仰卧起坐、立定跳远、往返跑等身体素质现状(结合国家体质健康标准内容)。

健康状况包括:心率、血压、肺活量、呼吸系统状况、肌肉发育状况、运动损伤情况、疾病、运动禁忌,等等。

2. 确定锻炼目标

首先,坚定持之以恒的锻炼信念。人体结构和功能的变化是一个逐渐积累、完善和提高的过程,是体育锻炼长期坚持下来的结果。因此,一旦决定参加体育锻炼,就必须坚定持之以恒的信念。

然后,设定通过体育锻炼所要达到的最终目标,包括身体基本素质、运动技能、健康状况、心理状态、精神面貌、锻炼习惯等具体目标。

3. 确定锻炼时间、内容与负荷强度

(1)锻炼时间:根据自己的学习生活作息,选择每天相对固定的时间段进行锻炼,有利于锻炼节律和习惯的形成。如果条件不允许,可以备选几个时间段,尽量保持锻炼的连续性。

(2)锻炼地点:确定进行体育锻炼的具体地点,如体育馆、体育场等,并对场地情况进行提前确认,避免因为场地问题影响体育锻炼。

(3)锻炼内容:依据锻炼目的和兴趣爱好,选择具体的体育锻炼内容,可以是一项或者几项,也可以是一种或几种锻炼形式。

(4)锻炼持续时间:依据自身体能状况和锻炼内容,确定每次锻炼的持续时间。一般是从每次锻炼时间不少于 25 min 开始,逐渐延长到 60 min 或者更长时间。

（5）运动负荷与强度：负荷内容一般涉及距离、速度、数量、次数、重量、间歇、练习方法等，并注意安全。一般来说，刚开始锻炼时，宜采用中低强度的负荷进行锻炼，随着体能的提高再逐渐加长锻炼时间，并慢慢过渡到中等锻炼强度。

4. 对锻炼过程进行科学评价

（1）主观感觉

主观上感觉精力充沛，精神集中，无疲劳感，睡眠良好，食欲正常以及体力增强等，表明运动锻炼对机体产生了良好的作用，运动量安排合理，运动频率合适，可以继续坚持运动，但尽量不要过早提高运动强度和频率以及运动持续时间，等机体完全适应以后，再逐渐增加运动强度、运动量或者运动持续时间。

如果主观感觉疲倦，精神不振，睡眠不安稳，食欲不振，出虚汗、盗汗，情绪不佳，厌倦等，表明运动量和运动强度偏大，出现运动疲劳。这时应及时调整，减少运动量和强度，并进行适当的放松调整，如拉伸、按摩、热水浴等。当以上症状减轻或消除后，再逐渐恢复运动的量和强度等。

（2）生理指标

如果运动强度和运动量以及运动频率合适，经过一段时间的体育锻炼，会出现心率减缓、晨脉降低、肺活量增加、肌力增强等良性发展。这时可以自行进行简单的测量，然后对比锻炼前的数据，检验锻炼效果。

如出现晨脉增加、血压明显升高、肺活量降低以及肌肉酸软无力等状况，表明运动量与运动强度偏大或者不合适，应及时调整，减少运动量或者暂停运动，避免过度疲劳。

（3）形态指标

身体形态的改变需要一个过程，不是短时间就会出现明显变化的。一般来说，经过一定时间科学合理的体育锻炼，青少年的身高会增长，体重正常或略有下降，身体围度增加（尤其是进行力量性锻炼），整体形态健美、挺拔，外部形象阳光等。

体脂减少一般属于正常状况，但如果出现体重明显减轻，肌肉体积减小、形态不佳以及精神萎靡等，就要查找原因，及时调整运动量和运动强度，甚至检验选择的运动项目是否适合等。

（4）素质指标

体育锻炼与身体素质的提高是正相关的，因此，经过一定时间系统的体育锻炼，锻炼者在速度、耐力、力量、协调性、灵敏度等方面，会有明显的提高和改善。当然，素质提高程度的多少主要是由锻炼者所选择运动项目的性质决定的。如选择速度性运动项目，那么速度素质的提高相对明显，而耐力相对不明显，反之亦然。

（5）运动技能

长时间从事某一项运动项目锻炼，会掌握大量的运动技能，使运动变得轻松、愉快，技能表现正确、优美、合理。如果出现技术停滞不前，运动水平明显下降等问题，就要检验锻炼的方法是否正确、运动负荷是否合适、持续时间是否足够等因素。

5. 适当修订锻炼计划

对锻炼过程进行评价以后，就需要根据评价结果，对锻炼计划进行适当的调整。调整参考内容包括：目标设定是否合理、锻炼时间是否需要调整、锻炼内容是否需要改变、运动负荷需要增加还是减小、每次锻炼时间需要延长还是缩短等方面。

符合自身实际需要是锻炼计划是否科学合理的主要评价标准。锻炼计划不是一成不变的,它是一个动态变化的过程。锻炼计划的实施过程也是一个根据实践活动不断修订的过程。

6. 锻炼效果的反馈与评价

经过一个阶段的体育锻炼,需要对锻炼效果进行检查与评价。

体育锻炼效果的评价一般分为两种:一种是纵向比较,也就是将自身锻炼前的各项指标与经过一段时间锻炼后的指标进行比较;另一种是横向比较,也就是与自己同龄或相似的人群进行比较,具体的评价内容可以参照国家体育锻炼标准来进行。

7. 准备活动与放松活动

运动开始前须采用的热身活动,调动身体各组织器官的机能。运动结束后进行适当的放松活动,使肌肉得到充分的放松和休息,心脏慢慢恢复到安静状态。

8. 运动后要求与评价

运动后的自我评价,包括锻炼目标的实现、锻炼内容和持续时间、锻炼后的感受与感言等。

(三)制订锻炼计划的注意事项

1. 遵循相应的锻炼规律与原则

制订锻炼计划时,要有明确的目标。在运动强度问题上,不要急于求成,应当遵循循序渐进的原则,根据锻炼的成效来适当增加强度。要保持锻炼的连续性和系统性,训练内容要全面,同时注意安全,避免运动损伤。

2. 结合自身特点

锻炼计划要紧密结合自身实际特点,突出个性化色彩,提高锻炼的针对性和目的性。锻炼过程要循序渐进,保持良好心态;不要盲目攀比,多用纵向比较,享受锻炼过程。

3. 结合《国家学生体质健康标准》

锻炼计划在符合自身条件的基础上,可以结合《国家学生体质健康标准》,设定合适的锻炼目标,使得锻炼不但满足自身兴趣与发展的需要,同时也达到国家锻炼标准的要求。

4. 结合学习生活

锻炼标准的制定,不要脱离自身学习、生活的实际,应该合理调整好学习、生活、娱乐、锻炼、休息等之间的关系,让自己的生活丰富多彩,健康快乐。

5. 量力而行,留有余地

体育锻炼的效果受多方面因素的影响,要量力而行、留有余地。运动负荷要适合自身机能能力和现实需求,不要过度训练。体育锻炼讲究劳逸结合,注意运动后的恢复、休息及营养,保持体育锻炼的长期性。

思考题:

1. 体育锻炼应该遵循哪些科学规律?
2. 科学进行体育锻炼的基本原则是什么?
3. 如何制订一份科学的锻炼计划?

韩军生

Chapter 7

第七章
身体素质的练习方法

从古至今,体育锻炼对人类身体素质的提高有着不可替代的作用。健康是一切工作的基础,健康的体魄是人类最大的财富,而体育锻炼对健康有着非常重要的影响。人体在体育运动、劳动和日常生活时,在中枢神经的调节下,各器官系统所表现出的各种技能的能力称为身体素质,一般包括力量、耐力、速度、柔韧、灵敏、协调等。身体素质的强弱,是衡量一个人体质状况的重要标志之一。身体素质的发展,对增强人的体质和健康有重要意义。

第七章　身体素质的练习方法

第一节　力量素质

一、力量素质概述

（一）力量素质的概念

力量素质是指人体神经肌肉系统在工作时克服或对抗内外阻力的能力，主要包括外部阻力和内部阻力。外部阻力是指物体的重量、支撑反作用力、摩擦力以及空气或水的阻力等，它是运动过程中人为施加的和客观存在的因素和手段；内部阻力包括人体活动时自身的重力、肌肉的黏滞性、肌肉间相互的对抗力等，它是人体在活动时产生的，随人体的活动而变化。人体在克服这些阻力的过程中，力量素质得到提高和发展。

力量素质在运动训练实践过程中往往作为判断运动训练水平的一项重要指标，也是判断某些专项运动潜力的一种手段。其重要意义如下：（1）力量素质是进行一切体育活动的基础。各种体育活动都是由作为主动运动器官的肌肉以不同的负荷强度、收缩速度和持续时间进行工作而带动被动运动器官的骨骼移动来完成的。（2）力量素质影响并促进其他身体素质的发展。力量素质决定速度素质的提高、耐力素质的增长、柔韧素质的发展和灵敏素质的表现。（3）力量素质的水平直接影响技术动作的掌握和运动成绩的提高。（4）力量素质是衡量运动训练水平的重要指标，也是各运动项目选材的重要依据。

（二）力量素质的分类

在运动训练实践中，往往按体育运动不同项目对力量素质的要求，将力量分为最大力量、相对力量、快速力量和力量耐力四种。

（1）最大力量是指肌肉通过最大随意收缩克服阻力时所表现出来的最高力量。它是一个变量，取决于肌肉收缩的内协调能力、骨杠杆的机械效率和关节角度的变化。每个人的最大力量受遗传、年龄、性别、训练水平、肌肉特性等因素影响，具有很大差异。

（2）相对力量是指个体单位体重所具有的最大力量。它主要反映运动员的最大力量与体重之间的关系。衡量一个人相对力量的大小通常采用力量体重指数，即每千克体重的力量大小。

（3）快速力量是指肌肉快速发挥力量的能力，是力量与速度的有机结合，取决于人体肌肉的收缩速度和最大力量水平。增长速度力量时，既有速度要求，又有最大力量要求。

（4）力量耐力是指人在克服一定外部阻力时，能坚持尽可能长的时间或重复尽可能多的次数的能力。根据不同运动项目中力量耐力的表现形式不同，可分为动力性力量耐力和静力性力量耐力。动力性力量耐力又可分为最大力量耐力（重复发挥最大力量的能力）和快速力量耐力(重复快速发挥力量的能力)两种。

另外,根据肌肉收缩的形式,可将力量分为静力性力量和动力性力量;根据力量和体重的关系,可将力量分为绝对力量和相对力量;根据力量的表现,可将力量分为最大力量、速度力量和力量耐力;根据与专项的关系,又可将力量分为一般力量和专项力量。

二、提高力量素质的方法与手段

(一)最大力量练习方法

1. 重复法

重复法是指在不改变动作结构及其外部运动负荷的情况下,按一定要求反复练习,各次(组)练习之间的间歇时间要使运动员完全恢复后再进行下一次练习的训练方法。重复法适用于训练的各个时期和阶段,其特点是负荷量的大小应随肌肉力量的增加而逐渐增加;其作用在于加强新陈代谢,活跃营养过程,改进协调性,加强支撑运动器官能力,并能迅速而有效地提高肌肉力量。重复法可采用的负荷强度一般是个体最大负荷量的75%～90%,组数可进行6～8组,每组重复次数3～6次,每组间歇时间控制在3 min。

练习方法:

(1) 俯卧撑

动作方法:俯身向前,手掌撑地,手指向前,两臂伸直,两手同肩宽,两腿向后伸直,两脚并拢以脚尖着地。两臂屈肘向下至背低于肘关节,接着两臂撑起伸直成原来姿势。

练习要求:身体保持平直,不能塌腰成"凹"形,也不可撅臀成"凸"形。多次重复该动作,能发展三角肌的前部、胸大肌以及肱三头肌等力量。

(2) 引体向上

动作方法:两手正手握杠或反手握杠,两手同肩宽,两脚离地,两臂伸直,身体悬垂。引体发力身体向上拉至下颌超过杠面,然后身体慢慢垂下来成原来姿势。

练习要求:发力引体不要借助身体摆动和屈、蹬腿的力量,多次重复该动作能发展胸大肌、背阔肌以及肘关节屈肌肌群等力量。

引体向上锻炼方法

1. 垂直悬挂

跳起以正手握杠,双脚离地直至支撑不住。每次做4组,每组4～6次。

2. 身体划船

找一个高度约在腰部的单杠,脚跟着地于单杠另一侧,上体与单杠保持一定的角度(可根据自己的力量大小逐渐缩小身体与单杠的角度),挺胸收腹,收紧肩胛骨拉起上身,下颌至单杠上沿。每次做4组,每组10～15次。

第七章 身体素质的练习方法

3. 屈手悬挂

找一个略低的单杠,正手握杠,跳起后使下颌至单杠上沿,维持该姿势直至支撑不住。每次做 4 组,每组 4~6 次。

4. 引体向上

跳起正手握杠,双脚离地,身体保持静止状态,手臂用力拉起身体使下颌超过单杠上沿,随后慢慢下降至手臂伸直,再进行下一次练习。练习过程中可根据自己的力量大小,手臂可先不伸直再进行下一次练习。随着练习时间、次数的增加,直至完成标准动作。每次做 4 组,每组 4~6 次。

(3) 双杠臂屈伸

动作方法:两臂伸直撑在双杠上,身体垂直在杠内,屈臂至完全弯曲,接着用力撑起,使两臂伸直成原来姿势。

练习要求:身体要直,下肢自然下垂,腿不要屈伸摆动,多次重复该动作能发展胸大肌、三角肌前部、肱三头肌等力量。

2. 强度法

强度法是指最大限度短促用力的方法,是运动量的核心,是运动处方中关键而又难以掌握的部分。它的特点是用极大或接近最大负荷练习,逐渐达到用力极限,随后继续用最强或中上强度的负荷量,直到对这种刺激产生劣性的反应为止。强度法可采用的负荷强度为负荷量的 85%~100%,练习组数为 6~10 组,每组练习次数 1~3 次,每组间歇时间控制在 3 min。

练习方法:

(1) 平板卧推

动作方法:平躺在卧推凳上,双脚自然着地。调整身体的前后位置,使眼睛位于卧推架上杠铃的正下方。双手握距比肩稍宽,从卧推架上取下杠铃。慢速下放杠铃,直到上臂与地面平行为止,然后推起杠铃回到起始姿势,如此重复。动作节奏:下放 2 s,停顿 1 s,上推 1~2 s。

练习要求:在下降的过程中要时刻保持胸肌的紧张,用胸肌控制杠铃,在最低点不要停顿,直接把杠铃推起至肩部正上方,同时用嘴呼气,也可以在推起时屏住呼吸度过停滞点(推起过程中难度最大时)后再呼气。在推起到最高点时停顿约 1 s,然后下放杠铃开始下一次动作。该动作主要发展胸部及臂部等肌肉力量。

(2) 飞鸟运动

动作方法:仰卧在板凳上,双手各握一个哑铃至上举,再由胸部上面缓缓向两侧放低,尽量伸开两手臂,然后快速回到原来的姿势。

练习要求:往两侧平放时呼气,用力恢复原来姿势时吸气。该动作主要发展胸部及臂部等肌肉力量。

(二) 速度力量练习方法

1. 发展起动力的方法

起动力通常是指人体在运动状态下,能够在最短时间(150 ms 内)最快发挥肢体的力量。

练习方法:

利用地形、器械等做各种短跑练习,如沙地跑、上下坡跑、阶梯跑等;利用器械、仪器做各种跑的练习,如负重加速跑、计时短跑等;利用同伴的各种助力做加速跑、牵引跑、各种准备姿势的听信号起动跑等。

练习强度及次数:

通常采用30%～50%的负荷强度,进行3～6组,每组5～10次,每组间歇1～3 min。

2. 发展爆发力的方法

爆发力是指在最短时间内使器械(或人体本身)移动到尽量远的距离。它通常是指在最短的时间(150 ms内)以最大的加速度克服一定阻力的能力。

练习方法:

(1) 发展上肢力量练习:

A. 哑铃上举(快速)20次×2组;

B. 哑铃弯举20次×2组;

C. 手握哑铃摆臂30次×2组。

练习要求:从慢到快。

(2) 发展腰背腹肌力量练习:

负重仰卧起坐:手握重物置于脑后,20次(30 s内完成)×2组。

练习要求:尽量抬高上体。

(3) 发展腿部力量练习:

A. 后蹬跑(在专门练习中进行)20 m×3次;

B. 立定跳远10次;立定三级蛙跳5次;

C. 斜坡跑(上坡跑在加速跑后进行)5次。

练习要求:体会前摆送髋和后蹬的技术动作。

(三) 力量耐力练习方法

1. 间歇训练法

间歇训练法是指对动作结构和负荷强度、间歇时间提出严格要求,以使机体处于不完全恢复状态下,反复进行练习的训练方法。其特点是采用较小负荷,每次应竭尽全力去达到极限,使肌肉长时间持续收缩工作到最大限度。力量耐力的增长主要表现在重复次数的增加上,每次练习要力争增加重复次数,当重复次数超过该项目特点的需要时,就应增加负荷重量。由于每个运动项目的特点不同,需采用的负荷重量和次数应根据各项目的特点而确定。

练习方法:

一般采用自己喜欢的锻炼方式,如:固定自行车、爬楼梯等。

(1) 采用40%～60%的负荷强度,进行3～5组练习,每组练习用很快的速度重复10～20次,组间休息30～90 s。

(2) 采用25%～40%的负荷强度,进行4～6组,每组用快的动作速度重复30次以上,组间休息30～60 s。如果练习时间短(20～60 s),又必须使疲劳积累,应该在疲劳尚未恢复时进行下一组练习;如果练习时间长(2~10 min),应该充分恢复到工作前的水平再进行下一组练习。

练习要求：

通过心率来控制间歇时间,一般心率恢复到130次/min进行下一组练习。

2. 循环练习法

循环练习法是根据训练的具体任务,建立若干练习点,按照规定的顺序、路线、时间依次完成规定的练习内容和次数,周而复始地进行练习的方法。特点是全面锻炼各个肌群,按先后顺序发展两臂、双肩、两腿、腹部、背部等部位肌群的力量耐力。

练习方法：

（1）蹲下,右腿在前,左腿在后,跃起;重新蹲下,左腿在前,右腿在后。重复这个动作,然后将两腿的位置颠倒过来训练。

（2）躺下,腿伸直,双手交叉抱头。举起一条腿,向上拉躯干,使另外一只胳膊接触伸起的腿膝盖。换方向重复这一动作。

（3）俯卧撑：背部持续挺直,手掌俯地,与肩同宽;弯曲肘部,直到下巴贴于地面,然后伸直胳膊,但肘部不要紧锁。

（4）手放于臀部,膝盖弯曲,下蹲,再次站直,背部完全挺直。

练习要求：

强度的把握要依照动作由易到难的原则,使得身体慢慢遇热,让机体逐渐接受难的动作,以避免造成关节、肌肉的损伤。

三、力量素质练习的注意事项

力量素质发展水平是影响身体训练水平的关键因素。在发展力量素质的过程中,为达到优化控制,取得事半功倍的效果,必须注意如下几点：

（一）力量素质的发展要全面且有重点

在发展力量素质的过程中,一方面应使四肢、腰、腹、背、臀等部位的大肌肉群和主要肌肉群得到锻炼、提高,同时也要注意发展那些薄弱的小肌肉群的力量。体育运动中的许多动作是复杂的,需要身体各部位不同的肌群协同工作才能完成,因此发展不同类型的力量素质并不需要面面俱到,但要均衡发展,在全面发展的基础上,针对项目特点有所侧重。

（二）练习时使肌肉充分拉长和收缩,练习后使肌肉充分放松

每次练习时,应使肌肉先充分伸展拉长,然后再收缩,动作的幅度要大。肌纤维被拉长后可以增大收缩的力量,同时又可保持肌肉良好的弹性和收缩速度。力量练习以后,肌肉常会充血,胀且硬,这时应做一些与力量练习动作相反的拉伸练习,或者做一些按摩、抖动,使肌肉充分放松,这样既可加快疲劳的消除,促进恢复,又可防止关节柔韧性因力量训练而下降,同时也有助于保持肌肉良好的弹性和收缩速度。

（三）进行力量练习时,要全神贯注,念动一致,注意安全

肌肉活动是在中枢神经系统调节下进行的,练习时要全神贯注,使意念活动与练习动

作紧密配合、保持一致,有助于肌肉力量得到更好的发展。在进行大负荷练习时,注意力应高度集中,避免受伤。此外,为了保证安全且达到期望的效果,还应注意加强自我保护和互相保护。

(四)进行力量训练时,要掌握正确的呼吸方法

憋气有利于固定胸廓,提高腰背肌的紧张程度,可提高练习时的力量,因此极限用力往往要在憋气的情况下进行。有学者在进行背力测定研究时发现,如一个人憋气时背力最大为 133 kg,那么呼气时为 129 kg,吸气时力量最小为 127 kg。虽然憋气可提高练习时的力量,但用力憋气会引起胸廓内压力提高,使动脉血液循环受阻,导致脑贫血,甚至会产生休克。

为避免产生不良后果,力量练习时必须注意以下几点:

(1) 当最大用力的时间很短时,能不憋气就不要憋气。尤其在做重复用力但强度不是很大的练习时,应尽量避免憋气。

(2) 避免用憋气来完成练习。对刚开始训练的人,所给予的极限和次极限用力的练习不要太多,并让其学会在练习过程中完成呼吸。

(3) 在完成力量练习前不应做最深的吸气。力量练习时间短暂,吸的气并不会立即在练习中产生作用,相反,深度吸气增加了胸廓内的压力,此时再憋气就可能产生不良变化。

(五)力量素质训练应遵循系统科学的安排

根据"用进废退"的原理,力量素质训练应全年系统安排,不能无故中断。科学研究表明,力量增长得快,停止训练后消退得也快,虽然有一些力量会保持很久甚至永不消退,但已无法完成训练前所能承担的负荷。发展力量素质练习不宜在疲劳的状态下进行,这种状态下的练习不是发展力量,而是发展耐力。

(六)要偏重摆动的动力性练习

在进行发展力量素质的练习时,应偏重于摆动的动力性练习,尤其要注意动作的振幅。这样做可使练习者获得用力感和速度感,增强技术动力力量,培养快速完成动作的能力,同时也可改进关节的灵活性。为了增大动作的振幅,要注意结合肌肉的放松和伸展练习,使肌肉保持弹性和柔韧性。

第二节 耐力素质

一、耐力素质概述

(一)耐力素质的概念

耐力素质是指机体在一定时间内保持特定强度负荷或动作质量的能力,是反映人体健康水平或体质强弱的一个重要标志。在竞技体育领域中,耐力素质在不同的竞技运动项目

中有着不同的作用。对于长距离走、跑、骑等竞速项目来说,耐力素质是决定运动员竞技能力高低的主导因素,对运动员总体竞技水平起着决定性的作用;对足球等持续时间较长的运动项目来说,耐力素质对比赛结果有着重要的影响。

(二) 耐力素质的分类

按人体的生理系统分类,耐力素质可以分为肌肉耐力和心血管耐力。肌肉耐力也称为力量耐力,心血管耐力又分为有氧耐力和无氧耐力。有氧耐力是指机体在氧气供应较充足的情况下,能坚持长时间工作的能力,目的在于提高运动员机体吸收、输送和利用氧气的能力,促进有机体的新陈代谢。无氧耐力也叫速度耐力,它是指机体在缺氧状态下,长时间对肌肉收缩功能的能力。无氧耐力分为磷酸原供能无氧耐力和糖酵解供能无氧耐力。在无氧代谢供能的肌肉活动中,由磷酸肌酸分解供能,不产生乳酸,并坚持较长时间工作的能力,称为磷酸原代谢供能的无氧耐力;由糖的酵解供能,产生乳酸,并坚持长时间工作的能力,称为糖酵解代谢供能的无氧耐力。

另外,按照耐力素质对专项的影响,耐力素质又可分为一般耐力和专项耐力。根据肌肉的工作方式,耐力素质还可分为静力性耐力和动力性耐力。

二、提高耐力素质的练习方法与手段

耐力素质练习的方法较多,而且各种方法都有其各自的特点。总的来说,这些特点基本上体现在耐力素质练习的过程中,在练习强度、持续时间、间歇时间与方式、重复次数等因素的组合与变化上。目前,常用的耐力练习方法主要有以下几种:

(一) 持续练习法

持续练习法是指在相对较长的时间里(不少于 30 min),以较为恒定的强度持续地进行练习的方法。持续练习法具有持续刺激机体的作用,有利于改善大脑皮层神经过程的均衡性,提高心血管系统和呼吸系统的功能,能较有效地利用体内储备的能量,发展有氧和一般耐力。

练习要求:

(1) 处理好负荷和时间的关系。通常情况下,负荷强度大,练习时间短;负荷强度小,练习时间长,心率一般不低于 130 次/min,不超过 175 次/min。

(2) 在准备期和休整期发展一般耐力时采用中、小强度;比赛期作为积极性恢复时一般采用小强度,作为保持耐力水平时一般采用中等偏大强度。

(3) 在非周期性项目的技术训练时,负荷强度和负荷量的增减应以练习中不出现错误技术动作为标准。当练习时运动员经常出现错误技术动作时,应同时减少负荷强度和负荷量。

(4) 对青少年运动员必须严格限制负荷强度和负荷量。

(二) 重复练习法

重复练习法是指不改变动作结构和外部负荷,在相对固定的条件下,按照既定间歇要求,在机体完全恢复的情况下反复进行练习的方法。重复练习法能使能量物质的代谢活动得到加强,并产生超量补偿与积累,既有利于发展有氧耐力,又有利于发展无氧耐力。

练习要求:

(1) 预先设定强度:周期性项目以个人最大强度的 90%～100% 作为重复练习强度,距离一般采用短于或等于专项距离。

(2) 预先设定间歇时间:每次(组)练习之间必须要有充分的间歇时间,间歇时间一般为练习时间的 2～3 倍;组间间歇可比每次练习间歇稍长。

(3) 预先设定发展何种素质:根据不同目的,采用不同负荷方式进行练习。发展速度素质,运动员重复练习的次(组)数都应少一些,但强度不应低于运动员个人最大强度的 95%,间歇要充分;发展速度耐力,负荷强度中等偏大,重复练习数量增加,间歇时间缩短。

(4) 预先设定技战术练习的目的:重复次(组)数的确定,以运动员无法按设定的强度要求进行练习或出现较多的错误技术动作为限。

(三) 间歇练习法

间歇练习法是指在一次(或一组)练习之后,按照严格规定的间歇负荷和积极性间歇方式,在机体未完全恢复的情况下,从事下一次(或一组)练习的方法。

间歇练习法与重复练习法较相似,主要区别在于间歇上的不同要求。重复练习法的间歇是采用完全恢复的间歇负荷和无严格规定的间歇方式(多以消极性的间歇为主)进行的。间歇练习法则是以未完全恢复的间歇负荷和积极性的间歇方式进行的。运动员在未完全恢复的状态下进行下一次练习,有明显的疲劳积累,对机体的刺激强度较大。

间歇时间及心率的要求:

高强度间歇训练时间小于 40 s,心率从 190 次/min 恢复为 120～140 次/min,强度大,间歇很不充分。强化性间歇训练:训练时间为 40～90 s,心率从 180 次/min 恢复为 120～140 次/min,强度大,间歇不充分;训练时间为 90～180 s,心率从 170 次/min 恢复为 120～140 次/min,强度较大,间歇不充分。发展性间歇训练时间大于 5 min,心率从 160 次/min 恢复为 120 次/min,强度中等,间歇不充分。间歇方式均为走和轻跑。

(四) 变换练习法

变换练习法是在改变各种因素的条件下反复进行练习的方法。由于耐力练习比较枯燥,采用变换练习法可以在一定程度上提高运动员的练习兴趣和积极性,从而提高练习的效果。

变换练习法所变换的因素一般有练习的形式、练习的时间、练习的次数、练习的条件、间歇的时间、方式与负荷等。只要改变以上其中任何一个因素,就会对运动员机体造成负荷刺激。

练习要求:

发展不同的竞技能力,应选择各自对应的练习内容。发展体能时,负荷强度、负荷量可加大,形式宜多样;学习掌握新的技术动作时,手段应集中,负荷量宜适度;进行战术配合练习,应针对赛场可能发生的多种场景组织实施,并分别在体力充沛和疲劳状态下进行练习。

(五) 游戏与比赛练习法

游戏与比赛练习法是指运用游戏与比赛的方式进行练习的方法。这种方法能较快地提高运动员练习的兴趣和积极性,并在练习中充分发挥主动精神,使机体能够承受较大强度的负荷,有利于提高有氧耐力和无氧耐力。

发展耐力素质的游戏法有球类游戏和田径游戏,常用的比赛法有训练课中安排的"练习赛"和"对抗性练习"等。无论是游戏法还是比赛法,都容易激发运动员的练习性情。

练习要求:

应控制运动员的热情,掌握好运动负荷,以免因过于兴奋和体力消耗过大而造成机体损伤或机体工作能力下降。

(六) 高原训练法

主要利用高原空气稀薄,在缺氧情况下进行训练。该训练法有利于刺激机体,改善呼吸及循环系统的机能,提高最大吸氧能力,刺激造血功能,增加循环血中红细胞和血红蛋白的数量,提高输氧能力,提高运动员有氧和无氧耐力水平。

模拟高原训练的一些方法:

(1) 低压舱(或减压舱):仿高原低气压环境的金属舱体,按需要控制阀门抽气、进气,将舱内设置为低气压环境供运动训练所需。

(2) 配制低氧混合气:利用两只高压气瓶分装的氧和氮的压差得到符合标准的含氧百分比。用"小多氏袋"分装,戴上呼吸口罩即可使用。

(3) 低氧呼吸气体发生器:是一种供中等负荷高原环境训练之用的呼吸面罩和两只小圆桶。长跑时固定在运动员背部,不影响跑步过程中的技术发挥。它提供给运动员的空气中氧含量为10%,约是平原地区的一半。

以上介绍的耐力练习方法基本上是单一类型。在实际发展耐力素质的练习过程中,往往还要采用综合练习法,即组合练习法和循环练习法。通过各种方法的综合排列,使得练习过程变化更大,更具选择性,对提高耐力水平更有效。

小贴士

有氧运动与健康

有氧健身是指人体在氧气充分供应的情况下进行的体育锻炼。即在运动过程中,人体吸入的氧气与需求相等,达到生理上的平衡状态。简单来说,有氧运动是指任何富有韵律性的健身,其运动时间较长(约 15 min 或以上),运动强度在中等或中上的程度(最大心率的 75%~85%)。常见的有氧健身项目有:快走、慢跑、竞走、滑冰、长距离游泳、骑自行车、打太极拳、跳健身舞、跳绳、做韵律操、球类运动,等等。有氧运动的特点是强度低、有节奏、不中断和持续时间长。同举重、赛跑、跳高、跳远、投掷等具有爆发性的非有氧运动相比较,有氧运动是一种恒常运动,是持续 5 min 以上还有余力的健身。有氧健身项目对人体的作用很大,它可以降压、减肥、预防糖尿病、缓解压力、改善血管内皮机能、增加心肺功能、预防骨质疏松症和增加带氧能力等。

（七）提高耐力素质的练习手段

在发展耐力素质时，一般注重肌肉耐力，有氧、无氧耐力的训练。

1. 肌肉耐力练习的手段

（1）1 min 立卧撑

由直立姿势开始，下蹲两手撑地，伸直腿成俯撑，然后收腿成蹲撑，再还原成直立。每次做 1 min，4～6 组，间歇 5 min，强度为 50%～55%。

要求：动作规范，必须站起来才算完成一次练习，也可以穿上沙背心做该练习。或做立卧撑接蹲跳起，强度稍大，做 30 次为一组，组间歇为 10 min。

（2）连续跑台阶

在高 20 cm 的楼梯或高 50 cm 的看台上，连续跑 30～50 步，如跑 20 cm 高的楼梯，每步跳 2 级，重复 6 次，每次间歇 5 min，强度为 55%～65%。

要求：时间不做要求，但动作不能间断，向下走尽量放松，心率恢复到 100 次/min 时可开始下一次练习，也可穿沙背心做该练习。

（3）双摇跳绳

原地做正摇跳绳，跳一次摇两圈绳，连续进行。每组跳 30～40 次，做 4～6 组，组间歇 5 min，强度为 55%～60%。

要求：熟练掌握二摇一跳的技巧，心率恢复到 120 次/min 以下时，方可进行下一组练习。

（4）仰卧起坐

仰卧两手抱头起坐，连续做 50 次为一组，重复 4～6 组，组间歇 3 min，强度 40%～50%。

要求：起坐时要快，仰卧时要缓和，连续不间断进行。也可在起坐同时两腿屈膝上抬成"元宝"，收腹。

2. 无氧耐力练习的手段

（1）原地高抬腿跑

原地做快速高抬腿练习。如发展非乳酸性无氧耐力，则可做每组 5 s、10 s、30 s 快速高抬腿练习，做 6～8 组，间歇 2～3 min，强度为 90%～95%。

要求：动作规范，越快越好。

如发展乳酸性无氧耐力，则可做 1 min 练习，或 100～150 次为一组，6～8 组，每组间歇 2～4 min，强度为 80%。

要求：动作规范，也可前支撑做高抬腿跑练习。

（2）反复跑

跑距为 60 m、80 m、100 m、120 m、150 m 等。重复次数应根据距离的长短及运动员的水平而定。一般每组 3～5 次，重复 4～6 组，组间歇 3～5 min。强度一般用心率来控制，如短于专项的距离，练习时心率应达 180 次/min，间歇恢复至 120 次/min 时，就可进行下次练习。如发展乳酸耐力，距离要长些，强度要小些。

（3）计时跑

重复次数 4～8 次（根据距离而定），间歇 3～5 min，强度为 70%～90%。根据运动员水平及跑距而定,距离短,强度大些。

3. 有氧耐力练习的手段

(1) 定时跑

在场地、公路或树林中做 10~20 min 或更长时间的定时跑,强度为 50%~55%。

(2) 变速跑

在场地上进行。快跑段、慢跑段距离应根据专项任务与要求决定。一般常以 400 m、600 m、800 m、1 000 m 等段落进行。例如中距离跑运动员常用 400 m 快跑,200 m 慢跑的变速或 600 m 快跑,200~400 m 慢跑等变速;长跑运动员常采用 1 000 m 快、400 m 慢等变速。一般 4~8 次为一组,重复 1~2 组,组间歇 10~12 min。一般以心率控制,快跑段心率控制在 140 次/min,慢跑段心率恢复到 120 次/min 以下,间歇时心率恢复到 100 次/min 以下可开始下一组练习。

(3) 越野跑

在公路、树林、草地、山坡等场地进行。跑的距离要求一般在 4 000 m 以上,多可达 10 000~20 000 m。如以时间计算,一般在 20 min 以上,多可达 1 h。强度为 40%~50%。

(4) 3 min 以上跳绳或跳绳跑

在跑道上做正摇原地跳绳 3 min 或跳绳跑 2 min,重复 4~6 次,间歇 5 min,强度为 45%~60%。要求每次结束时,心率在 140~150 次/min,心率恢复至 120 次/min 以下时,开始下一次练习。

三、耐力素质练习的注意事项

(一) 耐力素质练习应遵循人体生长发育的规律

耐力素质的发展水平与其他素质一样,在相当程度上受到人体生长发育水平的影响。根据运动员的发育水平,合理地安排耐力练习,是发展耐力素质过程中一个非常重要的方向。一般来说,儿童少年时期正处于一般耐力和有氧耐力的敏感发展期,在这一期间可进行一般耐力和有氧耐力的练习。男 14~16 岁、女 13~14 岁以后进入无氧耐力的敏感发展期,这时可进行无氧耐力的练习。

(二) 耐力素质练习需体现个体化特点

要最大限度地发展耐力水平,就必须在练习中体现大负荷练习的原则。然而,由于运动员在训练程度、机能水平、项目要求等方面存在着差异,因此,耐力练习的方法与手段应有所不同。同时,练习的强度、练习的持续时间、间歇的时间与方式以及重复练习的次数也应根据实际情况具有差异性。

(三) 耐力练习中应注重呼吸方法、节奏和深度

发展耐力素质,特别是发展有氧耐力水平,正确的呼吸是十分重要的。呼吸的作用在于摄取发展耐力的必要氧气。机体摄取氧气是通过呼吸频率和加深呼吸深度来实现的,二者之间,后者更重要。耐力训练对氧气的需求量大。有训练的运动员的呼吸,不是靠加快呼吸的频率,而是靠加深呼吸的深度,特别是呼气的深度。只有呼气深,呼吸道中的 CO_2 吐

得多,才能吸进更多的氧气。同时,应培养运动员用鼻子呼吸的习惯(游泳除外),因为鼻腔的黏膜可以净化空气,还可以使氧气暖和一些再吸入气管,可减少尘埃和冷气进入肺部。

(四)耐力练习应注意激发练习者的主动性

运动员在练习中是否主动投入,对练习的效果有很大的影响。主动投入时,中枢神经系统、内脏系统和肌肉系统等都处在一个良性状态下,为机体承受较大的运动负荷创造了非常好的条件,有利于耐力水平的提高。耐力练习中影响练习主动性的因素较多,主要是与兴趣、意志品质、目标追求、思想认识等有关。所以,耐力练习除了采用多种多样的方法与手段激发运动员的兴趣外,还要注意培养运动员刻苦耐劳、坚韧不拔的意志。

(五)注意有氧耐力练习与无氧耐力练习相结合

有氧耐力和无氧耐力虽然在代谢过程中表现出较大差异,但是两者存在着非常密切的关系。无氧耐力的发展是建立在有氧耐力提高的基础上,通过有氧耐力练习能使心脏体积增大,每搏输出量提高,从而为无氧耐力的发展打下坚实基础。在发展有氧耐力过程中,穿插一些无氧耐力练习,能改善运动员的呼吸能力和循环系统的功能,有利于提高机体输送氧气的能力,对提高有氧耐力水平极为有利。所以,在耐力练习中要注意两者的结合。

(六)耐力练习后应注意消除练习者的疲劳,使其尽快恢复

耐力练习时间长,消耗的能量大,训练后积极补充能源物质很重要,它使练习者的机体可以更快地恢复及获得超量能源的储备。另外,还要采取有效的措施和手段,使疲劳的肌肉及神经系统得以放松,从而极早消除疲劳,为下次练习创造条件,这对耐力性项目的运动员极为重要。

(七)在耐力练习中要注意加强医务监督

耐力练习时间较长,运动负荷较大,对人体各系统的影响也比较深刻。如果运动员在健康水平不佳或者机能能力有障碍的情况下,进行大负荷的耐力练习,就容易对人体各系统的功能造成严重的损害。所以在耐力练习时,加强医务监督非常必要。

小贴士

东方神鹿——王军霞

王军霞1973年1月19日出生于吉林省蛟河市,原中国女子田径队队员,奥运冠军。1993年,王军霞在世界田径锦标赛上获得10000 m金牌,同年在全运会上打破了女子3000 m和10000 m的世界纪录,两项纪录保持至今。1996年,她在亚特兰大奥运会上获得女子5000 m金牌,成为中国首位获奥运会长跑金牌的运动员,被誉为"东方神鹿"。在2012年11月24日晚举办的国际田联名人堂百年庆典仪式上,王军霞入选国际田联名人堂,她是中国乃至亚洲首位入选的田径运动员。

第三节 速度素质

一、速度素质概述

(一) 速度素质的概念

速度素质是指人体快速运动的能力,也就是人体或人体某一部位快速做出运动反应、快速完成动作、快速移动的能力。

速度素质是人体的基本身体素质之一,在身体训练中占有重要的地位和作用。主要表现在:(1)速度素质是决定运动成绩的重要因素。在体育比赛中,有些项目比赛的成绩直接受到速度素质的制约,如田径中的短跑、短距离游泳、自行车、滑冰等项目就是比快速运动的能力。(2)速度素质是重要的身体素质之一,它是衡量身体训练水平、竞技能力高低的客观依据。速度素质直接反映运动过程中的效果,提供改进技术、提高运动成绩的客观数据。(3)速度素质练习不仅能提高人体的快速运动能力,而且能提高人体中枢神经系统灵活性及兴奋性的转换能力,提高人体 ATP 和 CP 的储存量,促进供能能力的提高及改善代谢过程。(4)速度素质不但是某些运动项目作为选材的客观依据之一,而且良好的速度素质对其他身体素质发展有着积极的影响。肌肉快速收缩能够产生更大的力量,良好的速度素质又能为耐力的发展提供更大的空间。

(二) 速度素质的分类

速度素质可分为:反应速度、动作速度和位移速度。

反应速度是指人体对各种信号刺激(如声、光、触等)的快速应答能力。这种能力取决于信号通过神经传导所需时间的长短。反应时长,反应速度慢;反应时短,反应速度快。反应受遗传的因素影响较大,遗传力高达 0.75 以上。

动作速度是指人体或人体的一部分快速完成某一个动作或成套动作的能力。动作速度是技术动作不可缺少的要素,表现为人体完成某一技术动作时的挥摆速度、击打速度、蹬伸速度、踢踹速度等,此外还包含在单位时间里连续完成单个动作时重复的次数(即动作频率)。

移动速度是指人体在特定方向上位移的速度。以单位时间内机体移动的距离为评定指标。在体育运动中,常常是以人体通过固定距离所用的时间来表示。

通过一定的方法与手段来提高速度素质,对发展快速运动能力有积极的意义。由于速度素质包括反应速度、动作速度、位移速度三个方面,故速度素质提高的途径也具有多方面的特点。

二、提高速度素质的练习方法与手段

(一) 反应速度的练习方法

1. 反应性游戏

(1) 反应起跳

练习者围圈面向圈内站立,圈内1~2人,站在圆心附近手持小树枝或小竹竿(竿长超过圈半径)。游戏开始,持竿者将竹竿绕过站圈人脚下划圆,竹竿经谁脚下即起跳,不让竹竿打上脚,被打即失败进圈换持竿者,持竿者可突变划圈方向,训练人的反应。

(2) 追逐游戏

两人相距2 m面向站立,根据教练规定哪队是单数哪队是双数(或其他信号),听教练口令发出是单数还是双数(教练叫一个数字),按事先的规定(叫到单数,单数跑或追),一队跑一队追,在15~20 m的距离内追上为胜,追不上为败。

(3) 起动追拍

两人一组前后相距2~3 m慢跑,听到信号开始加速跑,后者追前者,至追上并拍击前者背部停止,要求在20米内追上有效。也可在追赶时,教练发出第二个信号,让其后转身互换追赶。

(4) 抢球游戏

用实心球围成一个圆圈,球数比练习人数少一个,游戏开始练习者绕球圈外慢跑,听到信号各人就近抢球,谁没有抢到被淘汰,并去掉一球继续进行,每进行一轮成功者得一分,以得分多者为胜。

2. 反应练习

(1) 听口令做对应的相反动作。听教练叫立正,练习者稍息;叫向左转,练习者向右转等。

(2) 听信号起动加速跑。慢跑中听信号后突然加速冲跑10 m,反复进行。

(3) 小步跑、高抬腿跑接起动加速跑。做原地或行进间的小步跑或高抬腿跑,听到信号后突然加速跑10~20 m,反复练习。

(4) 俯卧撑起跑。从俯卧撑开始,听信号后迅速收腿起跑10~20 m。

各项一般每组练习2~3次,重复2~3组,组间休息5~7 min。

(二) 动作速度的练习方法

1. 听口令、击掌或节拍器摆臂

两脚前后开立或弓箭步,根据口令、击掌或节拍器节奏,做快速前后摆臂练习20 s左右,节奏由慢至快,快慢结合。摆臂动作正确、有力,重复2~3组,组间休息3~5 min。

2. 快速小步跑

小步跑15~30 m,两腿频率越快越好。要求以大腿工作,小腿放松,膝踝关节放松,脚落地"扒地",重复4~6次,间歇5~7 min。

3. 变速高抬腿跑

行进间高抬腿跑中突然做几次最快速的高抬腿练习。动作要协调,重复4~6次,间歇

5～7 min。

4. 快速移动起跳

在篮板左下角站立,跳起双手摸篮板,落地后迅速移到篮板右下角起跳摸篮板。连续移动起跳,10 次为一组,重复 2～3 组,组间歇 5～7 min。

(三) 位移速度的练习方法

位移速度在某种意义上可看成人体一种综合运动的能力。位移速度的快慢不仅和动作技术水平有关,而且与力量、柔韧性、速度、耐力及协调性的发展有着十分密切的关系。从另外一个角度来讲,也可把位移速度看成动作速度、速度耐力与意志力的组合。因此,位移速度练习可采用以下方法:

1. 小步跑转加速跑

行进间快频率小步跑,听到信号后转加速跑 20～30 m。要求起动快,在高速下完成练习。每组 2～3 次,重复 2～3 组,组间歇 1 min。

2. 高抬腿跑转加速跑

行进间快频率高抬腿跑,听到信号后转加速跑,高抬腿要求动作规范,频率逐渐加快,加速跑时频率不变。每组 2～3 次,重复 2～3 组,组间歇 1 min。

3. 变速跑

加速快跑 30 m、50 m 或 80 m,然后放松慢跑 30 m、50 m 或 80～100 m。可直道加速快跑弯道慢跑,或弯道快跑直道慢跑等。要求慢跑积极休息,但不能走。每组 4～6 个变速段,重复 3～5 组,组间歇 3 min。

4. 往返移动

按正方形放置 4 个标志,各相距 5 m。从一个角开始依次用手去摸各角的标志,每次触及后都要返回起始点,重新开始向下个标志跑去。每组 3～4 个循环,重复 2～3 组,组间歇 3 min。

三、速度素质练习的注意事项

速度素质的发展受多种因素的影响,为了有效地提高人体的快速运动能力,在教学训练中必须注意如下要求:

(一) 发展速度素质应注意年龄特征

速度素质的发展水平在相当程度上受到人体生长发育水平的制约。在速度练习中要考虑到这个特征,再加上合理的措施,才能使速度素质快速、稳定地得到发展。如 7～13 岁的少年儿童处在速度素质的快速增长期(敏感期),其神经系统、协调能力在这一期间快速发展。抓住这一阶段的速度练习,有助于促进动作频率、单个动作速度及反应速度的快速发展。

(二) 注意合理安排速度素质练习的顺序与时间

各种身体素质及运动能力之间,具有相互联系、相互促进和制约的关系,在发展某一素质的同时,都会或多或少、直接或间接地引起其他素质的变化。因此,发展速度素质时应从系统论的角度出发,处理好同其他素质的关系,合理安排练习的顺序和时间。

(三)注意以发展力量和柔韧性等来促进速度素质

力量特别是快速力量和柔韧性,是影响速度素质的重要因素,因此在发展速度素质时,首先要注意发展快速力量。如采用40%～60%的强度多次重复快速负重练习,使肌肉横断面和肌肉力量增大,并提高肌肉活动的灵活性,以及适当采用75%以上的大强度练习,使肌肉用力时能够最大限度地动员更多的肌纤维同时进行收缩,提高肌肉的收缩功效。其次,通过各种手段提高柔韧素质。柔韧性提高后可以增加肌肉力量的作用范围和时间,同时能使肌肉的协调性得到改善,从而减少肌肉阻力并增大肌肉合力,最终提高运动速度。

(四)速度练习时人体应处在适宜的工作状态

人体适宜的工作状态对发展速度素质是十分必要的,其中包括神经系统的适宜状态、内脏系统的适宜状态和肌肉系统的适宜状态。这种适宜状态可以通过集中注意力和速度练习前用强度较小并保持一段时间的活动得到满足。运动员注意力集中,可使神经系统处于适宜的兴奋状态,并使肌肉保持一定的紧张度。而强度较小并保持一段时间的活动能提高运动性和植物性功能活动,使内脏系统与肌肉系统间形成适宜的相互关系,对改善肌肉内协调性有良好的作用。

(五)发展速度素质应重视肌肉放松

肌肉放松对速度的提高非常重要。肌肉放松,张弛有度,能够减少肌肉本身的内阻力,增大肌肉合力,使血液循环通畅。如肌肉紧张度达到60%～80%,血液流动就会严重受阻,时间稍长,动作就会失去协调性,已有的快速能力也无从发挥。肌肉放松时,肌肉中血液流动情况大为改善,比紧张时提高15～16倍。血液循环通畅,能给参加活动的肌肉输送大量氧气,加快ATP再合成速度,并能节省能量物质,使能量物质得到合理利用,还可增加肌肉收缩前的初长度,从而提高运动素质。

(六)正确预防和消除"速度障碍"

速度素质发展到一定水平,常会出现提高缓慢,甚至停滞不前的现象,人们称为"速度障碍"。这是由于神经—肌肉系统发展到一个高峰,练习中常用的一些手段对人体没有新的刺激作用,使频率节奏、技术等都达到一个相对稳定的状态所致。

小贴士

尤塞恩·博尔特,1986年8月21日生于牙买加特里洛尼,奥运会冠军,男子100 m、200 m世界纪录保持者。2004年,博尔特成为职业运动员。同年,在加勒比共同体运动会的200 m比赛中,他跑出了19.93 s的成绩,成为了有史以来第一个跑入20 s的青年运动员。2008年5月31日,博尔特在纽约锐步田径大奖赛上,以9.72 s的成绩打破世界纪录。同年8月,在北京奥运会男子100 m比赛中,以9.69 s的成绩打破了自己保持的世界纪录,并在随后的200 m比赛中,以19.30 s的成绩打破了迈克尔·约翰逊创造的世界纪录。2009年,柏林世锦赛上,博尔特在男子100 m比赛中,以9.58 s的成绩夺冠,并刷新了自己创造的世界纪录。在男子200 m比赛中,博尔特以19.19 s打破自己保持的世界纪录。博尔特由此成为世锦赛双冠王,更是历史上唯一一位奥运会、世锦赛双冠王。2012年,博尔特在伦敦奥运会上成为奥运会历史上首位同时卫冕100 m和200 m冠军的选手,而在奥运会男子200 m项目的历史上,博尔特是首个实现卫冕的运动员。2013年,莫斯科世锦赛上,博尔特包揽了男子100 m、200 m和4×100 m接力3枚金牌,他的世锦赛金牌总数达到8枚,追平美国名将卡尔·刘易斯和迈克尔·约翰逊共同保持的纪录。在2015年北京田径世锦赛上,博尔特又获得男子100 m、200 m冠军。

第四节　柔韧素质

一、柔韧素质概述

(一) 柔韧素质的概念

柔韧性是指人体关节活动幅度以及关节韧带、肌腱、肌肉、皮肤和其他组织的弹性和伸展能力,即关节和关节系统的活动范围。

根据人体生理解剖结构,柔韧性主要包括四肢和躯干各关节的灵活能力,其主要关节有:肩、肘、腕、胯、膝、踝及脊柱等各关节,柔韧的训练就是对上述各关节灵活性的练习。在体育运动中,因项目不同对各关节活动幅度要求的程度也就不同。但全面发展各关节的柔韧性是基础,只有在全面发展的基础上,才能突出本专项需要的关节部位柔韧性的重要。投掷、体操、举重、游泳等项目对肩关节柔韧性要求较高;篮球、排球、小球项目对腕部柔韧性要求较高。还有的项目,因专项技术的需要,对全身各关节的柔韧性要求都很高,如竞技体操、技巧、艺术体操、跳水等。

柔韧素质对各项运动技术的掌握和发挥具有重要的作用:

(1) 加大运动幅度,有利于肌力和速度的发挥。

(2) 提高关节的灵活性,增加动作的协调优美感,可获得最佳的机能水平。

(3) 加速动作掌握进程,有利于技术水平的提高,使技术动作显得轻巧灵活,更加协调和准确。

(4) 防止、减少伤害事故的发生,延长运动寿命。

(5) 柔韧素质是各项选材的重要依据之一。

(二) 柔韧素质的分类

从完成柔韧性练习的表现上看,柔韧素质分为主动柔韧性和被动柔韧性。主动柔韧性是人在主动运动中表现出来的柔韧素质水平。被动柔韧性则是在一定外力协助下完成或在外力作用下(如教练员协助运动员做压腿练习)表现出来的柔韧水平。主动柔韧性不仅反映对抗肌的可伸展程度,还可反映主动肌的收缩力量。一般说主动柔韧性比被动柔韧性要差,这种差距越小,说明柔韧素质的发展水平越均衡。

另外,柔韧素质从其与专项的关系看,可分为一般柔韧性与专项柔韧性。柔韧素质从其外部运动状态的表现看,可分为动力柔韧性和静力柔韧性。柔韧素质在身体不同部位的表现看,又可分为上肢柔韧性、下肢柔韧性、腰部柔韧性、肩部柔韧性等。

二、提高柔韧素质的练习方法与手段

发展柔韧素质的目的是为了提高跨骨关节的肌肉、肌腱、韧带等软组织的伸展性。其伸展能力的提高主要是"力"的拉伸作用的结果。柔韧素质的发展应从各项目的特点出发,有目的、有选择地进行。

柔韧素质的练习方法主要有两种,即主动或被动形式的静力拉伸法和主动或被动形式的动力拉伸法。

1. 主动或被动的静力拉伸法

是缓慢地将肌肉、肌腱、韧带拉伸到有酸、胀、痛的感觉位置并略有超过,然后停留一定时间的练习方法。这种方法可减少或消除超过关节伸展能力的危险性,防止拉伤,由于拉伸缓慢不会激发牵张反射,一般要求在酸、胀、痛的位置停留 6~8 s,重复 6~8 s。

2. 主动或被动的动力拉伸法

是有节奏的、速度较快的、幅度逐渐加大的多次重复一个动作的拉伸方法。在运用该方法时,用力不宜过猛,幅度一定要由小到大,先做几次小幅度的预备拉伸,然后加大幅度,从而避免拉伤。每个练习重复 5~10 次(重复次数可根据专项技术需要而增加)。

(一) 手指手腕柔韧性

(1) 两手五指相触用力内压,使指根与手掌背向成直角或小直角。

(2) 两手五指交叉直臂头上翻腕,掌心朝上。

(3) 手腕伸屈、绕环。

(4) 手指垫高的俯卧撑。

(5) 杠铃至胸,用手指托住杠铃杆。

(6) 用左手掌心压右手四指,连续推压。

(7) 面对墙站立,连续做手指推撑。

(8) 左、右手指交替抓下落的棒球(或小铅球)。

(9) 靠墙倒立。

(二) 肩关节柔韧性

1. 压肩

(1) 手扶一定高度体前屈压肩。

(2) 双人手扶对方肩,体前屈直臂压肩。

(3) 练习者背对横马并仰卧在鞍马上,另一人在后面扶着他上臂下压。
(4) 两人互相以手搭肩,身体前倾,向下有节奏地压肩。

2. 拉肩
(1) 两人背向两手头上拉住,同时做弓箭步前拉。
(2) 两人同向站立,两手头上握住,帮助者一手拉练习者头上手,一手顶其背助力拉。
(3) 练习者俯卧,两手交叉于头后上体上举或两手握木棍后上体上举,帮助者坐练习者身上,一手拉木棍,一手顶其背助力拉。
(4) 背对肋木坐,双手伸直头上握肋木,以脚为支点,挺胸腹前拉起成反弓形。
(5) 背向肋木站,双手反握肋木,下蹲下拉肩。
(6) 背向肋木屈膝站在肋木上,双手头上握肋木,然后向前蹬直双腿,胸腹用力前挺。
(7) 侧向肋木,一手上握一手下握肋木向侧拉。
(8) 体前屈坐垫下,双手后举,帮助者握其两手向前上推助力拉。

3. 吊肩
(1) 单杠各种握法(双手正握、双手反握、双手正反握等握法)的悬垂摆动。
(2) 单杠负重静力悬垂。
(3) 单杠悬垂或加转体。
(4) 单杠悬垂,两腿从两手间穿过下翻成后吊。

4. 转肩
用木棍、绳或橡皮筋做直臂向前、向后的转肩(握距逐渐缩小)。

(三) 腰腹部柔韧性

(1) 弓箭步转腰压腿。
(2) 两脚前后开立,向左后转,向右后转,来回转腰。
(3) 体前屈手握脚踝,尽量使头、胸、腹与腿相贴。
(4) 站在一定高度上做体前屈,手触地面。
(5) 分腿体前屈,双手从腿中间后伸。
(6) 分腿坐,脚高位体前屈,帮助者可适当用力压其背部助力压。
(7) 后桥练习,逐渐缩小手与脚距。
(8) 向后甩腰练习。
(9) 俯卧撑交替举后腿,上体尽量后抬成反弓形。
(10) 双人背向,双手头上握或互挽臂互相背。
(11) 肩肘倒立下落成屈体肩肘撑。

(四) 胸部柔韧性

(1) 俯卧背屈伸。练习者腿部不动,积极抬上体、挺胸。
(2) 虎伸腰。练习者跪立,手臂前放于地下,胸向下压。要求主动伸臂,挺胸下压。
(3) 练习者面对墙站立,两臂上举扶墙,抬头挺胸压胸。要求让胸尽量贴墙,幅度由小到大。
(4) 练习者背对鞍马头站立,身体后仰,两手握环使胸挺出。要求充分伸臂,顶背拉肩、胸。

(5) 练习者并腿坐在垫子上,臂上举,同伴在背后一边向后拉其双手,一边用脚蹬练习者肩背部,向后拉肩振胸。

（五）下肢柔韧性

(1) 前后劈腿。可独立前后振压,也可以将腿部垫高,由同伴帮助下压。

(2) 左右劈腿。练习者仰卧在垫子上,屈腿或直腿都可以,由同伴扶腿部不断下压。

(3) 压腿：将脚放在一定高度上,另一腿站立脚尖朝前,然后正压（勾脚）、侧压、后压。

(4) 踢腿：原地扶把杆或行进,正踢（勾脚）、侧踢、后踢。

(5) 摆腿：向内、向外摆腿。

(6) 控腿：手扶支撑物体,前控、侧控、后控。

(7) 弓箭步压腿。

(8) 跪坐压脚面。

(9) 在特制不同形状的练习器上练习脚腕不同方位的柔韧（特制练习器械见弹跳力部分）。

(10) 用脚内侧、外侧、脚跟、脚尖走。

(11) 负重深蹲,脚跟不离地使脚尽量弯曲。

(12) 双刀腿坐,双脚互相顶位,双手相拉,一人前俯,一人后仰。

(13) 背对背坐,双手头上拉,一个前俯,一人后仰。

三、柔韧素质练习的注意事项

（一）循序渐进,持之以恒

由于肌肉、韧带等软组织的伸展并不是短时间就能得到提高的,所以练习应逐步提高要求,做到循序渐进,不能急于求成。

根据停止柔韧练习一个时期,已获得的柔韧效果会有所消退的特点,柔韧性练习要做到系统化、经常化。特别是当某一部位因伤停止练习后,该部位所获得的柔韧效果将全部消退,其恢复期相对延长,因此在某一部位受伤后,其他部位仍应适当练习,否则柔韧性会因停练而消退。

（二）柔韧性练习要因项因人而异

在全面发展身体各部位柔韧性的基础上,应重点练习本专项所需要的几个部位的柔韧性。另外,练习者的具体情况不一样,在进行柔韧素质练习过程中必须区别对待,突出针对性、应用性,这样才能收到良好的练习效果。

（三）柔韧素质的发展应与力量素质发展相适应

力量练习可发展肌肉的收缩能力,柔韧练习能发展肌肉的伸展能力,因此力量结合柔韧的练习对提高肌肉质量最为有效,既能达到力量和柔韧的同时增长,又能保证关节灵活性的稳固。

（四）柔韧素质的发展要兼顾身体相互关联的各个部位

在有些动作中,柔韧性的表现不仅仅是在一个关节或某个身体部位,而是牵涉到几个相互有关联的部位。在练习过程中,对这几个部位都应该进行发展,倘若忽视某一部位就有可能出现外伤。如果发现某一部位稍差,就应立即采取措施使其得到改善。

(五)柔韧素质练习要注意外界温度与练习的时间

外界温度过高或过低,都会影响到肌肉的状态,影响到肌肉的伸展能力。一般来说,当外界温度在18℃时,有利于柔韧的发展,因为肌肉在这个温度下,伸展能力较好。温度过高,肌肉紧张或无力都会影响其伸展能力。

早晨人的柔韧性会明显降低,所以早晨可做一些强度不大的"拉韧带"的练习。一日之中,10:00~18:00人体能表现出良好的柔韧性,此时可进行一些强度较大的柔韧性练习。

(六)柔韧素质练习之后应结合放松练习

每个伸展练习之后,应做相反方向的练习,使供血、供能系统加强,有助于伸展肌群放松和恢复。

(七)柔韧素质练习时要防止受伤

要提高柔韧练习的最终效果,必须要防止在练习时受伤。一般在柔韧练习前,可做一些热身活动,减少肌肉的黏滞性。在拉长肌肉的过程中,不易用力过猛,特别是在柔韧被动练习时,教练员施加的外力要循序渐进,要了解运动员的个性特征,还要及时注意运动员的练习反应,以便合理地加力与减力,保证柔韧练习的正常进行。

第五节 灵 敏 素 质

一、灵敏素质概述

(一)灵敏素质的概念

灵敏素质是指在各种突然变化的条件下,个体能够迅速、准确、协调地改变身体运动的空间位置和运动方向,以适应变化着的外部环境的能力。大脑皮层神经活动过程的灵活性及分析综合能力,是灵敏素质的重要生理基础,通过训练改善和提高各感受器官的功能,可以增强灵敏素质。

在体育锻炼的实践中,掌握的运动技能越多就越熟练,大脑皮层中神经联系的接通就越迅速、准确,动作也越灵巧。灵敏素质是协调发挥各种身体素质能力,提高技术动作质量和创造优异运动成绩的重要条件。它在各个运动项目中的作用主要有以下三点:(1)能够保证人准确、熟练、协调地完成动作,取得优异的运动成绩。(2)能够灵活、巧妙地战胜对手,取得比赛的胜利。(3)良好的灵敏性不但有助于更快、更多、更准确、更协调地掌握技术和练习手段,使已有的身体素质充分、有效地运用到实践中去,而且可以防止伤害事故的发生。

(二) 灵敏素质的分类

灵敏素质从其与专项运动的关系来看,可分为一般灵敏素质和专项灵敏素质。一般灵敏素质是指人在各种活动中,在突然变化的条件下,迅速、合理、准确地完成各种动作的能力。它是专项灵敏素质发展的基础。专项灵敏素质是运动员在专项运动中,迅速、准确、协调自如地完成本专项各种技术动作的能力。

灵敏素质具有明显的项目特点。各体育项目所表现出的运动技能差异,对各素质及神经反应的要求不同,对灵敏素质的要求也不一样,从而体现灵敏素质在不同的项目中的特点。

二、提高灵敏素质的练习方法与手段

灵敏素质是人体综合能力的反映,受遗传因素影响很大。为了提高灵敏素质,教练员应尽可能采取逐渐增加复杂程度的练习方式,也可以通过改变条件、器械、器材等方式增加技术动作的复杂性和难度。同时,还应着重培养和提高运动员掌握动作的反应能力、平衡能力、观察能力、节奏感等。

(一) 灵敏素质的练习方法

1. 徒手练习

(1) 单人练习:主要有弓箭步转体、立卧撑跳转体、前后滑跳、屈体跳、腾空飞脚、跳起转体、快速后退跑、快速折回跑等练习。

(2) 双人练习:主要有躲闪摸肩、手触膝、过人、模仿跑、撞拐、巧用力等双人练习。

2. 器械练习

(1) 单人练习:主要包括各种形式的个人运球、传球、顶球、颠球、托球等多种练习,单杠悬垂摆动、双杠转体跳下、挂撑前滚翻、翻越肋木、钻栏架、钻山羊以及各种球类运动、技巧运动、体操运动的专项技术动作的个人练习等。

(2) 双人练习:主要包括各种形式的传、接球、运球中抢球、双杠端支撑跳下换位追逐、肋木穿越追逐等双人练习。

3. 组合练习

(1) 两个动作组合练习:主要有交叉步→后退跑,后踢腿跑→圆圈跑,侧手翻→前滚翻,转体俯卧→膝触胸,变换跳转髋→交叉步跑,立卧撑→原地高抬腿跑等练习。

(2) 三个动作组合练习:主要有交叉步侧跨步→滑步→障碍跑,旋风脚→侧手翻→前滚翻,弹腿→腾空飞脚→鱼跃前滚翻,滑跳→交叉步跑→转身滑步跑等练习。

(3) 多个动作组合练习:主要有倒立前滚翻→单肩后滚翻→侧滚→跪跳起,悬垂摆动→双杠跳下→钻山羊→走平衡木,跨栏→钻栏→跳栏→滚翻,摆腿→后退跑→鱼跃前滚翻→立卧撑等练习。

4. 游戏

发展灵敏素质的游戏具有综合性、趣味性、竞争性的特点,能引起练习者的极大兴趣,使人全力以赴地投入活动,既能集中注意力、积极思维、巧妙对付复杂多变的活动场面,又能锻炼提高神经系统的灵活性和反应过程,有效地提高身体素质和运动技能。发展灵敏素质的游戏有很多,主要包括各种应答性游戏、追逐性游戏和集体游戏等。

(二)发展灵敏素质的练习手段

1. 提高反应判断的练习

(1) 按口令做相反的动作。

(2) 按有效口令做动作。

(3) 原地、行进间或跑步中听口令做动作。

(4) 一对一追逐模仿。

(5) 一对一互看对方背后号码。

(6) 听信号或看手势急跑、急停、转身、变换方向的练习。

(7) 听信号的各种姿势起跑。

(8) 跳绳:两人摇绳,从绳下跑过转身,从绳上跳过等。

2. 发展平衡能力的练习

(1) 一对一面向站立,双手直臂相触,虚实结合相互推,使对方失去平衡。

(2) 一对一弓箭步牵手互换面向站立,虚实结合互推互拉,使对方失去平衡。

(3) 各种站立平衡。

(4) 头手倒立、肩肘倒立、手倒立停一定时间。

3. 发展协调能力的练习

(1) 一对一背向互挽臂蹲跳进、跳转。

(2) 双人头上拉手向同方向连续转。

(3) 脚步移动练习。

(4) 双人跳绳。

(5) 双人一手扶对方肩、一手互握对方脚腕,各用单脚左右跳、前后跳、跳转。

4. 灵敏性游戏

在灵敏性游戏的设计、选择、运用中,要注意把思维判断、快速反应、协调动作、节奏感等内容有机地结合起来。进行游戏时,要严格执行规则,防止投机取巧,遵守纪律,注意安全。

(1) 形影不离:两人一组,并肩而站。右侧的人自由变换位置和方向,站在左侧的人必须及时跟进站到他的右侧位置。要求:随机应变,快速移动。

(2) 照着样子做:两人一组,其中一人做站立或活动中的各种动作,并不断变换花样,另一人必须照着他的样子做。要求:领做者随意发挥,照做者模仿逼真。

(3) 互相拍肩:两人相对 1 m 左右站立,既要设法拍到对方的肩膀,又要防止对方拍到自己的肩膀。要求:伺机而动,身手敏捷。

(4) 单、双数互追:练习者按单、双数分成两组迎面相距 1~2 m 坐下,当教练喊"单数"时,单数追双数,双数转身向后跑开 20 m;当教练喊"双数"时,双数追单数,单数转身向后跑开。要求:判断准确,起动迅速。

(5) 双脚离地:练习者分散在指定的地方任意活动,指定其中几个为抓人者,听到教练的哨音后,谁的双脚离地就不抓他,抓人者勿缠住一人不放。要求:快速悬垂、倒立、举腿等。

（6）听号接球：练习者围圈报数后向着一个方向跑动，教练持球站在圈中心，将球向空中抛起喊号，被喊号者应声前去接球。要求：根据时间和空间采取应急行动。

三、灵敏素质练习的注意事项

（一）练习方法、手段应多样化并经常改变

灵敏素质的发展与各种"分析器"运动器官机能的改善有着密切的关系。人体能否在运动中表现出准确的定向定时能力和动作准确、迅速变换的能力，都取决于各种"分析器"运动器官功能的提高。而人体一旦对某一动作技能熟练到自动化程度时，再用该动作去发展灵敏素质的意义就不大了。为此，发展灵敏素质练习的方法应是多种多样的，并且要经常改变。这样不仅可以使人掌握多种多样的运动技能，还可以提高人体内各种分析器的功能，在运动中能够表现出时空三维立体中的准确定向定时能力，还能表现出动作准确、变换迅速的能力。

（二）掌握本专项一定数量的基本动作

运动技能本质是条件反射，这种在大脑皮层中建立的条件反射暂时联系的数量越多，临场及时变换动作的暂时联系的接通就越迅速准确，在已掌握的运动技能的基础上，可以快速形成新的应答性动作来应付突然发生的情况。因此，应尽量多掌握一些基本的动作、基本技术及战术等，这样做有利于提高灵敏素质。

由于灵敏素质是人体综合能力的表现，发展灵敏素质还必须从培养人的各种能力入手，在练习中广泛采用发展其他身体素质的方法来发展灵敏素质，并培养掌握动作的反应能力、平衡能力等。

（三）抓住发展灵敏素质的最佳时期

灵敏素质是在中枢神经系统的指挥下，各种能力的综合表现。少年儿童的神经系统是人体发育最早、最快的系统，他们具有较好的反应能力，在动作速度、平衡能力、节奏感等方面具有很大的发展潜力，这些都为发展灵敏素质提供了有利的条件，因此应抓紧这一时期进行灵敏素质练习。

（四）灵敏素质练习时应注意消除练习者的紧张心理

在进行灵敏素质练习时，教练员应采用各种有效的方法与手段，消除练习者紧张的心理。因为人紧张时，肌肉等运动器官也必然紧张，会使反应迟钝，动作的协调性下降，影响练习的效果。

（五）合理安排训练时间

灵敏素质的训练在整个训练过程中都应该适当安排，使之系统化。但训练时间不宜过长，重复次数不宜过多。因为肌体疲劳时运动员力量水平会下降，速度将减慢，节奏感被破坏，平衡能力会降低，这些都不利于灵敏素质的发展。有经验的教练员都是根据不同训练过程的特点来安排灵敏素质的训练。如随着比赛临近，技术训练比重增加，协调能力的训

练应相应加强。准备期以一般灵敏素质训练为主,比赛期以专项灵敏素质训练为主。在一次训练课中,应把灵敏素质的训练安排在课的前半部分,让运动员在体力充沛、精神饱满、运动欲望强的状态下进行练习。

(六)灵敏素质的练习应有足够的间歇时间

灵敏素质的练习过程中应有足够的间歇时间,以保证氧债的偿还和 ATP 能量物质的合成。但休息时间又不可过长,休息时间过长会使中枢神经系统的兴奋性大幅度下降,在下次练习中就会减弱对运动器官的指挥能力,使动作协调性下降、速度减慢、反应迟钝,必然会影响练习的效果。一般来讲,练习时间和休息时间可控制在1∶3的比例。

(七)应结合专项要求进行训练

灵敏素质具有专项化的特点。经验丰富的教练员针对本专项的特点安排灵敏素质训练,使训练效果与专项要求相一致。例如篮球运动员多做专门发展手的灵敏性训练,以提高手感和控球能力;足球运动员多做一些脚步移动和用脚控球的练习;体操、技巧等项目的运动员多做一些移动身体方位的练习等。此外,还应注意控制练习者的体重。

第六节 协 调 素 质

一、协调素质概述

(一)协调素质的概念

运动协调能力是综合的神经机能能力,其表现形式即运动协调。人体运动协调能力由反应能力、空间定向能力、本体感知能力、节奏能力、平衡能力、与动作认知有关的认知能力等多种要素所构成。

良好的协调能力有助于运动员迅速地建立起大脑皮层中相关中枢之间的暂时联系,可以更快地形成动力定型,高质量地掌握运动技巧;有助于运动员更好地适应运动时的外部环境;有助于运动员在完成同样的练习时更节省地使用能量;有助于减少运动创伤的发生。

(二)协调素质的分类

在神经综合控制下,运动协调可以分为肌肉协调与动作协调。肌肉协调通过肌肉的配合来表现。一个动作,不论简单还是复杂,都存在着主动肌、辅助肌、拮抗肌的相互配合协作以及不同动作部位各肌肉间的配合协作。而动作协调则是指动作的不同阶段、不同环节相互配合、相互联结的状态。依运动员协调能力与其运动专项关系的密切程度,还可将其分为一般协调能力和专项协调能力。

二、提高协调素质的练习方法与手段

（一）平衡能力的训练

平衡是通过对抗使身体偏离适宜位置的力（惯性力、支撑反应力等）而达到的状态。人体保持稳定姿势的能力是保证人体基本静态位置的关键能力，也是人体有效完成某一动作的基础。实践中，在加强关节稳定性的同时，常采用以下方法改善运动员的平衡能力：

（1）在有视觉和运动感觉的条件下，或在只有运动感觉的情况下完成负重练习。通过改变负重量，并准确控制用力的大小，来提高运动员控制肌肉工作的能力。

（2）在各种器械上模仿比赛动作。要求在最大用力50%～100%的范围内改变用力的大小。

（3）在力量练习器上通过不断改变阻力的大小，提高运动员在改变阻力的情况下完成练习的能力。

（二）节奏能力的训练

节奏能力是指运动员在练习过程中，在完成动作的时间和力度上呈现出来的快慢、强弱有序变化的能力。常采用的练习有：

（1）用固定的频率完成不同长度的分段距离。要求在完成每一个分段距离时保持固定的频率。

（2）用高于比赛的平均频率完成分段距离和全程。要求练习时首先确定比赛平均速度，然后在完成每分段距离时采用高于或低于比赛的频率，来提高运动员控制节奏的能力。

（3）完成3～4个分段距离，保持成绩，增加频率。要求第一个分段距离用比赛速度来完成，下一个分段距离与上一次练习相比，多增加一个周期动作或减少一个周期动作。

（三）空间定向能力的训练

空间定向能力的主要评价指标就是对技术动作的精确控制水平。控制动作的精确性作为完成某一技术动作的关键因素，对运动员的空间定位能力起着决定性作用。

（四）时间感知能力的训练

时间感知能力是指运动员对完成练习在时间维度上准确判断的能力。时间感知能力的培养常采用以下方法：

（1）变速完成比赛距离的练习。预先设定练习目标（如时间目标），如规定行进速度为最大速度的95%、90%、85%、75%、70%，要求运动员尽可能按规定的速度完成练习。

（2）要求运动员在练习中规定的段落里按比赛速度行进，并逐渐增加规定段落的距离。

（3）练习后要求运动员将实际练习速度与主观感觉速度进行对比，以提高运动员的时间感知能力。

（五）距离感知能力的训练

距离感知能力是指运动员对距离的准确判断与控制能力。该能力对田径项目中需要准确助跑的跳跃和掷远运动项目有着重要作用。

对于要求有准确助跑的运动项目来讲,场地、气候、运动员身体状态等各种原因都会影响助跑的准确性,因此,训练运动员的助跑准确性、加强运动员的距离感成为重要的内容。另外,可以通过固定投掷距离的方式来提高运动员的肌肉控制能力,即通过投准的方式提高运动员控制器械的能力。该练习对铁饼、标枪等项目运动员距离感的提高有积极的作用。

(六)专门感觉能力的训练

专门感觉能力是在完成各种各样的专门练习的过程中得到发展的。专门的感觉能力与运动项目的运动方式以及运动环境密切相关。如自行车运动员的车感;游泳运动员的水感;篮球运动员的球感等都是通过从小在相应的环境里或通过从小驾驭器械的训练获得的。

(七)协调素质的练习手段

1. 立卧撑跳起转体360°

由俯卧撑姿势开始,双腿屈膝抬大腿,成全蹲。起立后即刻双脚蹬地全力、快速纵跳,双臂积极上摆,在空中转体360°。衔接下一个动作时要迅速屈膝下蹲,在双手即将撑地的同时,双脚向后伸蹬,成俯卧撑。连续进行。

2. 全身波浪起

由双腿左右稍开立开始。先做直腿体前屈,然后依次进行向前跪膝(收腹、含胸、低头)、向前挺髋(收腹、含胸、低头)、向前挺腹(含胸、低头)、挺胸、抬头,成反的"S"形波动,两臂在体侧划圆,连续做。

3. 身体不协调动作组合练习

上右步的同时右手上举,上左步的同时左手上举,右步后退右手叉腰,左步后退左手叉腰,变换节奏。

4. 变方向跑练习

(1) 做向前5 m冲刺,接后退3 m,左冲5 m后右冲3 m的练习。

(2) 在地上划一边长为10 m的正方形,做顺逆方向跑的连续练习。

三、协调素质练习的注意事项

(1) 运动员的协调能力受到运动员时间、空间或动力控制等多种因素的影响。改善运动员协调能力的训练中,在关注某一能力改善的同时,应注意与全面改善综合协调能力密切结合。

(2) 青少年运动员应该进行更多运动项目的练习,尤其要重视多安排体操训练,以有效提高运动员肌肉协调能力、空间感知能力以及平衡能力。

(3) 协调素质的训练应作为每天的重要训练内容来安排,尤其是对一些动作相对单一的运动项目来讲,显得更为重要。

(4) 在周期性项目中,协调能力的专门练习手段较少,因此,随着运动技术水平的逐步提高,应在完成习惯性练习的同时开拓更多的训练手段。

(5) 由于协调素质具有明显的项目特征,因此,要密切围绕专项需要进行协调性训练。

思考题:

1. 身体素质的概念是什么?包括哪些内容?
2. 提高身体素质的注意事项有哪些?
3. 提高身体素质的方法和手段有哪些?
4. 什么是最大力量?最大力量训练的基本要点有哪些?
5. 根据提高身体素质练习方法的变化要素,结合自身情况,制定一些提高身体素质的方法,丰富自己的运动处方。

刘龙柱、李晓晨、陆建明、肖佩琮

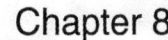

第八章
运动与营养

在全民健身如火如荼的今天,运动与合理营养的结合对增强人们体质和健康水平的作用日益突出,已经成为当今国内外促进身体健康的重要因素,它们之间相互促进、相互影响、密切相关。体育运动可以改善、发展与提高人体各组织器官的功能,而人们从食物中摄取的营养素,是构成和修补组织器官的原料,是调节器官功能的主要物质。运动和合理营养的结合不仅能够调节身体的能量平衡,提高人体的代谢能力,而且能够改善身体成分,减少体脂,提高体育锻炼的效果。

第一节 营养素与健身运动

一、营养素概述

人体所需的营养不仅指简单地摄入食物,达到"饱腹感",更重要的是在日常生活中合理搭配膳食,以满足不同时期机体对各种营养素的需求,使身体各器官组织的机能达到最佳状态,从而达到保持生命活力、延缓衰老的目的。我们通常把人体摄取与利用营养物质的过程称为营养,把食物在体内经过消化、吸收和代谢以维持人体生命活动的物质称为营养素。营养素是食物中维持人类生命活动和健康的最根本物质,具有供给热能、构成机体组织和调节生理的功能。

营养素种类繁多,目前发现与肯定的已有54种,根据它们的化学性质或生理功能,可分为7大类,即蛋白质、脂肪、糖类、水、维生素、矿物质和膳食纤维。

(一)蛋白质

蛋白质主要由C、H、O、N元素组成。正常人体内蛋白质含量为16%~19%,而且始终处在不断分解和合成的动态平衡中,达到组织蛋白的不断更新和修复。

1. 蛋白质的营养功能

(1) 构成和保护人体组织

蛋白质是构成细胞的主要成分,也是构成机体组织、器官的重要部分,约占细胞内固体成分的80%。蛋白质的基本作用是构建和修补人体组织,也是机体生长和损伤后组织更新、修复的主要物质。

(2) 构成人体重要生理活性的物质,调节生理功能

蛋白质可以促进能量产生和底物氧化利用;组成与能量代谢有关的激素(如胰岛素、胰高血糖素);调解组织渗透压、维持体液平衡;维持体内酸碱平衡;参与机体凝血过程;有些氨基酸是神经介质乙酰胆碱的重要成分,参与神经组织兴奋、传导。蛋白质与人体的生命活动息息相关,当蛋白质摄取量不足时,机体将发生蛋白质缺乏症,肠黏膜受到影响,血浆蛋白浓度下降,造成水肿;酶的活性降低,使球蛋白减少,人体抵抗力下降。长期蛋白质摄入量过剩,会造成胃肠、肝脏、胰脏和肾脏的负担,进而造成胃肠功能紊乱和肝脏、肾脏的损害,对身体不利。

(3) 供给热能

蛋白质在体内氧化可以产生热量,是供热营养素之一。蛋白质虽然不是主要的能源物质,但机体内旧的或被破坏的蛋白质分解时都会释放能量。1 g蛋白质在体内氧化可释放16.74 kJ热量。

2. 蛋白质的食物来源与供给量

蛋白质是构成人体结构的主要成分。大脑的30%~35%是由蛋白质组成的,它主宰脑

的智能活动,帮助记忆与思考,控制脑神经细胞的兴奋与抑制,在运动、语言、神经传导等方面起主要作用。含蛋白质较多的食物有肉类、鱼类、豆类等,其次是谷物类和蔬菜水果。人体对蛋白质的需要不仅取决于蛋白质的含量,还取决于蛋白质中所含必需氨基酸的种类及比例。

3. 蛋白质与运动

蛋白质摄入量的多少与运动能力有着密切的关系。运动前提供少量的蛋白质,能够减少从肌肉中分解的氨基酸的需求量,达到保护肌肉的作用;运动中补充的蛋白质能够为运动后蛋白质合成速率的增加打下基础;运动后摄入适量蛋白质会减少酸痛、伤口感染并预防关节损伤。

体育运动能使体内蛋白质代谢发生变化,而不同性质的运动对蛋白质代谢的影响也有所差异。抗阻训练通常情况下能够导致运动后肌肉内蛋白质合成速率的增加,对肌肉内蛋白质的平衡有促进作用。在一个抗阻训练周期后,这种合成速率的增加能够持续 48 h。耐力训练能够影响整个机体的蛋白质周转,使得蛋白质的氧化速率加强。

(二)脂肪

脂类包括脂肪和类脂,是生物体中存在的一类化学组成和化学结构有很大差异的重要有机物。脂肪不溶于水,溶于有机物。脂肪在常温下有固态脂肪和液态脂肪两种形态,动物脂肪为固态,植物脂肪为液态,植物脂肪的价值高于动物脂肪。

1. 脂肪的营养功能

(1)防御和保护机体

脂肪是构成人体组织细胞的重要组成部分,特别是磷脂和固醇,也是构成脑和神经组织的主要成分。脂肪储存于脂肪组织中并作为身体缓冲垫保护着我们的脏器,它在人体肾脏、心脏周围沉积一层脂肪垫,维系和固定着这些重要的脏器,保护这些器官免受振荡和运动损伤,达到防御和保护机体的作用。脂肪能维持细胞和其他组织柔软平滑,并在肌肉工作时作为燃料。脂肪是运动中和运动后恢复身体机能最主要的能量来源,为肌肉活动提供能量。

(2)促进脂溶性维生素的吸收和利用

脂溶性维生素 A、D、E、K 必须借助脂肪的溶解才能被机体吸收和利用。机体摄取脂肪,就能使食物中的脂溶性维生素溶解于脂肪中,此时,脂溶性维生素 A、D、E、K 也将一起被机体吸收。

(3)供给热能并维持体温

脂肪是高热能物质,最大优点在于储存量大。脂肪被吸收后,一部分用于体内消耗,一部分则形成脂肪储存在体内,当机体代谢需要时可释放能量。脂肪还具有御寒作用,在寒冷的环境下,脂肪阻碍了体表热的散失,皮下脂肪起到了保温的作用,从而维持人体正常的温度。

(4)增加膳食香味和饱腹感

脂肪尤其是动物脂肪在食物烹饪方面能够使食物酥软、香脆,增加香味,但脂肪不易被消化,脂肪含量高的食物在胃中停留的时间较长,约 3.5 h,使人产生强烈的饱腹感,不易饥饿,所以,在选择食物方面应尽可能地控制动物性脂肪的摄入量。

2. 脂肪的食物来源和供给量

人类摄取的脂肪主要来源于动物组织及植物种子。

每日膳食中 50 g 脂肪就能基本满足人体需要,我国营养学会建议膳食脂肪供给量不宜超过每日热能供应量的 30%。在寒冷条件下,可以适量增加脂肪的摄入量;在炎热条件下,要适量减少脂肪的摄入量。膳食中脂肪的摄入量把控非常关键,摄入较多脂肪常会导致冠心病、高血压、高脂血症等,并与某些癌症的发生相关。

3. 脂肪与运动

在氧充足的情况下,脂肪是人体从事长时间运动的主要能源,其动员能力和运动中燃烧储存的脂肪都能够对运动成绩的提高起到积极的作用。在氧不充足时机体代谢不完全,脂肪不能被充分利用,其代谢的中间产物酮体将会增加,使体内酸性增高,对身体机能和运动能力产生不良的影响。

在运动员的膳食中,脂肪的供给量一般应占总热量的 25%～30%,多用植物性脂肪和磷脂(其中大豆中含量高),动物性脂肪最好不要超过总热量的 10%,脂肪的摄取量按每千克体重 15 g 为宜,过多地摄入脂肪会降低人体对蛋白质和铁等一些营养素的吸收率,还会带入外源性的胆固醇,引起高脂血症,所以运动员膳食中食用脂肪应当适量。脂肪的摄入量与运动项目的特点有一定的关系,对于能量消耗较大、机体散热较多和长时间运动的项目,如马拉松、滑冰、滑雪、游泳等,应适当增加脂肪供给量的比例;机体长时间处于缺氧状态条件下,如高原训练、登山期间等,膳食中脂肪的比例应适当比其他运动项目少一些。

经常参加运动对脂肪代谢也有一定的好处。运动可以改善体内的脂肪代谢,降低血脂含量,减轻体重和减少体脂;运动还可以增加血液中高密度脂蛋白的含量,高密度脂蛋白能加速血液胆固醇的运输与排出,对防止动脉硬化可起到重要的作用;长时间运动也可使血浆中的甘油三酯和固醇含量下降。

何为富贵病?

富贵病又称"现代文明病",是人们进入现代文明社会,生活富裕后,吃得好、吃得精,营养过剩,活动量减少,从而产生的一些非传染性的流行病。如便秘、肥胖、糖尿病等。

据调查,我国中老年人中有 15%～20% 的人便秘,22% 的人超重,6000 多万人因肥胖而就医,高血压 2 亿多人,糖尿病 5000 多万人,高血脂 1.6 亿人。全国每天由于"富贵病"而死亡的人数超过 1.5 万,占死亡总人数的 70% 以上,由于"富贵病"而产生的治疗费用占疾病负担的 60% 以上。

富贵病产生的原因:

1. "富贵病"的发生和发展同都市人的不良生活习惯有着十分密切的关系,一定程度上是生活方式病,如吸烟、酗酒、膳食结构不合理、肥胖等。

2. 肥胖、肠道癌、高血脂、冠心病和糖尿病等疾病的发病原因都与先天遗传有很大关系。
3. "富贵病"与不良的环境,如环境污染、食物污染、空气污染、水质污染密切相关。
4. 导致现代"富贵病"高发的另一个重要因素就是现代人缺乏必要的健身运动。

预防方法:
1. 告别不良嗜好,杜绝烟、酒。
2. 放慢都市紧张的生活节奏,调整生活、工作方式,做到张弛有度,劳逸结合。
3. 养成良好的饮食习惯,多吃低盐、低糖、低脂肪食物,多吃新鲜蔬菜和水果,并且吃饭做到"七分饱"或"八分饱"为最好。
4. 积极参加体育锻炼(尤其是跑步),以提高身体素质,抵抗疾病侵袭;锻炼应该定期、定时,而且不能过度,要持之以恒。
5. 定期体检,有效防治"富贵病"。

(三)糖类

糖类是自然界中存在数量最多、分布最广且具有重要生物功能的有机化合物,主要包括淀粉和麦芽糖等,是人体最主要的能源物质。糖类在生命活动过程中起着重要的作用,是一切生命体维持生命活动所需能量的主要来源。植物中最重要的糖是淀粉和纤维素,动物细胞中最重要的糖是糖原(糖类的分类见表 8.1)。

表 8.1 糖类的分类

分类	分组	常见举例
糖	单糖(最简单的糖)	葡萄糖、半乳糖、果糖
	双糖	蔗糖、乳糖、麦芽糖、海藻糖
	糖醇	山梨醇、甘露醇、木糖醇、麦芽糖醇等
寡糖(低聚糖)	—	棉籽糖、水苏糖、低聚果糖等
多糖(高聚糖)	淀粉	粮谷类、豆类以及植物的块状根茎等
	非淀粉多糖	维生素、半纤维素、果胶等

1. 糖的营养功能

(1)供给热能

糖是人体所需热能的主要来源物质,糖在运动中被氧化后,产生二氧化碳和水,对身体没有任何害处。不管是有氧还是无氧,糖都能分解释放热能,这对体育锻炼是十分有益的。大脑和神经组织只能依靠葡萄糖作为唯一的能源物质,若血中的葡萄糖水平下降,就会出现低血糖,对大脑产生不利影响。

（2）构成机体的重要物质

糖是构成机体的重要成分，主要是以糖脂、糖蛋白和蛋白多糖的形式存在于体内，分布在细胞膜、细胞液以及细胞间质中。同时，葡萄糖是细胞的主要能源物质，葡萄糖氧化分解释放能量形成 ATP(三磷酸腺苷)，ATP 可直接为人体供能。

（3）保护肝脏、解毒、节约蛋白质和抗生酮

糖与蛋白质结合生成糖蛋白，保证了蛋白质在肝脏内的储存。肝脏内的糖原水平在机体对毒物的抵抗力和对某些化学物质的解毒作用中有重要的意义。糖可增加肝糖原的储备，保护和加强肝脏功能。糖还有利于蛋白质的合成和氨基酸的活化，增加 ATP 的合成，可起到节约蛋白质的作用。脂肪在体内的代谢必须有糖的参与，否则血中酮体增加会影响机体的正常功能，所以糖起到抗生酮作用。

（4）维持中枢神经系统和心肌、骨骼肌的正常功能

糖是维持中枢神经系统正常生理功能的重要物质，是大脑的唯一能源。脑组织中无能量储备，全靠血糖供能。当体内血糖浓度下降后，脑组织因缺乏能源使脑细胞功能受损，造成功能障碍，机体会产生头晕、昏厥等低血糖症状。当机体缺糖时，心肌和骨骼肌的工作能力下降，可出现心绞痛、耐力不足现象。

2. 糖的食物来源和供给量

糖类是由 C、H、O 三种元素构成的有机物，故又称为碳水化合物，大多味甜，是人体能量的主要来源之一。人体内总热能的 55%～65% 来自食物中的糖类，主要由大米、面粉、玉米、小米等含有淀粉的食品供给，它在人体内消化后，主要以葡萄糖的形式被吸收利用。谷类、薯类和杂豆类也是膳食中糖类的主要来源物质，这三类食物在我国传统的饮食结构中占有很大比例。其他的植物性食物也含一定量的碳水化合物，如水果和蔬菜，其含少量单糖，是纤维素、果胶的主要来源。

糖的供给量和消耗量与机体的工作性质和强度有关，强度越大，时间越长，糖的需求量越大。建议膳食中碳水化合物应包括来自谷类、薯类、豆类、蔬菜和水果等多种形式的碳水化合物，每日摄入适量的糖，不能过量，以保障人体能量和营养素的需要及改善胃肠道环境和预防龋齿的需要，成人每日每千克体重约需要摄入糖 4～6 g，运动员则需 8～12 g。

3. 糖与运动

糖是运动中的重要能源。糖原储备减少，不仅使机体耐力下降，而且也使大强度运动时的最大吸氧量降低。由于体育运动使体内能量消耗率快速增加，摄入足够量的糖原成为人们所关注的焦点。

运动前 3～4 h 补充适量的碳水化合物可以提高运动能力。在很多情况下，赛前 1 h 进餐对运动员可能更加安全，这一餐应该少量并且易于消化，确保所含的食物不会造成肠胃的压力，能够提供碳水化合物来增加糖原的储存和血糖浓度。由于运动员从比赛开始就一直消耗体内的能量，在没有外源性糖类补充的情况下，会导致低血糖，出现头晕、恶心、注意力不集中和疲劳的现象，如果在运动中及时地补充糖原可避免低血糖，提高运动能力和降低疲劳。运动后，糖原基本上被耗尽，必须通过食物来补充，使糖原合成葡萄糖。运动后补充糖原的目的在于使下一次运动前为肌糖原和肝糖原的合成提供足够的碳水化合物。但是在剧烈运动后，应该通过较易吸收的运动饮料来提供体内一定量的糖原合成。

(四) 水

水是一切生命过程得以正常运行的生理要素,一切生物化学过程必须在水中进行。水是人体内含量最多的组成成分,占成人体重的57%～60%。人体各器官都含有水分,血液中含水量达到85%左右,含水量达到60%以上的器官有心脏和肝脏等。人体若丢失水分达到30%以上,生命活动将无法继续。

1. 水的营养功能

(1) 构成人体组织的重要成分

机体内含有大量的水分,这些水和分散在水里的各种物质总称为体液,是构成细胞、组织液、血浆等的重要物质。成人体液总量约占体重的60%,而体液中细胞内液约占体重的40%,细胞外液占20%(其中血浆占5%,组织内液占15%)。细胞外液对于营养物质的消化、吸收、运输和代谢以及废物的排泄均有重要作用。

(2) 运输营养和参与机体代谢

体内营养物质的运输主要依靠水分子完成。水在机体内扮演着运输工的角色,能够将充分溶解的营养素运输到细胞内;水还运转着各种生物活性物质,如:激素、酶、血小板、血细胞等;水能够促进细胞的新陈代谢,参与维持细胞的正常形态和完整细胞膜的组成;水对于机体的维持也有重要的作用,能够保持皮肤的润滑和弹性,细胞的水合状态和机体的调节对于维护细胞正常功能具有关键作用。

(3) 调节机体温度

水作为体内一切化学反应的媒介,是各种营养素和物质运输的介质。血液中的水流动性大,能够随血液循环到达全身各处,水在机体内可调节体温,吸收较多热量。水在吸收热量后,自身温度变化相对较小,产生和蒸发汗液释放热量以帮助机体调节体温,保持体温正常。

(4) 润滑和充当溶剂作用

水作为溶剂,与各种黏性物质一起形成润滑关节的润滑液,形成润滑消化道和泌尿系统的黏性液体,形成润滑内脏的浆液,形成在食物通过消化时起润滑作用的唾液和其他消化道分泌液。此外,泪液、唾液、消化液、关节滑液、胸膜和腹膜浆液、呼吸道和胃肠道黏液等都有良好的润滑作用。

水还可以作为溶剂溶解物质。许多物质溶解和悬浮在水中,能够通过各种反应形成新的物质。水的这种性质可以使体内代谢过程产生的废物和毒素,通过各种方式排出体外。

2. 水与运动

运动员提高机能最重要的营养物质是水。当运动中排汗使体重减轻超过2%的水分时,运动能力会明显受阻;当运动中体重减轻超过4%时,会引起虚脱、中暑,严重时可能导致生命危险。因此,运动时为保持水合状态,运动员要摄入足够量的水或含糖—电解质的运动饮料。运动员通常的出汗率为0.5～2.0 L/h,因温度、湿度、运动强度和对运动的出汗反应不同而有所差异。运动员不应该根据是否口渴来决定是否需要饮水,因为一般人出汗直到流失了大量液体时也未必能感到口渴。运动员应在训练前后称体重,以确保维持适当的水合状态。不恰当或过度减轻体重的手段(桑拿、呕吐、严重节食等)非常危险,应该禁止。

碳酸饮料的危害

所谓碳酸饮料,是指在一定条件下充入二氧化碳的制品,是含碳酸气料的总称,俗称汽水。不包括由发酵法自身产生二氧化碳的饮料,其成品中二氧化碳的含量(20 ℃时体积倍数)不低于2.0倍。碳酸饮料的特点是充有二氧化碳,使制品有清凉的感觉,阻碍了微生物的生长,能够从饮料里带出香味成分并有舒服的口感,所以,碳酸饮料具有开胃通气、消暑解渴的功效。

碳酸饮料的危害:

首先,碳酸饮料是在液体饮料中充入二氧化碳做成的,喝了碳酸饮料后,碳酸饮料在体内释放出的二氧化碳很容易引起腹胀,并会影响食欲,甚至造成肠胃功能紊乱。同时,饮料中含有的大量糖分会有损牙齿健康,小儿过多喝碳酸饮料可导致龋齿。而且,过多的糖分被人体吸收后会产生大量热量,长期饮用容易引起肥胖。

其次,碳酸饮料中往往含有磷酸等成分,它们进入人体后会和钙发生反应,过量地喝碳酸饮料,会改变人体的钙、磷比例,对牙齿、骨骼有重要影响。研究人员发现,与不过量饮用碳酸饮料的人相比,过量饮用碳酸饮料的人骨折的危险会增加大约3倍;而在体力活动剧烈的同时,再过量地饮用碳酸饮料,其骨折的危险可能增加5倍。而对于儿童来说,如果食物中高磷低钙的摄入量不均衡,再加上喝过多的碳酸饮料,不仅可能对骨峰量产生负面影响,还可能为将来发生骨质疏松症埋下伏笔。

最后,碳酸饮料中的化学成分对人的生殖功能不利,过多饮用可能会导致不孕、不育,并可能致使男性精子质量下降。

(五)维生素

维生素是人体为维持正常的生理功能而必须从食物中获得的一类微量低分子有机化合物,它在人体生长、代谢、发育过程中发挥着重要的作用。维生素既不参与构成人体细胞,也不为人体提供能量,其主要作用是作为多种酶的辅酶参与调节和控制物质代谢。如果人体内维生素不足,则会引起一系列营养代谢病,导致维生素缺乏症。反之,维生素供给过多,也会引起营养代谢病,导致维生素过多症或维生素中毒。维生素的种类繁多,目前发现的有30余种,根据其溶解性质可分为脂溶性和水溶性两类。水溶性维生素主要有维生素 B_1、B_3、B_6、C,脂溶性维生素主要有维生素 A、D、E、K 等。

1. 主要的水溶性维生素

(1)维生素 B_1

① 营养功能

维生素 B_1,又称硫胺素,别名抗神经炎素,是一种水溶性维生素,遇碱易分解。它能强化神经系统,保证心脏正常活动;在体内促进氧化过程,促进碳水化合物的新陈代谢;能有效地维护神经系统健康,稳定食欲,刺激生长以及保持良好的肌肉状况;调节糖代谢,保证神经和消化机能正常工作;提供神经组织所需要的能量,防止神经组织萎缩和退化;维持肌肉的弹性和健康的精神状态。除此之外,还能有效预防和治疗脚气病。

② 食物来源与供给量

维生素 B_1 主要来源于谷类、豆类、牛奶、蛋黄、番茄和家禽等,尤其在谷类的表皮部分含量较高,故碾磨时不宜过度;其次,动物内脏、蛋类及绿叶菜中含量也较高,如芹菜叶、莴笋叶。维生素 B_1 易溶于水,在食物清洗过程中可随水大量流失,经加热后菜中的维生素 B_1 主要存在于汤中。

建议日摄取量:成年男性每天摄入 1.4 mg,成年女性摄入 1.3 mg。

(2) 维生素 B_3

① 营养功能

维生素 B_3,又称烟酸,是 B 族维生素中人体需要量最多者。烟酸参与胆汁及胃液的正常分泌及性激素的合成;可以降低胆固醇,维持良好的血液循环,帮助神经组织维持正常的生理机能;是所有组织氧化过程以及体内合成长链脂肪酸所必需的维生素;可预防和缓解严重的偏头痛,同时又可增强记忆力、保护健康肌肤。机体缺乏烟酸时,会出现肌肉无力、食欲减退、痴呆、虚弱、嗜睡等症状。

② 食物来源与供给量

维生素 B_3 主要来源于谷类、豆类、瘦肉、家禽、鱼类等。动物内脏、胡萝卜、菜花、枣、蛋、鱼、奶、花生、猪肉、土豆中均含有丰富的维生素 B_3。

建议日摄取量:成年男子每天摄入 16 mg,成年女子每天摄入 14 mg。运动员根据所消耗的总热量摄入 14～20 mg。

(3) 维生素 B_6

① 营养功能

维生素 B_6,又称吡哆素。维生素 B_6 可在人体内帮助分解蛋白质、脂肪和碳水化合物;促进氨基酸吸收,调节糖原代谢;参与不饱和脂肪酸转化以及胆固醇的合成和运转,调节神经系统的兴奋性。

② 食物来源与供给量

维生素 B_6 的来源很广泛,动物性、植物性食物中均含有维生素 B_6。维生素 B_6 在肉类(特别是动物肝脏)中的含量最多,其他含有维生素 B_6 的食物有麦芽、鱼类、家禽、豆类、香蕉、全谷物和蔬菜等。由于维生素 B_6 的功能与蛋白质和氨基酸的代谢联系紧密,即蛋白质的摄入量越高,维生素 B_6 的需求量越大。

建议日摄入量:成年男子每天摄入 1.3～1.7 mg,成年女子每天摄入 1.3～1.5 mg。运动员根据所消耗的总热量摄入 1.5～2.0 mg。

(4) 维生素 C

① 营养功能

维生素 C,又称抗坏血酸,是人体必需的营养素。维生素 C 能促进生物氧化,在体内形成一种氧化还原系统,起到传递氢的作用,提高组织的生物氧化过程,促进物质代谢,从而提高机体的工作能力;促进组织中胶原蛋白的形成,保持细胞间质的完整,促进创伤愈合和骨折愈合;参加机体的抵抗力,促进抗体生成,促进机体对传染病的抵抗力;参与解毒,保持酶系统免受毒物的破坏;增强机体的应激能力,使机体对缺氧、寒冷和高温的应激能力提高。除此之外,维生素 C 还能有效预防白内障,促进铁吸收、生成肾上腺素,对于保护肝脏、预防胃癌有积极作用。

② 食物来源与供给量

维生素 C 的主要来源是新鲜水果与蔬菜,尤其是柑橘类和樱桃。此外,肉类、谷类、豆类、奶制品等也含有维生素 C,但含量较少。

建议日摄入量:成年男子每天摄入 90 mg,成年女子每天摄入 75 mg。运动员根据所消耗的总热量摄入 200 mg 左右。

2. 主要的脂溶性维生素

(1) 维生素 A

① 营养功能

维生素 A,又称视黄醇,具有多种生理功能,是视力、生长、上皮组织及骨骼发育、精子生成和胎儿生长发育等不可缺少的物质。它能提高机体对蛋白质的利用率,促进体内组织蛋白的合成,加快细胞分裂速度,刺激新细胞的生长,从而强壮骨骼,维护头发、牙齿和牙床的健康,促进机体的生长发育;促进视觉细胞内感光色素的形成,从而维持正常的视觉,防止夜盲症;有助于维持免疫系统功能正常,加强对传染病特别是呼吸道感染及寄生虫感染的身体抵抗力;具有抗氧化功能,不仅能治疗因晒伤而出现的红肿,还可以预防肌肤衰老;调节表皮层的细胞分化,促进细胞的新陈代谢。同时,维生素 A 还可以促进骨胶原及弹性蛋白的生长,从而令皮肤的弹性增强,加强锁水功效。

② 食物来源与供给量

维生素 A 主要来源于动物性食品,动物肝脏、奶类、蛋黄及鱼肝油等均含丰富的维生素 A。在日常膳食中,我们应经常摄入胡萝卜、辣椒、红薯、油菜、杏和柿子等含胡罗卜素较多的食物,胡萝卜素在体内可转化为维生素 A。

建议日摄入量:成年男子每天摄入 900 μg,成年女子每天摄入 700 μg。运动员根据所消耗的总热量摄入 700~1000 μg。

(2) 维生素 D

① 营养功能

维生素 D,又称钙化醇,为固醇类衍生物,具有抗佝偻病的作用。维生素 D 能促进生长,通过增加钙与磷的吸收,促进骨骼和牙齿的钙化及正常发育。儿童缺乏维生素 D 可导致佝偻症,成人缺乏维生素 D 可导致软骨病。骨质疏松是中老年人的常见疾病,特别是那些缺乏锻炼的老年人,维生素 D 可以有效预防骨质疏松。

② 食物来源与供给量

经常进行户外活动,人体接受足够的日光,体内就可以合成足够的维生素 D。通常天然食物中的维生素 D 含量较低,动物性食品是天然维生素 D 的主要来源,长期大量摄入维生素 D,可引起钙盐吸收增加,血钙浓度升高,钙在软组织内沉积,表现为骨化过度、骨骼异位钙化以及骨质疏松等现象。

建议日摄入量:成年男子每天摄入 5 μg,成年女子每天摄入 5 μg。运动员根据所消耗的总热量摄入 5~15 μg。

(3) 维生素 E

① 营养功能

维生素 E,又称生育酚,是一种强有力的抗氧化剂。维生素 E 的主要功能是抗氧化,有效保护机体细胞免受自由基的毒害;改善脂质代谢,预防冠心病、动脉粥样硬化;是一种很重要的血管扩张剂和抗凝血剂,可预防与治疗静脉曲张,防止血液的凝固,减少斑纹组织的产生。除此之外,维生素 E 还能减少组织的耗氧量,减少氧债,改善循环,提高生物氧化过程,改善肌肉营养,对心脏产生良好的影响。

② 食物来源与供给量

维生素 E 广泛存在于动植物组织中,含维生素 E 较多的有:压榨植物油、柑橘皮等,含量最为丰富的是小麦胚芽。最初多数的自然维生素 E 是从麦芽油中提取的,还可从菜油、大豆油中获得。

建议日摄入量:成年男子每天摄入 15 mg,成年女子每天摄入 12 mg。运动员根据所消耗的总热量摄入 14～50 mg。

3. 维生素与运动

维生素是人体必需的营养素,是维持身体健康和调节生理机能必不可少的一种低分子有机化合物,在人体的运动过程中起到至关重要的作用,直接关系到运动能力和水平的发挥。运动员在运动过程中的能量消耗要比平时大很多,长期的运动能够促进人体物质代谢的加快,进而对能量和维生素的需求增多。维生素 B_1 和维生素 C 在运动及疲劳的消除过程中消耗是很大的,特别在跑的项目中,如果给运动员每日增加维生素 B_1 和维生素 C 达 500 mg,可加速乳酸的氧化,降低运动中的氧债,促进运动能力,加快疲劳的消除,缩短恢复期。对于耐力型运动项目的运动员来说,每日补充 300 mg 维生素 E,可减少运动中的氧债,从而提高运动能力。同时,维生素 E 作为抗氧化剂还可对酶的活性起到保护作用,有助于机体运动后氧债的消除和机能的恢复。维生素 B_2 的及时补充能提高骨骼肌有氧代谢功能,加强肌肉收缩力,提高耐久能力等。特别是耐力性运动,运动员对维生素 B_2 的需求量大,在运动训练过程中应有所补充。

运动前适量地补充维生素是提高运动成绩、减少运动损伤概率的必要保证。运动后的出汗使得水溶性维生素流失更加严重,运动后适量补充维生素能够促进机体机能的恢复并预防运动性疾病。

小贴士

维生素类药物主要用于防治各种维生素缺乏症及作为某些疾病的辅助治疗手段。大剂量滥用维生素也可引起毒性反应。维生素类药物分为治疗用维生素和营养补充用维生素两大类。治疗用维生素需按缺乏症选择,一般为单品种,用量采用治疗量。如维生素 A 用于治疗夜盲症、维生素 B_1 用于治疗脚气病等。营养补充用维生素主要应用于饮食不平衡的人群,应多品种、小剂量、经常或连续服用,有利于吸收和利用,可以全面补充各种维生素。因此,在选择维生素类药物时,要分清需要的是哪一类药物再进行使用。

(六) 矿物质

人体内除了碳、氧、氢、氮以外的无机元素统称为矿物质。根据人体的含量和日需要量,可分为宏量元素和微量元素。宏量元素是指总量超过体重的0.01%、日需量大于100 mg的元素,有钙、镁、钾、钠、磷、硫、氯7种元素;微量元素存在数量极少,含量低于宏量元素在体内的含量,有铁、铜、碘、锌、锰、钼、钴、铬、锡、镍、氟等元素。

1. 矿物质的营养功能

在机体内矿物质主要作为构成机体组织的重要材料,如钙、磷、镁是骨骼和牙齿的主要组成部分,铁是血红蛋白不可或缺的成分,磷是核酸分子的主要结构成分;同时,矿物质对维持机体的酸碱平衡、渗透压的稳定性和组织的正常兴奋有着十分重要的作用。

钙:调节离子的跨膜运输;维持肌肉和神经的正常兴奋;参与血液的凝固过程。

铁:参与体内氧与二氧化碳的转运、交换和组织呼吸过程;提高机体免疫力,增加中性粒细胞和吞噬细胞的功能;参与嘌呤与胶原的合成、抗体的产生、脂类从血液中转运以及药物在肝脏中的解毒等功能。

锌:构成人体多种酶、辅酶的重要元素;参与碳酸酐酶、羧肽酶活性中心的构成,起催化作用;作为酶蛋白分子的组成部分,使酶保持一定的空间构想,形成催化功能的结构基础。

磷:形成细胞膜磷脂,参与能量的转换及缓冲液系统。

镁:参与骨骼矿物化、蛋白质合成、酶反应、正常的肌肉收缩、神经信号传导及牙齿的维护。

钠:维持体内细胞正常的液体平衡及酸碱平衡,在神经信号传导中有重要作用。

钾:促使蛋白质合成、体液电解质平衡、细胞完整性的保持、神经信号的传导及肌肉的收缩。

硫:某些氨基酸、维生素H、硫胺素以及胰岛素的成分;与有毒物质结合形成无毒化合物;形成二硫键帮助蛋白质形成三维结构。

碘:甲状腺的主要成分,能帮助调节生长、发育及代谢的速率。

硒:能降低损害细胞的活性化学物质,配合维生素E起作用。

氟:帮助骨骼和牙齿的形成,防止牙齿腐蚀。

铬:协助胰岛素作用,葡萄糖放能反应需要铬。

铜:帮助合成血红蛋白,是几种酶的成分。

2. 矿物质与运动

运动员在运动训练和比赛时从汗液中丢失大量的钙(汗液中钙离子的含量约为2.55 mmol/L),因此,及时补充钙离子有助于保持运动能力,缩短疲劳的恢复时间。由于钙离子在维持神经和肌肉细胞的兴奋性、骨骼及肌肉的收缩、细胞内第二信使作用等方面有着重要的作用,所以要注意补充钙的含量。此外,运动会促进钙在骨骼中的沉淀,尤其是钙离子摄入量满足机体需要时,骨密质会有明显的增加。

运动可以加快铁在机体中的代谢速率。长期的训练会使组织内储存的铁含量明显下降,而且运动促使红细胞自身的更新速度不断加快,肌肉中的含铁酶数量增加,使机体对铁的需求量呈增加趋势。长时间训练时,运动员应注意补充铁剂,且补充量要高于一般不运动的人。在高原训练时,高原低氧环境会使血液中红细胞的含量增加,运动员对铁的需求量也会明显增加。控制体重期间的运动员、处于月经期的运动员、青春发育期的运动员都需要额外补充铁。

运动明显影响锌的代谢,可引起机体锌的重新分布,运动可使血清锌含量发生变化,且变化与运动类型、强度和时间等多种因素有关。长时间的大运动量训练可使运动员血清锌含量处于比较低的水平,这可能与运动员的锌代谢速率较快、排汗和排尿增多、膳食锌吸收率下降等因素有关。

(七) 膳食纤维

膳食纤维是一种不易被肠道吸收的多糖类物质,与人体健康密切相关。过量摄入膳食纤维会影响维生素、铁、锌、钙等的消化吸收,但是摄入不足会增加便秘、肥胖、糖尿病、心血管疾病和某些癌症发生的危险。因此,与食物中的其他营养素一样,为了保持健康,膳食纤维的摄入量也应在适宜的范围之内。膳食纤维可分为可溶性膳食纤维与非可溶性膳食纤维,可溶性膳食纤维包括部分半纤维素、果胶、树胶等;非可溶性膳食纤维包括纤维素、木质素等。

1. 膳食纤维的营养功能

(1) 促进肠蠕动

因膳食纤维具有吸水性,借吸水性扩大粪便体积来刺激肠蠕动,缩短粪便在肠道内的时间,稀释和增加粪便体积,利于通便,防止便秘和痔疮。

(2) 预防结肠癌

肠道厌氧菌大量繁殖会使中性或酸性类固醇,特别是胆酸、胆固醇及其代谢物降解,产生致癌代谢物。膳食纤维可抑制厌氧菌,促进嗜氧菌的生长,使具有致癌性的代谢物减少;同时,膳食纤维还可借其吸水性扩大粪便体积,缩短粪便在肠道的时间,防止致癌物质与易感染的肠黏膜之间长时间接触,从而减少产生癌变的可能性。

(3) 预防心血管病

膳食纤维在肠道中吸附胆酸,并由粪便排出,损失的胆酸由血中胆固醇经肝转化予以补偿,从而降低胆固醇,可预防动脉硬化和冠心病。

(4) 预防和治疗糖尿病

膳食纤维能延缓胃排空,减慢碳水化合物的消化和吸收,有降低血糖的作用,减少糖尿病患者对口服糖尿病药和胰岛素的要求,使病人产生饱腹感。

(5) 解毒和控制体重

膳食纤维有很强的吸水能力,能对抗药物、化学物质,并可延缓胃排空,防止人摄入过多热量,利于控制体重,防止肥胖。

2. 食物来源与供给量

动物性食物几乎不含膳食纤维,膳食纤维主要来源于植物性食物、谷类食物,尤其是全谷类食物。如粮谷类的麸皮和糠含有大量纤维素、半纤维素和木质素;柑橘、苹果、香蕉、柠檬等水果和洋白菜、甜菜、苜蓿、豌豆、蚕豆等蔬菜含有较多的果胶。除了天然食物所含自然状态的膳食纤维外,近年来有多种从天然食物中提取的粉末状、单晶体等形式的膳食纤维产品,如魔芋粉等。

二、健身与合理营养

（一）常见运动项目的营养特点

人们日常喜欢参与的体育运动项目很多，各种体育运动项目有其自身的运动特点，因而在运动时能量供应是不同的。运动后营养素的补充应符合锻炼项目的供能特点，保持消耗与补充的平衡，增进人体的健康(常见运动项目的营养特点见表 8.2)。

表 8.2 常见运动项目的营养特点

项目	运动特点	供能特点	营养补充
速度性项目	兴奋与抑制转化快	主要以无氧酵解供能	糖、蛋白质、维生素 B_1、维生素 C、磷等
耐力性项目	能量物质消耗大	主要以有氧分解供能	糖、蛋白质、维生素、以铁为主的无机盐
力量性项目	蛋白质增长量大	混合供能	以蛋白质为主
混合型项目	以能量物质消耗为主	混合供能	糖、蛋白质、维生素

在运动后补充营养时，除要考虑运动项目的特点外，还应考虑参加运动项目的运动强度。不同强度的运动其供能的特点也是不同的，运动时肌肉的能量利用是糖多还是脂肪多，主要依据是运动强度(运动强度与肌肉能量消耗的关系见表 8.3)。

表 8.3 运动强度与肌肉能量消耗的关系

运动强度	肌肉的能量消耗
$\leqslant 30\% \text{ VO}_{2\max}$	脂肪为主
$40\% \sim 60\% \text{ VO}_{2\max}$	脂肪和糖各占 50%
$75\% \text{ VO}_{2\max}$	糖为主
$\geqslant 80\% \text{ VO}_{2\max}$	几乎均为糖

（二）日常锻炼的热量消耗与测算

1. 日常锻炼的热量消耗

（1）基础代谢

人体在清醒、空腹、安静状态下，室温保持在 18 ℃～25 ℃时，人体热能需要量称为基础代谢。影响基础代谢的因素有很多，常见的有如下几种：

体表面积：体表面积越大，基础代谢率越高。

年龄：随着年龄的增长，基础代谢呈下降趋势。

性别：男性基础代谢率比女性高。

饮食：低热量的食物摄入使基础代谢下降。

运动：运动中和运动后一段时间内，基础代谢率升高。

心理：出现心理紧张(考试、比赛)、恐惧、愤怒等情况，基础代谢会增加。

(2) 大学生日常生活与锻炼的热量消耗

大学生的一般生活规律是上课、自习、锻炼和少量的劳动,大学生每天的日常生活与锻炼的热量消耗可以通过表8.4给出的数据估算出。

表8.4 大学生年龄与基础代谢率的关系　　　　　　　　　　　$kJ \cdot (m^2 \cdot h)^{-1}$

年龄/岁	男	女	年龄/岁	男	女
16	175	155	21	165	147
17	171	152	22	164	147
18	170	148	23	163	147
19	168	147	24	162	146
20	167	147	25	161	146

注:体表面积$(m^2)=0.0061\times$身高$(cm)+0.0128\times$体重$(kg)-0.1529$。

2. 热量消耗的测算

人体热量消耗的测量需要复杂的技术设备,一般不易进行。在日常生活中,一般采用活动观察计算法,即详细观察记录24 h的活动内容及时间(表8.5),分类算出各项活动的能量消耗值,然后归类相加,算出一人一天的能量消耗值,并在此基础上加上10%的食物特殊动力作用消耗的热量,这就是一人一天总共消耗的热能。

表8.5 大学生各种活动的能量消耗　　　　　　　　　　　$kJ \cdot (m^2 \cdot min)^{-1}$

活动种类	能量消耗	活动种类	能量消耗
安静躺卧(基础代谢)	2.73	上自习	3.54
晚睡	3.07	考试	3.83
午睡	3.27	抄黑板报	4.10
课间休息	3.29	站立听课	4.12
卧床看书	3.36	实习	4.19
看电影	3.37	擦窗户	8.30
看示教	3.38	脱衣	9.08
上业务课	3.40	穿衣	9.34
开会	3.40	整理床铺	9.47
上政治课	3.47	洗衣	3.88
指挥唱歌	11.07	集体舞	16.87
扫地	11.37	棒球	16.87
步行	11.31	排球	17.04
广播体操	11.59	跑步	22.19
普通早操	11.11	篮球	24.21
擦地板	11.79	足球	24.95

(三)均衡膳食

日常的身体锻炼要求讲究科学性,科学的锻炼对人体有百利而无一害。同样,在日常锻炼后的营养素补充也要讲究科学性,只有这样才能达到健康运动的目的。

营养素的补充遵循的一般规律是消耗热量与摄入热量的平衡。在正常生理条件下,糖和脂肪是主要能量物质,蛋白质主要起到修补组织的作用。平衡膳食的一般要求大约是由58%的糖、30%的脂肪、12%的蛋白质组成。但具体的要求要根据当天的运动项目特点和运动强度来决定膳食的平衡(常见食物500 g热量见表8.6所示)。

(1) 维持每天摄入量与消耗量的动态平衡。根据自己的生活规律和锻炼习惯,测算出阶段性热量消耗,然后再考虑摄入食物的能量与之平衡。

(2) 多食用多糖含量丰富的淀粉、纤维素食物(马铃薯、米饭、面包、水果、蔬菜、谷物等);多选用含不饱和脂肪的食物(鱼肉、鸡胸肉、各种植物油);选用蛋白质食物时要注意氨基酸的全面性和脂肪的含量;选用动物性食物时,应根据自己的体重,不要过量;选用植物性食物时,注意蛋白质的互补性,全面摄取氨基酸。

(3) 注意运动后的补液,除考虑提供机体充足的水分外,还要考虑营养素的补充,多食用水果和新鲜蔬菜。

表8.6 常见食物500克热量表

类别	食物名称	热量/kJ	蛋白质/g	脂肪/g	碳水化合物/g
谷类	大米	7273	46.5	4.0	379.5
	富强粉	7336	47.5	5.5	379.0
	小米	7503	46.0	16.0	366.5
薯类	红薯	2190	4.0	2.2	121.9
	土豆	1563	7.3	1.3	83.3
豆类	黄豆	8172	178.0	95.0	97.5
	绿豆	6813	103.0	5.0	293.0
	豆浆	439	12.5	5.0	2.0
	豆腐	2111	55.5	23.0	19.0
蔬菜类	胡萝卜	732	4.2	1.4	36.4
	青菜	146	2.8	0.4	12.3
	大白菜	435	7.3	0	5.3
	菠菜	460	12.0	1.5	6.0
	莴笋	134	1.9	0.3	12.5
	芹菜(茎)	272	3.0	0	13.5
	韭菜	326	13.1	2.0	1.5
	冬瓜	125	0.9	0	6.5

续表

类别	食物名称	热量/kJ	蛋白质/g	脂肪/g	碳水化合物/g
蔬菜类	黄瓜	272	4.5	0	12.6
	茄子	385	3.3	1.3	16.6
	西红柿	368	4.9	1.5	14.1
	青椒	268	3.0	0	12.8
坚果类	花生米(炒)	12143	120.5	222.0	101.0
	西瓜子(炒)	2767	64.6	15.0	67.2
	核桃(带皮)	5877	32.7	141.1	1.7
肉、乳、蛋类	猪肉(里脊)	3532	106.5	52.5	13.0
	牛肉(里脊)	1839	89.0	10.0	1.0
	羊肉(里脊)	1965	85.5	10.0	10.0
	兔肉	1400	92.0	2.0	0
	鸭	6646	34.9	154.9	14.7
	肉鸡(肥)	5852	61.8	131.0	3.4
	牛奶	1129	15.0	14.5	20.5
	酸奶	2111	15.5	23.0	58.5
	鸡蛋	2487	54.9	38.7	6.4
	鸭蛋	3386	47.6	65.9	7.6
水果类	葡萄	1045	2.0	2.0	55.5
	柑橘	727	2.6	1.8	39.2
	鸭梨	807	0.9	0.9	45.1
	桃	911	3.7	0.5	49.3
	草莓	514	3.9	0.5	25.5
	枣(鲜)	2470	6.0	0.5	140.7
	香蕉	1212	4.9	0.7	66.0
	西瓜	379	2.2	0.3	20.5
水产类	大黄鱼	1057	55.6	2.5	1.5
	鲤鱼	1827	56.8	43.3	0
	鲫鱼	915	41.8	3.1	6.0
	鲜贝	1505	71.0	1.5	15.0
	海蜇皮	690	25.5	2.5	10.0
	海参(水浸)	752	40.5	0.5	4.0
	对虾	1104	53.7	3.0	5.6

三、不同运动项目锻炼期的营养要求

（一）大球类项目锻炼期的营养要求

大球类运动项目主要包括篮球、排球、足球等，这类项目具有运动强度大、能量消耗多、运动时间长等特点。

由于球类运动员是在神经高度紧张的情况下运动，应注意蛋白质的供给量，建议该类运动员的蛋白质供给量应占总能量的12%～15%，还要注意选择含优质蛋白质的食物。另外，对于足球等容易造成肌肉损伤的项目，在运动后迅速补充蛋白质有助于修复受伤的肌肉和组织。

脱水是间歇性运动引起疲劳和导致运动能力下降的主要原因，因此，运动员要注意在运动前、中、后期及时补液。补液时应选用低糖、等渗的运动饮料，不要选用含咖啡因和乙醇的饮料，含糖量不要过高，以免引起胃不适和延长胃排空时间。赛前一天和比赛当日应充分补液，补液量应大于仅仅满足口渴感觉；运动中补液应遵循积极主动、少量多次的原则。

（二）小球类项目锻炼期的营养要求

小球类运动项目主要包括羽毛球、网球、乒乓球等，这类项目要求运动员具备较高的力量、速度、耐力、灵敏和柔韧等素质。食物中要含丰富的蛋白质、糖类以及维生素。这类项目锻炼时体内物质代谢变化很大，大量出汗使能耗增加，钙、钾、钠及维生素大量消耗和丢失。所以，锻炼时要及时合理地补充水、电解质及维生素，氯化钠的摄入也要适量。

（三）操类项目锻炼期的营养要求

操类项目包括竞技体操、健美操、艺术体操、技巧等，这类运动动作复杂而多样，要求运动员有较强的力量与速度素质以及良好的灵巧与协调性，对神经系统的要求较高。此类运动应补充高蛋白、高热量、低脂肪、含矿物质（突出铁、钙、磷的含量）以及维生素 B_1、维生素 C 的食物。需要注意的是，参加该类运动项目有时为了比赛需控制体重，但不能过分控制饮食，避免造成营养不良。

（四）水上项目锻炼期的营养要求

水上运动项目主要是游泳、花样游泳等。但因游泳运动消耗能量高，膳食中碳水化合物的供应应占总能量的60%以上。运动中补糖的个体差异很大，少数运动员在长时间运动后会出现血糖下降的现象，甚至达到低血糖水平，对于此类运动员应采取运动前和运动中补糖的措施。

保持体重和肌肉力量对游泳运动员的比赛极为重要。蛋白质的分解会因慢性肌糖原耗竭和膳食能量不足而加速，而蛋白质的含量降低会使体重降低。由于游泳运动员需要在水中保持体温和保护皮肤，因此需要补充较多的脂肪和维生素 A。在大运动量期间，尤其是长距离游泳运动员，需要补充少量的铁元素以预防血红蛋白和铁蛋白含量的降低。

（五）冰雪类项目锻炼期的营养要求

冰雪类运动项目包括速度滑冰、高山滑雪、花样滑冰等，这类项目对运动员的肌肉耐力、爆发力和速度等有很高的要求。由于长时间在冰雪上活动,加之周围环境温度较低,机体产热过程增强以维持体温,蛋白质和脂肪消耗较多,膳食中必须给予保障,同时应增加糖类以提供能量,还应补充B族维生素并增加维生素A的摄入以保护眼睛,使运动员适应冰雪场地的白色环境。

(六)棋牌类项目锻炼期的营养要求

棋牌类运动项目主要以脑力活动为主,脑细胞的能源物质完全依赖血糖的提供。当血糖降低时,脑耗氧量下降,工作能力下降,因此,棋牌类项目对糖类有着特殊的要求,也可在下棋、打牌时随时补充。此外,膳食中应增加蛋白质和维生素 B_1、A、C、E 的供给,提高卵磷脂、钙磷脂的含量。膳食中应减少脂肪的摄入,以降低机体耗氧,保证脑组织的氧供应。

> 酒精作为一种利尿剂能降低赛后身体水分的恢复进程,会干预训练和比赛的恢复,在饮用任何酒精类饮料之前,应摄取富含碳水化合物的食物和饮料。在软组织损伤24小时内的情况下,应禁止饮酒,以免伤处肿胀或出血而延迟恢复。

第二节 专项运动员营养膳食

一、快速力量性专项运动员营养膳食

(一)快速力量性运动专项特点

快速力量性运动项目主要包括跳跃、投掷、举重等,依赖肌肉的快速力量和肌肉爆发力完成技术动作。该类项目运动强度较大、持续时间较短,肌肉输出功率较高,神经过程灵活性高,兴奋过程占优势,要求肌肉有较强的力量素质和爆发力,主要依靠磷酸原和糖的无氧酵解供能。同时,良好的协调性和柔韧性对于跳跃和投掷项目加大肌肉用力距离和完成技术也至关重要。

(二)快速力量性专项运动员膳食特点

在快速力量性项目中,运动员除了补充能源物质、矿物质和水以外,还应注意对蛋白质等营养物质的摄入。在训练或比赛中,体内蛋白质代谢速度较快,同时由于骨骼肌内蛋白质增长的需要,运动员对蛋白质营养要求较高。

在运动中还要合理使用营养补剂,如肌酸、氨基酸等。肌酸是肌肉高能磷酸化合物——磷酸肌酸的前体物质,是在肝脏、肾脏和胰脏内源性合成的,主要存在于骨骼肌细胞中。通常情况下，人体的日代谢量约为2.0 g，主要来源于体内合成和食物摄取。肌酸最好和葡萄糖同时补充，可以刺激胰岛素的分泌，使肌肉摄取肌酸的效率增加，但要适量，否则会引起体重增加和肌肉僵硬。肌酸也有利于维持细胞内ATP的无氧再合成。支链氨基酸与色氨酸竞争抑制大脑内5-羟色胺的产生，具有抗中枢疲劳的作用，达到节省体内能源物质的目的。

二、速度性专项运动员营养膳食

（一）速度性运动专项特点

速度性运动项目主要包括短距离跑、短距离游泳、短距离滑冰、短距离自行车等。该类项目是人体运动器官和内脏器官在大量缺氧条件下完成的大强度工作，运动过程中高度缺氧，短时间形成的乳酸在体内堆积，导致肌肉、血液和神经系统都受到很大影响。在生理机能方面，速度性运动项目中神经过程的灵活性较高，神经冲动的传导速度较快、强度较大，要求运动员要有全面、良好的身体素质。机体主要依靠糖原无氧酵解供能，肌肉中可供运动的能源物质主要有三磷酸腺苷、磷酸肌酸和肌糖原。同时，良好的柔韧性、灵活性和耐力素质（尤其对于田径中的400 m跑和800 m跑以及游泳中的200 m游等项目）对于运动员运动技术的完成和取得较好的运动成绩有着很重要的影响。

（二）速度性专项运动员膳食特点

速度性运动项目要求运动员有良好、全面的身体素质。在营养的供给上，应该考虑容易吸收的、含糖、维生素B、维生素C和蛋白质等较丰富的食物。在提高肌肉力量和爆发力方面，优质的蛋白质是肌肉生长的物质前提，能有效增加肌肉的横截面。除此之外，还应多摄取蔬菜、水果等碱性食物，可以预防运动过程中酸性物质堆积过多而使机体运动能力下降。

速度性项目运动员在日常饮食中，除了糖、脂肪、蛋白质、水、无机盐、维生素等基本的营养素外，还应利用某些营养强力物质对运动机体的代谢和生理机能的特殊作用，最大限度地调动机体的潜能。适当补充精氨酸、甘氨酸、牛磺酸、α-酮戊二酸、卵磷脂、硫酸矾等物质可以增加肌肉力量。以磷酸原和肌糖原消耗为主时，应重点补充蛋白质和糖，增加磷、铁、钙、钠和维生素C、维生素B_1、维生素E，提高肌肉收缩质量；为了肌肉和神经的代谢需要，应摄取含蛋白质和磷较多的食物；为了增加体内的碱储备，还应多吃蔬菜、水果等碱性食物。

三、耐力性专项运动员营养膳食

（一）耐力性运动专项特点

耐力性运动项目主要包括中长距离的竞走、跑、游泳、骑自行车、赛艇、越野滑雪、滑冰等。该类项目运动员体重相对较轻，运动过程中运动强度较小、持续时间较长、体液丢失快、体温升高。在运动过程中，运动员需要间隔性补充水分（主要针对马拉松项目和竞走项目等）。耐力性运动项目主要由糖的有氧代谢和无氧代谢混合供能，能源供应要求三个能源系统都要有较高水平。训练和比赛中要求运动员把握好机体能源物质的储存情况,有效地增强呼吸系统、心血管系统的功能和人体血液总量,培养良好的意志品质。此外,力量素质的强弱对于运动员取得优异运动成绩也有着重要意义。

(二) 耐力性专项运动员膳食特点

该类项目运动强度不大,但运动时间较长且运动中无间歇,因此,对各种营养素的要求都比较高,若能量摄入不足,则可导致运动能力下降,影响训练和比赛。

为了保证充足的能量供应,运动员除了摄入足够的能量之外,还需要补充足量的水分以维持体温。一般情况下,耐力性运动中每间隔 15~20 min,要补充 150~200 mL 水分,补水的同时还要补充适量的运动饮料(主要包含钠盐、钾、钙和镁等维持体液平衡的电解质)。耐力性运动项目常会使运动员出现维生素 B_1 和维生素 C 缺乏等现象,维生素 B_1 和维生素 C 属于水溶性维生素,一般体内不易保存,且容易通过汗液丢失,对于维生素 B_1 和维生素 C 的需求量应随能量的增加相应提高。耐力性项目运动员缺铁性贫血的发生率较高,应加强铁含量丰富的食物摄入量,如猪肝、绿叶蔬菜等。当运动员血红蛋白水平正常时,不需要额外补充铁,以免铁储蓄量过剩而引起中毒。

在日常饮食中,除了传统的米饭和面食外,还应重视糖类的摄取(摄入量控制在总能量的 60%~70%),蔬菜、水果的补充以及适量增加脂肪,维生素 A、B_1、C、E 和铁,以保持体温、保护皮肤和提高运氧能力。

四、表现性专项运动员营养膳食

(一) 表现性运动专项特点

表现性运动项目主要包含表现准确性项目和表现难美性项目两类。

表现准确性项目主要包括射击和射箭等,属于间接对抗性、单一动作结构、周期性,以静力性为主体的运动项目。该类项目要求运动员身体匀称,生理机能良好,要有较高的专业技术水平和心理素质。除此之外,运动员还要拥有较好的静力耐力、平衡能力和协调性,视觉和本体感觉能力较好。该类项目在比赛时,运动员相互间不产生明显的影响,主要要求运动员对注意力集中与稳定、自我控制等进行把控。

表现难美性项目主要包括跳水、体操、花样滑冰、花样游泳、艺术体操、技巧等,该类项目要求运动员体形匀称,动作灵巧、优美,控制力好,感官灵活性高。此外,该项目对力量、柔韧、灵敏、动作速度、专项耐力等也有着极高的要求。运动员在运动过程中神经活动高度紧张,动作难度大,对身体的协调性、灵活性和技巧性要求较高,在供能方面主要依靠糖无氧酵解。而且在运动过程中,运动员的成绩受自身的表现、对手的发挥和比赛的评定行为等影响。所以在训练过程中,运动员除了训练常规的成套动作之外,还要加强艺术表现力训练和心理训练,尤其是根据比赛的各种情况,学会自我调控心理状态。

(二) 表现性专项运动员膳食特点

射击、射箭属于静力性为主的运动项目,运动强度较低,运动员需要长期保持稳定姿势使各肌群处于长时间的等长收缩状态。在日常生活中应尽量少食用烹调用油过多的食物,

如油炸、烧烤食品等;少食用脂肪含量较高的食物,如猪肉、动物内脏等;多选择高蛋白、低脂肪的食物,如瘦牛肉、瘦羊肉、鱼类、海产品等。射击、射箭项目对运动员的视觉要求非常高,因此,该项目的运动员应适当增加维生素 A 的摄入。维生素 A 的主要活性形式——视黄醇,可以维持皮肤和黏膜等上皮细胞的健康,保护视力,促进生长发育,增加抗病力和抗癌作用。

表现难美性项目的运动员在比赛过程中神经活动高度紧张,对维生素和矿物质等营养素需求量大,而且为了完成高难度的复杂动作,需要经常控制体重和体质水平,不能食用能量过高的食物。运动员要保持适宜的体重,一般会采用控制饮食的方法,这就使机体内营养素不均衡,容易导致维生素和无机盐的营养不平衡。在饮食中要特别注意补充高蛋白质、高热量、低脂肪的食物,矿物质中突出铁、钙、磷的含量以及维生素 B_1、维生素 C 的含量。补充蛋白质能够保证肌肉的力量,适当进食肉类、乳制品及豆制品等,消除疲劳、恢复体能。同时,补充适量的维生素 B_1,提高机体的有氧代谢能力。良好的钙储备对维持骨骼发育和健康以及神经肌肉的兴奋起着重要作用,我国推荐运动员适宜的钙摄入量为每天 1000~1500 mg,高于普通成人的摄入量。在运动前、中、后也可以考虑补充水或运动功能性饮料,防止脱水,维持体内水钠平衡。

五、对抗性专项运动员营养膳食

(一) 对抗性运动专项特点

对抗性运动项目是一项非周期性、技战术复杂多变、速度快、强度大、攻守双方不断变换的运动项目,主要包含格斗项目、隔网对抗项目和同场对抗项目三类。

格斗对抗项目主要包括拳击、柔道、跆拳道、摔跤等,该类项目要求运动员身高臂长,且保持恰当的比例;拥有良好的身体素质且生理机能良好;要有较高的技战术能力和心理素质。

隔网对抗项目主要包括网球、羽毛球、乒乓球、排球、藤球等,该类项目要求运动员身材匀称,移动速度快,预判性和弹跳力较好,反应快。技术上要求运动员基本功扎实、打法全面,要拥有自己的技战术特点,团队配合能力较强(尤其排球项目);机能上以发展心肺功能来满足专项速度耐力的需求。在运动过程中,该项目运动形式多变、强度较大、能量消耗较快,属于有氧和无氧混合型项目。

同场对抗项目主要包括篮球、足球、橄榄球、冰球等,这些项目对抗激烈、运动强度较大、运动形式复杂多变,能量消耗快,要求运动员拥有全面的身体素质、良好的意志品质。该项目的运动员身体健壮、体形高大、肌肉细长且富有弹性、脂肪层薄、跟腱清晰。生理方面要求运动员拥有良好的心肺功能,良好的血液循环和呼吸系统功能;供能方面属于有氧和无氧混合型供能。

(二) 对抗性专项运动员膳食特点

运动员在训练或比赛中,机体代谢水平升高,热能消耗增加,激素效应、酶反应过程活跃,产生了大量酸性代谢废物堆积在体内,使机体内环境遭到破坏。多喝水可加速代谢产物排出体外。

格斗对抗性运动项目是力量性运动,饮食中营养的摄取必须全面,除满足身体对热能的需求量之外,还应补充足量的水分、维生素、矿物质等,并注重兼顾动物性和植物性食物的合理搭配。

隔网对抗性运动项目要求运动员具备全面的耐力素质和有氧代谢能力。比赛中,击球的一瞬间、救球时的最后一个跨步、忽然变换方向以及经常出现的加速跑等,基本由磷酸原供能系统提供能量。比赛持续时间长,决定了其主要以有氧供能为基础。所以,隔网对抗性运动项目中三种供能系统相互影响、相互作用、紧密相连,共同完成了运动中所需能量的供给。膳食应根据运动量的大小,保证充足的能量。该项目对运动员的眼力要求较高,胡萝卜中含有丰富的维生素A,对增强视力有重要作用;无机盐中钾、钠、钙、镁、氯等对调节神经、肌肉的兴奋性和心跳速率有极大作用;蔬菜大多属于碱性食物,它能把吃的肉、乳、蛋和粮谷食物产生的酸中和,有利于运动。

同场对抗性运动项目具有对抗性、技巧性高,运动量大等专项特点,进攻、防守、运（带）球、传球、突破等都需要动作速度。因此,运动员需要从合适的食物中获取高能量,才能达到并保持良好的体能状态,以保证训练和比赛的需要。在日常饮食中,食物要营养平衡和多样化,应包括谷物食物、蔬菜水果、奶和奶制品、水产品和豆制品等高蛋白食品及烹调用油和白糖等纯能食物。早餐应有较高的能量,应食用含有丰富的蛋白质、无机盐和维生素的食物;午餐应适当加强;晚餐的能量不宜过多。

第三节　健身者营养评价

一、人体营养状况评价及手段

营养调查是指运用科学手段来了解调查对象的膳食营养组成、各种营养素摄入的质量以及人体的营养水平和健康状态。它是全面了解人群膳食结构和营养状况的重要手段,也是评价营养状况的基本方法。健身者营养状况评价的目的主要包括以下几个方面:

(1) 了解各种人群膳食营养的摄取情况与营养供给量之间的关系,及早发现膳食中存在的问题,并制定有效的预防措施;

(2) 了解与营养状况有关人群的体质和健康状况;

(3) 发现营养不平衡的人群,为进行营养监测、实施营养政策、复核营养素供给量标准以及组织相应食品的生产、加工和销售提供科学依据;

(4) 为制定健身者营养素的供给量提供依据;

(5) 为教育部门有针对性地进行营养教育提供基础的数据资料;

(6) 为某些常发病、多发病与营养的关系提供参考。

通常,对于人体营养状况的评价可根据膳食调查、体格检查(人体测量及医学临床检查)、生化检验三个方面进行全面的分析和综合评定。这三个方面是相辅相成的,同时进行三个方面的调查,能更加全面、准确地测量出人体的营养状况,若受条件的限制不能同时进行这三方面的调查,只进行其中一个方面的调查,对健身者营养状况评价也有一定的参考价值。

(一) 膳食调查

膳食调查是通过计算一段时间内每人每日对膳食中各种营养素和能量的摄取并与建议的每日膳食营养素适宜摄入量进行比较,判断这些营养素和能量的摄取量是否适当,营养是否合理。它是营养调查的基本组成部分。

膳食调查的目的是了解在一定时间内调查对象通过膳食所摄取的能量和各种营养素的数量和质量,对照供给量标准评定来说明营养需求的满足程度。

膳食调查的时间一般为3~7天,根据调查方法的不同进行选择。一般应包括春、夏、秋、冬四季,至少也应在夏、秋或春、冬各进行一次。而且,健身者的膳食调查应与不同的训练时期配合进行,如日常训练、集训期、比赛期等。常用的膳食调查方法有称重法、记账法、回顾询问法和食物化学分析法。

1. 称重法

称重法是对被调查单位(集体食堂或家庭)每日每餐所消耗的食物分别称重的方法。调查时应分别称出烹调前的生重、烹调后的熟重、剩余的熟重和各种食物食用后的残渣量,并进行称重记录,统计就餐人数,根据生熟比计算这一餐平均每人所吃生食的重量,最后将一天中各餐的结果加起来,就可以得出每人一天的进食量。调查时还要注意三餐以外所摄取的食物的重量,如水果、花生、糖类等。

(1) 称重记录表的设计方法

"谁":明确研究对象,研究的是个体还是群体?

"什么":确定要得到什么信息,是关于食物还是关于营养素?

"何时":确定膳食记录天数,是一天、一周还是一年中的某个季节?

"在哪里":确定要称量的食物是在哪里消耗的,家里还是食堂?

"为什么":确定研究的目的,是个体还是群体的平均摄入量?

(2) 称重法的计算

① 净食量:实际摄取的各种食物可食用部分的生重的净消耗量。即:净食量(kg)=[熟食量-(剩余熟重+残渣量)]/熟重×生重

② 人均每日净食量:由于选取的对象有性别、年龄等的差异,可根据净食量、调查人数和调查天数来计算每人每天各种食物的平均摄入量。

即:人均每日摄入量(kg)={1000/[0.83×(男性人数+女性人数)]}×净食量/调查天数

③ 人均每日各种营养素的摄取量=人均每日摄入量×"食物成分表"中单位重量的各种营养素的含量

(3) 称重法的特点

优点:能准确地反映被调查对象的膳食摄入情况和一日三餐食物的分配情况,适用于个人、家庭和团体。

缺点:工作量较大,花费人力和时间较多,不适合大规模营养调查。

2. 记账法

记账法是最早、最常用的方法。它是由被调查对象或研究者称量记录一定时期内的食物消耗总量,研究者通过查阅这些记录并根据同一时期进餐人数,粗略计算每人每日各种食物的摄入量,再按照"食物成分表"计算这些食物所供给的能量和营养素数量。

这种方法适合调查较长时期的膳食,如1个月或更长。有些研究为了了解慢性病与饮食的关系,可采用长达一年的膳食记录方法。食物消耗量随季节变化较大,不同季节内多次短期调查的结果比较可靠。其调查步骤如下:

(1) 食物消耗量的记录

通过查阅账目,逐日分类记录某家庭一段时间内各种食物的消耗总量,即食物的名称、种类、结存数量、调查期间每天购买的食物,如有废弃食物,应从食物的总消耗量中扣除。调查期间要注意对各种水果、零食的登记,否则结果会有偏差。

(2) 每日就餐人数登记

登记每日每餐就餐人数。计算营养摄入量时,要求计算每人平均每日所摄入食物的总量。

(3) 平均每人每日营养素摄入量

人均每日各种营养素的摄取量是人均每日摄入量乘以"食物成分表"中单位重量的各种营养素的含量,可以得出摄入的每种食物中各种营养素的含量,再将各种食物的同类营养素相加,就是平均每人每日营养素摄入量。计算式可用营养分析软件操作。

(4) 记账法的特点

优点:操作较简单,费用低,花费人力少,可适用于大样本;在记录精确和掌握每餐用餐人数统计数据的情况下,能够得到较准确的结果。

缺点:调查结果只能得到全家或集体中人均的摄入量,难以分析个体膳食摄入状况。与其他方法相比较,可以调查较长时期的膳食,适合于进行全年不同季节的调查。

3. 回顾询问法

回顾询问法是通过询问方式来回顾性地了解调查对象在近期或几日内每天进餐的次数、时间、摄入的食物种类和数量,据此对调查对象食物摄入量进行计算和评价的一种方法。回顾询问法主要包括24 h膳食回顾、食物频率法问卷调查、膳食史法和电话调查法。

(1) 24 h膳食回顾

24 h膳食回顾是指个体描述其在24 h内所摄入的所有食物的种类和数量。该方法由于简便、实用、高效,被广泛应用。调查人员可以通过面对面的询问、电话等,采用开放式调查表或事先编码好的调查表、磁带录音机或计算机程序来获取有关信息。它的优点在于调查实施时间短、调查期明确,调查者不需要较高的文化水平,开放式调查表不需要特殊专业知识;调查人员在实施调查时,对不完全的信息允许调查人员进行提示,也几乎不需要返回再询问。缺点是调查者依赖于短期记忆,很难把握准确性。

(2) 食物频率法问卷调查

食物频率法问卷调查是以问卷调查的形式估计被调查者在指定的一段时间内吃某些

食物频率的一种方法。近年来,这种方法常被应用于研究膳食习惯与某些慢性疾病的关系。优点是能迅速得到平时食物摄入种类,反映长期营养素摄取模式。缺点是需要对过去的食物进行回忆,较长的食物调查表和回忆时间经常导致结果的不准确;当前的食物模式可能会影响到对过去食物的回顾,产生偏倚。

(3) 膳食史法

膳食史法是用来评估一个个体每日总的食物摄入量与在不同时期通常的膳食模式。膳食史法通常由三部分组成:

① 询问调查对象每日的膳食摄入模式;

② 用一份包含各种食物的详细清单来反复核实,以核实和阐明总的膳食模式;

③ 记录被调查者三天的食物摄入量。

膳食史法的优点是可以进行具有代表性膳食模式的调查,样本量大、费用低,花费人力少,一般不影响被调查者的膳食习惯和进餐方式。缺点是由于它是一种抽象的方法,进行调查需要营养专家的指导,不宜自行使用。这种方法表现食物和饮食习惯的范围非常广泛,因此特别适用于不同文化群体。

4. 食物化学分析法

食物化学分析法是收集所调查对象一天摄入的所有主副食物,通过实验室的化学分析,准确地获得各种营养素和能量的摄入量。样品收集主要有两种方法,即制作两份完全相同的饭菜,一份供调查对象食用,另一份作为分析样品。它的优点是能够最准确地得出食物中各种营养素的实际摄入量;缺点是操作过程复杂。

5. 膳食调查的结果评价

(1) 热能供给量的评价

在正常情况下,人的食量与热能需求量一致时,体重维持不变。能量供应过多或过少都会影响到体重的增加或减轻。劳动强度、年龄、气候和体形等都会影响到机体能量的需求。处于生长发育期的青少年儿童,其身高、体重和活动量与日俱增,因而对热能的供给量也不断增加。摄入量应占供给量标准的90%以上,低于标准的80%为供给量不足,低于60%为缺乏,会对身体造成严重的影响。

(2) 蛋白质的评价

按能量计算,成人体内蛋白质的摄入量占人体总能量的10%～12%,儿童为12%～14%。来自动物和豆类的蛋白质占蛋白质总量的30%～50%为宜,一日三餐各占1/5、2/5、2/5为宜。

(3) 维生素和无机盐的评价

维生素A:维生素A与胡萝卜素之间有一定的关系,胡萝卜素吸收率约为30%,而吸收后转化率约为50%。两者统一折算为视黄醇当量后再进行评价。一般成年人体内维生素A的供应量为660视黄醇当量。

维生素B_1、B_2及B_3:按每1000千卡表示,成年人每日维生素B_1、B_2的供给量各为0.5 mg,维生素B_3为5 mg;青少年和儿童每日维生素B_1、B_2的供给量各为0.6 mg,维生素B_3为6 mg。

维生素C:成年人每日的供给量标准是60 mg。

维生素D:维生素D在食物中的含量很少,它通常和钙、磷有着密切的联系。

钙：成年人每日应摄入的钙为 400~500 μg，少年儿童则要保证充足的钙。

铁：人体每日要排出 0.8~1.0 mg 的铁，特别是女生月经周期损失的铁最多，所以应更多地补充铁元素。植物来源的铁吸收率多在 10% 以下，大豆及动物食品中铁的吸收率为 11%~12%。

（二）体格检查

体格检查是指对人体形态结构和机能发展水平进行检测和计量。对于处在生长发育阶段的人体，营养不良会直接影响到生长发育的速度；对于成年人来说，热量、蛋白质以及其他一些营养素的营养水平也会反映在体重的变化上。因此，身体的各种物理测量指标能够灵活地反映总体营养状况。体格检查主要包括人体测量和临床检查。

1. 人体测量

人体测量主要包括身高、体重、围度、皮脂厚度、体格营养指数等，其中身高和体重是最为重要的，它可综合反映蛋白质、热能及一些营养元素的摄入、利用和储存，显示机体的肌肉、内脏的发育和潜在的能力。

(1) 身高

身高是反映人体骨骼生长发育和人体纵向高度的主要形态指标，受遗传因素的影响较大。由于脊柱弯曲的变化和脊柱、骨关节、膝关节等处软骨的压缩，身高在一天之内有波动。测量身高一般应在上午 10 点进行。

一般用标准身高计、身高坐高计或软尺进行测量。测量时，被测试者要赤脚呈站立姿势站在脚踏板上，两眼平视前方，两臂自然下垂，两脚尖呈 40°~60°，膝关节伸直，头、背部、臀部、脚跟与标尺杆相接触，测试者轻轻把滑板移至头顶后读数。注意要测量两次取平均值。

(2) 体重

体重是反映人体横向生长的指标。体重在一天之内会随着饮食、大小便、出汗等的影响而出现波动，因此测量要在固定的时间进行。

通常用电子人体秤或杠杆秤测量。测量时，被测者最好清晨空腹，排空膀胱，仅穿内衣，站立在体重计的中央，等数值稳定后，读数并记录。

Broca 改良公式：标准体重(kg)=身高(cm)-105

平田公式：标准体重(kg)=[身高(cm)-100]×0.9

理想体重百分比(%)=[实际体重/标准体重]×100%

(3) 皮褶厚度

皮褶厚度是人体一定部位连同皮肤和皮下脂肪在内的皮肤褶皱厚度。测量皮褶厚度可以反映出体脂的状况。

通常用皮褶厚度计测量。测量三头肌皮褶厚度时，被测者自然站立，上臂自然下垂，取左肩峰背股三头肌肌肤中点上方约 1~2 cm 处，测试者用左手拇指和食指在被测者的后方从测量点旁 1 cm 处将皮肤连同皮下脂肪顺臂的长轴捏起皮褶测量。

成年人正常皮褶厚度值：男子为 11.3~13.7 mm，女子为 14.9~18.1 mm。

表8.7　实际皮褶厚度测量值与营养状况的关系

实际测量值	营养状况	实际测量值	营养状况
>90%	正常	>120%	超重
80%～90%	轻度营养不良	>150%	肥胖
60%～80%	中度营养不良	>200%	病态肥胖
<60%	严重营养不良		

（4）上臂围

上臂围是反映机体能量和蛋白质营养状况的指标之一，可用卷尺进行测量。测量时，被测者上臂自然下垂，由卷尺测量上臂外侧肩峰至鹰嘴连线中点的围长，读数并记录（表8.8）。

表8.8　实际上臂围测量值与营养状况的关系

实际测量值	营养状况	实际测量值	营养状况
>90%	正常	60%～80%	中度营养不良
80%～90%	轻度营养不良	<60%	重度营养不良

2. 临床检查

临床检查的目的是通过全面的检查，发现机体营养不平衡的存在，并进行正确的膳食指导，使机体达到营养均衡状态。营养缺乏病体征是在经过体内营养素储存量降低导致组织中营养素缺乏而引起一系列的生理功能改变，出现了病理状态的一个过程。在检查营养缺乏病体征时应认真做好鉴别（表8.9）。

表8.9　营养素缺乏症的临床表现与营养素的关系

部位	体征状况	缺乏营养素
全身	消瘦、发育不良	热能、蛋白质、维生素、锌
	贫血	蛋白质、铁、叶酸、维生素B_{12}、维生素B_6、维生素C
皮肤	毛囊角化症	维生素A
	皮炎（红斑摩擦疹）	维生素B_3
	溢脂性皮炎	维生素B_2
	出血	维生素C、维生素K
眼	角膜干燥、夜盲	维生素A
	角膜边缘充血	维生素B_2
	睑缘炎、羞明	维生素B_2、维生素A
唇	口唇炎、口角炎	维生素B_2、维生素B_3
	口角裂	—

第八章　运动与营养

续表

部位	体征状况	缺乏营养素
口腔	舌炎、舌猩红	维生素B_3、维生素B_2
	舌肉红、地图舌	维生素B_{12}、维生素B_2
	舌水肿（牙咬痕可见）	维生素B_3
	口内炎	维生素B_3、维生素B_2、维生素B_{12}
	牙龈炎、出血	维生素C
骨	鸡胸、串珠胸、O形腿、X形腿、骨软化症	维生素D、维生素C
神经	多发性神经炎	维生素B_1
	球后神经炎	—
	精神病	维生素B_1、维生素B_3
	中枢神经系统失调	维生素B_{12}、维生素B_6
循环	水肿	维生素B_1、蛋白质
	右心肥大	维生素B_1
	舒张压下降	—
其他	甲状腺肿	碘
	肥胖症	多种营养失调
	高脂血症	—
	动脉粥样硬化	—
	糖尿病	—
	饥饿	—

（三）生化检验

生化检验是从分子水平上进行分析，能够较为客观、准确地评定健身者在运动中的负荷。一般通过对人体的蛋白质、脂肪、维生素和矿物质等方面进行生化检测来对健身者的营养状况进行评价（表8.10至表8.13）。目前采用最多的是检测血和尿。

1. 血液蛋白质状况的评定

表8.10　蛋白质的营养状况评价指标

生化指标	正常参考值（g/L）	生化指标	正常参考值（g/L）
血清蛋白质总量	65～75	球蛋白	18～25
白蛋白	35～50	运铁蛋白	2.0～4.0

2. 脂肪状况的评定

表 8.11　血脂正常参考值

生化指标	正常参考值(mg/dL)	生化指标	正常参考值(mg/dL)
血清总胆固醇	100～230	高密度脂蛋白胆固醇	30～85
总甘油三酯	20～110	载脂蛋白 A	1080～1580
低密度脂蛋白胆固醇	60～220	载脂蛋白 B	680～980

3. 维生素状况的评定

表 8.12　维生素正常参考值

生化指标	正常参考值	生化指标	正常参考值
血清维生素 A(mg/L)	儿童:300～900；成人:200～900	尿维生素 C(mg/4h 尿)	5～13
血清维生素 C(mg/L)	4～8	尿维生素 B_1(mg/4h 尿)	200～399
血清维生素 D(nmol/L)	35～200	尿维生素 B_2(mg/4h 尿)	800～1300
血清维生素 E(μmol/L)	>17	尿维生素 PP(mg/4h 尿)	3.0～3.9

4. 无机盐状况的评定

表 8.13　无机盐正常参考值

生化指标	正常参考值	生化指标	正常参考值
血清钾(mEq/L)	3.5～5.5	血清镁($\times 10^{-6}$)	儿童:14～19;成人:17～28
尿钾(mEq/24h)	51～100	尿镁(mg/24h)	7.2～10.2
血清钠(mEq/L)	135～145	血清锌($\times 10^{-6}$)	儿童:0.5～1.8;成人:0.6～1.5
尿钠(mEq/24h)	130～217	尿锌(mg/24h)	0.15～4.30
血清钙($\times 10^{-6}$)	85～115	血清铜($\times 10^{-6}$)	0.7～1.5
尿钙(mg/24h)	200～300		

注:mEq/L=(mg/L)×原子价/化学结构式量。

二、食品营养价值及评价

食物的营养价值是指食物中所含的各种营养素和能量满足人体营养需要的程度。食物营养价值的高低取决于该食物所含营养素的种类是否齐全,数量是否能满足人体的需要,各种营养素之间的比例是否适宜以及是否容易消化吸收并被机体利用等。食物的营养价值在很大程度上还受储存、加工和烹调的影响。

日常膳食主要有两种来源:一类来自植物,如谷类、豆类、蔬菜、水果等;另一类来自动物,如肉类、鱼虾类、蛋类、乳类及动物油脂等。

1. 食物能量密度和营养质量指数评价方法

(1) 食物能量密度计算

能量密度＝一定量食物提供的能量值/能量推荐摄入量

对营养需求不同的人群,同一种食物可有不同的能量(或营养素)密度值,对不同的人食物营养价值是不一样的。

(2) 营养质量指数

营养质量指数(Index of Nutrition Quality,INQ),即营养素密度(该食物所含某营养素占供给量的比)与热能密度(该食物所含热能占供给量的比)之比。

食物营养素密度(Nutrition Density,ND)与 INQ 的含义相同,可以相互使用。公式为:

$$INQ 或 ND=\frac{食物中某营养素的含量/该营养素供给量}{该食物提供的能量/能量供给量}$$

判断标准:

INQ 或 ND＝1,表示该食物提供营养素的能力与提供能量的能力相当,为"营养质量合格食物"。

INQ 或 ND＞1,表示该食物提供营养素的能力大于提供能量的能力,为"营养质量合格食物"并特别适合超重和肥胖者。

INQ 或 ND＜1,表示该食物提供营养素的能力小于提供能量的能力,为"营养质量不合格食物"。

2. 常见食物的营养价值

(1) 大豆

大豆中蛋白质的含量约为 40%,脂肪约 18%,且含有较多的不饱和脂肪酸和磷酸,所以大豆的营养价值很高,它为人体提供优质蛋白质、脂肪、膳食纤维、矿物质,与谷类混食相互补偿,起到蛋白质的互补作用。

(2) 蔬菜、水果

蔬菜和水果中富含多种维生素、丰富的无机盐及膳食纤维,在膳食中具有非常重要的营养价值。苹果内含有果酸,可以加速代谢,减少脂肪;同时,苹果中富含熊果酸,可以增加肌肉及棕色脂肪,使身体燃烧热量,对抗肥胖。

(3) 畜类

畜类中蛋白质的含量为 10%～20%,与动物的种类、年龄及肥胖有关。瘦肉含维生素 B_1、B_2、B_3,但与内脏器官含量差别较大。各种内脏器官都富含维生素 B 族,其中肝脏是各种维生素含量最多的器官。畜类中无机盐的含量与肥瘦有关,瘦肉含无机盐较多。

(4) 禽类

鸡肉:鸡肉中的蛋白质含量较高,它的搭配组成以及脂肪酸都很接近人体的需要。乌骨鸡是所有鸡中最好的,它含有十几种氨基酸、无机盐和维生素,是年老体弱者的最佳食品。

(5) 水产品

水产品是蛋白质、无机盐和维生素的良好来源。鱼肉的肌纤维比较纤细,组织蛋白质的结构松软,水分含量较多,易于被人体消化吸收,比较适合病人、老年人和儿童食用。鱼类脂肪含量低,且多为不饱和脂肪酸,人体吸收率高,具有防治冠心病的作用。但有的鱼体内含有组织胺,体质过敏者吃了会引起过敏反应。

小贴士

海蜇皮可以清理肠胃,把体内沉积的杂质过滤掉并排出,建议从事理发、纺织、粮食加工等与尘埃接触较多的工作者多吃海蜇皮。但是,海蜇皮中钠含量较多,吃太多还是不健康,所以,在吃海蜇皮时要避免口味过重,以免加重它原有的钠含量。

三、食品安全

食品安全指食品无毒、无害,符合应当有的营养要求,对人体健康不造成任何急性、亚急性或者慢性危害。根据倍诺食品安全定义,食品安全是"食物中有毒、有害物质对人体健康影响的公共卫生问题"。食品安全也是一门专门探讨在食品加工、存储、销售等过程中确保食品卫生及食用安全,降低疾病隐患,防范食物中毒的一个跨学科领域,所以食品安全很重要。2013年12月23日至24日,中央农村工作会议在北京举行,习近平在会上发表重要讲话。会议强调,能不能在食品安全上给老百姓一个满意的交代,是对执政能力的重大考验。食品安全,是"管"出来的。

1. 影响食品安全的因素

民以食为天,食品是人类赖以生存和繁衍的物质基础,也是社会进步和文化发展的物质基础。随着社会经济的不断发展,市场的不断繁荣,食品的种类也越来越多,近年来,食品安全问题成了我国面临的重要问题。

(1) 生物污染

微生物对食品的污染途径有几种:一是食品原料的污染;二是对食品加工过程的污染;三是在食品贮存、运输、销售过程中对食品的污染。霉菌对食品的污染多见于南方多雨地区,目前已知的霉菌毒素约200多种,与食品质量安全关系较为密切的有黄曲霉毒素、赭曲霉毒素、杂色曲霉素等。霉菌及毒素对食品污染后可引起人体中毒,或降低食品的食用价值。

(2) 物理污染

食品的物理污染是食品在生产加工过程中混入食品的杂质超标或食品吸附、吸收外来的放射性核素所引起的质量安全问题。如天然放射性物质在自然界分布很广,它存在于矿石、土壤、天然水、大气及动植物的所有组织中,特别是鱼类、贝类等水产品对某些放射性核素有很强的富集作用,使得食品中的放射性核素可能显著地超过周围环境。

(3) 农药残留污染

杀虫剂、除草剂的大量使用,往往会使农药残留在食物中,通过饮食进入人体内,长期摄入可能会导致肝功能下降、血糖升高,而且还具有致癌、致畸、致突变等作用,严重影响到食品的安全。

(4) 重金属及其他化学污染

目前危害最为严重的化学污染是有害金属、多环芳烃类,如苯并(a)芘、N-亚硝酸基化合物等。导致重金属及其他化学污染的原因是种植业中过量使用化肥、农药和滥用生长素;环境污染,如水源海域污染、垃圾焚烧及空气、土壤污染。

(5) 滥用食品添加剂

在食品的加工、储存和包装过程中都会产生有毒有害的物质。在食品生产过程中,不少食品企业会滥用食品添加剂。如国家对市场上销售的米、面、油、酱油和醋5类食品所进行的一次大规模的专项抽查,抽查的结果无疑令人忧心——平均合格率仅59.9%,不合格的主要原因是卫生指标和食品添加剂不合格,如油、食醋的苯甲酸钠和色素超标,面粉中的过氧化苯甲酰超标。更严重的是,部分不法商贩在食品中添加禁止使用的非食用添加剂,这些禁止添加的添加剂给人民群众的生命带来严重威胁。

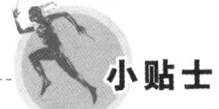

> 瘦肉精:某集团旗下公司添加"瘦肉精"养殖的有毒生猪,严重危害人民群众的生命安全。"三聚氰胺奶粉":河北石家庄某集团在婴幼儿奶粉中添加有毒物质"三聚氰胺",造成许多婴幼儿患肾结石,甚至死亡,严重影响幼儿的生命健康。

思考题:

1. 营养素的基本含义是什么?三大能量物质在生命运动中有何重要意义?
2. 论述快速力量性和对抗性项目的运动能耗及其营养特点。
3. 根据自己常规的热能消耗制定一天平衡膳食的菜单。
4. 论述运动员营养需求的构成及其影响因素。
5. 简要论述食品安全及其营养因素有哪些。

陈东良、陈佩、周晓明

Chapter 9

第九章
体育锻炼与安全

如何让参与体育锻炼的人在锻炼时无后顾之忧，全身心投入，就需要学习有关体育锻炼中需要注意的安全事项、预防运动损伤的原则以及损伤后的处理和康复手段，以便有足够的体能储备和心理储备，潇洒应对锻炼时的每一件事，享受锻炼之乐趣。

第九章　体育锻炼与安全

第一节　体育锻炼中的安全卫生

一、环境

人体与周围环境有着密不可分的关系,作为人体活动的体育锻炼当然与环境须臾不可分。环境分为自然环境和社会环境。自然环境包括:阳光、空气、水、气候、动植物等,是人类赖以生存和发展的必要条件,同时自然环境中的有害因素又会危害人的健康。社会环境由社会经济条件、劳动条件、生活方式等因素组成,对人体的健康有着一定的影响。选择一个适当的环境:阳光普照的沙滩、空气清新的公园、干净明亮的体育馆,可激发锻炼者的兴趣,提高锻炼身体的效果,减少伤害事故的发生。

二、温度

温度是在进行体育锻炼时最易被忽略的因素,一方面用于调节体温,维持内外环境的平衡;另一方面用于运动,保障体育锻炼。通常人体感觉最舒适的温度是25 ℃,温度过高或过低时锻炼,都会消耗较多的体能。

烈日炎炎的盛夏,不宜直接暴晒在阳光下锻炼,否则会灼伤皮肤,引起中暑,容易因大量流汗而虚脱。同时要在裸露的皮肤上涂抹防晒护肤品。锻炼时间相应缩短,锻炼后可饮用温开水,最好加入少许盐,待皮肤表面汗水蒸发后再去冲凉,或是洗个热水澡。

寒风凛冽的冬季,不宜在户外运动,否则会造成冻伤,或者因寒冷降低了运动机能而导致运动损伤。锻炼开始时,不要立即脱衣,应注意保暖,让身体尽快热起来,降低肌肉的黏滞性,提高肌肉的工作效率。同时,应做好手、脚和面部的防冻准备。锻炼后应立即换掉已汗湿的衣服,以防生病。

三、场地器材

场地器材是体育锻炼的基本条件。优良的场地器材有利于新技术的学习和运动水平的提高,同时可避免伤害事故的发生。一般的运动场地要求平整、软硬适度、光线良好,运动器材要求光洁、牢固、性能优越。特别是露天的单杠、双杠,在练习时一定要检查其牢固性,杠面是否光洁。否则,会因器材自然侵蚀而造成不必要的伤害。要养成运动前检查场地器材的良好习惯,不能存有侥幸心理。

四、衣着

大学生身着鲜艳漂亮的运动服,让人觉得充满朝气、有活力、健康。但是锻炼时所穿衣服应区别对待,贴身可穿棉质或含棉量较高、易吸汗的服装,外套可以是化纤类布料制成的服装。无论穿什么样的服装去运动,必须有弹性,便于完成各种技术动作。

运动鞋是运动时所穿鞋的统称,实际上每一种鞋都有专门的用途,例如篮球鞋、足球鞋、乒乓球鞋、跑鞋等。在经济条件不宽裕的情况下,备一双普通的田径鞋基本上可以满足校园内的所有体育活动。长时间运动时,鞋要宽松些,鞋带不宜系得太紧。

五、佩带物

学生运动时最好不要戴眼镜,尤其是进行激烈对抗性项目活动时更要注意,佩戴眼镜不仅危险,而且也会因为眼镜影响到技战术的发挥。学生视力确实比较差必须戴眼镜时,应戴树脂镜片的眼镜,有利于眼睛的安全。

同时,活动时身上尽量不要挂钥匙串、小刀、金属项链以及其他物品,这些都是运动时潜在的危险,运动时应摘除,防止运动中伤人伤己。

六、锻炼时机

清晨适于在空气清新的地方进行适量的活动,例如慢跑、打太极拳、做广播操等,舒展筋骨,为一天的学习和工作做准备,切莫因运动量过大而导致大汗淋漓,影响一天的学习和工作。

最佳的锻炼时间应该在下午三四点钟,可进行较长时间、较剧烈的运动。一方面可消除脑力劳动带来的疲劳,加速恢复,另一方面起到增强体质的功效。如因白天工作学习紧张,没有时间锻炼,需要在晚上进行锻炼,应尽量在室内进行,注意入睡前不要大运动量锻炼,否则会因兴奋而难以入眠,影响第二天的工作。

空腹和饱食后不宜进行剧烈运动。一般应在吃完饭 90 min 后再进行剧烈运动。

七、运动情绪

心理学研究表明,情绪对体育锻炼的影响很大。良好的情绪可提高神经系统的兴奋性,表现出来的运动能力强;反之,不良的情绪抑制了神经系统的兴奋性,容易使人产生疲劳,不利于技术动作的学习和运用。同时,由于疲劳会使人的反应迟钝,还易造成伤害。所以,我们要以饱满的情绪去从事体育锻炼,情绪不佳时可暂停。

八、项目

体育锻炼中的运动项目非常多,但不是每一个项目都适合我们练习。选择什么样的项目,关系到锻炼的效果。选择了适合自己的项目,一方面可以从中获得乐趣,愉悦心情;另一方面,可以增强体质,促进身体健康。如果选择了不适合自己的项目,不仅没有乐趣可言,反而会因失败而打击信心,久而久之会使人失去体育锻炼的兴趣,同时会因自己的运动能力达不到项目的要求,导致一系列的失败。因此,在体育锻炼时,一定要选择符合自己运动能力的项目。

九、强度和量

体育锻炼是在体育科学理论指导下的实践活动,不是简单的体力劳动。锻炼时要控制好锻炼的强度和量这两个因素,才能起到增强体质的效果。如果盲目运动,不但达不到健身目的,反而会伤害身体。所以在体育锻炼时,不能光凭兴趣拼命过瘾,更要考虑到锻炼的目的和效果,否则事倍功半,适得其反,就像好药用错了剂量一样,花了钱,吃坏了身体。

第二节　运动损伤及其处理

一、运动损伤的预防

(一) 研究运动损伤的目的

运动损伤是指在体育运动过程中发生的各种损伤,它往往与运动项目和技术特征紧密联系。研究运动损伤的目的主要是研究如何预防运动损伤,并在此基础上研究治疗手段,以及运动损伤后的康复与康复后如何恢复锻炼。因此,研究运动损伤的根本目的是保证运动者进行正常的锻炼,促进体质健康水平的提高,从而获取优异的运动成绩和锻炼效果。

(二) 运动损伤的分类

1. 按受伤的组织、结构分类

可分为皮肤、肌肉、肌腱、韧带、关节、骨、神经和内脏器官损伤。

2. 按受伤后皮肤、黏膜是否完整分类

(1) 开放性损伤:伤口与外界相通称为开放性损伤,如擦伤、刺伤与开放性骨折等。

(2) 闭合性损伤:受伤部位无裂口,皮肤完整,如肌肉拉伤、挫伤与闭合性骨折等。

3. 按损伤病程分类

(1) 急性损伤:在一瞬间受直接或间接的暴力或撞击作用而引起的损伤。

(2) 慢性损伤:由于局部过度疲劳或者由于急性损伤未得到及时有效治疗等而导致的陈旧性损伤。

4. 按伤情轻重分类

(1) 轻伤:受伤后仍能坚持运动。

(2) 中等伤:受伤后需要停止运动或减少运动量。

(3) 重伤:受伤后不能从事运动。

(三) 引起运动损伤的基本原因

(1) 对预防运动损伤的意义认识不足,在体育活动中不主动积极地对运动损伤采取有效的预防措施。

（2）缺乏准备活动或准备活动不充分就参加激烈运动,易造成肌肉损伤、扭伤;准备活动敷衍了事,身体各器官、系统的功能尚未激发起来,没有达到预热效果,身体、心理未进入最佳运动状态,很容易造成运动损伤。

（3）动作技术上的错误易引起运动损伤。

（4）运动量过大,特别是身体的局部负担量过大,很容易造成局部损伤。

（5）身体机能不良,心理状态欠佳,在疲劳情况下或病后初愈即参加运动很容易引起损伤。思想不集中,注意力分散,参加运动也容易发生损伤。

（6）运动员在比赛中组织纪律混乱、不遵守规则,动作粗野甚至故意伤害对方是引起运动损伤的重要原因。

（7）场地设备、运动服装及鞋履等不符合运动需要容易造成运动损伤。

（8）气候不良、光线太暗、天气过热或过冷都容易引起运动损伤。

（四）运动损伤的预防原则与要求

（1）要认识预防运动损伤的意义。在教学、训练、竞赛中,动作难度、运动强度、运动量应该逐渐加大,遵照循序渐进的原则。

（2）锻炼、比赛前后必须做充分的准备活动和整理放松活动,参加激烈比赛的持续时间不宜过长。

（3）运动中加强保护与自我保护,对易伤部位加强肌力训练。

（4）定期体检,建立医务监督档案。

（5）对运动场地、器材用具应定期检查,损坏的要及时维修或更换。

（五）各项运动损伤的特点和预防

锻炼身体和运动训练时,除了要严格遵守运动损伤的预防原则和要求外,还要针对各项运动的特点预防损伤。

1. 田径

（1）跑

短跑:最容易发生的是大腿后部肌肉的拉伤、跟腱拉伤、踝关节的扭伤,另外也会出现小腿肌肉损伤。

中长跑:会发生胫骨的疲劳性骨膜炎。

长跑、超长跑和竞走:最容易引起会阴部、尿道口、大腿根部皮肤擦伤,另外还容易引起脚趾的挤压受伤。

跨栏:最容易引起大腿后部的肌肉拉伤,也容易引起腰部和膝关节的扭伤。

跑步运动损伤的预防:

① 短跑、中长跑、长跑都应该避免在过硬的跑道上进行练习或比赛。

② 超长跑应该穿着合适的运动鞋、裤,在会阴部与大腿根部涂擦凡士林。

③ 跨栏时应加强大腿后部肌肉的伸展练习,同时加强膝部和腰部的力量训练。

④ 运动前要做好充分的准备活动,检查场地情况。

（2）跳

常见的运动损伤有:踝关节损伤、足根挫伤、膝关节扭伤、腰部扭伤。
跳跃运动损伤的预防:练习前应检查场地,场地应平坦,沙坑应松软,垫子应摆齐。
(3) 投掷
常见的运动损伤有:肩和肘的肌肉、韧带拉伤,严重的可能出现肱骨骨折。
投掷运动损伤的预防:
① 加强对易伤部位的训练,增强肩、肘部位肌肉的肌力和韧带的柔韧性。
② 进行练习、比赛前应做充分的准备活动,特别要做好专项准备活动。
③ 提高投掷的运动水平,掌握正确的技术动作,避免发生肱骨骨折。
④ 合理安排各运动部位的负担量。

2. 球类
(1) 足球
常见的运动损伤有:膝关节、踝关节的损伤,小腿骨的骨折,头部、胸部的挫伤。
足球运动损伤的预防:
① 加强对运动员的思想道德教育,竞赛中要遵守规则,不要故意伤害对手。
② 加强基本功练习,贯彻循序渐进的原则,合理安排运动量。
③ 佩戴必要的护具,如护腿板。
④ 加强准备活动,最好对小腿、大腿肌肉做运动前的按摩。
(2) 篮球
常见的运动损伤有:手指挫伤,踝关节、膝关节扭伤,皮肤擦伤。
篮球运动损伤的预防:
① 检查场地是否平整。
② 加强易伤部位练习,训练前、赛前要做充分的准备活动。
③ 加强思想道德教育,不要故意伤害对手。
④ 加强自我保护。
(3) 排球
常见的运动损伤有:手指挫伤、髌骨劳损、膝关节扭伤、肩关节损伤和腰部损伤。
排球运动损伤的预防:
① 加强基本功训练,训练前、赛前应做充分的准备活动。
② 使用的球不应过重、气不应过足。
③ 加强易伤部位的练习,局部负担量不宜过大。
④ 佩戴必要护具,如护膝等。
(4) 乒乓球
常见的运动损伤有:肩袖、肱二头肌、长头肌腱的腱鞘炎,网球肘(横握拍运动员易发生),髌骨劳损。
乒乓球运动损伤的预防:
① 科学地安排训练课的练习量。
② 练习中避免内容枯燥而造成局部负担过重。

3. 体操

（1）单杠

常见的运动损伤有：手掌的胼胝，膝关节、踝关节扭伤。

单杠运动损伤的预防：

① 保持单杠的光滑和整体器械的牢固，练习时要戴护掌。

② 加强保护、帮助。

（2）双杠

常见的运动损伤有：腿部皮肤擦伤，腕关节扭伤，落地动作不正确而引起踝关节扭伤。

双杠运动损伤的预防：

① 不穿短裤练习，练习时不赤膊。

② 加强保护、帮助。

（3）跳箱与跳马

常见的运动损伤有：腹部撞击伤，落地时踝关节、膝关节扭伤甚至引起半月板撕裂伤。

跳箱与跳马运动损伤的预防：

① 平整助跑道，加强技术指导。

② 在跳箱或跳马前端10 m以内不准有任何障碍物。

③ 练习者注意力应高度集中，禁止其他干扰。

④ 加强保护、帮助。

4. 武术

常见的运动损伤有：肌肉拉伤、关节扭伤、腰肌扭伤、髌骨劳损。

武术运动损伤的预防：

① 提高掌握动作的准确性；

② 在练习中贯彻循序渐进的原则。

③ 加强全面练习。

5. 游泳与跳水

常见的运动损伤有：脚底的刺伤，头、鼻碰伤，游泳性中耳炎、结膜炎。

游泳与跳水运动损伤的预防：

① 配备救生员，防止溺水。

② 一定要选择水质清洁的场所游泳。

③ 跳水一定要有足够的深度和合理的技术。

二、运动损伤的处理

（一）软组织损伤的病理变化

软组织包括肌肉、筋膜、腱鞘、滑囊、韧带、椎间盘、关节软骨盘等。这些组织在体育运动中容易发生损伤，其中以闭合性软组织损伤尤为常见。软组织损伤分为急性损伤和慢性损伤两类。急性损伤是指软组织在强力作用下，引起组织细胞破坏，出现淤血和血肿，从而压迫感觉神经末梢，产生肿胀和疼痛感觉，淤血量越多，血肿体积越大，牵拉、压迫神经末梢就越严重,疼痛就越剧烈。这时在损伤部位表面可能同时出现红、肿、热、痛,及由于组织受伤和疼痛而产生的保护性反射,局部出现功能障碍。慢性损伤是指长期轻微损伤的累积或急性损伤治愈拖延的结果。

(二)运动损伤的一般处理方法

1. 冷冻疗法

冷冻疗法是用比人体体温低的物理因子,如冰块、冷水、氯乙烷等刺激人体,以达到治疗目的的一种物理方法。它能促进局部血管收缩,减轻局部充血,达到止血、退热、防肿的作用,还能对感觉神经末梢起抑止作用,达到镇痛和麻醉的效果。

方法:用冷水浸湿毛巾,作用于受伤部位,每 2 min 更换一次。也可用冰袋,对局部进行冷敷,每次约 20 min。

适应证:急性闭合性软组织损伤早期。

2. 温热疗法

温热疗法是用比人体体温高的物理因子,如热水袋局敷、红外线等作用于人体,以达到治疗目的的一种方法。它能使局部血管扩张,促进血液循环,从而消肿、活血、散瘀;提高组织细胞的新陈代谢,促进淤血和渗出液的吸收,从而解除痉挛、镇痛,减少粘连,促进伤口愈合。

方法:

(1) 热敷法:用热水袋或热毛巾、热水,对局部进行热敷,每天 1~2 次,每次 30 min,无热感时更换。

(2) 红外线疗法:距离治疗部位 30~50 cm,进行裸露照射,每次照射 20 min,每天 1~2 次。

适应证:急性闭合性软组织损伤中后期,以及慢性软组织损伤。

3. 药物疗法

(1) 常用西药

① 红药水(2%红汞溶液)

作用:具有较弱的消毒防腐作用。

优点:对组织的刺激性小。

应用:常用于治疗皮肤擦伤。

注意事项:红药水不能与碘酒合用,否则产生的碘化汞毒物对人体有害。

② 紫药水(1%龙胆紫溶液)

作用:具有较强的消毒作用。

优点:无毒,对组织无刺激,组织结痂快。

应用:常用于治疗皮肤和黏膜的损伤。

注意事项:已化脓的伤口不宜涂抹紫药水。

③ 碘酒(2%碘酊)

作用:消毒作用强。

优点:有强大的杀灭病原体的作用,可以使病原体的蛋白质发生变性。

应用:常用于治疗未破皮的疖肿、蚊虫叮咬以及皮肤消毒。

注意事项:不能大面积使用碘酒,以防出现碘中毒。一般不使用于发生溃烂的皮肤。

禁止与红汞(红药水)合用。

④ 酒精(70%～75%浓度的酒精)

作用:具有消毒作用。

优点:低浓度的酒精可预防褥疮,对高烧患者可起到物理降温的作用。

应用:常用于未破皮的皮肤消毒。

注意事项:使用酒精要非常慎重,因本品为中枢神经系统抑制剂,长期使用或使用不当不但起不到治疗效果,而且还有可能对健康造成危害。

⑤ 生理盐水(0.9%的氯化钠溶液)

作用:具有抑菌作用。

优点:对皮肤黏膜无刺激性。

应用:常用于清洁伤口。

注意事项:用生理盐水清创前,必须先将创口表面的其他药剂清除干净。

(2) 常用中药

内服药有云南白药、沈阳红药、三七片、七厘散、跌打损伤丸等。外用药有正骨水、红花油、膏药等。

作用:活血化瘀,消肿止痛。

注意事项:要根据运动损伤的情况选用适宜的中药进行治疗。

4. 绷带包扎法

常用的绷带有卷带和三角巾。特殊情况下可用毛巾、头巾、布条等代替。其作用是固定敷料、压迫止血、固定夹板、保护伤口、支撑伤肢。使用时要柔和,不要触及伤口,包扎的松紧度适宜,包扎时从伤处的远端开始,最后可用别针,或将卷带纵向剪开打结固定,但结不能打在伤口上。

5. 伤后锻炼

伤后进行适当的体育锻炼,特别是有针对性的功能锻炼,可以促进受伤组织早日愈合,防止组织发生粘连;保持神经和肌肉处于适宜的紧张度,防止肌肉萎缩;保持身体各器官处于良好的机能状态,防止体质下降。但是,伤后锻炼不同于正常的体育锻炼,伤后锻炼是一件细致复杂的工作,要注意以下几点:

(1) 尽量保持全身和未伤部位的锻炼。

(2) 合理安排受伤部位的锻炼,负荷量要精确,不能影响伤口愈合和引起剧烈疼痛。

(3) 加强功能锻炼,最好能在医生的指导下进行。

(三) 软组织损伤及处理

1. 开放性软组织损伤

(1) 擦伤

皮肤被粗糙的物体所摩擦而引起的损伤。

特征:

① 皮肤被擦破或者皮肤有脱落。

② 局部有出血点或组织液浸出。

处理方法:

① 小面积擦伤：局部涂擦红药水或紫药水。
② 大面积擦伤：先用生理盐水清洗伤口，然后再用凡士林、纱布盖在伤口上，再用卷带包扎。
③ 擦伤在关节部位：在伤口上涂消炎药膏，用胶布固定。
（2）裂伤
受钝物打击而引起的皮肤软组织撕裂。
特征：
① 伤口边缘整齐。
② 组织受损害较广泛。
③ 严重时会引起组织坏死。
处理方法：
① 裂口小的裂伤：先消毒伤口周围皮肤，然后在伤口上撒消炎粉，盖上消毒纱布，用卷带包扎固定。
② 裂口大的请医生进行缝合。
（3）刺伤
由尖细的物体刺入人体而引起的损伤。
特征：
① 伤口细小，但较深。
② 被刺伤的部位不仅损伤了皮肤肌肉，有时可能会伤及内脏器官。
③ 会将异物带入伤口，从而引起感染。
处理方法：与裂伤处理方法基本相同。
（4）切伤
由于锐器切入皮肤而引起的损伤。
特征：
① 伤口边缘整齐。
② 出血量较多。
③ 周围组织损伤比较轻。
④ 切口常伴随切断血管、神经、肌腱、韧带。
处理方法：与刺伤处理方法基本相同。
2. 闭合性软组织损伤
包括拉伤、扭伤、挫伤。
（1）急性损伤
急性损伤按受伤后的时间，可分为3个时期：早期、中期、后期。每个时期受伤的特征不同，其处理方法也不同，操作时严格按各时期进行。
① 急性损伤早期：伤后24 h以内。
A. 特征　a. 组织有出血现象；b. 局部有红、肿、热、痛。
B. 处理方法　a. 迅速进行局部冷敷；b. 加压包扎（24 h后拆除）；c. 抬高伤肢；d. 疼痛严重者服止痛药。
② 急性损伤中期：伤后24～48 h。

A. 特征　a. 局部出血停止；b. 肿胀逐渐消退；c. 局部仍有淤血、压痛。
B. 处理方法　a. 进行热疗、轻按摩；b. 服用舒筋活血药；c. 进行功能锻炼。
③ 急性损伤后期：伤后48 h以后。
A. 特征　a. 受伤部位的肿胀、压痛现象基本消除；b. 功能尚未完全恢复。
B. 处理方法　a. 局部进行按摩和治疗；b. 进行功能锻炼。
（2）慢性损伤

慢性损伤的治疗方法与急性损伤的后期治疗方法基本相同。强调功能锻炼，在治疗时要有耐心和恒心。因为慢性损伤不是一朝一夕所得，而是长期损伤的结果，不可能经过一两次按摩、理疗就能治愈，需要较长的时间。就像我们生活中所知，一些急性病来得快去得也快，而慢性病来得慢治疗起来也慢。

小贴士

腰肌劳损

一、腰肌劳损的病因：

1. 腰部慢性积累性损伤：职业原因需长期弯腰操作者，或因姿势不正，使腰部肌肉长期处于被牵拉状态，久而久之腰肌产生慢性损伤，出现腰痛。

2. 急性腰扭伤治疗不及时，或处理方法不当，受伤肌肉未得到充分修复后会转变为慢性腰痛。

3. 少数为腰椎有先天性畸形，或其他原因所引起。

4. 慢性腰肌劳损与气候环境条件也有一定关系，气温过低或湿度太大都可促发或加重腰肌劳损。

二、腰肌劳损的症状（腰肌劳损主要以腰部疼痛为主要特征）：

1. 腰部酸痛或胀痛，部分刺痛或灼痛。

2. 劳累时加重，休息时减轻；适当活动和经常改变体位时减轻，活动过度又加重。

3. 不能坚持弯腰工作。常被迫时时伸腰或以拳头击腰部以缓解疼痛。

4. 腰部有压痛点，多在骶棘肌处、髂骨脊后部、骶骨后骶棘肌止点处或腰椎横突处。

5. 腰部外形及活动多无异常，也无明显腰肌痉挛，少数患者腰部活动稍受限。

三、腰肌劳损的预防：

（一）腰肌劳损的日常预防

1. 防止潮湿、寒冷受凉。不要随意睡在潮湿的地方。根据气候的变化，随时增添衣服，出汗及淋雨之后，要及时更换湿衣或擦干身体。

2. 急性腰扭伤，应积极治疗，安心休息，防止转成慢性。

3. 体育运动或剧烈活动时，要做好准备活动。

4. 纠正不良的工作姿势，如弯腰过久，或伏案过低，等等。

5. 防止过劳，腰部作为人体运动的中心，过度劳累，必然造成损伤而出现腰痛，因此，在各项工作或劳动中应注意有劳有逸。

第九章 体育锻炼与安全

（二）腰肌劳损的健康教育

1. 使用硬板软垫床，过软的床垫不能保持脊柱的正常生理曲度，所以最好在木板上加一张 10 cm 厚的软垫。
2. 注意减肥，控制体重，身体过于肥胖，必然给腰部带来额外负担，特别是中年人和妇女产后为易于发胖的时期，应节制饮食，加强锻炼。
3. 节制房事，"腰为肾之府"，房事过频必然损肾，肾亏则腰痛。
4. 劳动姿势不正确，容易造成腰肌劳损。正确的劳动姿势可预防腰肌劳损，例如，背重物时，胸腰稍向前弯，髋膝稍屈，迈步要稳，步子不要大。

三、运动损伤的急救

（一）出血与止血

1. 各类血管出血的鉴别

在发生损伤时都伴随出血，正确判断出血的性质，可以快速找到有效的止血方法。

(1) 按出血血管不同可分为

① 动脉出血：颜色鲜红，血液像喷泉样流出不止，若时间稍长，可能会因大量失血而危及生命。

② 静脉出血：颜色暗红，血液像流水样不断涌出，危险性小于动脉出血。

③ 毛细血管出血：颜色介于动脉血和静脉血之间，呈淡红色，血液从伤口处慢慢渗出，常会自行凝固止血，没有生命危险。

(2) 按出血部位不同可分为

① 外出血：身体表面有伤口，血液从伤口流到体表外，这种出血在运动损伤中常见，容易发现，能引起人们的注意。

② 内出血：身体表面无伤口，血管破裂，血液流向人体体腔或组织中，不容易被发现，危险性很大。通常发生内出血时，人会脸色苍白，体内缺氧，眼前发黑，血压下降。

2. 止血方法

血液是人体内的重要物质，当骤然出血达总血量的 1/4～1/3 时，人就有生命危险，所以及时止血非常重要。下面是几种外出血的止血方法。

(1) 抬高伤肢法：用于四肢小静脉和毛细血管出血的止血。把出血的肢体抬高，高过心脏，可减少出血量。

(2) 加压包扎法：用于小静脉和毛细血管出血的止血。先在伤口上涂擦红药水，撒上消炎粉，再将消毒的纱布块和棉垫盖上，用绷带包扎。

(3) 加垫屈肢法：用于前臂、手、小腿和足出血的止血。将消毒棉垫压在出血处，然后将膝关节或肘关节尽量屈曲，再用卷带做"8"字形包扎（图 9.1）。

(4) 间接指压法：用于小动脉破裂出血的止血。用拇指压迫出血血管的近心端，阻止血液流过,从而达到止血的目的。

① 额部、颞部出血:用拇指在同侧耳屏前方摸到颞浅动脉搏动后,将该动脉压在颞骨上(图 9.2)。

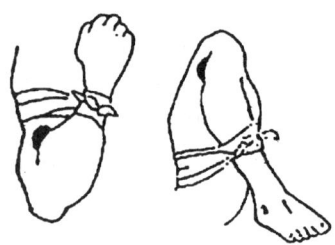

图 9.1 加垫屈肢法止血

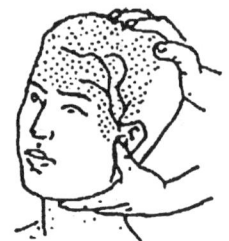

图 9.2 额部、颞部出血指压法

② 眼以下面部出血:在伤员同侧下颌骨前约 1.5 cm 处,用拇指摸到面动脉搏动后,将该动脉压在下颌骨上(图 9.3)。

图 9.3 面部出血指压法

③ 肩部和上臂出血:伤员头转向健侧,在锁骨上缘中点,用拇指摸到锁骨下动脉搏动后,将该动脉压在第一肋骨上(图 9.4)。压迫时的用力方向为向下、向内、向后。

④ 前臂和手出血:伤臂微外展外旋,在肱二头肌内缘中点摸到肱动脉搏动后,用拇指将该动脉压于肱骨上(图 9.5)。

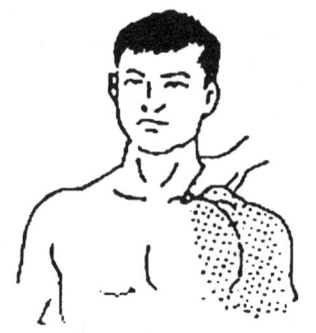

图 9.4 肩部和上臂出血指压法

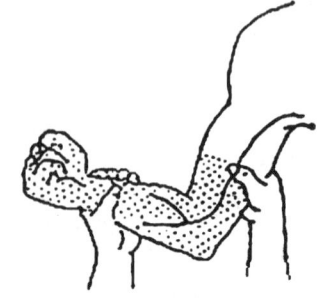

图 9.5 前部和手出血指压法

⑤ 大腿和小腿出血:伤员仰卧,伤肢伸直,大腿微外展外旋,在腹股沟中点摸到股动脉搏动后,将两拇指重叠压迫该动脉于耻骨上(图 9.6)。

⑥ 足部出血:胫前动脉在胫骨远端的前方,胫后动脉在内踝后方,足部严重出血时可同

时将这两处动脉压迫在胫骨上(图 9.7)。

图 9.6 大腿和小腿出血指压法

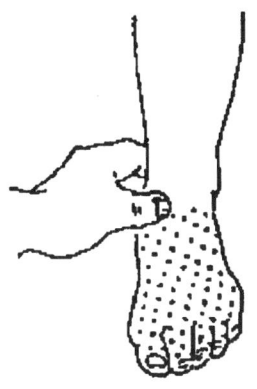

图 9.7 足部出血指压法

(二) 关节脱位及急救

关节脱位是指在暴力作用下,关节面相互之间的正常连接遭到破坏。关节脱位有两种,一种是关节全脱位,另一种是关节半脱位。

症状:脱位关节的局部出现剧痛,同时有压痛、功能丧失现象,不能活动,局部出现畸形,脱位关节一侧的肢体会出现延长或缩短。

急救方法:迅速对脱位的关节用夹板、绷带进行固定。如不具备条件,不要扯动伤处,保持伤者安静,迅速送医院治疗。

(三) 骨折及临时固定

骨的完整性遭到破坏,称为骨折。骨折有两种,一种是开放性骨折,另一种是闭合性骨折。

症状:骨折时常伴有骨摩擦音,局部疼痛、肿胀、皮下出血,出现畸形,该骨正常功能丧失,局部有压痛并有阵痛。

急救方法:与关节脱位急救方法大致相同。

(四) 休克与抗休克

由于急性循环功能不全而引起的一种综合症状,常伴有昏迷,称为休克。

症状:出现短时的意识模糊,全身软弱无力,脸色苍白,出冷汗,四肢发冷,反应迟钝,心率加快,脉搏细弱,血压下降,出现昏迷,严重者会死亡。

急救方法:让患者安静平卧,如果无头部损伤,可把头部放低,脚部垫高,松解衣领,注意保暖,神志清醒者可给予热茶或生姜糖水饮用,用指端掐人中穴、合谷穴、内关穴或足三里穴。在抢救时必须同时通知医生前来处理。

(五) 人工呼吸与胸外心脏按压

当人体受到意外严重损伤(如溺水、触电、休克等),有时会出现呼吸和心跳骤然停止,如不及时抢救,伤者将会面临死亡。这时应该进行人工呼吸、胸外心脏按压,或者二者同时进行。

1. 人工呼吸

伤员仰卧,头尽量后仰,口张开盖上一层纱布,急救者用一只手托起下颌,用掌根轻轻压住环状软骨,从而压住食管,防止空气进入胃中,用另一只手捏住鼻孔,以免漏气,急救者深吸一口气后,吹到伤者口中,吹完之后,把伤者鼻孔放开,让伤者将空气排出,如此反复,成年人 1 min 进行 16~18 次,儿童 1 min 进行 20~24 次。

注意事项:

(1) 进行人工呼吸时,应该将伤员的领口、裤带、胸、腹部的衣服全部松开。

(2) 要清除口腔中的异物或者呕吐物。

(3) 人工呼吸一开始的吹气量应多一些,吹气的压力要大一些,当进行 10~20 次以后,可逐渐减少。

(4) 每一次吹气都要使伤员的胸部有适度的隆起。

(5) 人工呼吸应该不间断地连续进行,一直到伤者的呼吸恢复正常或者确认已真正死亡时才可停止。

(6) 如果伤者在呼吸停止时伴有心跳停止,在进行人工呼吸的同时应进行胸外心脏按压抢救。

2. 胸外心脏按压

伤员仰卧,急救者两手重叠,用一手的掌根按住胸骨下半段,两肘伸直,以 60~80 次/min 的频率(儿童为 80~100 次/min),用冲击性的压力向下挤压。一般要求胸骨和相连的肋骨下陷 3~4 cm。每一次胸外心脏按压向下冲击之后都应该迅速把手放松,让伤员的胸部恢复到原位后再进行。

注意事项:

(1) 胸外心脏按压一定要准确,用力要适度。

(2) 在进行抢救的同时,必须请医生前来处理。

(3) 胸外心脏按压一定要坚持进行,等到心脏自行跳动或者确认伤者已真正死亡时才可停止。

小贴士

踝关节扭伤

一、踝关节扭伤的病理及病因:

踝部包括踝关节和距骨下关节,是下肢承重关节,在过度的强力内翻或外翻活动时,如行走在不平路面,高处跌下或跑跳时落地不稳,均可引起外侧或内侧韧带损伤,造成部分撕裂或完全断裂或撕脱骨折,大多是因为身体失去重心,落地时踩在别人的脚上或脚被绊时出现,扭伤时,局部会发生关节肿胀、疼痛,严重时甚至造成骨折。

二、踝关节扭伤的患者根据不同的损伤部位,可有不同的临床表现:

1. 外侧韧带损伤

由足部强力内翻引起,因外踝较内踝长且外侧韧带薄弱,足内翻活动度较大。临床上外侧韧带损伤较为常见,其临床表现是踝外侧疼痛、肿胀,走路跛行,有时可见皮下淤血,外侧韧带部位有压痛;足内翻时,引起外侧韧带部位疼痛加剧。外侧韧带完全断裂较少见,局部症状更明显。由于失去外侧韧带的控制,可出现异常内翻活动度,有时外踝有小片骨质连同韧带撕脱,为撕脱骨折,内翻位摄片时,胫距关节面的倾斜度远远超过5°～10°的正常范围,伤侧关节间隙增宽。

2. 内侧韧带损伤

由足部强力外翻引起,发生较少,其临床表现与外侧韧带损伤相似,但位置和方向相反,表现为内侧韧带部位疼痛、肿胀、压痛,足外翻时,引起内侧韧带部位疼痛,也可有撕脱骨折。

三、踝关节扭伤的预防护理:

本病主要是由于外伤性因素引起,平时应注意安全,尤其活动前应做准备运动,受伤的患者应注意调理。

1. 对踝关节扭伤严重者,应到医院拍X光片检查,以排除骨折和脱位,如发现骨折应立即请医生处理。

2. 在踝关节扭伤的急性期,手法要轻柔和缓,以免加重损伤性出血,同时不要热敷。

3. 在恢复期,手法适当加重,同时可以配合局部热敷,或活血通络的中药外洗,常能收到比较满意的疗效。

4. 损伤的局部应防寒保暖。

5. 在扭伤早期,较重者宜制动,根据病情给予适当固定,1～2周后解除固定,再进行功能锻炼。

第三节　康复的运动疗法

一、康复和运动疗法的概念

"康复"一词来自英语"Rehabilitation",原意为"恢复到原来的状态"。世界卫生组织医疗康复专家委员会在1961年对康复作了如下定义:"康复是指综合地和协调地应用医学、社会、教育和职业措施,对患者进行训练或再训练,使其活动能力达到尽可能高的水平。"1981年又修改为:"采取一切措施,减轻残疾和因残疾带来的后果,提高其才智和功能,以使他们能重新回到社会中去。"

运动疗法又称体育疗法,是指以体育为手段,通过有针对性的、特殊的身体练习,达到改善生理功能、治愈疾病、增强体质、增进健康的一种方法。它不同于一般的体育运动,运动疗法必须根据疾病的特点和患者的体质情况,选用相应的运动方法安排适宜的运动量来治疗疾病和创伤。

运动疗法按其目的和任务,可分成健身类疗法、健美类疗法、娱乐类疗法和竞技类疗法。其中健身类疗法的目的是健身、康复和治疗疾病。

二、运动疗法的原则

(一) 适宜性和针对性

运动疗法是一种功能性疗法,患者必须亲身实践,直接参与练习,才能使相应的功能得到改善和恢复。运动疗法手段多样,但患者必须根据自己身体状况和承受力来选择适合自己的、针对性较强的方法练习,才会收到显著效果。

(二) 循序渐进、持之以恒

患者进行运动疗法时,都会碰到运动时间、运动量、动作难度等问题。一般来说,必须坚持运动量由小到大、动作由易到难、逐步提高的原则。同时,由于恢复不是一日之功,患者切忌急躁,不可因一时不见效或成效不明显而半途而废,必须持之以恒,以极大的意志坚持不懈地练习。

(三) 合理的生活作息制度、乐观的情绪

治疗期间,患者要有合理有序的生活方式及作息制度,保证足够的营养及睡眠。另外,要对恢复充满信心,乐观开朗,以极大的热情、积极的态度投入到恢复练习中,争取早日康复。

(四) 临床与运动疗法相结合

患者进行运动疗法时仍在恢复期,一般情况下仍需与临床结合,在医生的指导下进行康复练习,以便掌握恢复进程,适时改进练习方法,提高疗效。

(五) 全面性与局部性相结合

运动疗法的选择应注意身体局部损伤部位的专门练习与全面的身体活动相结合。在损伤恢复初期,由于损伤部位局部肿胀、充血、疼痛并伴随一些功能障碍,这时以活动身体其他部位为主,在不加重局部肿胀和疼痛的前提下,进行适当的局部活动,这种局部活动只是轻微而缓慢的适应性练习。随着时间的推移,损伤逐渐好转或趋向愈合,局部练习的量和持续时间可逐渐增加。

三、一些常见病的运动疗法

(一) 感冒

1. 症状

感冒是一种四季病,尤以春夏之交和秋冬之交常见。症状有鼻塞、流清鼻涕、咽喉肿痛、头昏头痛、全身发酸,严重者会发热,进一步可发展成高烧不退,并发肺炎等。因此,对感冒不能掉以轻心。

2. 疗法

(1) 呼吸疗法。全身放松,两脚齐肩宽站立,两臂自然下垂。吸气时屈肘,两臂平行举

至身前与胸平,呼气时两腿屈膝下蹲,两臂下落至髋部两侧,同时发出"呜—依—啊"等声音,反复练习,开始发音短而轻,以后逐步延长,加大声音,但要适中(图 9.8)。

图 9.8　呼吸体操

（2）医疗步行。清晨或傍晚,患者在空气清新、环境安静的地段进行定时定量步行锻炼。

（3）气功和太极拳练习。

3. 注意事项

(1) 感冒常与气候变化有关,因此要随时注意保暖,增减衣服。

(2) 经常参加体育锻炼,提高免疫力,增强对感冒病毒的抵抗力。

(3) 养成四季用冷水洗脸的习惯,特别是用湿毛巾擦鼻翼两侧,对预防感冒极为有效。

（二）**慢性气管炎**

1. 症状

慢性气管炎常在秋末冬初、气候寒冷时发病。症状有早晚咳嗽加重,痰多,白色稀薄或黏稠。如果久病不愈,病情加重,可转化为肺气肿。

2. 疗法

运动疗法主要是呼吸体操,以腹式呼吸为好。

立位静止呼吸体操:一手放在胸前,一手放在腹部做腹式呼吸,用鼻呼吸。

立位动力呼吸体操:两臂下垂→两臂上举→吸气;两手向体侧放下→躯干稍向前倾→呼气。

立位抱胸呼吸体操:两臂下垂→两臂上举→吸气;两手交叉抱压住肋骨底部→躯干前倾→呼气。

3. 注意事项

(1) 患者不要操之过急,何时进行锻炼,应听从医生建议。

(2) 选择合适的运动项目进行锻炼。

(3) 运动量应由小变大,不可操之过急。

(三) 慢性肠胃病

1. 症状

慢性肠胃病种类多,症状多数有腹痛、消化不良等,并有腹泻,粪便有浓黏液,甚至便血,时好时坏。如不积极治疗,可延至较长时间。

2. 疗法

(1) 太极拳、健身跑。

(2) 医疗体操:模仿踩自行车运动、仰卧腿部屈伸运动、仰卧举腿运动、屈膝仰卧挺腹运动(图9.9)。

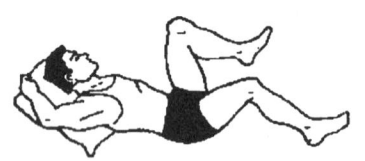 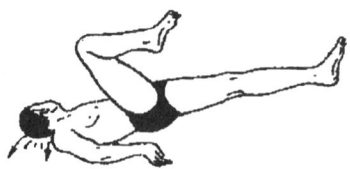

(a) 模仿踩自行车运动　　　　　　(b) 仰卧腿部屈伸运动

 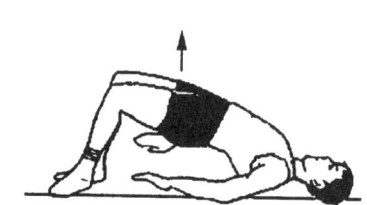

(c) 仰卧举腿运动　　　　　　(d) 屈膝仰卧挺腹运动

图 9.9　医疗体操

(3) 按摩:患者仰卧,双手重叠于腹部或胃部,先顺时针方向后逆时针方向依次按摩,每次按摩数百次。

3. 注意事项

(1) 慢性肠胃病都宜进行健身跑练习,每次不少于 15 min。

(2) 保持正常生活规律,保证充足的睡眠,保持乐观心态。

(3) 少食油腻食品,多食易消化食物。

(四) 神经衰弱

1. 症状

神经衰弱是一种常见的神经性官能症,是神经机能暂时性失调。用脑过度、精神负担过重、生活无规律、过度疲劳等,都会诱发神经衰弱。患者易情绪激动、烦躁、注意力不集中等。

2. 疗法

(1) 对易激动、情绪不易控制者,宜采用柔和平静的方法,如打太极拳、步行及轻松的保健操,运动量宜偏小。

(2) 对精神不振、孤僻寡言者,宜采用生动活泼的方法,如参加游戏性的活动或球类活动、野营、远足等,或观赏节奏性很强的舞蹈等,运动量适中;体力好者可游泳、划船、爬山等。

(3) 冷水浴锻炼。

3. 注意事项

患者应根据不同类型的症状,采用不同的内容和方法进行练习;遵循合理的生活制度,保持乐观情绪;锻炼宜在安静的环境下进行;患者根据恢复情况,适时调整运动量。

(五) 女子痛经(含子宫位置不正)

1. 症状

女子在月经前后或行经期出现下腹严重胀痛或疼痛,称为痛经,严重时影响工作和学习。

2. 疗法

(1) 提肛缩肾法。站位或卧位,意念肛门,做提肛收小腹动作,提肛时吸气,放松时呼气,反复练习。做完此练习后,再进行顺时针方向腹部按摩。

(2) 增强腰腹、背肌群力量练习。如仰卧单腿屈膝再伸直、仰卧双腿屈膝伸腿、屈膝半仰卧起、仰卧举腿两腿交叉摆动、仰卧模仿踩自行车、仰卧举腿经头上后举(图 9.10)。

图 9.10 仰卧举腿经头上后举

(3) 髋关节轴位练习。包括:屈肘俯卧跪撑,跪撑提臀,跪撑两腿交替后伸,跪撑提臀、两腿交替跳跃(慢节奏),屈肘俯撑、直腿提臀、稍停(图 9.11 至图 9.15)。

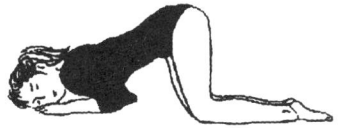

图 9.11 屈肘俯卧跪撑

图 9.12 跪撑提臀

图 9.13 跪撑两腿交替后伸

图9.14 跪撑提臀、两腿交替跳跃

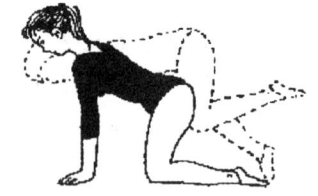

图9.15 屈肘俯撑、直腿提臀、稍停

3. 注意事项

(1) 女子痛经病情各异,上述练习大多在特殊体位下进行,因此,力求做到动作协调、正确,练习结束后要做好腹部放松练习。

(2) 子宫不正患者采用矫正体操效果显著,要多取俯卧匍匐位姿势,然后进行各种后踢腿、提臀练习,减少腹腔器官对子宫的压力,以利子宫恢复到正常位。

(六)近视眼

1. 近视的病因

(1) 遗传因素:以高度近视更为明显。

(2) 发育因素:由眼轴发育过度所致。

(3) 环境因素:包括用眼过度、照明条件、书写阅读姿势、营养等。

2. 近视的预防

预防近视眼的方法已有很多,任何一种有利于减轻视力疲劳、放松眼睛的调节措施均可试用,当然还可以进行其他途径的探索,但均应科学合理,有益无害。

(1) 预防近视眼

近视眼的发生有一定的规律性,应当注意好发生期的视力保健,通常包括学龄前期、生长发育期、怀孕期、围生期及患有某些全身疾病时期。单纯性近视眼有明确的外因,即长时期近距离用眼,故减少视力负荷是预防工作的关键,通过对视力变化的定期监测及对视力进行定性检查,可以尽早发现与确定预防对象。根据流行病学调查,以下对象较易近视:

① 有不良用眼卫生习惯及过度近距离工作者;

② 父母为近视者;

③ 视力不稳定已从1.5降至1.2或1.0者(实际上可能已有近视眼)。

预防措施包括:连续近距离用眼时间不应过长;积极参加户外活动;采取远眺法,或多种视力与调节-集合训练法,以求经常性地增加视距,开阔视野,放松调节,维持正常视觉功能;平时要保证充足睛眠,劳逸结合,平衡饮食,合理营养,生活要有规律,维护身心健康,注意预防各种异常刺激及危险因素,如有机磷慢性中毒等;尽量避免物像在视网膜上形成朦胧影,如早期矫正角膜散光;不要在震荡、晃动的条件下或黄昏时阅读,照明要求充分与标准,光线不要过暗或过强,电视屏亮度与色调选择要适中正常,图像不清时应及时调整,或立即转移视线;采用正确的阅读姿势,读写距离保持在1尺以上;改善学习条件(印刷品要求清晰、字形标准)及书写条件(笔迹清晰、纸张白净),积极治疗全身疾病及其他眼病,特别是青少年患有全身发热疾病期间,更应保护视力,注意用眼卫生;可通过遗传咨询,预防病理性近视眼,父母双方如均为病理性近视眼,子女将100%发病;孕期要预防感染,避免中毒、过敏及其他非正常刺激，早产儿要注意护理，尽可能减少吸氧。

(2) 预防近视眼度数增加

对于所有近视眼，特别是病理性近视眼者，应当设法防止近视屈光度加深，维持或争取改善视功能，除可采用上述预防近视眼发生的方法外，尚应特别注意合理用眼，选择适当工作，避免过度用眼与不良视觉刺激，正确矫正屈光不正，佩戴合适的眼镜。病理性近视眼要求经常戴镜，远近选择使用，也可佩戴接触眼镜。严重者可采用药物和手术等治疗。

(3) 预防近视眼的并发症

近视眼致盲的主要原因为其并发症，如弱视、视网膜病变及青光眼等均需重点预防，应积极认真采取各种防止近视眼加深的方法，除要求患者经常注意视力变化外，还应重视眼部早期出现的任何其他异常现象，如闪光感、飞蝇（蚊）症、视野缺损、视力（尤以近视力）进行性或突发性下降，以及眼部酸胀、疼痛及夜盲等现象。一眼已有并发症者，应特别观察另一眼情况，随时检查，及早发现，包括眼压、视野、眼轴等的变化情况，必要时进行其他眼部特种检查。病理性近视眼发生开角型青光眼的几率较高，其眼底及视野变化可掩盖青光眼病损，且由于眼壁硬度较低，测出眼压偏低，都可延误青光眼的诊断，因此应提高警惕，对病理性近视眼者测量眼压时应使用压平式眼压计，以排除眼壁硬度的影响。此外，尚要避免各种诱发因素，减少对眼的不良刺激，尽量减少剧烈体力活动。

(4) 推广健眼操

① 眼保健操：已由教育部和卫生部定为在校学生的健眼操，虽有学者对其效果有不同看法，但只要能够按照规定认真去做，对眼的健康有益无害。

② 远眺法和晶体操：这两种健眼操都是根据"长期看近是引起近视的主要动因"反其道而行之，这类方法，在所有防治近视的科普读物中均有详细介绍，亦不赘述。

③ 手指操：现分两种做法：a. 有目标的手指操：把右手食指伸直，垂直放在两眼下前方15～25 cm处，当两眼注视远方10 m以外物体时，两眼即处于看远状态，此时两眼的眼轴散开可使两眼视线平行，两眼调节为零和瞳孔放大，当两眼注视眼前手指时，两眼即处于近反射状态。根据食指与眼的距离，如放在15 cm处时，可以产生6.6D的调节和6.6米角(ma)的集合，如两眼交替看远方物体和近处手指，必然使两眼眼内外肌肉联合运动，这是一种非常合理的防治近视的健眼操。b. 无远目标的手指操：将一个手指垂直地放在两眼前方，当两眼注视近处手指时形成双眼单视使两眼处于看近状态，根据手指与眼的距离可进行程度不同的两眼眼内外肌肉近距离的协同锻炼，但当被试者去看想象中的远目标，同时有意识地不去注视近处手指时，两眼眼轴即向外旋转，由于远处无注视目标，就把近处手指看成左右交叉的两个模糊的指影，忽而注视眼前手指，忽而看想象中的远方目标，就可进行无远目标的手指操了，如同时将手指左右上下移动，就可进行两眼眼肌全方位的眼内外肌肉的锻炼，此法简单方便随时随地可做，如能坚持，确实是防治近视的方法中经济又有实效的好方法。

(七) 肥胖症

一般认为，体重超过自身标准体重10%以内为正常，高于10%为超重，超过标准体重20%为肥胖。

1. 疗法

(1) 耐力性运动。以中长跑、骑自行车、游泳和球类运动为主,也可做体操、仰卧起坐等,进行中等强度的练习,每次运动时间由 20 min 左右逐渐增加到 1 h 左右。

(2) 饮食控制法。适当减少碳水化合物与脂肪摄入量,实行"三低",即低脂肪、低糖、低盐,避免食用含饱和脂肪酸的动物脂肪(肥肉等),避免食用胆固醇高的食物,如动物肝、脑等,避免饭后立即睡眠等。

(3) 常洗热水澡或冷热水交替澡,以减轻体重。

2. 注意事项

(1) 运动疗法前应体检,了解心功能及有无心血管系统综合征。

(2) 运动强度可逐渐增加。

(3) 出现意外情况,如感冒、发烧或损伤等,应立即停止运动。

小贴士

> BMI 指数(Body Mass Index,BMI)即身体质量指数,简称体质指数,又称体重,是用体重公斤数除以身高米数平方得出的数字,是目前国际上常用的衡量人体胖瘦程度以及是否健康的一个标准。正常的 BMI 指数为 18.5~23.9。

四、软组织损伤的运动疗法

(一) 膝关节韧带损伤

1. 症状

关节活动时,内外侧疼痛;膝关节肿胀;关节活动障碍等。

2. 疗法

(1) 股四头肌抽动练习,也称绷劲练习。方法是直腿坐在床上,收缩股四头肌,然后放松。每日练习 2 次,每次 20 下。

(2) 抬腿练习。将腿伸直,慢慢抬起,反复多次。

(3) 小幅度的膝关节屈伸练习。取坐位(高凳),小腿下垂,慢慢地伸直抬起腿,轻轻放下;俯卧床上,慢慢地屈小腿,并靠向臀部,轻轻放下。

(4) 在(3)的基础上,适当加重物于脚上,做同样练习。

(二) 踝关节韧带损伤

1. 症状

踝关节肿胀,疼痛,功能受限。

2. 疗法

轻度损伤者在伤后 1~2 日用护踝保护,可进行跑步等一般活动。

重度损伤者,韧带断裂,不论手术与否均用石膏固定,4～6星期后除去固定物再进行功能练习。

踝关节功能练习操:

(1) 坐位,两腿伸直,两手握毛巾两端,将毛巾中部套于患足足底,两手用力拉毛巾,帮助患足背屈。

(2) 面对墙站立,足尖距墙60 cm,两臂撑墙。屈肘,身体前倾,足跟不得离开地面,停留10～15 s,还原。逐渐加大离墙距离,重复上述练习。

(3) 用前脚掌站立,足跟悬空,重心下压,停留15～20 s,还原。反复进行。

(4) 站立位,直膝或屈膝,徒手或负重提踵练习。可锻炼浅层或深层屈踝肌群。

五、骨折的运动疗法

(一) 前期(骨折后1～2星期内,炎症阶段)

1. 主动运动

患部肌肉收缩运动,例如上肢握拳、吊臂、提肩运动;踝关节背屈;股四头肌收缩放松等。骨折部上下关节暂不活动。主动运动在整体复位固定后3天进行。

2. 被动运动

患部肌肉无力尚不能自主活动时,可采用按摩(手法应轻)、幅度小的关节活动等方法。

(二) 中期(骨折后4～8星期内)

这是体疗康复的关键时期。体疗的目的是加强去瘀生新,防止肌肉萎缩等并发症,最大限度地恢复关节活动范围和正常功能。

1. 主动运动

骨折相关关节各个方向的主动运动以不引起疼痛为度,幅度逐渐增大,每一动作重复多遍,每日练习多次。

2. 助力运动

可由健肢、他人或器械帮助做助力运动,动作平缓,运动方向及范围均符合解剖功能。

3. 按摩

手法宜重,每日1～2次。

(三) 后期(骨折后8～12星期内)

骨折已临床愈合,固定已解除,但肢体功能尚未完全恢复。锻炼的目的在于尽快恢复伤部功能和肌力,使患者早日重返学习、工作岗位。这是体育康复的主要时期。

1. 动作练习

上肢做握、抓、提等动作,下肢以步行为主。

2. 负重练习

握牢物品,夹持、支持物体等。

第四节 运动损伤与按摩

按摩是我国医学的宝贵财富和重要内容,具有两千多年的历史。我国是很早将按摩用于医疗领域的国家之一。随着经济的发展、人民生活水平的提高,按摩已被用于娱乐保健,以满足人们的养生保健需要。

一、按摩的生理作用

(一)对皮肤的作用

按摩首先作用于局部皮肤,使衰老上皮得以清除,改善皮肤呼吸,有利于皮脂腺及汗腺分泌。按摩还可使皮肤内某些蛋白质分解,产生组织胺和类组织胺物质,使毛细血管扩张,血流量增多,皮肤温度升高,从而改善皮肤营养,使皮肤润泽而富有弹性。

(二)对神经系统的作用

按摩能改善大脑皮层的兴奋与抑制过程。不同的按摩手法、用力大小、持续时间,对神经系统的作用不同,如有节律的轻揉按摩可使被按摩者脑电波增强。按摩能影响感觉神经,阻滞局部感觉的传导,改变大脑皮层的兴奋优势,因而做穴位或局部按压可以镇痛和移痛。

(三)对循环系统的作用

按摩可使血管扩张,降低血流阻力,减轻心脏负担,促进血液循环,影响血液重新分配,改善心肌供氧,加强心脏功能。按摩能直接挤压组织中的淋巴管,促进淋巴液回流。动物实验发现,向心性按摩可使淋巴液流速比安静时增加8倍,有助于渗出液吸收,消除局部水肿。

(四)对呼吸系统的作用

按摩胸部或某些穴位可加强呼吸肌的收缩舒张功能,加大呼吸运动幅度,从而增加氧的吸入和二氧化碳的排出,增加肺活量,使肺功能保持在良好状态。

(五)对消化系统的作用

按摩腹部及有关穴位能提高胃肠内分泌机能并促进胃肠蠕动,从而改善消化器官的机能。

(六)对运动系统的作用

按摩能使肌肉中毛细血管扩张和后备毛细血管开放,因而可加强局部血液供应,改善肌肉营养,增强肌肉的弹性及张力。长期按摩可促使骨骼肌发达健壮,防止肌肉萎缩。按摩还可加速疲劳肌肉中乳酸的排除,有利于消除疲劳,提高肌肉的工作效率。此外,大运动量后,采用静力牵张肌肉和适宜手法,能降低肌张力,消除肌肉延迟性酸痛。按摩关节部位,可促进关节液代谢,增强关节功能和活动幅度。

二、按摩的注意事项

(1) 按摩者的手要清洁、光滑、温暖,指甲应剪短,按摩时不要戴手表及饰物,以免引起患者不适或损伤皮肤。

(2) 按摩者和被按摩者所取的姿势、体位适宜,既便于按摩又让被按摩者肌肉充分放松。

(3) 运动按摩的方向,一般应沿淋巴回流的方向进行,淋巴结处不宜按摩(图9.16)。

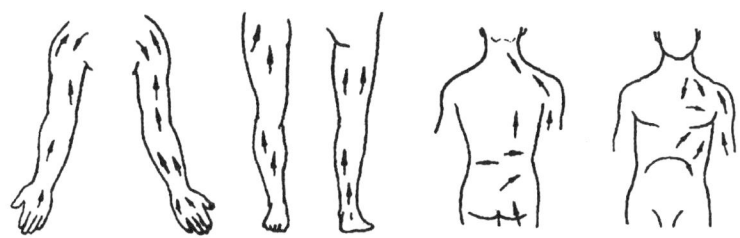

图9.16 淋巴回流方向

(4) 下列情况禁忌按摩:各种肿瘤、急性炎症、不明原因发热、皮肤病、急性软组织损伤、局部肿胀严重者、妊娠3个月左右的孕妇。

(5) 饥饿或过饱一般不宜按摩,一般在饭前0.5 h或饭后1 h进行。

(6) 按摩力度由轻到重,再转轻而至结束,严禁使用暴力或蛮劲,以防皮肤擦伤或损伤筋骨。

(7) 如在按摩过程中出现头晕、心慌、恶心、出冷汗、四肢发凉、虚脱现象,应立即停止按摩,让病人头低足高平躺,可掐人中或足三里、内关等穴,或饮热茶、糖水,一般即可缓解。

三、按摩的介质

为了减少对皮肤的摩擦或借助于药物治疗,按摩时可在皮肤上涂擦油类、酒类及粉类物质,这些物质被称为介质。油类有:松节油、红花油、跌打万花油、冬青油、麻油等,多在冬季使用。酒类有:正骨水、樟脑酒、三七酒、白酒等,多在夏季使用。粉类有:爽身粉、滑石粉等,多在夏季或运动后使用。

四、按摩基本手法

按摩基本手法有推法、拿法、按法、摩法、揉法、擦法、搓法、拍击法、抖法、滚法、刮法、掐法、点穴法等。

五、取穴方法

确定穴位的位置,在治疗中非常关键,下面介绍几种常用方法。

(一) 指量法

指量法是指以被按摩者手指宽度为标准取穴的方法。拇指指间关节处的宽度为1寸,食指与中指合并宽度为1.5寸,食指、中指与无名指合并宽度为2寸,四指宽度为3寸,中指第二指节侧面横纹之间宽度为1寸(图9.17)。

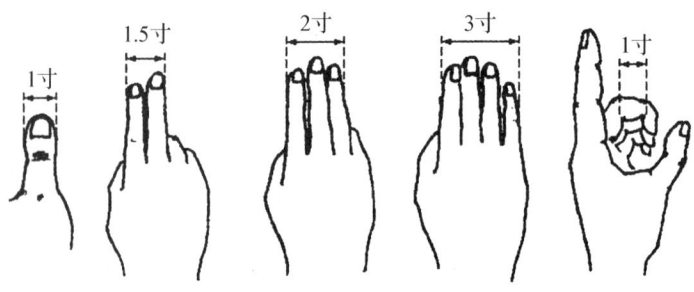

图 9.17　指量尺寸

(二) 解剖标志法

是指以人体体表的各种解剖标志作为定穴参照的取穴方法,如印堂位于两眉内侧连线的中点。

六、取穴原则

(一) 就近取穴

根据穴位具有局部和邻近主治特性,当治疗某一部位伤病时,可以选择病变部位及邻近穴位,如头痛取太阳穴,腰痛取肾俞穴等。

(二) 远道取穴

按照经络穴位的内在联系,在远离伤痛部位处选穴,即循经取穴:左病右治,右病左治,足病治头,头痛治足,如腹痛可取足三里穴等。

(三) 对症取穴

针对症状取相应的主治穴位,如昏迷取人中穴。

七、常用穴位及主治

(一) 头部常用穴位

头部常用穴位如表9.1所示。

表 9.1　头部常用穴位

穴名	位置	主治
百会	头顶正中线与两耳尖连线的交点	头晕,头顶痛,昏迷
印堂	两眉内侧端连线的中点	头晕,前头痛
太阳	眉梢与目外眦延长线的交点	偏头痛,眼病
人中	人中沟的上面 1/3 与下面 2/3 交界处	昏迷

(二) 颈背部、腰部常用穴位

颈背部、腰部常用穴位如表 9.2 所示。

表 9.2　颈背部、腰部常用穴位

穴名	位置	主治
风池	胸锁乳突肌与斜方肌凹陷处,平耳垂	头晕,后头痛,颈痛,眼病
大椎	第七颈椎与第一胸椎棘突间	发热,颈痛,中暑
肾俞	第二、第三腰椎棘突间旁开 1.5 寸	腰痛,肾炎
大肠俞	第四、第五腰椎棘突间旁开 1.5 寸	腰痛,肠炎

(三) 下肢常用穴位

下肢常用穴位如表 9.3 所示。

表 9.3　下肢常用穴位表

穴名	位置	主治
环跳	侧卧,大腿弯曲,于臀部股骨大转子最高点与臀裂上端连线外 1/3、内 2/3 交界处	腰痛,坐骨神经痛,下肢麻木
委中	腘窝横纹中央	腰背痛,坐骨神经痛,膝痛,腹泻
承山	腓肠肌腹下人字形的交界凹陷处	腰背痛,腓肠肌痉挛,痔疮
足三里	外膝眼下 3 寸,胫骨外侧一横指	腹痛,膝痛,下肢麻木,消化不良
三阴交	内踝尖上 3 寸,胫骨后缘	下腹痛,月经不调
太溪	内踝与跟腱之间	神经衰弱,踝痛
涌泉	脚底心凹陷中,脚底前 1/3 与后 2/3 交界处	昏迷,中暑,脚底抽筋

(四) 上肢常用穴位

上肢常用穴位如表 9.4 所示。

表9.4 上肢常用穴位表

穴名	位置	主治
外关	腕背横纹上2寸,尺、桡骨间	腕痛,上肢瘫痪,落枕
内关	前臂掌侧腕横纹上2寸,掌长肌腱与桡侧腕屈肌间	手指痛,胸痛,上腹痛,昏迷
合谷	第一、第二掌骨之间,靠近第二掌骨体的中点	上肢痛,手麻,头痛,牙痛,咽痛

（五）常用穴位体表位置

常用穴位体表位置见图9.18。

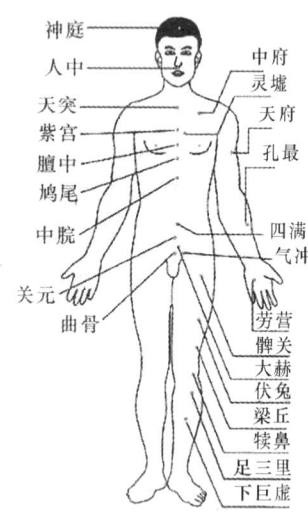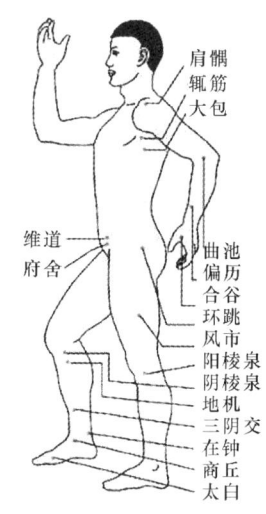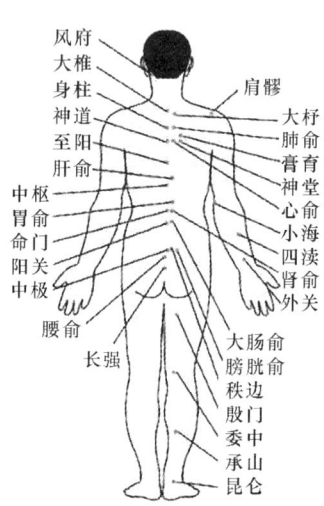

图9.18 常用穴位体表位置

八、常见运动损伤及疾病的按摩方法

（一）腕关节急性扭伤

1. 原因

大多由于运动中跌倒、手掌撑地,腕关节过伸、扭转、侧方挤压等,使肌腱、韧带软骨损伤,一般出现腕部肿胀、疼痛,不敢用力,局部有明显的压痛。经X光检查,若无骨折,则可以进行按摩。

2. 按摩手法(24 h后)

（1）取坐位,术者面对患者,按摩时间为20 min。

（2）指腹擦揉:术者一手握住患者手,另一手拇指指腹上下来回摩擦腕部掌背侧,擦至局部有温热感;再由擦转至揉,揉动范围为前臂下段至掌背,以痛点为重点,时间为2～3 min。

（3）弹拨推压:对压痛的肌腱或韧带,作垂直方向来回拨动15～20次,动作轻柔,以患者能忍受为度,再沿肌腱韧带走向,向心推压 15~20 次。

(4) 掐揉穴位:先掐后揉,每穴 30 s,依次为内关、外关、落枕、手三里,以"得气"为度。

(5) 屈伸摇腕:拇指与其余四指呈钳形握住腕关节,另一手握指端,以腕为轴心,先屈后伸数次,后环形摇动,顺时针、逆时针摇 10~20 次。

(二) 指间关节挫伤

1. 原因

大多见于篮球、排球运动项目及足球守门员身上,球撞击手指致使手指过伸,引起侧副韧带或关节损伤,有疼痛、压痛、肿胀、伸屈不活等症状。

2. 按摩手法(24 h 后)

取坐位或站位,术者与患者对面坐或站,按摩 10~15 min。

(1) 拔伸牵引:对轻度扭伤、关节稳定、无畸形者,可于微屈位轻轻拔伸牵引受伤关节,并轻提数次。急症期不揉不拔,冷敷、固定治疗。

(2) 擦揉手指:急性期后,用拇指指腹在伤指周围来回摩擦数次,再轻揉周围 2~3 min。

(3) 屈伸环绕:一手握腕部,另一手食指、中指近节关节并指钳住伤者指端,以掌指关节为轴心,作屈伸、环绕摇动 10~20 次,动作轻柔,力量适中。

(三) 肘关节损伤(网球肘)

1. 原因

大多见于投掷、体操、排球、网球等活动中,因动作不当,过多地腕关节背伸、前臂旋转、屈伸肘关节等,使关节内、外侧副韧带损伤或劳损。

2. 按摩手法

患者取坐位,术者对面而坐,按摩 10~15 min。

(1) 指腹揉摩:术者一手托其患肘部,另一手拇指自患肢上臂中段揉摩至手三里,以肘、外(内)为重点,先摩后揉 2~5 min,使局部有微热感。

(2) 揉拨理筋:拇指在患肢肱骨外(内)上髁痛点及周围反复揉拨 2~3 min,然后用拇指由上向下理筋 3~5 遍。

(3) 捏拿点穴:自腕部向上臂中段捏拿前臂伸屈肌及上臂肌群 3~5 次;点曲池、手三里、外关,每穴 30 s,以"得气"为度;然后,以双手搓上臂、肘、前臂,结束治疗。

小贴士

网球肘

一、网球肘的病因:

本病主要是指总肌、桡侧伸腕长短肌在肱骨外上髁附着处的慢性劳损,或受到反复牵拉,局部发生肌腱附着处的微细撕裂由慢性炎症产生粘连所致。在伸肌总腱深处有一微细的血管神经束穿出,若在此处受到卡压,也可产生相应的临床症状,此为慢性肌筋膜炎卡压微血管神经束学说。

> 二、网球肘的症状：
>
> 肘关节外侧疼痛，常向前臂放射，压痛点位于肘关节外上髁处。腕用力掌屈，前臂旋前时疼痛加剧，抓持物体时也会出现疼痛。关节无肿胀，活动无障碍。
>
> 三、减少网球肘发生的措施有：
>
> 1. 保持肌肉强壮，可以吸收身体突发动作的能量。
> 2. 运动前先热身，然后牵拉前臂肌肉。
> 3. 从事需要前臂活动的运动项目时，要学会正确的技术动作。
> 4. 如果是网球爱好者，最好请一位网球专家检查击球技术（尤其反手）、球拍大小、网线张力以及拍框的材质是否合适。

（四）肩关节损伤

1. 原因

大多见于投掷、排球、体操等练习，因动作错误，肩关节超常范围活动，导致肩袖肌等损伤。症状有肩部疼痛，活动时加重，肩部压痛，上臂无力，活动受限等。

2. 按摩手法

（1）患者取坐位，术者立于患者侧面，按摩时间 10～15 min。抱揉患肩，先以单手掌擦摩肩及上臂数次，继而双手掌相对放于患肩前后，呈合抱状，作顺、逆时针方向揉动，力量和幅度由小到大。

（2）拨揉理顺：以单手拇指指腹弹拨和揉按压痛点及周围肌腱，使因疼痛而痉挛的肌肉松弛，然后沿三角肌纤维走向整理疏导。

（3）点穴：点揉肩井、曲池、天宗等穴，最后以抱揉肩结束。

（五）腰部损伤

1. 原因

大多因暴力作用，如负荷过重、超正常范围的扭转屈伸，导致急性腰扭伤或拉伤。表现为：腰肌剧痛，活动受限，坐卧翻身困难等。劳损表现为：慢性腰痛，劳累或过度活动时加重，休息后减轻，并反复发作。

2. 按摩手法

（1）患者取俯卧位，双上肢放于体侧，腰部放松，术者立于左侧，按摩时间 20～30 min。

（2）一般手法：以掌及掌根由胸段脊柱两侧向下至脊底部，按摩腰部肌肉 3～5 次；然后揉腰部，重点在压痛点上；同时揉臀及下肢。若能在腰部摸到条索状痛性硬结时，可用拇指拨弹理顺，再反复揉动。

（3）点穴：用拇指或肘按肾俞、大肠俞、环跳、委中、足三里、承山等穴，每穴 20 min，以"得气"为度，最后叩击 3～5 下，并以擦法结束。

（4）急性腰扭伤的治疗（24 h 后）

侧扳法：患者侧卧，上面的腿屈髋屈膝，下腿伸直。术者站于患者腹侧，双上肢屈肘以右肘后部压患者肩关节前方，左肘压患者臀外侧，两肘部同时向前后摆动，以放松躯干，然后再用双肘用力按压，患者腰部被扭转，逐渐加压，常可听到"喀喀"之声，表示手法成功。

一侧完成之后可做另一侧。切忌暴力按压。

背法:术者与患者背对背站立,双肘屈曲,挽住患者双臂,将其背起悬空,以臀部顶住患者腰骶部,先左右摇晃,后上下抖动。患者应尽力头后仰,双足自然下垂,全身放松。

(六) 膝关节损伤

1. 原因

大多因暴力作用,使膝关节超常扭转或屈伸,以侧副韧带损伤多见。症状为压痛、肿胀,膝活动受限,可出现酸痛无力、半蹲痛、髌骨边缘指压痛等症。

2. 按摩手法

患者取仰卧位,术者站于患者侧面,按摩 15~20 min。

韧带损伤按摩手法:

(1) 点穴移痛:掐揉阳陵泉、足三里、风市等穴,每穴 1 min。

(2) 掌指平推:先由小腿中部经膝到大腿根部作掌平推数次,再用拇指指腹在伤部及膝周围作推压,时间 3~5 min。

(3) 指揉刮拨:在痛点及周围先用拇指指腹揉数次,再用指端在痛点处作与韧带垂直方向的刮拨,用力由轻到重,逐渐深透,时间 2~3 min。

(4) 揉捏搓膝:自小腿中部向大腿根部作揉和搓法,以搓膝为重点,时间 3~5 min。

髌骨劳损按摩方法:

(1) 提拿揉搓:先用单手手掌在膝部上下来回地擦数次至发热;再用双手拇指与其余 4 指呈相对状,从大腿提拿至小腿;然后单手掌横置于大腿部,横向搓动至小腿;最后用掌按髌骨,一按一松 20~30 次。

(2) 指揉刮掐:患者膝微屈,先用拇指指腹在髌骨四周循环揉动数次,然后以拇指指端对痛点及髌骨内外缘行小幅度的刮拭及掐压,再指揉髌骨周围,时间 3~5 min。

(3) 点穴:点揉血海、足三里,每穴 1 min,再以揉摩大小腿(膝附近)结束。

(七) 腓肠肌痉挛

1. 原因

本病俗称抽筋,多因下肢过度劳累、长时间的大运动量及遭受寒冷刺激所致,尤其在踢球及游泳中易出现。症状为小腿抽筋、疼痛,局部肌肉隆起、僵硬等。

2. 按摩手法

(1) 患者俯卧,术者站于旁边,按摩时间为 5~10 min。

(2) 用手拿揉小腿后侧肌(腓肠肌处)数次。

(3) 点穴:委中、承山,捏拿跟腱处。

(4) 做膝关节、踝关节的屈伸活动数次,亦可用手扳脚尖,使踝关节背屈,即勾脚尖。

(八) 踝关节扭伤

1. 原因

大多因在不平的场地上跑、跳等,致使踝关节突然内翻或外翻,使关节超过正常生理活动范围,造成关节韧带损伤。损伤后,踝部肿胀、疼痛、皮下有淤血,经检查确定无骨折、韧带断裂者,可在 24 h 后进行按摩。

2. 按摩手法

(1) 患者取坐位或仰位,腿伸直放松,术者站于伤侧,按摩时间 10～15 min。

(2) 轻推摩揉:先在踝部损伤处作向心性轻推,即向膝关节方向,后用拇指指腹或鱼际在伤部及周围摩揉 3～5 min。

(3) 理筋点揉:术者一手拇指与其余 4 指呈钳形挟住内外踝,另一手指指腹在足背部及踝部理顺韧带纤维,再轻揉压痛点,并点昆仑、悬钟、足三里穴各 1 min。

(4) 拨摇踝:术者双手分别握住患者踝及足背部,牵引外翻踝部 2～3 次,然后以跟骨结节为轴心,作屈伸及环状摇动,注意摇动时幅度不宜过大。

九、几种行之有效的运动按摩方法

(一) 增强爆发力的按摩手法

不少运动项目需要爆发力,甚至主要靠爆发力取胜,如跳远、跳高等。对此需求,按摩原则是提高神经系统的兴奋性,保持肌肉一定的紧张度。具体方法如下:

(1) 对头面先行按摩(可自我按摩),将手指作梳状由前向后梳理几遍。双手掌按摩面部几次并轻拉耳垂几次。

(2) 拍击大肌肉群,用手作刀状或半握拳,用中等力度拍击双肩、胸、上臂、大腿、小腿部肌肉群。

(二) 增强耐力的按摩手法

有些田径项目需很强的耐力,如马拉松、中长跑等,球类运动也需要相当强的耐力。为了提高耐力,在按摩中应注意两个问题:一是平时按摩,主要是赛前按摩;二是边训练边按摩。赛前按摩的作用应与增强爆发力的按摩相反,是使肌肉松弛而不是紧张。

方法:以手掌做全身性按摩,在大肌肉处轻按 3～5 次,让肌肉放松,动作轻柔,按摩的方向应顺着肌群总纤维束走向进行,忌用捏、拿、掐等刺激手法。

(三) 上肢肌群疲劳恢复按摩法

被按摩者取坐位,点揉手三里、肩内陵等穴;由远至近揉捏前臂肌肉及肱二头肌、肱三头肌;双手相对,从前臂至上臂搓 3 min,双手握腕抖动上肢 1 min。

(四) 腰背部肌肉疲劳恢复按摩法

被按摩者取俯卧位,从上到下,由轻到重,分别揉推胸腰脊柱两侧 5～10 遍;两手拇指与其余 4 指相对,分别捏拿两肩井穴 1 min;双手拇指分别点揉左右肾俞穴 1 min;掌根按揉两侧腰肌 5 min,两手掌根自腰椎分别向外重推腰肌 3 次。

(五) 大腿前群肌疲劳恢复按摩法

被按摩者取仰卧位或坐位(两腿平伸)揉血海、伏兔穴各 1 min;双手重叠,由远至近,由轻到重揉捏股四头肌;由远至近叩打股四头肌 2 min,置掌于股四头肌搓动 1 min。

(六) 大小腿后群肌肉疲劳恢复按摩法

被按摩者取俯卧位,点揉昆仑、太溪、承山、承扶穴,先由轻至重,再由重至轻,每穴

1 min。从远至近双手捏拿大、小腿后群肌 5 次;屈膝揉捏小腿后群肌 2 min;双手半握拳从远至近叩打后群肌 2 min;抖动后群肌 1 min。

第五节　女子体育锻炼与安全卫生

一、女子的生理特点

(一) 形态

女子的生理特点是与男子比较而言的。一方面,生殖器官的机能和构造显然不同;另一方面,在身体机能方面,男女存在着许多差异。在青春期以前,男、女各项形态指标差异不大,多数指标男子略高于女子,身体功能和运动能力也基本相同。进入青春期后,由于女子的快速生长期比男子早两年,因而多数形态指标形成两次交叉,女子逐渐形成肩部较窄、骨盆较宽、躯干相对较长、下肢较短、上臂较细而大腿较粗、皮下脂肪较多的体型特点。

(二) 机能

主要表现为与运动器官有关的机能水平略低于男子。

1. 心脏机能

女子心脏的特点是:心脏体积、重量和容积均小于男子。男子的心脏重量平均为360 g,心脏容量为 600~700 mL;女子的心脏重量平均为 220 g,心脏容量为 455~500 mL。女子心脏重量比男子轻 10%~15%,每搏输出量比男子小 10%左右,心肌收缩力较弱,心率较快,血压比男子低。女子运动时主要依靠加快心率来增大每分钟输出量,血压上升也不如男子明显,且恢复期延长。此外,女子的全身血量、红细胞和血红蛋白含量都低于男子。因此,女子的输氧能力不及男子。

2. 呼吸机能

女子的胸廓和肺容积均小于男子,肺组织较少,呼吸肌力量较弱,使胸廓活动度和呼吸差较小,因此,女子的肺通气量和换气功能有限。具体表现为女子呼吸频率较快,肺活量较小,加上女子心血管系统功能不及男子,以及最大吸氧量小于男子,这些特点往往影响女子在运动时的氧供应能力。

二、女子体育锻炼的一般要求

女子经常参加体育活动可以促进身体的生长发育,增进健康,提高身体各器官、系统的功能水平,使之能更好地胜任对身体素质要求较高的工作任务;可以使身体各部位肌肉得到协调均匀的发展,使腹肌、腰背肌和盆底肌的肌肉力量得到增强。因此,女子体育锻炼的一般要求是:

（1）女子的心血管、呼吸系统功能较差，运动负荷比男子要安排得小一些。

（2）女子肩部较窄，臂力较弱，做两臂支撑、悬垂大幅度的摆动都较吃力，学习这些动作时，要注意循序渐进，加强帮助与保护。

（3）女子身体重心较低，平衡能力较强，柔韧性较好，适宜于平衡木、艺术体操及球类等活动项目。

（4）女子不宜过多做从高处跳下的练习，地面不可太硬，并注意落地姿势，以免使身体受到过分震动，影响骨盆的正常发育和盆腔内器官的正常位置。因此，要多安排些增强腹壁肌、盆底肌的练习。在教学和训练中，应注意保持和发展其柔韧性，有目的、有步骤地加强肩带肌、腹肌、腰背肌和盆底肌的锻炼，如仰卧起坐、仰卧举腿、背起及各种踢腿练习。

根据体型和心理特点，女子宜进行艺术体操、高低杠、平衡木、自由体操和健美操等项目的练习。在较长距离游泳方面，女子具有一些有利条件：由于女子肩部较窄而圆，游泳时所受水的阻力较小；女子体内储存的脂肪多，因而浮力好、耐冷；用脂肪作能源的利用率较高，故热能供给较充足。在较长距离跑方面，女子在形态和功能方面也具有优越性，除体脂较多、由脂肪作能源的利用率较高外，女子氧的利用率和调节体温的能力高于男子，对能量消耗时所引起的体温升高，有较好的散发能力，对热应激的适应能力较好且脱水较少，在单位时间内能量消耗也较少。

三、月经期的体育卫生要求

月经是女子正常的生理现象，身体健康、月经正常者一般不会出现明显的生理机能变化。因此，在经期可以参加适当的体育活动，如做广播操、打乒乓球或打排球等。通过这些活动，不仅可以改善盆腔的血液循环，减轻盆腔充血现象，而且运动可使腹肌与盆底肌有节律地收缩与放松，对子宫起着柔和的按摩作用，有助于经血的排出，并且可以调节大脑皮层的兴奋和抑制过程，改善机体的神经—体液调节，有利于人体机能的正常运行。

但是月经期锻炼时应注意：

（1）运动量不宜过大，锻炼时间不宜太长。可根据个人的身体健康情况，坚持参加早操、课间操、体育课上的准备活动、慢跑，以及一些运动强度较小的项目，如自由体操、艺术体操等。

（2）应尽量避免参加激烈运动。月经期应避免剧烈的、大强度的或震动大的跑跳动作，如疾跑、跨跳、腾跃、跳高、跳远以及使腹内压明显增高的屏气和静力性动作，如推铅球、收腹、倒立等，以免子宫受到过大的震动或腹内压过高，造成经血量过多或引起子宫位置的改变。过多的跳跃练习、力量及耐久力练习等，都可能使腹压增高，引起经血量过多。

（3）月经期间不宜游泳。因为在经期内子宫是开放的，子宫内膜破裂出血，游泳时病菌容易侵入内生殖器官，引起阴道炎、子宫内膜炎等炎症。此外，游泳时还会因为体内受到冷水的刺激，导出大量的热量和受寒，对月经产生不利影响。

（4）对月经紊乱即血量过多、过少或经期不准，以及痛经和患有内生殖器炎症者，月经期应暂停体育活动。

为了及时了解和掌握女子的月经情况，可建立"月经卡"制度，以便合理安排运动量。

四、月经期如何进行锻炼

对于身体健康、月经正常,又有一定运动基础的女子,月经期可以安排一定量的练习,但在开始阶段应减少运动负荷,并选择适宜的运动项目,待机体适应后逐渐增加运动负荷并加强保健指导。月经紊乱、自我感觉不良、内生殖器官发育不良或有炎症病变者,月经期应停止运动训练。

据调查,从女子生理、心理方面研究,月经期可分为以下 4 种类型,并采取相应的锻炼方法。

(1) 正常型:经期自我感觉良好,运动能力无改变,心血管功能试验正常,此类约占 64%。

(2) 抑制型:经期自感疲乏无力,嗜睡,体力及一般工作能力下降,厌烦训练,心率变慢,血压降低,此类约占 23%。

(3) 兴奋型:经期情绪异常激动,各种生理指标有提高趋势,肌肉发紧,动作僵硬,下腹部有痉挛性疼痛、头晕、睡眠差,心率较快,呼吸频率增加,血压升高,此类约占 10%。

(4) 病理型:是一种类似中毒现象的病理反应,出现腰背疼痛、头晕、头痛、痛经、睡眠不佳、恶心、口渴、全身不适,不能参加正常的工作与训练,此类约占 3%～5%。

根据以上不同的类型,应采取不同的措施。

对于病理型,应进行治疗,检查有无妇科疾病,如子宫异常、慢性生殖器炎症等。

对于正常型和抑制型,也就是对大多数人来说,经期可参加正常的体育锻炼,但进行大强度的跑、跳、负重练习时要慎重。

对于兴奋型,可采用较大强度的锻炼,不会影响健康,但在负荷量上也要注意,并应注意心理抑制。

对于月经不正常者(如痛经),除了一般治疗,如药物疗法、新针疗法、热敷等外,可采用简易体育疗法,即医疗操,可在行经前和行经期做,每天 2～3 次:

(1) 屈膝仰卧收腿 10～15 次(腹式深呼吸);
(2) 有支撑的站立提臀 20～30 次;
(3) 有支撑的深蹲 5～10 次。

小贴士

古语云:"不通则痛,通则不痛。"要想经血通畅,适当的活动比静坐或睡觉反而有利,可以改善盆腔血液循环,使淤血通散,并能调整兴奋和抑制的心理过程。但在活动中应根据不同的情况因人而异。

第六节 野外活动与遇险自救

有些人,特别是朝气蓬勃的年轻人,喜爱有挑战性的活动,他们自己打点行装,远离喧嚣的都市,只身于野外行走,无拘无束,尽情享受大自然赋予的自由自在、宁静淡泊,凭自身的能力穿越森林,走过沙漠,攀越大山,亲身体验追求的快乐。同时也要做一些准备工作,尽可能避免发生伤害事故,尽情享受自然乐趣。

一、准备工作

(一)确定游玩的时间和地点

查阅有关资料,了解地理位置、温度及相关的风土人情。

(二)去医院检查身体,了解自己的健康状况和体能现状

请专家制订相应的训练计划,以适应高原、登山、涉水的需要。

(三)准备好指北针和地图

特别是旅游点的导游图,在行动前,从图上确定行进路线,利用比例尺推算实际行进距离。警告:没有指北针和地图或向导,绝对不可以在陌生环境中进行野外活动。

(四)带上足够的水和干粮

水的量由游玩的季节和游玩点当时的气温而定,同时考虑各人对水需求量的差异。干粮以不易变质、利于保存的食品为主,同时考虑到含水量应较多,不可太干燥。适当备些水果和巧克力作为储备。

(五)着装

衣服以有弹性的运动服和休闲装为主。上装选夹克式拉链扣,口袋较多,袖口、领口能够封严。

裤子根据季节选择长裤或短裤,但必须有口袋,有弹性,长裤裤脚能封严,裤腰必须是松紧带和裤带齐备。

服装的颜色以鲜艳醒目为主。

鞋要牢固、轻便、舒适。用鞋带紧固,鞋底纹路较深可防滑,鞋垫柔软有弹性,大小适中。条件许可的话,可以购置专用越野用鞋,能封严鞋口为佳。

夏季必须戴太阳帽遮阳,如果需要穿越树林,帽子的另三面应有下垂的布,遮住领口。

(六)药品

防蚊、虫、蛇叮咬药品:红花油、清凉油、风油精、季德胜蛇药。

防中暑药品:藿香正气胶囊、人丹、十滴水。

防腹泻药品:黄连素片、易蒙停、诺氟沙星胶囊。

止血药品:创可贴、绷带、胶布。

防过敏药品:息斯敏。

其他:根据各人健康状况配置,慢性病患者必须携带相应剂量的常备药。

(七) 其他用品

帐篷、电筒、睡袋:供野外过夜使用。

雨具:以雨衣为主,不要雨伞,以防暴风雨。

餐具:野外野炊用。

刀具:应付各种情况,以瑞士军刀最佳。

手表:计时用。

手机:突发情况联络用。

纸笔:写游玩日记等。

照相机:留下瞬间美景。

充电宝:运动时间较长时备用。

二、野外活动注意事项

野外活动过程中,不确定因素较多,突发情况时有发生。无论遇到什么样的困难,首先要沉着、冷静、不慌张,不能在匆忙的状态下做决定,否则可能会铸成大错。

(一) 越野

"有路莫越野"是野外活动的基本原则。路应是看得见的,至于杂草丛生的地带,每迈出一步都可能发生意外,特别是通视度差的树林,更不能贸然进去,容易迷失方向。在这种地带行走,步幅要小,贴地而行,每一步踏实后再挪步,不可跳跃奔跑。

(二) 攀爬

有台阶或路的山,攀登时只要注意技术动作合理,节省体力就行。上山时,高抬腿,重心前倾;下山时,迈步要快,重心后移,上体稍后仰。如不愿走路,要沿山体攀爬,则要注意安全,当两人或两人以上攀爬登山时,第一个人和最后一个人不可在一条直线上,相互间要错开位置,以免前者摔倒下滑时,累及后者。

(三) 涉水

野外活动通常都选择在有山有水的地方,能够徜徉在青山绿水中是一件非常惬意的事。下水游泳前,要对水域的情况有基本了解,备上救生用品。游泳时,应避开水草、渔网、远离水闸和涵洞口,不能随便跳水或潜泳。即使水性较好、游泳技术较全面,也不要轻易横渡水域,应在离岸较近处游泳。不会游泳者,只可在浅水区域嬉水,切不可在陌生的水域中学习游泳。

(四) 露营

野外活动应尽量避免露宿,除非是有专门机构组织的"夏令营"活动。从气候条件来看,露营只适合在温度较高的季节开展。营地可选择在林中空旷的草地,较大面积的岩石上或山丘的顶部。帐篷要相对集中,互相照应,帐篷着地处要干燥,四周边缘要封严,固定柱要夯实,入睡前必须再检查一遍。切忌在山涧溪边、沟谷中、裸露的土坡上或是悬崖绝壁边缘露宿,否则有可能在睡梦中遇到山洪、泥石流、滑坡的袭击,或者掉下山崖。没有帐篷可用吊床替代,固定在两树间,附着点要牢固可靠。

三、遇险自救

人在野外活动时,由于处在自然环境中,很多事情不受控制,经常会遇到危险情况。做好充分的出发准备可减少危险的发生。当危险发生时,不要再去怨天尤人,浪费时间,要冷静面对,迅速补救。

(一)迷路

在野外,特别是树林中很容易迷失方向。当迷路时,应立即停止前进,赶快回忆刚走过的路线,迅速沿原路返回,或者登上高处(包括爬树)眺望,辨清方向后再行进。

(二)受伤

受轻伤时,稍作休息后返回,取消野外活动。不要坚持"轻伤不下火线",这样反而会加重伤情。受重伤时,应尽快与外界取得联系,寻求帮助。可让同伴去叫人,等待救援。这种情况下要先安排好伤者,稳定伤势,流血的要止血,骨折的要固定好,将水和干粮放在可触及的地方,将伤者安置在相对安全、地势较高之处。

(三)身处险境

一种情况是落入深坑,爬不上来,必须发出求救信号,获得帮助。可大声喊叫,间隔时间根据周围情况而定,不能拼命不停地叫喊,那样持续时间太短,会丧失获救的机会。

另一种情况是陷入泥潭或类似沼泽地带。例如,许多农村的水塘中,由于填满塑料类垃圾,看上去像是实地,一脚踏上就陷进去,挣扎越厉害,陷得就越深。千万不能乱动,可高声喊叫,等待救援。

(四)遭遇兽、虫、蛇

在野外活动时,遇到自然界中猛兽的机会不多,除非去原始森林,但遇到牛、狗、蛇等动物还是很有可能的。

1. 牛

人工饲养的牛用于务农、产奶,一般不会伤人,但受到惊吓或被激怒时,就不易控制,前面所说野外活动时要着颜色鲜艳的衣服,而红色是传播最远、最醒目、最易让人注意的颜色,但也容易引起牛的愤怒,因此,穿着这类颜色的衣服,遇牛时应提前避开,如是必走之路,应走到牛看不到的地方脱下衣装,包好,慢行通过牛的身边,不能用树枝逗牛。

2. 狗

身材较小的宠物类小狗可爱好玩,但是看守鱼塘的狼狗、退役的军犬,身材高大、健硕,站起来有人高。通常它先发现你,而你还没看到它,但可听到吠声,根据吠声传来的方向,绕道而行。如果在相互看见的情况下,不要疾跑,正常行进,要沉着,不要失态,否则会遭到攻击。

3. 蛇

许多人在野外活动最怕被蛇咬,而蛇又不易被发现,担心自己在草丛中踩在蛇身上。一方面,按前面所述的服装和鞋武装自己,备好蛇药,提高防御能力;另一方面,按中国古话所说的去"打草惊蛇",人在草丛中行走,手拿一根小棍不停地抽打前面的草,发出响声,把蛇吓跑。蛇听到响声后,对人害怕的程度远超过人对蛇害怕的程度,所以会赶快逃开。

4. 蜂

无论是蜜蜂、土蜂还是马蜂,通常不会主动攻击人,有时会停在人身上,这时不要用手去赶它,它会误认为遭到攻击,从而伤人。一旦被蜂蜇了,不会危及生命,需立即去就近的医院治疗,或用蛇药治疗。

(五) 水中救险

在野外活动时若见到有人意外落水,首先高声呼救,引起旁人注意,寻求帮助,同时就近寻找漂浮物、绳子、竹竿等物件,扔给落水者,采用间接救护法。不到万不得已,不要下水直接救护。除非落水者处于昏迷状态,必须迅速直接救护。

(六) 防止雷击

夏季,万物茂盛,气温高,人们衣着少,行动方便,是最佳的野外活动季节。但是夏季的天气就像"小孩的脸",说变就变,一会儿晴空万里,一会儿电闪雷鸣,最易遇到雷阵雨。

一旦雷电来临,不要到山顶或山梁等制高点去,不要在独立的树、旗杆、塔状建筑物附近,以及草棚、草堆、帐篷里避雨。应选择一些干燥的物质作为绝缘材料,坐在上面。如果没有东西当作绝缘材料,则应平躺在地面上。

当雷雨降临时,切记不要冒雨或穿着湿衣服行进,非走不可时,也要走得慢一些,步幅小一些,关闭随身听,将身上的金属品抛弃或用塑料袋包好。此时游泳者应立即上岸,远离水边。

(七) 避免惩罚

每一位野外活动者必须遵守公园的管理制度,例如禁止在林中抽烟,否则会受到管理员的惩罚。另外,应爱护农作物,不要随意践踏庄稼,否则会受到主人的惩罚。所有的野外活动参与者都要爱护自然,保护环境,否则会受到大自然的惩罚。

野外活动健身、健心,其乐无穷。但与"无限风光在险峰"相伴随的有伤害,更有生命危险。虽然做了大量准备工作,但也难以控制行程中的突发事件。它的魅力在此,危险也在此,不可轻举妄动。不做准备,没有计划,盲目挑战,寻求刺激,这不是勇敢者的壮举,而是愚蠢的行为。只有在专人指导下,精心准备,携带必备物品,才可进行,才能体会到其中的自然乐趣。

思考题：

1. 叙述康复和运动疗法的概念。
2. 叙述按摩的生理作用和注意事项。
3. 从按摩的角度说明踝关节扭伤的治疗方法。
4. 举例说明合谷、涌泉两穴的取穴方法。
5. 在运动中，本人若出现腓肠肌痉挛(小腿抽筋)，该怎么处理(从按摩角度说明)？
6. 夏季进行体育锻炼时应该注意哪些事项？
7. 什么叫运动损伤？说明运动损伤的一般处理方法。
8. 各类血管的出血如何鉴别？
9. 月经期间锻炼应注意哪些事项？
10. 简述如何组织野外活动。

王青禾、尹红松、金凯

Chapter 10

第十章
运动处方

体育锻炼可以达到防病、治病、健身的目的,不同的身体情况,应采取不同的锻炼方法,否则会对人体带来伤害,尤其是那些身患疾病的人,必须严格按照运动处方进行体育医疗。

第一节　运动处方的概念、分类及内容

一、运动处方的概念

运动处方的概念最早是由美国生理学家卡波维奇在20世纪50年代提出的。20世纪60年代以来，随着康复医学的发展及对冠心病等康复训练的开展，运动处方开始受到重视。1969年，世界卫生组织开始使用运动处方，这一术语在国际上得到了认可。我国在20世纪70年代末也引进了有关运动处方的理论，经过几十年的发展，运动处方现已成为指导人们进行健身、康复的重要方法。

"处方"在医学上指的是医师给病人开的药方，不同的疾病或同一种病但程度不同则不能使用同一处方。同样，要科学地锻炼身体，提高健康水平，预防或治疗疾病，也必须"对症下药"。

运动处方是指根据参加活动者的体适能水平和健康状况，以处方的形式确定其活动强度、时间、频率和活动方式，并指出运动中要注意的事项，使其有计划地参加锻炼，达到健身或康复的目的。

运动处方的原理是根据运动时引起的人体生理反应和机能变化，从"一时性适应"逐步过渡到"持续性适应"，最终获得良好的锻炼效果。

"一时性适应"是指人体运动时生理机能发生很多变化，如脉搏加快、血压升高、呼吸频率加快、体温上升、产热量增加等，这些变化因个体的运动量和运动强度的不同而产生差异。同时，"一时性适应"还会因锻炼项目的不同对人体各器官系统产生不同的影响。有氧耐力运动主要对心血管系统和呼吸系统产生适应性变化；力量锻炼主要引起运动系统，特别是肌肉的适应性反应；而放松性练习则对神经系统和内分泌系统产生较大影响。

"一时性适应"的多次重复就会累积产生"持续性适应"，这就要求健身者持之以恒，长期坚持合理的体育锻炼，方能收到良好的效果。如长期坚持长跑等有氧锻炼能有效增强心血管系统和呼吸系统的机能，增大吸氧的能力；经常进行力量锻炼会使肌肉变得粗壮发达，增强肌肉的力量；经常进行柔韧性锻炼会增加肌肉韧带的弹性和伸展性，增强关节的灵活性。要产生"持续性适应"，除了长期锻炼外，还要讲究科学锻炼，选择合理的运动量和运动强度，过大或过小的运动强度，重复间歇过长或过短，对身体都会产生不利影响，很难产生"持续性适应"的效应，不可能达到增强体质和增进健康的目的。

在有效的运动处方指导下进行锻炼可以达到下述目的：

（一）增进身体健康

它包括两个方面：一是预防疾病，特别是一些慢性疾病；二是改善身体状态，提高人体对环境的适应能力。

（二）提高身体机能

指导锻炼，使肌肉的力量、耐力、爆发力，身体的灵敏性、技巧性、平衡性、柔韧性等素质得到提高，加强运动能力。

（三）治疗疾病

把运动当作康复疗法的一种手段，严格地按处方进行，可以大大提高运动中的安全感，尽可能少出现意外危险并提高疾病的治愈率。

二、运动处方的分类

运动处方是对从事体育锻炼的人或病人，依据医学检查资料（包括运动试验及体力测验），按其健康、体力以及心血管功能状况，结合生活环境条件和运动爱好等个体特点，用处方的形式规定适当的运动种类、运动强度、运动时间及运动频度，并指出运动中的注意事项。它是指导人们有目的、有计划地进行科学锻炼的一种形式。按锻炼的目的和对象进行分类，可分为：

（一）治疗性运动处方

用于某些疾病或受伤的治疗和康复，使医疗体育更加定量化、个别对待化，比如运动员受伤后的康复性训练或冠心病等的康复训练等，就需要制定适合的运动处方。

（二）预防性运动处方

主要用于健身防病，以增强体质、预防疾病、提高健康水平为主要目的，比如针对中年人的为预防动脉硬化制定的中等强度的耐力跑运动处方等。

（三）健身性运动处方

以提高身体素质、运动能力、健美等为主要目的的健身、健美运动处方等。

（四）竞技训练运动处方

以提高专业运动成绩为目的的竞技训练运动处方，主要对象为专业运动人士。

三、运动处方的内容

运动处方是根据参加健身活动者的体质和健康情况以处方的形式确定运动的种类、时间、强度、频率与注意事项，它与临床医生开方取药有相似之处，但不同点是，一个是用药作为治疗手段，另一个是用运动作为强身健体的主要措施。

运动处方的内容主要包括以下六个方面：

（一）运动目的

运动处方的根本目的是通过科学有序的身体活动，给人体一定负荷的运动刺激，使机体产生反应与适应性变化，从而获得增强体质、健康身心的效果。锻炼者的性别、年龄、职业、爱好、习惯、体质、健康状况以及锻炼目的的不同，开出的运动处方也不同。其运动目的具体表现为：促进生长发育、提高身体素质，强身保健、延缓衰老，防治疾病、健美减肥、伤病康复及掌握运动技能和方法、提高竞技水平等。

（二）运动类型

运动类型指个体根据运动处方的目的而采用的专门运动种类，它决定运动处方不同的运动效果，主要分为以下六种类型：

（1）发展心肺功能的运动类型，主要是增强心肺的通气换气和心脏的泵血功能，从而提高机体的有氧代谢能力（有氧耐力），如走、慢跑、上下台阶、游泳、登山、骑自行车、划船及不剧烈的球类运动等。

（2）发展肌肉力量的运动类型，主要是提高肌肉力量的各种练习，包括等张练习、等动练习等，运动类型主要有采用机械或抗自身体重的各种力量练习，如用哑铃做各种推举练习，发展上肢、肩带及躯干力量，单杠引体向上等练习，利用自重，发展上肢力量。

（3）发展柔韧性的运动类型，主要是各种拉伸关节练习，舒展躯干运动，如体操、武术、瑜伽、舞蹈及各种健身操等。

（4）发展灵敏性与协调性的运动类型，主要包括各种球类运动项目、信号游戏、快速连续通过障碍物，节奏很强的集体配合项目等。

（5）发展速度的运动类型，主要包括各种快速反应练习，如短距离反复疾跑、牵引跑、上坡跑、下坡跑、顺风跑及各种球类运动项目。

（6）控制体重的运动类型，主要包括减肥和增重两类运动。减肥运动类型主要有较长时间的中小强度有氧运动，如：步行、慢跑、游泳、骑自行车、登山等。增重运动类型主要有肌肉练习、健美练习等。

（三）运动强度

运动强度是运动处方定量化与科学性的核心问题，它影响到锻炼效果和安全，掌握适宜的运动强度是运动处方的关键。运动强度是单位时间内的运动负荷，即运动强度＝运动负荷/运动时间。运动强度是运动量的核心，是运动处方设计中很关键但又很难掌握的环节，需要在运动中多次监测来确定。

运动医学中，常以运动时最大耗氧量（$VO_2 max$）的百分比来区分运动强度。最大运动强度就是达到100％最大耗氧量的运动，大强度运动是最大耗氧量80％的运动，依次还有最大耗氧量60％的中等强度运动，最大耗氧量40％的中低强度运动，最大耗氧量20％的轻度强度运动。

在日常运动中，也常采用最大心率（HR）来衡量运动强度的大小，不同年龄段心率有所不同；还可以采用主观运动强度（RPE）判定法或代谢当量（MET）测定法。

1. 最大心率法（HR）

对于耐力有氧运动的运动强度，生理指标常用心率（HR）和最大吸氧量的百分数（％$VO_2 max$）来表示。除去环境、心理或疾病等因素，当心率在110～170次/min范围时，心率与运动强度之间呈直线关系。

按心率确定运动强度的方法有：

（1）年龄减算法：运动适宜心率＝220－年龄。此方法适用于身体健康的人。

（2）靶心率法（THR）：靶心率指能获得最佳效果并能确保安全的运动心率。THR＝（最大心率－安静心率）×（0.6～0.8）＋安静心率。此法适用于各种慢性疾病患者。

运动处方中还常用最大吸氧量的百分数（%VO₂max）来表示运动强度，对于一般健康人来说50%～70% VO₂max是最适合的运动范围。

2. 主观运动强度判定法（RPE）

RPE是瑞典著名的生理心理学家加纳·博格（Gunnar Borg）于1970年创立的，主要针对的是成年人，把运动强度分成1～20个不同等级（见表10.1）。1是不做任何努力，20是极度努力，一般使用的范围是从6开始。在运动中，使用者需要根据自己的感觉来判断打分。大量的科学研究已经证实RPE与客观指标和运动负荷强度之间有较高的相关性，如与每分钟通气量、血乳酸和每分钟摄氧量的相关系数为0.85。使用RPE辅助生理指标的测试，能够对运动时人体机能的变化做出科学和准确的分析，还能够简单有效的推断运动能力、判定运动强度和医疗监督。一般认为，确定合理运动强度的最好方法，是心率和RPE两种方法的结合。就是说，先按适宜的心率范围进行运动，然后在运动中结合RPE评价表来掌握运动强度。

表10.1 成年人运动强度划分等级

RPE	主观运动感觉	对应参考心率
7	极其轻松	70
8		
9	很轻松	90
10	轻松	110
11		
12	有点吃力	130
13		
14		
15	吃力	150
16	非常吃力	170
17		
18		
19	极其吃力	195
20	精疲力竭	最大心率

（引自 Gunnar Borg，1998）

3. 代谢当量测定法（MET）

代谢当量（Metabolic Equivalent，MET）是一种表示相对能量代谢水平和运动强度的重要指标。它是指运动时的代谢率与安静时代谢率的比值，很多有氧训练器械都会用它来显示运动强度、估算热量消耗。代谢当量的定义：1 MET也被定义为每公斤体重每分钟消耗3.5 mL氧气，大概相当于1个人在安静状态下坐着，没有任何活动时，每分钟氧气消耗量。

表 10.2　运动强度等级表

体力活动	MET	强度判定
睡眠	0.9	低强度(＜3METS)
看电视	1.0	低强度(＜3METS)
写作,伏案工作,打字	1.8	低强度(＜3METS)
步行 1.7 km(2.7 km/h)	2.3	低强度(＜3METS)
散步,4 km/h	2.9	低强度(＜3METS)
骑自行车,非常轻的努力	3	中等强度(3～6METS)
步行 3 km(4.8 km/h)	3.3	中等强度(3～6METS)
课间操,家庭劳动,轻或中度努力	3.5	中等强度(3～6METS)
步行 3.4 km(5.5 km/h)	4	中等强度(3～6METS)
骑自行车 10 km(16 km/h)休闲,工作	5.0	中等强度(3～6METS)
慢跑	7	剧烈强度(＞6METS)
健美操(俯卧撑,仰卧起坐等),重,大力	8	剧烈强度(＞6METS)
跑步	8	剧烈强度(＞6METS)
跳绳	10	剧烈强度(＞6METS)

注：MET 是用于表示各种活动的相对能量代谢水平,也是除了心率(HR)和主观运动强度(RPE)以外的另一种表示运动强度的方法。

不同类型的运动,评定运动指标的强度有所不同：

(1) 对于耐力有氧运动的运动强度,生理指标常用心率(HR)和最大耗氧量的百分数(%VO_2max)来表示。除去环境、心理或疾病等因素,当心率为 110～170 次/min 时,心率与运动强度之间呈直线关系。

按心率确定运动强度的方法有：

①年龄减算法：运动适宜心率＝220－年龄。此方法适用于身体健康的人。

②靶心率法(THR)：靶心率指能获得最佳效果并能确保安全的运动心率。THR＝(最大心率－安静心率)×(0.6～0.8)＋安静心率。此法适用于各种慢性疾病患者。

运动处方中还常用最大耗氧量的百分数(%VO_2max)来表示运动强度,对于一般健康人来说,50%～70%最大耗氧量是最适合的运动范围。

(2) 对于力量性运动,其运动强度应以肌肉所对抗的负荷量与运动次数或运动时间来计算,力量训练多在肌力训练器上进行,训练强度一般为最大能力的 80%。

(3) 对于柔韧性练习的运动强度,如瑜伽、武术等有固定套路的伸展运动,其运动强度和运动量相对固定,一般相当于 4～5MET 或 40%～50%最大耗氧量(VO_2max),对于一般性的各种拉伸关节练习和舒展躯干运动,其运动量也可分为大、中、小三种。

(四) 运动持续时间

运动持续时间是指每次运动从开始到结束所用的时间。运动时间在一天中的安排应考虑到人的生物节律及日节律周期,并考虑到锻炼时的空气环境等因素。耐力性运动的持续时间为 20~60 min,一般为 20~30 min(除去准备活动和整理活动时间),其中达到适宜心率的时间最低须持续 10 min 以上。运动量是由运动强度和运动时间共同决定(运动量=运动强度×运动时间)的,运动量的确定直接影响锻炼的效果。

运动强度和运动时间有着密切关系,运动量确定后,运动强度大的练习时间应相应缩短。同样的运动负荷,年轻和体质好的人,可选择强度大、持续时间短的练习;而中老年人和体弱者宜选择强度小而持续时间长的练习。

(五) 运动频率

运动频率是指每日或每周的锻炼次数。一般认为,以增强心血管功能、提高有氧耐力为主的锻炼,最适宜的运动频率是每周 3~4 次;力量性锻炼的运动频率一般为每日或隔日练习为宜;伸展运动则要坚持每天练习,才能取得最好的锻炼效果。以健身为目的的锻炼,应采用次日不残留疲劳的小运动负荷,选择适合自己情况的锻炼次数,也可坚持每天进行锻炼,最重要的是养成运动习惯,使运动生活化。美国国家宇航局专家认为,一个经常从事运动的人,在停止运动 2~3 天后,肌肉力量即开始下降,停止运动的时间越长,肌肉力量减退和肌肉组织萎缩越明显。研究表明,锻炼效果无法储存,锻炼效果要靠不断地坚持运动来取得,否则会丧失殆尽。

(六) 注意事项

在运动处方中,应根据每个锻炼者或患者的具体情况提出相应的注意事项:
(1) 指出应禁忌参加的运动项目和某些易发生危险的动作。
(2) 指出运动中自我观察指标及出现指标异常时停止运动的标准。
(3) 每次锻炼前后都要做好充分的准备活动和整理活动。
(4) 明确运动疗法与其他临床疗法的配合。

另外,在运动处方实施过程中应根据实际情况进行必要的微调整,在运动中,及时发现因运动环境或个人身体状况的变化,运动前制定的运动处方的不适合之处,在实践中不断调整、修正,使得运动处方更合理、更科学,切合实际,确保运动中的安全,并能更好地达到锻炼的目的。

第二节 运动处方的制定和实施

一、运动处方制定的程序

运动处方可根据个人所需,制定周、月、季、年、多年锻炼内容及要求,首先需要做以下几项工作:

(一) 了解锻炼者的基本情况

包括姓名、性别、年龄、职业、疾病史、过去及现在的身体锻炼状况,此外还有锻炼者的

食欲、睡眠和精神状态等。

(二) 健康诊断

对锻炼者健康程度的判断是制定运动处方的重要依据之一。可采用直接的医学检查，也可直接索取近期的身体检查证明，来获取人体器官系统的功能状况指标。

(三) 运动负荷测定

运动负荷测定是锻炼者身体机能对运动承受能力的检测和评定。一般进行安静和运动状态下生理机能的检测，主要应测定心跳频率、最大耗氧量等机能指标。

(四) 体力测定

主要是对锻炼者身体素质的测定，内容包括身体各部分的力量、速度、耐力、灵敏度、柔韧性等。为便于评价，可将测试指标与较大样本的同项指标对比，以确定该项素质的优劣程度。

(五) 制定运动处方

所有以上的测定与诊断，是制定出合理、科学的运动处方的前提条件，我们可以根据测定的结果，对测试者的基本情况进行分析，结合身体锻炼的原则，制定包括锻炼者锻炼的内容、强度、时间等在内的锻炼方案，这是运动处方的核心内容，也是能否达到预期锻炼目标的最重要的指导方案。

(六) 制定锻炼方案，完善处方

按运动处方的要求锻炼一个阶段后，应再次进行健康检查、运动负荷测定和体力测定，这样一方面可以评价运动处方的实效和锻炼效果，另一方面，也可以根据身体的变化，修改和调整运动处方，使处方更具有针对性和时效性。

二、运动处方制定的基本原则

(一) 个体化原则

由于个人的身体情况、疾病种类及程度的不同，运动处方的制定要充分体现个体化，必须根据每个人的具体情况，因人而异，切忌千篇一律。

(二) 有效的原则

运动处方的制定和实施应使参加锻炼者或病人的功能状态有所改善，在制定运动处方时，要科学、合理地安排各项内容，在运动处方的实施过程中要按质、按量认真完成各项练习。

(三) 安全的原则

按制定的运动处方运动时，应保证在安全范围内进行，若超出了安全的界限，则可能发生危险。在制定和实施运动处方时，应严格遵循各项规定和要求，以确保安全。

(四) 全面的原则

运动处方应遵循身心全面健康的原则，在运动处方的制定和实施中，要注意维持人体

生理和心理的平衡,以达到身心全面健康的目的。

（五）调整的原则

任何一个初定的运动处方在实施过程中并不是固定不变的,都要根据锻炼者或患者的具体情况进行一次或多次的微调整,使之成为符合自身条件的处方。

三、运动处方的实施

运动处方的实施应以每一次运动锻炼的合理安排为核心,以运动量的监控及医务监督为重点,在确保安全的基础上,蓄积锻炼效果,实现运动处方的近期与远期目标。

（一）运动锻炼的安排

每一次运动锻炼应该包括三个阶段:准备阶段、正式锻炼阶段(或训练阶段)和整理阶段。

1. 准备阶段

准备阶段是通过准备活动,使身体机能从相对安静的状态过渡到适宜强度的运动状态的过程,可避免出现心血管、呼吸等内脏器官系统因突然承受较大运动负荷而引起的意外,避免肌肉、韧带、关节等运动器官的损伤。准备阶段常采用运动强度较小的有氧运动和伸展性体操,如步行、慢跑、徒手操等,准备活动的时间可根据不同的锻炼阶段有所变化。锻炼的早期阶段准备活动时间为 10～15 min;锻炼的中后期准备活动时间可减少为 5～10 min。

2. 正式锻炼阶段

正式锻炼阶段是使身体维持在相对较高机能状态下持续运动锻炼的过程,是运动处方的主要内容,是达到康复或健身目的的主要途径。其运动内容、运动强度、运动时间等,应按照具体运动处方的规定实施,而运动时间至少应在 15 min 以上。

3. 整理阶段

整理阶段是指机体由激烈运动状态逐渐过渡到相对安静状态的过程,整理活动的主要作用是避免出现因突然停止运动而引起的心血管系统、呼吸系统、自主神经系统的不良症状,如头晕、恶心、重力性休克等。整理阶段是通过做一些较轻松的身体练习来实现的,如散步、慢跑、放松操、自我按摩等。整理活动的时间为 5 min 左右。

（二）运动量的监控

运动量的监控是指根据运动过程中和运动后身体的反应情况,锻炼者进行自我监测和调节运动量的过程。常采用的方法有:自觉疲劳程度、靶心率等。目前,一种简单而有效的方法是:观察每次运动后疲劳的恢复情况,运动量适宜的标志是第二天早上起床时疲劳感完全消除,感觉轻松愉快,睡眠良好,体力充沛。如果运动锻炼后数日内有脉搏、血压明显持续上升,或肺活量、体重等明显持续下降,说明运动量偏大,有疲劳积累的征兆,应及时减少运动量。

小贴士

我的运动量够吗？看看你属于哪一种：

(1) 运动量适宜的标志,全身微微出汗,肌肉稍微酸痛,有疲劳感但很愉快,情绪高涨,食欲和睡眠良好,次日精力充沛,疲劳感消除,有锻炼的欲望。

(2) 运动量过大的表现,大汗淋漓,头晕眼花,气喘胸闷,很疲惫,脉搏在运动后20 min 后仍未恢复,食欲减退,睡眠不佳,次日浑身无力,肌肉酸软,无锻炼欲望。

(3) 运动量不足的表现,身体无发热感,没有出汗,脉搏没有明显增加,而且 2 min 内恢复正常。

(三) 运动中的医务监督

在运动处方的实施过程中,应进行自我监督,对治疗性运动处方进行医务监督,以确保实施运动处方的安全性。

自我医务监督是用医学的方法,指导人们科学地进行体育锻炼,使体育锻炼获得最佳效果,并促进身体发育,积极预防运动性伤病的发生,增进健康、增强体质,提高锻炼水平和运动成绩。

但是一般的大学生是没有条件进行复杂的正规医务监督的,而自我医务监督则正是一种比较简单可行的方法。大学生可以通过观察、记录自己的锻炼情况和身体机能状况,据此间接地评定运动量的大小和锻炼水平。

进行自我医务监督主要从两方面进行。

1. 自我感觉

自我感觉包括情绪、睡眠、食欲等。自我感觉是对身体健康状况的主观反映,是体育运动对身体影响的一项重要生理指标。

2. 客观检查

客观检查包括脉搏、体重、运动成绩等。脉搏是衡量身体健康状况的一项重要生理指标。通常在运动后 30 min 左右仍没有恢复到运动前的脉搏次数,那就是机体状况不佳,或是由于平时缺乏体育锻炼,或是身体训练程度不够,仍进行超生理负荷和超训练强度运动的结果。如果脉搏跳动次数出现急剧加快或减慢,心肌收缩无规律或心肌力量减弱,那就是过度疲劳或由疾病所致,体重如果出现明显下降或增加,则应考虑运动量超生理负荷或是运动量太小所致(机体内发生病变除外)。

运动成绩是检查平时锻炼效果的客观评价。它的提高与降低,能够客观地反映出个人锻炼手段与运动负荷选择是否得当。同时也与个人有规律的作息制度和生活规律有着密切的关系,一旦有规律的作息制度与生活规律遭到破坏,亦会出现全身性器官功能失调,必将导致运动成绩的下降。反之,养成良好的生活习惯,坚持正常的作息制度将有利于运动成绩的提高。

大学生进行自我医务监督,经常分析机体的机能状况,不断修改和完善锻炼计划的内容与形式,经常变换活动场地和锻炼手段,以达到有效地增强体质、增进健康、提高身体训练的程度与运动成绩、提高学习和工作效率的目的。

第三节　运动处方实例

一、结合大学生体质健康评价,进行运动处方设计

近十年来,大学生体质健康测试结果显示,学生体质健康指标呈不均衡性发展。如何指导学生学会科学合理地运动,并结合《国家学生体质健康标准》的评价结果,有针对性地进行锻炼,成为亟须解决的问题。运动处方的制定,恰好能够满足学生个性化的选择。

《国家学生体质健康标准》将身体形态、生理机能、身体素质三个方面的内容作为大学生体质健康评价的主要内容,对大学生进行各项身体素质的测试,测试项目包括:(1) 身体形态指标:身高、体重;(2) 生理机能指标:肺活量;(3) 身体素质指标:立定跳远、坐位体前屈、50 m、800 m(女)、1000 m(男)、仰卧起坐(女)、引体向上(男)。同时,对大学生进行一些必要的医学检查,如血压、心电图等,这为制定运动处方提供了必要的条件;而次年的测试结果,可以作为运动处方实施效果的评价,还可以根据身体的变化,修改和调整运动处方,使运动处方更具有针对性和时效性。

大学生可以根据体质测试的各项指标结果,有针对性地选择不同的运动处方进行体育锻炼,如耐力较差的学生可以选择发展耐力和心肺功能的运动处方;身体形态较差的同学(偏胖或偏瘦)可以选择减肥运动处方或发展肌力的运动处方;柔韧性较差的同学可以选择发展柔韧性的运动处方;整体运动能力较差的同学还可以选择全面发展的运动处方,用以全面提高运动素质(表 10.3)。

表 10.3　针对大学生李明体质测试的结果所制定的健身运动处方(范例)

姓名	李明	性别	男	年龄	21	日期	
临床检查结果	有无既往病史:无 体质成分分析:身高 170 cm,体重 63.3 kg,握力 45.8 kg						
机能检查结果	呼吸系统(肺活量)3490 mL 肌肉爆发力(立定跳远)2.55 m 柔韧性素质(坐位体前屈)17 cm 肌肉力量(引体向上)4 个						
运动试验	1000 m						
体能测试结果	4.05 min						
运动目的	全面增强人体机能,提高身体素质,争取在《国家学生体质健康标准》测试中,各项指标能够提升,最好能达到优秀水平						
运动内容	针对以上情况,制定运动内容: ① 上肢力量加强:俯卧撑,推伸杠哑铃,拉拉力器 ② 下肢力量加强:深蹲跳,跳台阶,快速跑 ③ 心肺功能加强:长跑,变速跑,健美操等						

续表

运动强度	① 上肢力量:俯卧撑 30×3;合适重量的杠铃卧推,20×3;拉拉力器 15×3 ② 下肢力量:深蹲起 30×3 组;跳台阶 20×3 组;快速跑,100 m×3 组 ③ 有氧能力:匀速跑 3000 m,控制在 14~18 min 完成,变速跑 1600 m,直道加速,弯道慢速;健美操,连续持续时间超过 30 min 以上 运动负荷:保持心率 120~150 次/min 的运动量
运动时间	每次运动持续时间为 15~60 min,根据自身的情况逐渐增加时间,一般须持续 20~40 min,其中适宜心率时间必须在 15 min 以上; 每周保持最少 3 次的运动频率,以 4 次为最好
注意事项	① 力量练习不应引起明显疼痛,并在练习前后做好热身和放松整理活动; ② 最好两人一起练习,可以互相给予保护和帮助,并可互相督促完成; ③ 适当控制饮食,减少糖和脂肪的摄入,保证蔬菜和水果的供应,如有疾病或是明显不适请立刻停止练习,并酌情处理

二、常见运动处方

(一)减肥运动处方

肥胖对人们的健康构成很多危害,减肥问题已经广泛引起人们的重视。尽管对减肥有多种多样的说法和做法,但实践表明,要减肥一是平衡饮食,另一就是运动。美国专家的调查表明,要使减肥持久坚持下去,除了有节制地减少摄入的热量外,必须增加运动量。因此,在制定减肥运动处方时,应考虑以下几个方面:

第一,减肥运动的强度。从能量消耗的角度来看,强度中等的运动(如长跑)可以持续较长的时间,总能量消耗较多。除了糖以外,脂肪是中等强度运动供能的重要来源。根据这个道理,时间长、中等强度的运动对减肥效果最好。

第二,选择适合的运动项目。一是锻炼全身体力和耐力的有氧运动项目,如长距离步行、慢跑、骑自行车和游泳等;二是以锻炼肌力、肌肉耐力为目的的拉拉力器等静态运动;三是作为准备活动和整理活动的伸展体操。尤其应该注意不断更换运动内容,以免产生厌烦情绪。患有高血压和冠心病的人群,不要做等长运动,也就是静力运动,以免引起心率过快和血压升高。

第三,制定减肥目标和计划。美国运动生理学家莫尔豪斯认为:减肥必须采取理智和稳健的方法,即根据自己的实际情况制定切实可行的减肥目标和计划,然后逐渐调整热量消耗与饮食的关系。一周内减重不应超过 0.45 kg,否则不能真正长久地减肥。

明确了以上三点,就可以制定如下的运动处方。

1. 运动处方的制定

(1) 运动目的:减肥健美,增强体质,预防肥胖综合征。

(2) 运动种类:有氧运动项目——健身跑、长距离步行、骑自行车、游泳等;力量运动项目——俯卧撑、立卧撑、仰卧起坐、平板支撑、蹲跳等。

(3) 运动强度:最大心率 60%~70%,相当于 50%~60%最大摄氧量或心率控制在 120~130 次/min。

(4) 运动时间:每次 45 min。

(5) 运动频率:每周 3～4 次。

2. 运动处方的程序和锻炼方法

(1) 准备活动 5 min,可做腰、腿、髋关节轻微活动。

(2) 慢走与快走交替 20 min,如步行由慢变快再变慢,用 10 min 走完 1200 m,速度 2 步/s,再用 10 min 走完 1300 m。

(3) 基础体力练习 20 min:仰卧起坐 30 个;俯卧撑 30 个;平板支撑 3 组,每组 1 min;高抬腿 2 组,每组 30 个;纵跳 20 个等。

以上全部内容约 45 min,共消耗热量约 3000 kcal,此热量相当于 90 g 米饭或 3 个煎鸡蛋。所以,平时生活中管好自己的嘴是很重要的。

3. 制定运动处方的注意事项

(1) 锻炼前应做身体医学检查。

(2) 锻炼时可根据体力适当调整内容和运动量。

(3) 严寒、酷暑或身体不适时应暂停锻炼。

(二) 健美运动处方

很多大学男生,都希望拥有施瓦辛格那样的肌肉,为此,他们也会经常到健身房进行肌肉力量的练习,以期拥有健壮的体格,完美的肌肉线条。因此,制定一份适合自己的、针对肌肉力量练习的运动处方,就显得尤为重要。

健美,指通过动作练习,使人体各部位的肌肉发达匀称,体格健壮,且富有雕塑感的艺术美。现代健美运动由德国人尤金·山道创立,并由他以夸张的宣传手法,发扬光大。

负重训练为健美运动的重要训练元素,但健美运动不以追求最大力量为目标,负重训练的目的是增加肌肉力量及改善线条。此外,控制体内脂肪比率也是健美运动的重点。

负重练习应有短期和长期的目标,确定目标对保持锻炼的兴趣和热情非常重要。关键在于设置的短期目标能够在最初的几周练习中实现,从而激励自己进一步实现长期训练目标。

1. 力量练习的运动处方也可分为三个阶段:开始阶段、慢速增长阶段和保持阶段。

(1) 开始阶段

在计划的开始阶段应避免举最大重量。过大的重量会增加肌肉和关节损伤。用较轻的重量(最高重复次数为 12～15 次的负荷),不会使肌肉产生过度疲劳。如果原来选定的重量能轻松自如地重复 12 次,则可以增加重量。如果练习者不能重复举起 12 次,则说明该重量过大。

根据练习者最初时的力量水平来确定开始阶段持续的时间,一般持续 1～3 周。初练者的开始阶段可能需要 3 周,有训练的人只需 1～2 周。

(2) 慢速增长阶段

经过开始阶段的力量练习,如果肌肉已经适应练习动作,就可以增加重量,并能重复举起 6～8 次(最高重复次数)。当肌肉力量进一步增强时,可再增加重量,直至达到练习者预定的目标为止。

此阶段的练习一般为每周 3 次,每次练习为 3 组,每组 6～8 次。

(3) 保持阶段

根据用进废退的原理,如果停止练习,获得的力量会自然消退。保持阶段力量练习的强度应比获得阶段小。研究表明,力量增长后每周 1 次的练习即可保持原增长水平,若不训练,30 周后原增长水平会完全消退。

2. 力量练习的运动处方(三个阶段的处方),如表 10.4 所示。

(1) 运动目的:增加肌肉力量及改善线条,提高肌肉力量,控制体内脂肪比率。

(2) 运动种类:负重练习。

(3) 运动强度、时间及频度。

表 10.4 力量练习的运动处方

周	阶段	频率	组	最高重复次数	负荷
1～3 周	开始	2 次/周	2	15	15
4～20 周	慢速增长	2～3 次/周	3	6	6
20 周+	保持	1～2 次/周	3	6	6

注:开始和慢速增长阶段练习者应根据自己的初始力量水平在各个方面做适当调整。

3. 力量练习运动处方的注意事项:

(1) 锻炼前应做身体医学检查。

(2) 锻炼时可根据体力适当调整内容和运动量。

(3) 严寒、酷暑或身体不适时应暂停锻炼。

(4) 运动中防止伤害事故,安全第一。

(三) 高血压运动处方(适用于轻症高血压或第Ⅰ、Ⅱ期高血压)

随着人们生活水平的提高,再加上缺乏运动,很多人患上代谢疾病,高血压就是常见的一种,因此,需要制定一个针对高血压病人的运动处方,用来增强他们自主神经系统调整血管收缩的能力,缓解头晕等常见症状,并降低高血压并发症发生的可能性。

1. 高血压运动处方

(1) 运动目的:降血压,改善自我感受症状,减少降压药物量,巩固疗效。

(2) 运动种类:有氧运动项目——快走与慢跑、缓慢上下楼梯、骑功率自行车。

(3) 运动强度:心率控制在 120 次/min。

(4) 运动时间:每次 30～45 min。

(5) 运动频率:每周 3 次。

2. 高血压患者运动处方的注意事项

(1) 锻炼前应做身体医学检查,评定心血管功能,检查有无并发症。

(2) 药物治疗与科学锻炼相结合。

(3) 控制体重,改变饮食习惯,控制高盐、高脂、高糖饮食与饮酒。

(4) 建立科学、文明、健康的生活方式,劳逸结合、适当运动、戒烟。

(5) 运动中防止伤害事故,安全第一。

重症高血压和有严重并发症时期不要运动。锻炼时,切忌鼓劲憋气快速旋转、剧烈用力和深度低头的动作。

思考题:
1. 什么是运动处方?运动处方有几种类型?
2. 制定运动处方时应遵循哪些原则?
3. 根据自己的体质情况,制定一个运动处方。

陆素文、钱景虹

第十一章
传统体育养生与简易健身法

传统体育养生是中华民族数千年来在生活、生产和与疾病的斗争中强身健体的经验总结,是我国文化宝库中的瑰宝,其核心思想是"不治已病治未病"。这种未雨绸缪的积极预防思想是与现代学校体育教育教学的发展趋势相吻合的,也可使传统体育养生这门古老的学问焕发出新的活力。

第十一章 传统体育养生与简易健身法

第一节 传统体育养生

中国传统体育养生思想的发端、发展和繁荣与中国传统文化和中国传统医学思想有着密切的关系。养生之道,贵在使机体始终处在一个完整的动态平衡之中,并应具备对外界环境的适应能力,以及情感的自我调节能力。

一、外界环境的适应能力

(一)环境养生

人类作为自然界的一部分,生命活动应始终遵循自然规律。每个人的健康状况在很大程度上依赖于其所生活的环境。环境因素的异常改变,如果超出人体的适应能力,就会破坏人与外界环境的平衡协调而导致人生病。大学生正处在长身体的时期,良好的生活环境更具有重要意义。

环境养生,首先要树立保护环境、改善环境的意识。从宏观上看,保护和改善生态环境是关系到全人类健康的大事;从微观上看,对个人的养生也大有裨益。

1. 空气

人类生活在大气的海洋中,一个成年人每天需吸入 15 m^3 左右的新鲜空气,其重量相当于 13 kg,这个重量是每天所吃食物的 10 倍,是饮水量的 3 倍。人一个星期不吃饭不喝水尚有生存的希望,但是断绝空气 5 min 以上就会死亡。新鲜空气含有 21% 的氧,基本没有污染物。新鲜空气中还含有负离子,这种负离子进入人体后能促进新陈代谢,使人精力旺盛,提高机体的免疫力,对人的寿命、行为、情绪、记忆、生长发育等均有一定的影响。据国内卫生科研部门研究测定,我国城市住宅内每 1 m^3 空气中负离子数只有 40~50 个,其寿命仅有几秒至几分钟;城市街道上的负离子数为 100~200 个;而山谷、瀑布、海滨、林区附近的负离子数在 2 万个以上,其寿命可达 20 min。这些指标与我们生活中去森林、公园、海滨呼吸新鲜空气感到心情舒畅是完全一致的。因此,学生应该经常到有新鲜空气的室外活动,早上起床后注意经常打开窗户通风换气。

但随着现代化工业的发展,城市的大气质量每况愈下。许多有害物质飘浮在大气中,造成了空气污染。我国很多地方出现了严重的雾霾天气,雾霾天气对人体健康的危害是十分严重的。

(1) 引发急、慢性呼吸系统疾病。雾霾进入呼吸道,会引发过敏性鼻炎、气管炎、哮喘、肺炎等呼吸道疾病。

(2) 引发心脑血管疾病。雾霾天气,空气含氧量低,会使心脏跳动加速,阻碍正常的血液循环,导致心血管病、高血压、冠心病、脑出血,还可能诱发心绞痛、心肌梗死、心力衰竭等,使慢性支气管炎出现肺源性心脏病等。

(3) 大雾天还会给人造成沉闷、压抑的感觉,会刺激或者加剧心理抑郁等相关症状。此外,由于雾天光线较弱及导致的低气压,有些人在雾天会有精神懒散、情绪低落的状况。

为减少雾霾天带来的不良影响,出门尽量戴好防雾霾口罩。有晨练习惯的人,应停止户外活动。雾霾看似温和,里面却含有各种酸、碱、盐、胺、酚、尘埃、病原微生物等有害物质,因此,雾天外出归来应立即清洗面部及裸露的肌肤。大雾天气尤其要重视居室卫生,及时打扫房间卫生,清理卫生死角,不给病菌以滋生之地。

2. 阳光

良好的环境不能没有阳光,阳光是万物赖以生存的重要条件之一。高层建筑使人们越来越得不到阳光照射,人体的各种生理现象将随着光线的明暗程度发生微妙的变化。有些学生整天在室内看书,如果亮度不够,也容易造成眼睛的各种疾病,如近视眼、青光眼等,所以要经常到阳光明亮的地方休息一下。除此之外,阳光照射是减少室内空气微生物污染最简便的办法,能改善人体心肺功能,降低机体的过敏和紧张状态,是有益的天然治疗因素。每天室内阳光照射时间最好不少于 3 h。学生洗衣服后习惯将衣服放在室内或走廊等不见阳光的地方晾晒,这是不卫生的,容易滋生霉菌、感染疾病等。另外,阳光中的紫外线可促进体内维生素 D_3 的合成,维持正常的钙、磷代谢和骨骼的生长发育,加速伤口的愈合,提高免疫力,并有杀菌作用。一天之中,人体接受紫外线的照射时间不足 20 min,就会有紫外线供应不足的危险。当然,长时间在烈日下曝晒也会起相反作用,所以贵在适当。睡觉时尽量不要开灯,人的生物节律是在适应环境过程中自然形成的,如果在强光下睡觉,会使人体产生一种"光压力",影响人体正常代谢功能,甚至使人体的心跳、脉搏、血压异常,引发疾病。

3. 水源

水是人类生命中不可缺少的物质,是构成人体组织的重要成分。一般成人每天的生理需水量为 2500～3000 mL。很多人往往在口渴时才想起喝水,并且是大口吞咽,这种做法是不对的。喝水太快太急无形中把很多空气一起吞咽下去,容易引起打嗝或是腹胀,因此最好先将水含在口中,再缓缓喝下,尤其是肠胃虚弱的人,喝水更应该一口一口慢慢喝。水不仅含氢、氧,而且还含有一定的微量元素,这些微量元素与人体健康有密切关系,是人体补充矿物质的一个重要途径。但是,如果水中某种元素含量过高,长期饮用也会导致疾病的发生。例如饮水中氟含量过高,人喝久了,就会患斑釉齿,严重者会致氟骨症。由于水在人们生活中占有重要地位,故近年来水质污染问题引起人们普遍的关注。

4. 噪声

人类生活在各种各样的声音之中。有的声音对人体是有益的,如美妙的音乐、动听的歌声,会让人精神愉悦,对健康有利。而各种噪声则影响人们的正常生活,严重时还能危害人的健康。所谓噪声,按物理学观点,就是含有多种音调成分的无规律的复合声。生物学家认为,凡是使人感到不适和厌恶的声音都是噪声。20 世纪 60 年代以来,随着工业的发展,噪声污染已成为世界三大公害之一。噪声的强度用声级来表示,其单位为 dB(分贝),它是由人刚刚能听到的声音(听阈)算起的,分贝数越小,环境越宁静。声量每增加 10 dB,听起来响度大约增强 1 倍。如在郊外万籁俱寂的夜晚,那簌簌作响的树叶声大约为 20 dB;人们轻声耳语的声音为 30 dB;在礼堂用麦克风讲话的声音约为 70 dB;大声喧哗及室外高音喇叭声可达 80 dB;城市里公共汽车、卡车、摩托车的噪声可达 100 dB;最响的汽车喇叭声可达 120 dB。一般说来,声音在 50 dB 以下时,环境较为安静;60 dB 时,可使人从睡眠中惊醒;70～80 dB时,就显得吵闹,使人心烦不适;90 dB以上时,人不能持续工作;100 dB时,环境十分嘈杂,影响人的听力;120 dB以上时,人耳会感到疼痛难受,并有发生耳聋的可能。

噪声对人体的危害是多方面的,它能使人的神经、循环、消化、呼吸等系统发生变化,可出现神经紧张、血管收缩、心动过速、血压上升、呼吸加快、饮食下降等现象。噪声还会影响人的智力和工作效率,使之大为降低,并能促使人体早衰。长期在噪声环境中工作和生活,会使人感到头晕、头脑胀痛、多梦、疲乏无力、记忆减退,甚至会出现精神异常和导致溃疡病发作。城市的植树绿化能有效地降低噪声对人体的危害。因此,为了尽量减少噪声给他人带来的不良影响,在公共场所应尽量避免大声喧哗、大声打电话等行为。

小贴士

《天隐子》记载:"屋无高,高则阳盛而明多;屋无卑,卑则阴盛而暗多。故明多则伤魄,暗多则伤魂。人之魂阳而魄阴,苟伤明暗,则疾病生焉。"说明古人很重视居住环境的选择。《礼记》记载:"鸡初鸣,咸盥嗽……洒扫室堂及庭。"表明两千多年前,我们的祖先就很重视环境卫生,清晨打扫已成为居民的日常习惯。

(二)睡眠养生

睡眠养生是根据自然界阴阳变化的规律,采用科学、合理的睡眠方法保证充足而适当的睡眠时间,以尽快消除机体疲劳,保持充沛的精力。人的一生约有1/3时间,甚至更多的时间是在睡眠中度过的,这个时间大大超过了我们用在其他任何活动上的时间。人类正是依靠这1/3的睡眠时间为其余2/3时间的活动提供保证。虽然由于个体的差异,不同的人睡眠的时间长短有所区别,但没有人可以长时间不睡觉。

1. 睡眠的作用

睡眠能够调整人体的精神、气血,能够消除疲劳、恢复精力,是维护人体健康的基本手段之一。在睡眠状态下,全身各种功能活动放缓,如肌肉放松、心率变慢、血压降低、呼吸减缓、唾液分泌明显减少、尿分泌减少、体温降低等,一方面分解排泄体内蓄积的代谢产物,另一方面使体内获得充分的能量物质,弥补损耗,调节生理功能,稳定内分泌和神经系统平衡。因此,良好的睡眠能消除全身疲劳,使全身各系统得到休整,促进身体各部分生长发育和自我修复,为进行新的活动积蓄力量。一个人睡眠香甜,不仅是生活中一大乐事,也具有重要的养生意义。科学家们经过研究,提出这样一个观点:健康的体魄来自睡眠。睡眠不足,不但身体消耗得不到补充,而且由于激素合成不足,会造成机体内环境失调。更重要的是,睡眠左右着人体免疫功能,因此,质量高的睡眠对人体健康有重要的作用。

2. 睡眠的时间

人类正常的睡眠时间标准很难统一。我们平时所说的8～9 h睡眠,只是一个平均数,其实睡眠时间的长短因人而异,要根据不同年龄、体质、体力消耗和季节变化等因素而定。仅从年龄上来说,一般是年龄越小,睡眠次数越多,睡眠时间越长。同年龄段所需睡眠时间大致是:新生儿每天约睡18～22 h;1岁以下婴儿每天应睡14～18 h;1～2岁儿童每天应睡

13～14 h;2～7岁儿童每天应睡11～12 h;7～15岁者每天应睡10 h;15～20岁者每天应睡9～10 h;成年人每天应睡8 h;老年人每天应睡6～8 h。因为所需睡眠时间的个体差异,所以科学的睡眠时间应以醒后全身感到舒适轻松、头脑清醒、精力充沛,能很好地适应正常的学习、工作为标准。充足的睡眠有益于健康,但也应有一定的限度,睡得太多不但无益,反而有害。有的学者研究发现,每天睡11 h的人,在醒后半小时内比只睡8 h的人反应能力差,因为过多的睡眠会使大脑睡眠中枢负担过重,使大脑处于昏沉状态,影响大脑正常工作所必需的兴奋水平。美国心脏病专家研究表明,每晚睡10 h的人比睡7 h的人,因心脏病死亡的比例高出1倍,因中风死亡的比例则高出3.5倍。这是由于睡眠时血液循环缓慢,睡眠时间过长会增加心脏和脑内血凝块的危险,导致心脏病突发或中风。因此,睡眠时间长短应适度。

3. 睡眠的姿势

人的睡眠姿势多种多样,归纳起来,基本姿势主要包括三种:仰卧、俯卧和侧卧。《千金方》中也说:"屈股侧卧,益人气力胜于正卧",认为侧卧比仰卧对人体更有益,能够增加气力。以陈抟的名字命名的"希夷睡"功法也主张侧卧的姿势。事实上,从人的生理状况来看,侧卧,特别是右侧卧,确实有益于健康。因为人体侧卧时能减轻心脏负担,同时,肝脏位于右侧最低,可以获得较多的供血,"人卧血归于肝",有利于促进新陈代谢。此外,侧卧时,脊柱自然成弓形,双腿微曲,四肢易于运动,全身肌肉也容易放松,胸部受压最少,肺能自由呼吸,也不容易造成鼾声,胃通向十二指肠和小肠通向大肠的开口均朝右侧,在这种睡姿下,有利于食物在胃肠内运行。俯卧时,整个身体上半部的重量都压在胸部,以致不能自由呼吸;仰卧时手易放在胸前压住心窝部,往往导致梦魇,而且仰卧时舌根往后坠缩,容易引起呼吸不畅而发出鼾声;左侧卧时,心尖部易受压,若耳朵贴到枕头上有可能会听到心跳的声音,影响入睡。许多长寿老人都讲究睡眠姿势,一般侧卧睡眠较多,而以右侧弓形卧位最多。但实际上,人的睡姿一夜之内不可能一成不变,常常辗转反侧达20～60次之多。生理学家认为,睡眠是抑制过程在大脑皮质广泛散开的结果,而睡眠的辗转反侧有助于此扩散作用,因而能提高睡眠的质量。因此,对睡姿不必作硬性规定。

4. 午睡

中医养生学提倡睡"子午觉"。"子"是指23:00～1:00,一般都在休息,而"午"是指11:00～13:00,此时睡觉,可以顺应阳气的升发,有利于身体健康。子午之时,阴阳交接,极盛极衰,体内气血阴阳极不平衡,此时静卧,可调整机体气血平衡。有人把午睡比喻为"充电",是有一定道理的。午睡的时候,时间不能过长,最适宜的午睡时间是半个小时,这样的午睡时间对于身体的调节是有帮助的。通常认为,伏卧桌上会压迫胸部、影响呼吸,且头部压迫双臂也会影响血液循环和神经传导,使双臂、双手发麻、刺痛;眼睛贴在胳膊上会使眼球受压,导致醒来时暂时性的视物模糊,久之会损害眼睛。因此,午睡最好还是躺卧。美国睡眠研究专家罗斯认为,要使午睡既有利于健康,又能提高学习和工作效率,还应注意几点:其一,按照体内生物钟的调节,只有需要午睡时才睡,不需强迫自己午睡,更不要为午睡而服安眠药,午睡是一种需求或享受,并非所有人都必须午睡;其二,尽可能保持有规律的午睡,每天都在相同时间入睡和起床,如发现午睡时间过长,也许意味着需要更多的夜间睡眠;其三,如果午睡后马上就要从事复杂和危险的工作,那么最好放弃午睡,因为刚醒时,人经常会产生恍惚感;其四,如果午间不能睡上一会儿,那就做其他轻松的事情,如看看杂志、听听音乐等,总之,不管做什么,只要能放松自身就行。

5. 睡眠卫生

(1) 为使睡眠达到一定的时间和深度,必须养成有规律的睡眠习惯。定时睡,定时起。

(2) 睡前情绪要平静,不要太紧张、兴奋,不要看惊险小说。

(3) 睡前不宜过饱或过饥。

(4) 夜晚睡前宜温水洗脚,有助消除疲劳,促进入睡。

(5) 睡眠的环境宜安静,室内通风良好,温度适宜,但不宜睡在风口处。夏天中午不要睡在风扇下,以免感冒着凉,甚至中风。

(6) 睡眠时,无论天气多热,腹部要盖好,以免受凉引起腹痛和腹泻等疾病。

小贴士

如何才能睡好?孙思邈说:"凡欲眠,勿歌咏。""先卧心,后卧眼。"意思是说睡前应保持心境安静,同时,"卧讫勿留灯烛……头边勿留火炉"。"暮卧常习闭口,口开即失气,且邪恶从口入。""饱食即卧,乃生百病。""夜勿醉饱。"胃不和则夜不安,因此睡前切忌饱食。这些都是帮助安静入睡的好方法。

(三) 饮食养生

饮食养生就是按照中医传统理论,结合现代医学和食品营养卫生学的有关知识,调整饮食规律,注意饮食宜忌,合理摄取食物,重视饮食营养。饮食养生不仅可以保证人体健康,提高人体新陈代谢能力,还可以达到益寿延年的目的。

1. 饮食有节

饮食有节是指饮食要有规律,定时定量,不可过饥或过饱。

(1) 饮食要定时。按照一定时间有规律地进食,能使人体建立起条件反射,可以保证消化、吸收功能有节律地运转。每当接近吃饭时间,胃肠便开始分泌消化液,食物则可在体内有条不紊地被消化、吸收,并将营养输遍全身。如果随意进食,不分时间,就会使肠胃长时间工作,得不到休息,以致打乱胃肠消化的正常规律,使消化功能减弱,从而导致食欲减退,影响健康。我国传统的进食方法是一日三餐,若能严格按时进食,不随便吃零食,养成良好的饮食习惯,则消化功能健旺,对身体健康大有益处。

(2) 饮食要定量。人体每天均需摄入一定量的食物,以维持生命活动的需要。如摄入量不足,人体得不到足够的营养物质,会影响健康,甚至会导致各种疾病。反之,如果饮食量超过一定的限度,也可能损伤脾胃功能,引起疾病。现代医学也已证实,进食过饱后,大脑中的纤维芽细胞生长因子比进食前要猛增数万倍,而这种纤维芽细胞生长因子正是引起人体大脑早衰的一种主要物质。大脑早衰后,其他器官也会相应衰老。因此,现在流行一种说法,即适当减少进食,使机体处于半饥饿状态,这样能使自主神经、内分泌及免疫系统受到冲击,从而促进机体的调节功能,使机体内环境更趋稳定,增加免疫力,保持神经系统功能平衡。美国国立老年研究所进行的动物实验也表明,自由进食的动物寿命要比限制进食的动物寿命短,而疾病则以自由进食的动物为多。

(3) 忌暴饮暴食。暴饮暴食会极大地增加消化系统的负担,引起消化不良,还容易发生吞、噎、呛、咳等意外,有时甚至会诱发心脑血管疾病。长期饱食还会使人体内甲状腺激素增多,容易使骨骼过分脱钙,造成骨质疏松。科学的进食方式是细嚼慢咽。食物经过细嚼,有助于消化,有助于营养物质的吸收,并能减轻肠胃系统的负担。在咀嚼食物过程中,口腔会分泌许多唾液,唾液中含有15种助消化的酶类,还含有维生素、蛋白质、无机盐、氧化酶和过氧化酶等,能消除食物中的某些致癌物质。古人称唾液为琼浆、甘露、金津、玉液,认为其比金玉还贵重,故有"一咽再咽,身体轻健""百咽千咽,长寿延年"之说。如果每口饭能咀嚼30次,基本上可以消除所吃食物中的致癌物质。美国福克斯教授的研究认为,细嚼慢咽可以促进面部肌肉有节律地活动,因而能改善面部的血液循环,提高细胞的代谢功能,使面部皱纹减少、气色红润,能延缓面部肌肉的衰老。

2. 膳食平衡

在日常生活中,膳食的种类有多种多样,所含的营养成分各不相同,在体内代谢过程中所产生的酸性和碱性物质也不相同,所以只有科学地调配膳食,才能使人体得到各种所需的营养,并能调节体内的酸碱平衡,以满足生命活动和机体健康的需要。脾为后天之本,人出生后生长的动能全靠脾来运化,能量主要来自外来的食物。中国有句古话叫:药补不如食补。食补也称食养,指用食物的营养来预防疾病,推迟衰老,延年益寿。食补既方便又实惠,人们乐于接受,一般没有副作用,而且可起到药物起不到的作用,但必须根据体质情况适当进补。一般要遵循以下几点原则:

(1) 营养平衡。营养好,并不是大鱼大肉,也不是山珍海味,而是指营养平衡或科学营养。营养平衡是保证人体生长发育和健康长寿的必要条件。我国古代养生家很重视合理膳食、平衡营养。《素问·藏气法时论》中有"五谷为养,五果为助,五畜为益,五菜为充,气味合而服之,以补精益气"的膳食搭配理论,认为五谷是人体赖以生存的基本物质,五畜补益五脏精气,五菜有协同补充营养的作用,五果辅助补充营养,各种食物合理搭配,保证饮食者必需的热能和各种营养素的供给。这可以说是一个具有中国特色的混合型食谱,其中主食、副食、肉类食品与新鲜蔬果无不具备,这种食谱对健康长寿是十分有益的。现代营养学认为,人体所必需的营养分六类:碳水化合物、脂肪、蛋白质、无机盐、维生素和水。其中蛋白质、脂肪和碳水化合物能供给人体所需的热能,是构成身体组织的主要成分;维生素、无机盐和水虽不直接供给人体热能,但有调节生理功能的作用。如果食物的营养素不足,就无法充分补充人体的消耗。此外,各种营养素搭配要合理。通常,一种食品主要含某几种营养素,例如猪肉含有丰富的蛋白质、脂肪和一些无机盐,但缺乏碳水化合物和维生素;大米富含碳水化合物和硫胺素,但缺少脂肪、钙和维生素A;蔬菜含有丰富的无机盐和维生素C,但缺乏硫胺素。因此,在实际生活中,要根据营养平衡这一原则,有针对性地安排膳食,如儿童和少年应多吃豆类、肉、蛋及蔬菜,以保证蛋白质、维生素和无机盐的供给;老年人需控制荤食,可适当增加乳食、鸡蛋,并注意多吃蔬菜,这既有利于健康,同时也有利于防老益寿。一般人群日常饮食应多样化,以保证充足、全面、均衡的营养。

(2) 酸碱平衡。人们日常所吃的各种食物,按其性质可分为两大类:一类是酸性食物,另一类是碱性食物。食物的酸性和碱性并不是由其色、香、味决定的,酸性或碱性食物的确定是根据食物的各种成分在体内代谢过程中所产生的酸和碱,并依据其最终代谢产物的性质而定的。在新陈代谢过程中,粮食、豆类、肉类、蛋类和鱼类等富含蛋白质、脂肪、碳水化合物等多种营养素,碳水化合物、脂肪和蛋白质代谢的最终产物之一是二氧化碳,二氧化碳进入血液与水形成碳酸,这是体内产生最多的酸性物质。因此,糖、脂肪、蛋白质都是"成酸物质",所以称这类食物为酸性食物。蔬菜、水果中含有较多的有机酸盐,经体内合成最终生成碳酸氢盐(呈碱性)。另外,蔬菜、水果中还含有大量的钾、钠、钙、镁等元素,这些元素在体内的最终代谢产物均呈碱性,故称这类食物为碱性食物。奶类食品也属于碱性食物。一般情况下,由于体内存在着一套自动调节酸碱度平衡的系统,加上平时饮食大多是荤素兼顾,所以一般不会因饮食引起严重的酸碱平衡紊乱。然而,在节假日,人们的膳食结构中往往是酸性食物较多,碱性食物不足,容易导致血液酸度偏高,这样不但会增加肾脏的负担,而且会使人感到身体疲乏,抵抗力下降,因此要使体液呈弱碱性,应多食碱性食物,才能保持人体健康。另有研究表明,茶是一种典型的碱性饮品,它能在体内迅速吸收氧化,产生浓度较高的碱性代谢产物,及时中和因过食酸性食物而产生的那些代谢废物,如乳酸、尿素等,故饮茶对健康颇有好处。

3. 三餐合理

三餐合理是指每日早、中、晚三餐分配要适应生理状况和工作需要。一般情况下,提倡"早餐宜好、午餐宜饱、晚餐宜少"。

(1) 早餐宜好。早餐是一天中最重要的一顿饭,每天吃一顿好的早餐,可使人长寿。早餐要吃好,是指早餐应吃一些营养价值高、少而精的食物,以质量为主,而不是以数量为主。早餐的营养价值应该高一些,早餐所摄取的营养量应占一天所需要的整个营养量的1/3以上。早餐应选择易消化、吸收,纤维质高的食物,主食的比例最高,主食一般应吃含淀粉量高的食物,同时还要保证蛋白质的摄入量,因为富含蛋白质的早餐可使人较长时间保持充沛的精力,例如谷物、面包、牛奶、酸奶、豆浆、煮鸡蛋、瘦火腿肉或牛肉、鸡肉、鲜榨蔬菜或水果汁等。

(2) 午餐宜饱。白天能量消耗较大,午餐是一日的主餐,故应利用午餐机会及时补充能量,为下午继续活动奠定基础。午餐宜饱,是指要保证一定的量,同时也应兼顾膳食的营养。当然,午餐宜饱也应有个度,过饱则使胃肠负担过重,影响脾胃的消化功能,也影响人体的正常活动。

(3) 晚餐宜少。这是唐代医学家孙思邈提出的,他在《枕上歌》中提出了"晚饭莫教足"的观点,也为大多数人所遵循。在那个时代,人们大多"日出而作,日落而息",傍晚用过晚餐以后休息片刻,就上床睡觉了,故不宜多食,如进食过饱,易使饮食停滞于胃部,导致消化不良,影响睡眠。在当时提出晚餐宜少是很有道理的,这一生活准则也同样适合现今习惯于早睡的人。现代医学研究表明,导致糖尿病、冠心病等疾病的原因,除了环境、生理因素外,晚餐过饱也是一个主要的诱因。热量集中在晚餐的进食方式,不仅会加速机体糖耐量降低,更易诱发糖尿病,而且还会使血脂猛然升高,加之晚上睡觉后人的血液流速明显减慢,若大量血脂沉积在血管壁上,易造成血管硬化从而引发冠心病。因此,对于养生爱好者来说,节制晚餐确实是一项重要的保健措施。

但是,晚餐宜少也不是绝对的。如今人们的夜生活已经变得相当丰富多彩,晚上可以看电视、玩电脑、读书、参加一些社团或其他娱乐活动等,一些年轻人往往在晚上12时以后才睡觉。如果仍坚持"晚餐宜少"的观点,到半夜饥肠辘辘同样对身体不利。因此,晚上吃多吃少关键在于睡觉时间的早晚,睡得早就应该少吃,睡得晚则不妨多吃一些。如果睡得很晚,最好还应吃些夜宵,以免在空腹状态下睡觉,这不但影响睡眠质量,久而久之也会得胃病。

两餐间隔的时间要适宜,间隔太长会引起饥饿感,影响人的学习和工作效率;间隔时间如果太短,上顿食物在胃里还没有排空,就接着吃下顿食物,会使消化器官得不到适当的休息,消化功能就会逐步降低,影响食欲和消化。

4. 因人制宜

饮食养生除了注重前面所述的几方面内容以外,还须注意人的年龄、性别、体质、习惯、劳动强度等方面的差异,合理、科学地选择饮食。

(1) 青壮年饮食。青壮年时期的生理特点是脾胃功能旺盛,食欲好,体质坚实,精力充沛,活动量也比较大。一般情况下,只要一日三餐定时、定量、饮食合理搭配,就可以达到营养健身的目的。但处于这一年龄段的人,往往自己感觉身体素质好,对饮食不加以注意,或饥饱无常,或暴饮暴食,或寒热无度,或饮酒过量,这些均不利于健康,应尽力避免。对处于发育时期的青少年,应给予充足的富含优质蛋白质的食物,以保证机体的发育。对身体虚弱者,应根据其体质,给予适当的饮食调养。

(2) 病理体质饮食。人的体质不同,在饮食选择上有一定讲究。阴虚体瘦的人,多喜欢冬季,往往有津少血亏的症状,如手足心热、口干、便秘等。这类人在饮食上应多吃滋阴的食物,如生梨、西瓜、百合、黑木耳、鲫鱼、甲鱼、鸭肉、冬瓜、黄瓜等,而对于肥腻厚味、辛辣燥烈的食物,如辣椒、花椒、桂圆、羊肉、狗肉等,因其会使人产生内热,阴虚火旺,所以不适合大量食用。阳虚痰湿体质的人,表现为面色白、手脚冰凉,喜欢吃热的食物,喜欢夏天。在饮食上应多吃些温性益气助阳的食物,如羊肉、韭菜、番茄、荔枝、橘子、桂圆、狗肉等,忌食或尽量少食生冷性寒的食品。总之,不同体质的人,应根据自己的体质特征或征求专业医生的意见,合理选择饮食,经过长时间的坚持,可能会使病理体质逐渐转化成正常体质。

(3) 脑力劳动者饮食。脑力劳动者与体力劳动者相比,对饮食营养有一些特殊的要求。人的大脑重量仅为1400 g左右,约为体重的1/40,但其消耗的营养却要占到机体所吸收营养的1/5～1/4。脑力劳动者的大脑营养消耗更大,如不能合理补充必要的营养,不但会使人精神疲乏,而且还可引发神经衰弱。由于从事脑力劳动的人一般较体力劳动者饭量小,所以脑力劳动者的饮食应考虑质量。如果长时间满足不了营养要求,就会影响脑细胞的发育和大脑功能的活动。因此,脑力劳动者应根据特殊需要合理安排饮食结构,注意补充大脑所需的各种营养,以保持充沛的精力。

大脑需要血液中的葡萄糖氧化来供给能量以维持正常活动。日常饮食中的碳水化合物完全可以满足需要,无需再额外添加。大脑需要蛋白质和脂类,尤其是卵磷脂等是构成和修补大脑神经组织的重要物质。同时,大脑也离不开烟酸、酸胺素等维生素来促进脑的代谢。所以脑力劳动者饮食的调配原则应是在日常膳食的基础上,特别注意蛋白质和维生素的补充。比如,鱼类的蛋白质含量高达15%～20%,还含有人体所不能合成的必需脂肪

第十一章 传统体育养生与简易健身法

酸。鱼肉中的钙、磷含量也比肉类多,所含硫胺素、核黄素比较多。鸡蛋中除富含优质蛋白质外,蛋黄中还含有大量的卵磷脂和丰富的钙、磷、铁及 A、D 族维生素,非常适合脑力劳动者食用。黄豆中含有高达 40% 以上的优质蛋白质,还是一些必需氨基酸的来源之一。此外,大豆中硫胺素、核黄素、钙、磷、铁的含量也很丰富,这些对脑都有良好的补益作用。脑力劳动者膳食中也要包含一定量的蔬菜和水果,这也是获取钙、磷、铁、胡萝卜素、核黄素、维生素 C 的重要来源。

5. 饭后注意事项

饭后保健是饮食养生的重要内容之一。在这方面前人给我们留下了许多宝贵的养生经验,至今仍有其实际意义。

(1) 饭后宜漱口。春秋时期《礼记》中就有"鸡初鸣,咸盥漱"的记载,说明我国古代已认识到漱口对口腔卫生的重要意义。进食后,食物碎屑常残留在牙槽内,若不及时清除,食物残渣会发酵腐败而产生恶臭,不利于口腔卫生。故三餐后最好都用茶水或 2% 的苏打水溶液或淡盐水漱口,以保持口腔清洁。淡盐水漱口还可防治口腔溃疡和口臭。常用淡盐水刷牙,更可防止龋齿。中医古籍《金匮要略》载有"食毕当漱口数过,令牙齿不败口香"之说。

(2) 饭后宜摩腹。饭后对腹部进行适当的按摩也是许多养生家所提倡的。具体方法是:吃饭以后,将双手搓热,放于上腹部,力度适中,不能过重,按顺时针方向,环转推摩,自上而下,自左而右,连续做 20~30 次。饭后摩腹是饮食养生中的一种简便易行、行之有效的方法,可促进胃肠消化功能,有利于腹腔血液循环,还能治疗相关消化类疾病。

(3) 饭后忌吸烟。吸烟有害健康,饭后立即吸烟,危害更大。因为人在进食后,消化系统随即进行消化和吸收等各种生理活动,此时胃肠血液循环加快,蠕动加强,准备消化吸收和输送营养物质,全身毛孔张开排出多余的热能,并加强组织细胞的生物呼吸,这时吸烟,肺部和全身组织较易吸收烟雾等有害物质。研究表明,饭后吸烟进入人体的烟雾和有害物质是平时吸烟的 5 倍以上,所以对人体危害非常大。

(4) 饭后忌饮茶。饭后不适宜立即饮茶或饮过多的饮料,一方面饮水过多会冲淡胃液,影响消化;另一方面,大量水分进入胃中,会使胃扩张,产生饱胀和不适感。此外,饭后立即饮茶,还会因茶叶中所含的鞣酸等成分进入胃肠,与食物中的蛋白质结合成不易消化的凝聚物——鞣酸蛋白,影响消化与吸收。因此,饮茶最好在吃完饭半小时以后,这样才能使茶叶中的某些成分发挥其提神和助消化的作用,并且对胃肠的不良刺激也会减小。

小贴士

"饭后百步走"是千百年来被广泛接受的养生观。唐代著名医学家兼养生家孙思邈在《千金翼方》中指出:"平日点心饭后,出门庭行五六十步,中食后,行一二百步,缓缓行,勿令气急"。又说:"食毕行步,踟蹰则长生。"因为饭后大量的血液都会聚集到胃肠等消化部位,因此饭后最好等 15 min 到半小时后百步走才有助消化,而且饭后的步行应以慢走为主,而不应快行。此外,还须注意的是,饭后不宜立即洗澡,不要马上读书,不要进行繁重的体力劳动和紧张的脑力劳动,不要立刻上床睡觉等。

二、情感的自我调节能力

情感的自我调节能力实际上是一个人精神层面的养生,主要是指对人的情感、性格和意识等方面的调节,也可以说是对人的精神、心理的修养和锻炼,以保持人体的心理平衡,维护机体的健康。因此,要成为一个真正的健康者,不仅要躯体无病,而且还要精神愉快、心理健康。随着社会现代化的高速推进,人类也进入了情绪负重的非常时代,精神因素对人体的影响日趋复杂,所以调摄精神已成为养生的一项重要内容。

(一) 静心养神

神是一切生命活动的体现和主宰,也是生命存亡的区别所在,所谓"得神者昌,失神者亡"。但神气主宰一切生命活动是易动而难静,所以养神的关键在于静心。《素问·生气通天论》指出:"清静则肉腠闭拒,虽有大风苛毒,弗之能害。"说明静心养神可以使正气充聚而不散乱,维持机体正常的生理功能,增强抗病能力,即使有很强的致病因素,也不易罹患疾病。同样是流行性感冒,处在同样环境中的人,有的人易得,而有的人则经常幸免。静心养神贵在安心处世,随遇而安,从容温和,精神静谧,做到安静和少欲望,这样有利于学习和工作,使外物的影响尽量减少,使机体整体协调,生活规律,可预防疾病的发生。反之,如果一个人不能做到静心养神,而是终日为名利斤斤计较,与古代养生思想南辕北辙,则很多疾病就容易接踵而至。但这里所倡导的静心养神思想并非是虚无缥缈的绝对的静,它与那种什么事都不想干,整日冥思苦想,一心梦想"得道成仙"的做法有着本质的区别。这种自我调节能使神经系统免受外界精神因素的干扰,使人体神经调节和内分泌等相关生理功能处于良好状态,减少相关疾病的发生。

(二) 情感节制

情感活动主要包括喜、怒、忧、思、悲、恐、惊,在中医学中也称此为"七情"。"喜",是心情愉快的表现,俗话说"人逢喜事精神爽"。有高兴的事可使人精神焕发,有利于身体健康。但喜也要有限度,如果超过极限,对人体健康同样也是不利的,也不合乎养生修身的标准。最著名的例子是《儒林外史》中《范进中举》的故事,范进数十年寒窗苦读不得志,一朝中举,高兴得举止发狂,疯癫而且不认识人。另外,过度喜悦能使心率加快,某些冠心病患者也可因此而诱发心绞痛或心肌梗死;极度狂喜也可使血压升高,导致老年人中风等。因此,即使是欢喜这种良性情感刺激,也应当反应适度。

暴怒可以伤肝,导致肝气横逆而上升,出现面红耳赤、青筋暴涨的现象,这时人会感到头痛头晕、胸胁胀痛,严重者会出现晕厥。严重的话,血随气逆行,就可能会出现呕血、咯血等情况。人在发怒时,呼吸加快,肺泡扩张,耗氧量加大,肝糖原大量损失,血流加快,血压升高,心跳加速,周身处于正常生理机能的失控状态。这种事例也并不罕见,《三国演义》中有诸葛亮三气周瑜的故事,气得周瑜最后竟口吐鲜血、剑疮迸裂而死。设想如果周瑜能够有豁达的心胸,可能就不会有这样的结果。为了身体健康,切忌长时间生气,不要遇到不顺利的事就怒不可遏。日常工作生活中,会遇到许多事,接触到很多人,很难做到事事顺心,只要保持良好的心态,辩证地看待遇到的问题,宽以待人、严于律己,就可以减少生气动怒的机会,使自己保持良好的精神状态。

"忧(悲)",表现为忧心忡忡,愁眉苦脸,整日长吁短叹,神气不足,垂头丧气。中医理论认为忧伤肺,肺主皮毛,人在悲伤忧愁时,可使肺气抑郁,不能滋养皮毛,因此忧(悲)过度容易引起鼻、气管、肺脏等呼吸系统和皮肤系统疾病,如荨麻疹、斑秃、咳嗽、哮喘等。《红楼梦》中的林黛玉由于长期郁郁寡欢,经常以泪洗面,最终因忧愁而死。悲伤的情绪能使内脏功能失调,导致亚健康或疾病的发生。人处于悲伤时,胃黏膜变得苍白,胃蠕动减弱,胃液分泌减少,如果通过安慰而改善其情绪,则胃内的状况也随之好转。

"思",就是集中精力考虑问题。如果长时间集中精力去思考问题而引起思虑过度,就会使人的精神受到影响,从而导致失眠多梦、神经衰弱、消化不良、大便溏泄、腹胀等不适。此外,还可伴有头痛、头晕、失眠、消瘦等现象,严重者甚至导致精神错乱。而思虑完全是依靠人的主观意志来加以支配的,所以为避免因思虑过度而导致上述疾病,人在思想上也应该劳逸结合,有张有弛,保持良好的思维方式。

"恐(惊)",伤肾。中医认为"恐"为肾之志,长期恐惧或突然意外惊恐,都可能导致肾气受损,所谓"恐伤肾",就是指的这个意思。无故恐惧害怕的人,大多肾气亏虚、气血不足。"恐则气下",有一说法叫"吓得屁滚尿流",为什么一害怕大小便都失禁了呢?因为肾是司二便的,它是控制二便的。当一个人过度恐惧的时候,他的肾气就散了,肾的固摄功能就差了,肾的固摄功能一差,大小便就失禁了。

喜怒哀乐,人之常情。但重要的是,面对外界的刺激应通过调节自己的情感,排除各种杂念,消除或减少不良情绪对心理和生理的影响,使人的情感活动保持相对平静的状态。此外,平时要重视个人的思想修养及精神调摄,客观对待周围事物的变化,使自己的状态经常处在乐观、愉快、安静、平和之中。至于调畅情感的具体方法,可根据每个人的具体情况及兴趣爱好,自行选择。为了使自己的生活丰富多彩,要培养广泛的兴趣爱好,将思想多倾注于爱好,使精神有所寄托,自以为乐,这对养生延年十分有益。

(三)开朗乐观

健康长寿者,首先要有开朗的性格、宽广的胸怀,才能保持精神乐观,从而增进健康。"喜则气和志达,荣卫通利",说明精神乐观可使人体营卫之气运行正常,气血和畅,生机旺盛,从而身心健康。据调查,国内外的长寿者中,绝大多数人的性格是开朗、温和的。经反复研究证明,性格孤僻、性情抑郁、情绪紧张、喜怒无常的人比性格开朗豁达的人发病率高,死亡率也高。同时,研究还发现相当多的癌症患者年轻时性格欠佳,在发病前,大多有焦虑、失望、忧郁、压抑及愤怒等不良情绪。而性格开朗、情绪稳定、精神健康的人,癌症发病率也低。据调查,80岁以上的长寿老人,96%是乐观的、富有人生乐趣的。现代科学研究也认为,保持乐观的精神状态对人体十分有益。著名生物学家巴甫洛夫曾经说过:愉快可以使你对生命的每一跳动,对于生活的每一印象,都易于感受,无论是躯体上的还是精神上的愉快,都可以使身体发展、强健。乐观者常笑,笑是养生长寿的妙方,是治病的良剂;笑又是一种独特的运动,对机体来说是最好的体操。

知足者常乐,是指无过多的、不切实际的奢望,并能始终保持精神上的愉快和情绪上的安定。要知足于当前的生活条件,生活上的追求与享受是永无止境的。不过"知足"不等于满足现状,停滞不前。人总是要有进取心的,对待事业永无"知足"可言,对待物质追求,则应量力而行,适可而止。只有这样,才能求得心理上的平衡和情绪上的稳定。

第二节 简易健身方法

传统体育养生是指运用各种传统体育方式进行锻炼,从而达到增强体质、延年益寿的一种养生方法。

一、松静功

松静功对体力劳动者和脑力劳动者消除疲劳、恢复精神和体力都有较好的效果,对高血压、神经衰弱、自主神经功能紊乱、胃及十二指肠溃疡、习惯性便秘等有较好的疗效。

1. 姿势

取坐、站、卧式均可。

2. 呼吸

从自然呼吸开始,逐步过渡到腹式深呼吸。

3. 意守

可意守丹田或意守外景。

4. 功法

姿势摆好以后,双目微闭,目似垂帘,宁神调息,随后开始放松入静。放松的方法:从头部自上而下,配合呼气逐渐放松至丹田,上肢自肩胛部放松至肘部;自然吸气后,配合再一次呼气,从丹田放松至骶髂部,上肢从两肘放松至两手;再自然吸气之后,配合呼气,从骶髂部一直放松至两脚心。在呼吸中,当吸气的时候,默念"静"字;当呼气的时候,默念"松"字。

练功时,意想将气息从身体各部位缓缓地聚集到丹田,即所谓"气息归元"。初学者在收功时,可将一只手的掌心按在脐部,另一只手的掌心贴在这只手的手背上,男生左手在内,女生右手在内,两手同时自肚脐中心向左,由内向外,由小圈到大圈,缓慢地推转20~30圈,到达心窝处后停稳;稍停后,再从心窝向右,由外向内,由大圈至小圈,缓慢地推转20~30圈,到达脐部后停稳;随后,两手上下相搓至微热后睁开眼睛,放松身体后即可收功。

二、站桩功

站桩功是一种形体、精神同时锻炼的静功,主要适用于健康体强者,在疾病的康复期也可用,能恢复和增强体力,不过对虚弱者不大适宜。

1. 姿势

可根据体质强弱分为高位、中位和低位3种。高位时两脚外侧缘间距约与肩同宽,两上肢在胸腹部呈抱球状;中位时两脚外侧缘间距略大于肩宽;低位时两下肢尽量分开。双膝屈曲程度依位置高低、个人主观感觉及体质不同选择适宜高度。

2. 呼吸

以自然呼吸为主,熟练以后可采取腹式呼吸。

3. 意守

可以意守外景,平视远方。

4. 功法

先摆好姿势,松静自然站立 3～5 min,两眼半闭,目似垂帘,宁神调息,气沉丹田,稍作停顿再随呼气将气息引至两脚心处,此时两脚轻轻抓地,意想青松屹立,久练可使下肢肌肉力量增加,提高身体平衡能力,促进身体气血运行,并可提高内劲。

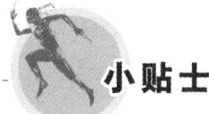小贴士

练功前先解大小便,宽衣松带,选择空气清新和安静的地方。练功时不要憋气,身体保持松静自然,站桩功最好在清晨和临睡前各练一次。

三、保健功

保健功具有健身防病的作用,主要功理是通过对机体经络或穴位的刺激,来达到促进气血运行、沟通内外、联络脏腑,从而增强体质、增进健康的目的。

1. 干沐浴

浴手:两手合掌搓热,然后两手紧握手心手背相互摩擦,如此反复进行至双手发热为止,浴手能使双手气血调和,经络通畅。

浴臂:右手掌紧按左肩前部,用力沿臂内侧向下擦至腕部,再到手心,后翻至手背部,由手背外侧向上擦至左肩后部,如此往复直至皮肤发热为止,然后用左手以同样方法擦右臂。浴臂可使关节灵活,防止手臂酸痛,促进肩臂部经络循行,尤其对臂部寒痹者,效果较好。

浴头:两手掌按住前额,稍用力向下擦至下颌,再翻向头后两耳上,轻轻擦过头顶,回到前额,如洗脸状,如此反复进行多次。随后用 10 指指腹均匀地轻揉整个头部的发根 10～20 次。头为诸阳之会,百脉所通。浴头可促进诸阳上升、百脉调和、气血不衰,持之以恒能使人面色红润、少生皱纹。揉发可引血上行,还能养发乌发。

浴眼:两手轻握空拳,两拇指弯曲,用拇指背部分别缓慢由内向外摩擦两侧上、下眼皮多次;然后用拇指分按在太阳穴转揉多次;最后用两手拇指分别按揉两眉头中间部位数次。浴眼可使眼部气血畅通,保持肌肉丰满,防止老年眼睑下垂现象,还可防止视力疲劳、远视和近视。揉太阳穴可抵御风寒侵袭,能治疗头痛头昏。

浴鼻:两手拇指微曲,其余四指轻握空拳,用拇指背部沿鼻梁骨两侧上下往复用力擦数次,并按摩鼻两侧的睛明、迎香穴位。浴鼻可使鼻部血液畅通,有助于抵御寒邪侵袭,可预防感冒,缓解过敏性鼻炎等。

浴胸:以右手掌按住右乳上方,手指斜向下,用力呈斜线推至对侧腹股沟处,然后再以

左手从左乳上方做同样的动作,如此反复多次。

浴膝:两手掌心紧按两膝部,先向外旋,然后向内旋,如此反复多次。膝关节处有软骨和韧带等组织,血管分布相对较少,最易造成恶湿怕寒,经常浴膝可以提高膝关节部位温度,驱逐风寒,灵活筋骨,防止关节炎等疾病。

浴腿:两手紧贴同侧大腿根部,从外侧向下擦至足跟部,然后从脚内侧沿腿内侧向上擦至大腿根部,如此反复数次。腿是足三阳经和足三阴经的经络要路,浴腿可防腿疾,可使步履有力,促进腿部经络循行。

2. 弹鸣天鼓

天鼓就是耳中的响声。两手掌心紧按两耳孔,手指放于脑后,十指相对,食指按住中指后,食指向下叩打头后枕骨(小脑部)3次,耳中如闻擂鼓之声;然后,掌心掩按耳孔,紧按头后枕骨部不动,两手再突然抬离,这样连续做3次。头为诸阳之会,又是小脑所在部位,所以轻击可清醒头脑,增强记忆力,提高听力。

3. 按摩眼睛

静坐,头正腰直,双目微闭,以双手食指和中指指腹部位来回轻柔按摩同侧眼眶35次,再用双手拇指指背来回轻柔按摩同侧眉弓部位35次。然后运转眼睛,轻闭双目,用意念带动两眼珠旋转,先顺时针方向上下左右旋转7圈,后逆时针旋转7圈,然后睁开双眼,两眼球以顺时针方向上下左右旋转7圈,再逆时针旋转7圈。旋转结束后,尽量张大两眼"怒视"前方一个目标,然后闭目静养片刻,均匀深长呼吸数次。经常按摩眼睛,能改善眼睛周围皮肤的血液循环,使眼部气血畅通,可健眉、明目、清脑,减少眼周皱纹,防止眼睑松弛,防止眼疲劳,防止中老年人眼底病,预防老花眼、白内障、眼皮下垂等疾病。经常旋转眼球,可促进眼部血液循环,缓解眼部疲劳,预防近视,防治眼部疾病。

4. 叩齿

隋代巢元方说:"鸡鸣时,常叩齿三十六下,长行之,齿不蠹虫,令人齿牢。"说明经常叩齿可滋养官窍肢体,使牙齿坚固,有预防龋齿的作用,到老牙齿也不易脱落。现代医学认为,人经过一夜休息之后,清晨起来时,牙周组织仍处于松弛状态,牙齿也有些松动,如果这时轻轻叩齿,既巩固了牙根和牙周组织,又兴奋了神经、血管和牙髓细胞,对保护牙齿很有好处。

叩齿的具体方法是:清晨或睡前,排除杂念,静心神凝,口唇轻闭,先是上下颌中部靠前的牙齿有节律地相互叩击,接着是后面磨牙的相互叩击,上下牙齿各互相轻轻叩击30次左右,若有口水可随时咽下,有健齿和促进消化的作用。

5. 鼓漱咽津

所谓"咽津",即闭合口唇,将舌头伸出齿外唇内,上下左右搅动,名曰"赤龙搅水",津液(唾液)很快生出满口,然后鼓漱3次咽下。我国古代养生家对唾液极为重视,称其为玉泉、甘露或华池之水。先人创造的"活"字,即"舌"与"水"两字,寓津液之意。如一分为三,即由"千""口""水"三字组成,这就意味着,只要将舌下产生的大量津液一口一口地咽下,持之以恒,就能维持旺盛的生命力,达到延年益寿的目的。

现代研究证明,正常人每日分泌唾液量约1500 mL,唾液中除含95%的水分外,还含有淀粉酶、溶菌酶、黏蛋白、免疫球蛋白等多种物质。唾液在口腔内不仅能湿润和稀释食物,有助于胃的消化吸收,而且还能杀灭口腔内的细菌。唾液进入胃中,能中和过多的胃酸,保护胃黏膜。值得一提的是,唾液还具有防癌作用。日本一名医学教授经多次实验发现,唾液具有使致癌物质转变为无害物质的特殊功能。因此他提出,人们如能把进入口腔内的食物咀嚼30 s以上,就可基本上消除其中可能存在的致癌物质。

咽津可在每天早晨进行。醒来后,起身端坐,凝神静心,舌舐上腭,待口内充满津液,缓缓咽下,以意念送至脐下丹田。也可在晚上临睡前或其他时间进行,可采用"赤龙搅水",漱口咽津法。鼓漱可以提高消化功能和免疫能力,对阴精匮乏者有较好的效果,晨起可先用水漱口,然后再练习此功法。

6. 按摩颈部

静坐,轻闭口目,头部稍向前倾,具体分3步进行操作。首先颈部放松,用右手五指合拢伸至后颈,紧贴大椎穴位置(第七颈椎棘突下凹陷中),用力按顺时针方向旋转按摩25次,后换用左手逆时针方向按摩25次,交替按摩2~3遍;然后用右手掌五指合拢从颈后至左侧颈部肌肉处按摩20~30次,换左手按摩右侧颈肌20~30次;最后用双手掌推揉同侧颈肌,从颈椎处按摩至后脑的位置,用两拇指和鱼际着力,一上一下,反复按摩30~50次。

人的生命中枢在颈部与脊髓连接,支配全身的大部分神经都通过颈部。由于颈部平时活动的幅度和频度较大,随着年龄的增长,常常会引起颈椎增生、颈部软组织损伤等病变,出现头晕、头痛、视物模糊,以及颈、肩、臂等处疼痛麻木等症状。经常按摩颈部,能疏通颈部经络,促进颈部的血液循环,增强颈部肌肉的力量,避免颈椎生理弧度变形,可防治颈椎增生、颈肌劳损、韧带损伤、神经损伤、高血压等疾病。另外,经常做旋转颈椎或颈椎放松后仰动作也可防止颈椎相关疾病。

7. 搓腰眼

双手掌心对搓发热后,紧按腰眼(第三腰椎棘突旁开三寸),用力向下搓到尾闾部,可如此反复进行多次。常练此法可疏通带脉,缓解或预防腰酸腰痛。有腰椎结核、肿痛、骨折或炎症患者禁止腰椎按摩,防止病灶扩散或加重骨折错位。

8. 揉腹

手掌搓热,双手相叠放于脐上(男性左手在内,女性右手在内),先绕脐顺时针揉擦6圈,再逆时针揉擦6圈。揉腹可以改善消化系统功能,治疗消化系统疾病。腹内有恶性肿瘤或胃肠穿孔、内脏出血、阑尾炎或腹膜炎等,禁止腹部按摩。

9. 梳头

《诸病源候论》云:"栉头理发,欲得多过,通流血脉,散风湿,数易栉,更番用之。"这里的"栉",是梳子、篦子之类的通称,有梳头的意思。就是说梳头可以疏通气血,祛除风湿,而且梳的次数越多越好。

现代研究认为,经常梳头,梳齿与头皮不断接触和摩擦,能刺激头皮末梢神经和毛细血管,改善头部的血液循环,使其新陈代谢更加旺盛,能避免头发的憔悴、开叉和早衰。梳头能消除头部的油腻和皮屑,有利于头皮细胞的呼吸。梳头能健脑提神、促进思维活动和提高记忆能力,还能消除疲劳、预防感冒。

梳头的具体方法是:选择一把好的梳子,最好用牛角或桃木质的,梳齿稀疏而短的比较适宜。发际周围可用梳齿反复快速梳头,着力适中,以舒适为度。除了用梳子梳头外,还可用自己的双手指头来梳头。古人认为用手指梳头可以按摩头皮。头部穴位较多,通过手的梳理按摩,可使气血通畅,头发光润乌黑。用手指梳头,每日醒晨、午休、工作和学习之余,用两手十指自额部前发际开始,由前向后梳到后发际,动作以缓慢柔和为主,边梳边揉擦头皮更好,次数不限,时间可在 10 min 左右。对于一些长期伏案工作者,如感到头昏脑涨时,可立即用双手梳理一番,会顿觉头脑清新,耳聪目明。梳头除了具有较好的养生功用外,还可以治疗神经衰弱、高血压病、动脉硬化、神经性头痛等慢性疾病,特别是对脱发、白发和斑秃的防治效果较理想。梳头可以在早晨起来时或白天任何时候进行,而在晚上入睡前则不适宜梳头。

10. 击掌

手掌中央存在着有助于增强心脏功能、开发大脑潜力的重要感受器,在此处进行强刺激,可对开发大脑潜力有帮助。击掌就是应用这一原理的一种养生方法。先将双手向头上伸展,强烈地拍击手掌 3 次,接着将向上方伸展的双手改为平举在胸前,再拍击 3 次。手掌合起来拍击时会发出"嘭嘭"的声音,这种声音通过听觉神经而传到大脑,具有醒脑提神的作用,而拍击手掌也具有增强大脑记忆的功效。

如果早上喜欢睡懒觉,白天头脑感到昏昏沉沉,记忆力下降,注意力不能集中,就可采用击掌的方法,通过击掌可以消除头脑的模糊和心中的烦躁。需注意的是,击掌时手腕要用力伸展,尽量使左右手的中指牢牢地靠拢。

11. 擦脚心

双手搓热,然后上下搓两脚心各数十次,直至脚心发热为止。搓脚心有舒肝明目、降压消炎和提高肾脏功能的作用。上述功法在睡前做有助于消除一天的疲劳。

四、坐位操

坐位操是长期处于坐位工作状态的人进行即兴锻炼的一种运动,可以促进血液循环和新陈代谢,消除疲劳。

仰头挺胸运动:双臂上举仰头,挺胸吸气,动作还原呼气,做 8 次。

屈肘运动:双臂侧平举吸气,用力屈肘呼气,做 8 次。

转体运动:双手叉腰,向左、向右转体,左右交替做 8 次。

伸腿运动:两手扶膝,向前伸直左腿,还原,再向前伸直右腿,还原,交替做 8 次。

体侧屈运动:双手叉腰,左臂侧上举过头,上体向右侧屈,还原,右臂侧上举,上体向左侧屈,还原,每侧做 4 次。

扩胸运动:双手握拳,屈肘于胸前,右拳放在左肘上方,左拳在右肘下方,然后两臂用力向两侧后展扩胸,做 8 次。

上述坐位操不必一次全做,可根据各人爱好及身体状况选择一两种进行。

五、倒行健身法

倒行又称倒走、倒退走、退步走。同正走相反,倒走是一种反序运动,对慢性腰痛和椎间盘突出症有康复作用,还可以强化脚部肌肉。倒行可使腰部肌肉、胸腹肌肉及关节部位得到反向协调运动,使原来紧张的肌肉得到放松,原来放松的肌肉紧张起来,可采取两种方法进行,一是倒行时将双手背放在腰背命门穴上,缓步后退,如此退步一会儿再正走一会儿,这样交替进行。另一种方法是倒行时双手叉腰,拇指向前,其余四指向后,退行时尽量将脚抬高,这样每天坚持10~20 min,每分钟不超过80步。但倒走时要有正确的方法和技巧,倒走时不可以穿带跟的鞋,这样既安全也容易坚持。倒行时要选择平坦宽阔、远离人群的草坪或操场进行,防止因踏空或碰撞而跌倒。

小贴士

倒行比正常往前走的氧气消耗量高31%,心跳快15%,血液中的乳酸含量也偏高,可能是由于倒行使动作难度增加,需要消耗更多的氧气和热量,因此对肥胖者来说是又一种可以尝试的减肥方法。

六、练功时间选择

古人认为,一天十二个时辰,选择哪个时辰练功是有讲究的。

(1) 六阳时练功。一天中的前六个时辰(子、丑、寅、卯、辰、巳,即23时至11时)为阳气上升之时,此时练功可以因气长气,一般阳虚患者或练外功者可选择此时练功。

(2) 六阴时练功。一天中的后六个时辰(午、未、申、酉、戌、亥,即11时至23时)为阴长阳消,阴气渐盛之时,一般阴虚患者或静功可选择此时练功。

以上练功时间选择可作为一种参考,但也不必拘守。

小贴士

古人认为不同的方位与人体五脏之间是相通的,因此练功者也应注意练功方位的选择。东方属木,南方属火,为阳方;西方属金,北方属水,为阴方。人体的背属阳,腹属阴,练功者可选择背向阳方、面向阴方的地方,这样健身效果会更好。

思考题:

1. 怎样提高情感的自我调节能力?
2. 如何养成合理的饮食习惯?
3. 睡眠养生的意义是什么?
4. 你认为哪些锻炼方法最简单易行?
5. 保健功有哪些主要内容?

王立靖

Chapter 12

第十二章
体质测量与评价

体质测量与评价是一门研究人体的综合性科学。它通过对人体形态、生理机能、身体素质进行检测,之后对各项指标的数据加以整理,用于评定体质的状况、特征,来比较不同人群、不同个体的体质水平,进而鉴定和完善增强体质的各种措施,有的放矢地选用相应的内容和方法,实现学校体育科学化。

第一节　身体匀称度的测量与评价

一个人的身体匀称度能反映其形态发展的基本特征。评价身体形态发育的指标很多，下面主要介绍身高、体重、胸围和皮褶厚度等4项指标的测量与评价。

一、身高

（一）测量的意义

身高是反映人体骨骼生长发育和人体纵向高度的主要形态指标。身高与体重、其他肢体长度及围度、宽度指标的比例关系，可反映人体匀称度和体型特点；此外，在计算身体指数、身高标准体重，评价体格特征和运动素质能力等方面也有重要的应用价值和实际意义。

（二）测量方法

受试者赤足，立正姿势站在身高计的底板上（上肢自然下垂，足跟并拢，足尖分开呈60°角）。足跟、骶骨部及两肩胛区与立柱相接触，躯干自然挺直，头部正直，耳屏上缘与眼眶下缘呈水平位（图12.1）。测试人员站在受试者右侧，将水平压板轻轻沿立柱下滑，轻压于受试者头顶（图12.2）。测试人员读数时双眼应与压板水平面等高进行读数，记录员复述后进行记录。以厘米（cm）为单位，精确到小数点后一位，测试误差不得超过0.5 cm。

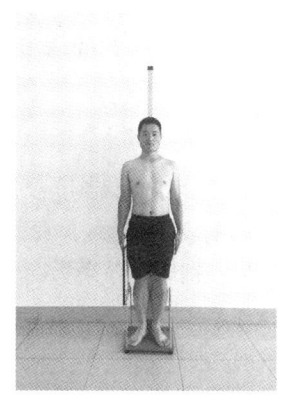
图12.1　身高测量姿势（一）

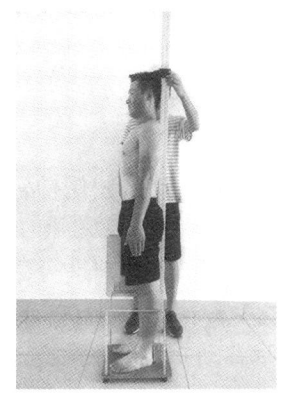
图12.2　身高测量姿势（二）

（三）注意事项

（1）身高计应选择平坦靠墙的地方放置，立柱的刻度尺应面向光源。

（2）严格掌握"三点靠立柱""两点呈水平"的测量姿势要求，测量人员读数时两眼一定要与压板等高，两眼高于压板时要下蹲，低于压板时应垫高。

（3）水平压板与头部接触时，松紧要适度，头发蓬松者要压实，头顶的发辫、发结要放开，饰物要取下。

(4) 读数完毕,立即将水平压板轻轻推向安全高度,以防碰坏。
(5) 测量身高前,受试者应避免进行剧烈体育活动和体力劳动。

 小贴士

影响骨骼生长的因素

1. 遗传因素是影响骨骼生长的内在因素,每一块骨骼生长的时间、形态、大小等受遗传因素的制约,通过外在的因素可以部分影响骨骼的生长状况。
2. 睡眠时生长激素的分泌量会增加,因此,积极的休息、充足的睡眠可以使骨骼获得充分的生长时间。
3. 无机盐中的钙、磷和维生素A、C、D都与骨骼的生长有关。
4. 骨骼的生长和发育受机械力的作用,正常的体力劳动和体育锻炼可使骨骼粗壮结实。

二、体重

(一) 测量的意义

体重是反映人体横向生长和围度、宽度、厚度及重量的整体指标。体重不仅能反映人体骨骼、肌肉、皮下脂肪及内脏器官的发育状况和人体充实度,还可以间接地反映人体营养状况。体重过重,可出现不同程度的肥胖,而过度肥胖又多是引发许多心血管疾病的重要原因。体重过轻,则可作为营养不良和疾病的重要特征。因此,适宜的体重对于成年人的健康和体质强弱有重要的意义。

(二) 测量方法

杠杆秤或电子体重计。使用前需检验其准确度和灵敏度。准确度要求误差不超过0.1%,即每100 kg误差小于0.1 kg,检验方法是:以备用的10 kg、20 kg、30 kg标准砝码(或用等重标定重物代替)分别进行称量,检查指标读数与标准砝码误差是否在允许范围内。灵敏度的检验方法是:将100 g砝码放到秤台上,观察刻度尺变化,如果刻度抬高了3 mm或游标向远移动0.1 kg而刻度尺维持在水平位置时,则达到要求。

测试时,电子秤应放在平坦地面上,受试者赤足,男性受试者身着短裤(图12.3),女性受试者身着短裤、短袖衫(图12.4),站在秤台中央。测试人员点击测试按钮,读数以千克为单位,精确到小数点后一位。记录员复诵后记录读数。

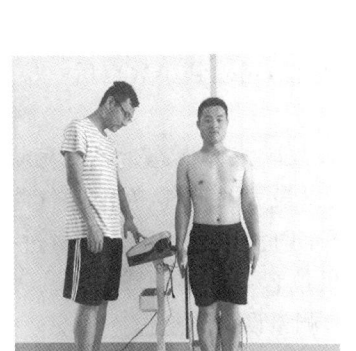 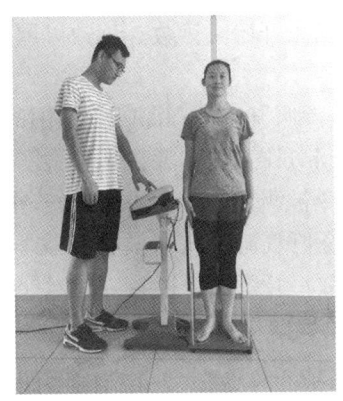

图 12.3　体重测量姿势（男）　　图 12.4　体重测量姿势（女）

（三）注意事项

(1) 被测者站在秤台中央，上、下体重秤时动作要轻。
(2) 每次使用杠杆秤时均需校正。测量人员每次读数前都应校对砝码重量，避免差错。
(3) 测量体重前，被测者不得进行体育活动和体力劳动。

表 12.1　体重指数（BMI）单项评分表（单位：kg/m^2）

等级	单项得分	大学	
		男生	女生
正常	100	17.9~23.9	17.2~23.9
低体重	80	≤17.8	≤17.1
超重		24.0~27.9	24.0~27.9
肥胖	60	≥28.0	≥28.0

三、胸围

（一）测量的意义

胸围是人体宽度和围度最有代表性的测量指标。胸围反映胸廓的大小及胸部、背部肌肉的发育情况。由于胸廓内有人体重要器官（心脏、肺脏），胸围的测量对于内脏器官的机能状况有较大的意义。胸腔容积增大，胸部和背部肌肉力量增强，有利于呼吸和循环机能的改善，并使人体能够保持正常的形态。因此，胸围也是反映人体生长发育水平的一个重要指标。

（二）测量方法

测量胸围可使用夹有尼龙丝的塑料软尺。测量时，被测者必须裸露上体，自然站立，两脚分开同肩宽，两肩放松，两臂自然下垂，并做均匀、平静的呼吸。测量者将软尺围绕胸廓1周。在背部，软尺上缘置于肩胛骨下角的下缘；在胸部，软尺下缘放在乳头上缘。已发育成熟的女性，软尺应置于乳头上方第4肋骨与胸骨连接处。从侧面看，软尺呈水平。应在呼气终了、吸气尚未开始时读数。读数以厘米(cm)为单位,精确到小数点后一位,测量误差不超过1 cm。

呼吸差是深吸气胸围和深呼气胸围的差值,可以反映人体形态生长发育状况和呼吸肌力量的大小。测量时,被测者在平静胸围的基础上,做最大的吸气,在深吸气终了时测量吸气胸围;接着令被测者做最大的深呼气,在深呼气终了时测呼气胸围。测量过程中,软尺要贴住皮肤,随深呼气时的胸廓放松和收紧软尺,带尺位置不得移动或脱落。吸气时不要耸肩,呼气时不要弓背弯腰。读数以厘米(cm)为单位,测量误差不超过 1 cm。

(三)评价标准

根据已测得的身高、体重和胸围的指标数,就可评价出人体形态发育状况,即身体匀称度。

人体形态发育情况还可用指数评价法进行评价。下面介绍两种常用的指数评价方法。

(1)身高体重指数,又称克托莱指数,表示每厘米的体重值,即相对体重,用来反映人体营养状况和胖瘦程度。该指数受身高的影响较大。同年龄、性别的人群中,身高越高者,其评价准确性相对较低。

$$身高体重指数 = 体重(kg)/身高(cm) \times 100$$

(2)体重身高胸围指数,又称维尔维克指数,主要反映人体的长度、宽度、围度、厚度和密度,也就是身体匀称度,并与心肺机能有密切关系,既可作为营养指数,又能较好地反映体格状况。

$$体重身高胸围指数 = [体重(kg) + 胸围(cm)]/身高(cm) \times 100$$

表 12.2 是用指数评价法评价中国大学生身体形态发育的状况。用指数法评价身体发育时,其所属发育等级表示被评价者某项指数的发育处在整体中的位置,以及身体比例的匀称程度。

表 12.2 18~25 岁中国大学生身体形态发育指数评价表

项目	年龄/岁	性别	下		中下	中	中上		上
			3%	10%	25%	50%	75%	90%	97%
克托莱指数	18	男	285.6	300.1	314.1	333.2	350.6	368.2	387.6
	19		291.9	305.1	321.5	339.7	358.8	377.9	389.7
	20~25		295.8	311.0	326.0	344.1	362.9	381.3	402.7
	18~25	女	270.9	285.5	303.0	322.9	343.7	364.0	386.5
维尔维克指数	18	男	74.8	77.4	80.0	82.9	85.8	88.6	91.5
	19		76.2	78.5	81.0	84.0	87.0	89.6	93.2
	20~25		77.1	79.5	82.2	85.0	88.0	90.8	94.0
	18~25	女	73.1	75.7	78.4	81.5	85.5	88.7	92.5

四、皮褶厚度

(一) 测量的意义

皮褶厚度可反映体内脂肪分布的状况,对人体的体型和健康有重要的形态学和医学意义。过胖或过瘦都会给人的健康带来很大影响,现代社会的许多文明病如高血压、心血管疾病、肥胖症和营养不良症等,都与体内脂肪的含量和分布状态有密切关系。对人体各部位皮褶厚度进行测量,是了解人体体脂成分的一种简易方法。测量部位为上臂部、肩胛下角和腹部。

(二) 测量方法

测量仪器为皮褶厚度钳。被测者自然站立,被测部位充分裸露。测量人员用左手拇指、食指和中指将被测部位皮肤和皮下组织捏提起来,用皮褶厚度钳在提起点皮褶下方距手指1 cm处测量其厚度,共测量3次,取中间值或两次相同的值。读数以毫米为单位,精确到小数点后一位。

不同部位的测量方法如下:

(1) 上臂部皮褶厚度:测量左上臂后面肩峰和鹰嘴连线中点处与上肢长轴平行的皮褶,纵向测量(图12.5)。

(2) 肩胛下角皮褶厚度:测量左肩胛骨下角下方1 cm处,皮褶走向与脊柱呈45°角(图12.6)。

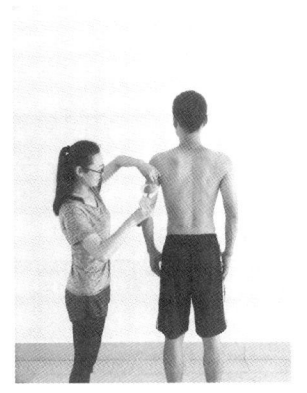
图12.5 上臂部皮褶厚度测量姿势和位置

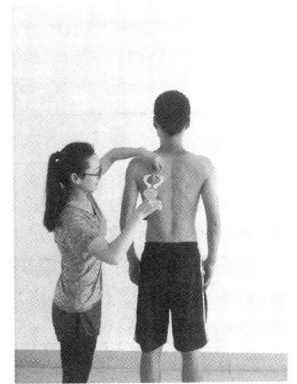
图12.6 肩胛下角皮褶厚度测量姿势和位置

(3) 腹部皮褶厚度:脐水平方向与左锁骨中线交界处(脐旁右侧1 cm处),纵向测量(图12.7)。

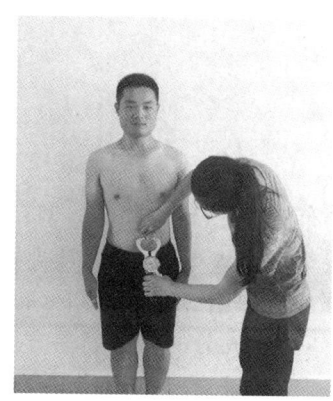

图 12.7 腹部皮褶厚度测量姿势和位置

(三)评价标准

皮褶厚度包括上臂部皮褶厚度、肩胛下角皮褶厚度和腹部皮褶厚度,其中上臂部皮褶厚度与肩胛下角皮褶厚度之和 X 是最简易的评定体脂的基本数据。

为了了解身体体脂成分,需要通过 X 进一步计算其他数据。

$$总脂肪量=体重\times 体脂(\%)$$
$$体脂(\%)=(4.570/体密度-4.142)\times 100$$
$$去脂体重(瘦体重)=体重-总脂肪量$$

X 的评定参考值见表 12.3。其中,19~22 岁男女上臂部皮褶厚度加上肩胛下角皮褶厚度的逻辑检验界值为 2~28 mm。

表 12.3 X 的评定参考值(mm)

性别	瘦	轻度肥胖	中度肥胖	重度肥胖
男	<15	35~44	45~54	≥55
女	<27	35~44	45~59	≥60

体密度计算表见表 12.4。

表 12.4 体密度计算表(kg/m³)

性别	年龄	
	15~18 岁	≥19 岁
男	$1.0977+0.00146X$	$1.0913-0.00116X$
女	$1.0931+0.00160X$	$1.0897-0.00133X$

人们进行体育锻炼,只能减少过多的体内脂肪,体内脂肪不是越少越好,而是需要一定的比例。如男性低于体重的 15%,女性低于体重的 25%,内分泌将会紊乱,造成抵抗力下降,易患疾病。体内脂肪不足也会导致营养不足,因为许多维生素,如维生素 A、D、K、E 及胡萝卜素等,都是通过脂肪溶解才能被人体吸收。

（四）注意事项

（1）被测者自然站立，肌肉放松，体重应平均落在两腿上。

（2）测量时要把皮肤与皮下组织一起捏提起来，但不能把肌肉捏提起来。

（3）测量过程中皮褶厚度计的长轴应与皮褶的长轴一致，以免组织张力增加而影响测量精确度。

（4）皮褶厚度计的位置要正确，测量过程中，卡钳的刻度盘和钳口压力应经常校正。测量前应将皮褶厚度计校准。

第二节 心肺健康功能的测量与评价

心肺系统是指在功能上有密切联系的循环系统和呼吸系统，其作用是把氧气和营养物质运输到组织，同时把代谢废物（如二氧化碳等）排出体外。运动生理学家认为，心肺功能适应能力是与健康密切相关的重要的生理指标之一。

一、安静脉搏

（一）测量的意义

脉搏是指心脏节律性地收缩、舒张，是由大动脉的压力变化而引起四肢血管扩张和收缩的一种搏动现象，也称心率，主要反映心脏和动脉的机能状态。

安静脉搏是相对安静状态下的脉搏频率，即单位时间内动脉管壁搏动的次数，可以用来检查心脏生长发育的程度。

（二）测量方法

用食指、中指和无名指的指端，摸住腕部支脉处，连续测 3 个 10 s。如果其中两次相同，并与另一次相差不超过 1 次时，即认为是安静状态的脉搏，然后换算成 1 min 的脉搏数。

一般人安静时脉搏约为 70 次/min（60～80 次/min）。我国 18～25 岁青年的脉搏，男性平均为 75.2 次/min，女性平均为 77.5 次/min。经常参加体育锻炼对心血管系统有良好的作用，可使脉搏低于 60 次/min。

测量脉搏也是运动训练时进行医务监督经常使用的一种有效反映心血管功能状况的手段。

二、血压

（一）测量的意义

血压是指心脏收缩时，血液流经动脉管腔内对血管壁产生的侧压力，是心室射血和外周阻力共同作用的结果。心率、心输出量、外周阻力和动脉弹性等因素都与血压变化有密切的关系。一般说来,收缩压主要反映心脏每搏输出量的大小,舒张压主要反映外周阻力大小,而脉压差反映动脉管壁的弹性。因此,血压的测量是检查和评价心血管系统功能的重要指标。血压过低或过高,都会对机体带来严重影响,如身体出现组织器官供血不足、缺氧、心脏负担加重等。严重威胁成年人健康的动脉粥样硬化、冠心病和脑出血等,都是高血压病的并发症。血压维持在正常范围内,对于保证全身各器官系统功能具有重要意义。因此,血压也是评价成年人体质状况和健康水平的一个重要指标。

血压包括收缩压和舒张压两个指标,单位为 kPa。它与毫米汞柱的换算关系是: 1 mmHg＝0.133 kPa。

(二) 测量方法

测量仪器为水银血压计、医用听诊器。测量前应检查其水银柱是否在 0 位,否则应予校正。观察水银柱有无气泡,如有气泡应排除。血压计应平放,袖带以覆盖被测者上臂长 1/2～2/3 为宜。

被测者坐在测量人员对面,右臂自然前伸,平放于桌面。要求血压计 0 位与被测者心脏和右臂袖带处于同一水平位(图 12.8)。捆扎袖带时,要求平整、松紧适度,肘窝部应充分暴露。摸准桡动脉的位置,使之位于听诊器听头中央;听诊器听头应与皮肤密切接触,但不能用力紧压或塞在袖带下。然后打气入带,使水银柱急速上升,直到听不到桡动脉搏动声时,再升高 2～3 kPa。随后缓缓放气,以听到收缩压后每次搏动下降 0.2～0.3 kPa 为宜。当第 1 次听到脉跳声时,水银柱高度即为收缩压。继续放气,脉跳声经过一系列变化的消逝瞬间,水银柱高度为舒张压。血压测量力求一次听准,否则要再次重新测量。

图 12.8　血压测量姿势

(三) 注意事项

(1) 测量前 1～2 h 内,被测者不得从事任何剧烈运动(包括体育活动)。

(2) 被测者静坐 10 min 以上,接受测量血压要求的讲解,消除精神紧张,保持情绪安定。

(3) 测量血压时,上臂不可受过紧衣袖压迫。

(4) 需重复测量血压值时,应使血压水银柱下降至 0 位后再进行。

(5) 血压复测时,必须令被测者再休息 10～15 min。对血压持续超出正常范围者,应提请内科医师注意。

1993年,世界卫生组织(WHO)高血压专家委员会确定的血压标准为:

正常血压:收缩压≤18.7 kPa(140 mmHg),舒张压≤12.0 kPa(90 mmHg);

临界高血压:收缩压18.8~21.2 kPa(141~159 mmHg),舒张压12.1~12.5 kPa(91~95 mmHg);

确诊高血压:收缩压≥21.3 kPa(160 mmHg),舒张压≥12.7 kPa(95 mmHg)。

三、肺活量

(一)测量的意义

肺活量的测量是指测量人体呼吸时的最大通气能力,它反映肺的容积和扩张能力,是人体生长发育水平和体质状况的一项常用机能指标。

(二)测量方法

测量仪器为电子肺活量计或桶式肺活量计。

使用电子肺活量计测量时,首先将肺活量计接上电源(可以用电池或外接电源),按下电源开关,肺活量计通电,待液晶显示器(LCD)闪烁"8888"数次后再显示0,表明肺活量计进入工作状态。测量时先将口嘴装在文氏管的进气端,被测者手握文氏管,保持导压软管在文式管上方位置,头部略后仰,尽力深吸气,直至再不能吸气为止(图12.9);然后将嘴对准口嘴,尽力深呼气,直到不能呼气为止(图12.10)。此时LCD上显示的值即为肺活量。测量两次,取最大值,读数以毫升(mL)为单位,不计小数。

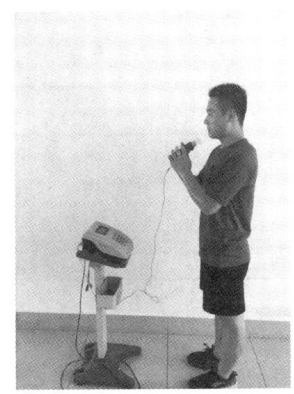
图12.9 肺活量测量的深吸气动作

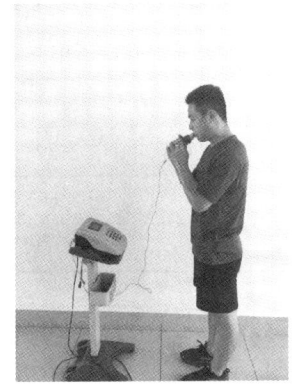
图12.10 肺活量测量的深呼气动作

各种肺活量计在每次使用前都必须进行检验,仪器误差不得超过3%。

(三)评价标准

采用指数法评价肺活量,即以相同年龄、性别、群体所测算出的平均值或中位数为基础,划分等级进行个体评价。采用下式表示每千克(kg)体重的肺活量,用以评价呼吸机能:

肺活量体重指数(mL/kg)=肺活量(mL)/体重(kg)

表12.5为我国大学生肺活量评分表。

表 12.5 男、女肺活量评分表(mL)

等级	单项得分	男性		女性	
		大一 大二	大三 大四	大一 大二	大三 大四
优秀	100	5040	5140	3400	3450
	95	4920	5020	3350	3400
	90	4800	4900	3300	3350
良好	85	4550	4650	3150	3200
	80	4300	4300	4400	3000
及格	78	4180	4280	2900	2950
	76	4060	4160	2800	2850
	74	3940	4040	2700	2750
	72	3820	3920	2600	2650
	70	3700	3800	2500	2550
	68	3580	3680	2400	2450
	66	3460	3560	2300	2350
	64	3340	3440	2200	2250
	62	3220	3320	2100	2150
	60	3100	3200	2000	2050
不及格	50	2940	3030	1960	2010
	40	2780	2860	1920	1970
	30	2620	2690	1880	1930
	20	2460	2520	1840	1890
	10	2300	2350	1800	1850

(四) 注意事项

(1) 测量前应向被测者讲解测量方法和动作要领,并做示范。被测者可做必要练习。

(2) 被测者吸气和呼气均应充分,呼气不可过猛,并防止从嘴与口嘴接触部位漏气,防止用鼻呼气。呼气时允许弯腰,但呼气开始后不得再吸气。测量人员应注意观察,防止因呼吸不充分、漏气或再吸气影响测量结果。

(3) 每次测量要准备50~100个口嘴和消毒药品,口嘴一用一消毒,避免交叉感染。

(4) 对个别始终不能掌握要领的被测者,要在记录数字旁注明,不予统计。

四、12 min 跑

12 min 跑是美国肯尼斯·库珀博士倡导的一项有氧代谢运动,是评价训练水平和体能的一项重要指标。由于 12 min 跑这项运动所花费的时间不长,运动量适宜,而且可以自我掌握,逐级要求,因此很快就被人们所接受。据说美国前总统克林顿、韩国前总统金泳三都对 12 min 跑情有独钟,坚持不懈。12 min 跑曾风靡一时,至今不衰。

12 min 跑测试对积极参与体育锻炼的大学生最合适。测试最好安排在温度适宜的季节,在 400 m 跑道进行,每隔 10 m 或 20 m 设一个标记。测试前被测者要做好充分准备,在跑的过程中要尽量快跑,如感到呼吸困难,应减慢速度,及时调整呼吸,但在开始和结束时,应避免全速跑和冲刺跑。

根据你的性别和最后所测的 12 min 跑的总距离,在表 12.6 中就可发现你的心肺适应能力和耐力水平处于哪一个等级,这是制定运动处方的可靠依据。

表 12.6 30 岁以下人员 12 min 跑体力测评表(m)

性别	体力划分				
	极差	差	稍差	良好	非常好
男	1600	1600~1999	2000~2399	2400~2799	≥2800
女	1500	1500~1799	1800~2199	2200~2599	≥2600

五、800 m 跑(女)/1000 m 跑(男)

(一)测试目的
测试学生耐力素质的发展水平,特别是心血管呼吸系统的机能及肌肉耐力。

(二)场地器材
400 m、300 m、200 m 田径场跑道,地质不限。也可使用其他不规则场地,但必须丈量准确,地面平坦。秒表若干块,使用前需要校正,要求同 50 m 跑测试。

(三)测试方法
受试者至少两人一组进行测试,站立式起跑。当听到"跑"的口令后开始起跑。计时员看到旗动开表计时,当受试者的躯干部到达终点线垂直面时停表。以分、秒为单位记录测试成绩,不计小数。

(四)测试标准
800 m/1000 m 评分标准如表 12.7 所示。

表 12.7　800 m/1000 m 评分标准

等级	单项得分	男生(1000 m)		女生(800 m)	
		大一、大二	大三、大四	大一、大二	大三、大四
优秀	100	3′17″	3′15″	3′18″	3′16″
	95	3′22″	3′20″	3′24″	3′22″
	90	3′27″	3′25″	3′30″	3′28″
良好	85	3′34″	3′32″	3′37″	3′35″
	80	3′42″	3′40″	3′44″	3′42″
及格	78	3′47″	3′45″	3′49″	3′47″
	76	3′52″	3′50″	3′54″	3′52″
	74	3′57″	3′55″	3′59″	3′57″
	72	4′02″	4′00″	4′04″	4′02″
	70	4′07″	4′05″	4′09″	4′07″
	68	4′12″	4′10″	4′14″	4′12″
	66	4′17″	4′15″	4′19″	4′17″
	64	4′22″	4′20″	4′24″	4′22″
	62	4′27″	4′25″	4′29″	4′27″
	60	4′32″	4′30″	4′34″	4′32″
不及格	50	4′52″	4′50″	4′44″	4′42″
	40	5′12″	5′10″	4′54″	4′52″
	30	5′32″	5′30″	5′04″	5′02″
	20	5′52″	5′50″	5′14″	5′12″
	10	6′12″	6′10″	5′24″	5′22″

第三节　肌肉功能的测量与评价

骨骼是构成人体的支架,关节使各部位骨骼联系起来,而最终要由肌肉的收缩和放松来实现人体的各种运动。可见,肌肉的主要功能是收缩,它是人体实现各种运动和身体活动的动力。健壮的肌肉是健康的重要标志,同时又是取得优秀运动成绩和锻炼效果的基础。

一、握力

测量握力主要评价被测肌肉静力时的耐力状况,反映前臂及手部肌肉的力量。

(一)测量方法

测量仪器为电子握力计或弹簧式握力计。

将握力计指针调至 0 位,被测者手持握力计,转动握距调节钮,使食指第 2 关节屈成近 90°的距离。测量时,被测者两脚自然分开(约 1 脚距离),身体直立,两臂自然下垂,用有力手以最大力紧握上下两个把柄(图 12.11)。测量两次,取最大值,数据以牛顿(N)为单位,不记小数。

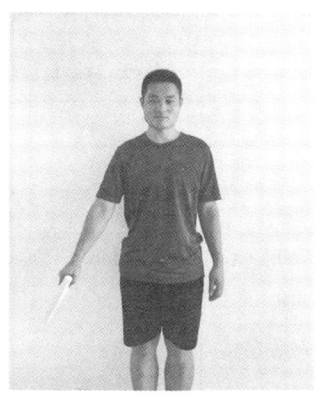

图 12.11 握力测量姿势

(二)评价标准

握力测量评价参考标准见表 12.8。其中,1 N=1.10197 kg。

表 12.8 握力测量评价参考标准(N)

性别	年龄(岁)	1分	2分	3分	4分	5分
男	18~20	310~360	361~410	411~485	486~539	≥540
	21~25	310~360	361~410	411~485	486~539	≥540
女	18~20	170~199	200~249	250~299	300~339	≥340
	21~25	165~199	200~249	250~299	300~349	≥350

(三)注意事项

(1)持握力计要手心向内,握力计指针朝外。
(2)用力时禁止摆臂或接触身体。
(3)如果被测者分不出哪只手有力,可两手各测两次,取最大值。

二、立定跳远

立定跳远是发展下肢和腰腹力量、协调性及跳跃能力的项目之一。

(一)测量方法

场地器材包括沙坑和丈量尺。沙面应与地面平齐,如无沙坑,可在土质松软的平地上进行。起跳线至沙坑近端不得少于 30 cm。起跳地面要平坦,不得有坑凹。

受试者两脚自然分开站立,站在起跳线后,脚尖不得踩线(最好用线绳作起跳线)。两脚原地同时起跳,不得有垫步或连跳动作。丈量起跳线后缘至最近着地点后沿垂直距离。每人试跳三次,记录其中最好成绩。以厘米为单位,不计小数。

(二)评价标准

我国大学生立定跳远评分表见表 12.9。

表 12.9 立定跳远评分表(cm)

等级	单项得分	男生		女生	
		大一、大二	大三、大四	大一、大二	大三、大四
优秀	100	273	275	207	208
	95	268	270	201	202
	90	263	265	195	196
良好	85	256	258	188	189
	80	248	250	181	182
及格	78	244	246	178	179
	76	240	242	175	176
	74	236	238	172	173
	72	232	234	169	170
	70	228	230	166	167
	68	224	226	163	164
	66	220	222	160	161
	64	216	218	157	158
	62	212	214	154	155
	60	208	210	151	152
不及格	50	203	205	146	147
	40	198	200	141	142
	30	193	195	136	137
	20	188	190	131	132
	10	183	185	126	127

(三)注意事项

(1) 被测者两脚自然开立,脚尖不得踩线。

(2) 两脚原地同时起跳,不得有垫步或连续起跳动作。

(3) 丈量起跳线后沿至最近着地点后沿的垂直距离。每人跳 3 次,记录其中最好的一次成绩。若测量时犯规,则成绩无效。

(4) 可以赤脚跳,但不得穿皮鞋、塑料鞋和钉鞋跳。

三、1 min 仰卧起坐(女)

仰卧起坐主要是发展腹部肌肉力量的方法之一。

(一)测量方法

受试者仰卧于垫上,两腿稍分开,屈膝呈 90°角左右,两手指交叉贴于脑后。另一同伴压住其踝关节,固定下肢。受试者坐起时两肘触及或超过双膝为完成一次。仰卧时两肩胛必须触垫。测试人员发出"开始"口令的同时开表计时,记录 1 min 内完成次数。1 min 到时,受试者虽已坐起但肘关节未达到双膝者不计该次数,精确到个位。

(二)评价标准

我国大学生 1 min 仰卧起坐评价参考标准见表 12.10。

表 12.10　1min 仰卧起坐评价参考标准(女、次)

等级	单项得分	大一、大二	大三、大四
优秀	100	56	57
	95	54	55
	90	52	53
良好	85	49	50
	80	46	47
及格	78	44	45
	76	42	43
	74	40	41
	72	38	39
	70	36	37
	68	34	35
	66	32	33
	64	30	31
	62	28	29
	60	26	27
不及格	50	24	25
	40	22	23
	30	20	21
	20	18	19
	10	16	17

(三) 注意事项

(1) 在起身阶段应避免对颈部产生过大的压力,也就是说,应该腹肌用力而不是颈部用力。

(2) 在恢复原位时应避免头后部敲击地面。

(3) 禁止使用肘部撑垫或者臀部上挺和下落的力量起坐,到1min时虽然坐起,但两肘还未触及或超过两膝时,不计该次数。

四、引体向上(男)

(一) 测试目的

测试学生上肢肌肉力量的发展水平。

(二) 场地器材

高单杠或高横杠,杠粗以手能握住为准。

(三) 测试方法

受试者跳起双手正握杠,两手与肩同宽成直臂悬垂。静止后,两臂同时用力引体(身体不能有附加动作),上拉到下颌超过横杠上缘,之后下落至手臂伸直,为完成一次。记录引体次数。

(四) 我国大学生引体向上测试标准(表12.11)

表12.11 引体向上评价参考标准(男、次)

等级	单项得分	大一、大二	大三、大四
优秀	100	19	20
	95	18	19
	90	17	18
良好	85	16	17
	80	15	16
及格	78		
	76	14	15
	74		
	72	13	14
	70		
	68	12	13
	66		
	64	11	12
	62		
	60	10	11

续表

等级	单项得分	大一、大二	大三、大四
不及格	50	9	10
	40	8	9
	30	7	8
	20	6	7
	10	5	6

（五）注意事项

（1）受试者应双手正握单杠，待身体静止后开始测试。

（2）引体向上时，身体不得做大的摆动，也不得借助其他附加动作撑起。

（3）两次引体向上的间隔时间超过 10 s 停止测试。

第四节　柔韧性与平衡能力的测量与评价

一、柔韧性的测量与评价

人体的柔韧性越好，表示其关节的活动幅度越大，关节灵活性越强。运动员为了完成复杂的动作和提高运动成绩，需要很好的柔韧性，我们每个人为了满足日常生活的需要，也应具有一定水平的柔韧性。

（一）躯干柔韧性测量与评价

坐位体前屈测试主要是评价在静止状态下的躯干、腰、髋等关节可能达到的活动幅度，主要反映这些部位的关节、韧带和肌肉的伸展性和弹性。

（1）测量方法：受试者两腿伸直，两脚平蹬测试纵板坐在平地上，两脚分开约 10～15 cm，上体前屈，两臂伸直前，用两手中指指尖逐渐向前推动游标，直到不能前推为止。测试计的脚蹬纵板内沿平面为 0 点，向内为负值，向前为正值。记录以厘米为单位，保留一位小数。测试两次，取最好成绩。

（2）我国大学生坐位体前屈测量评价参考标准见表 12.12。

表 12.12　坐位体前屈测量评价参考标准(cm)

等级	单项得分	男生		女生	
		大一、大二	大三、大四	大一、大二	大三、大四
优秀	100	24.9	25.1	25.8	26.3
	95	23.1	23.3	24.0	24.4
	90	21.3	21.5	22.2	22.4
良好	85	19.5	19.9	20.6	21.0
	80	17.7	18.2	19.0	19.5
及格	78	16.3	16.8	17.7	18.2
	76	14.9	15.4	16.4	16.9
	74	13.5	14.0	15.1	15.6
	72	12.1	12.6	13.8	14.3
	70	10.7	11.2	12.5	13.0
	68	9.3	9.8	11.2	11.7
	66	7.9	8.4	9.9	10.4
	64	6.5	7.0	8.6	9.1
	62	5.1	5.6	7.3	7.8
	60	3.7	4.2	6.0	6.5
不及格	50	2.7	3.2	5.2	5.7
	40	1.7	2.2	4.4	4.9
	30	0.7	1.2	3.6	4.1
	20	−0.3	0.2	2.8	3.3
	10	−1.3	−0.8	2.0	2.5

(3) 注意事项

① 被测者测试前应做短时间的牵拉练习。为了减少受伤,应避免在测量中快速运动。

② 应有一个同伴帮助被测者保持腿伸直和记录得分。

③ 完成测量后,确定其柔韧性等级,负值表明不能摸到自己的脚趾,正值表示手指可超过脚趾。

(二) 肩部柔韧性测量与评价

(1) 测量方法:站直后,举起右手,前臂向体后下方弯曲,并尽量向下伸展,同时,用左手在体后去触及右手,尽可能使两手手指重叠。完成右手在上的测量后,以相反的方法进行测量(即左手在上)。一般是一侧的柔韧性要好于另一侧。两手手指所重叠的距离就是肩部柔韧性测量的得分(单位为 cm)。测量手指重叠的距离应取近似值,比如,某一重叠距离为 1.9 cm,应记为 2.5 cm;如果两手手指不能重叠,得分应记为 −2.5 cm;如果两手手指刚好碰到,得分应记为0。

(2) 评价标准:肩关节柔韧性测量评价参考标准见表12.13。

表12.13 肩关节柔韧性测量评价参考标准(cm)

测量位置	1分	2分	3分	4分	5分
右手在上	0	+2.5	+5.0	+7.5	+10.0
左手在上	0	+2.5	+5.0	+7.5	+10.0

(3) 注意事项

①在肩关节柔韧性测量前,被测者应有一个短时间的牵拉练习作为热身活动,以防受伤。

②应避免在测量中快速移动。

小贴士

静力性伸展练习的三个要素:
1. 在体温升高的条件下再进行练习;
2. 练习时应充分拉伸肌肉;
3. 肌肉处于酸、胀的状态下静止保持一段时间。

二、平衡能力测量与评价

平衡是指当运动或静止站立时保持身体稳定性的能力。其功能主要是调节人体行动的能力,它与人的神经系统的发展密切相关。在人的生长发育期进行平衡练习,容易提高人体行动的平衡能力。平衡能力也可以用于评价位置感觉、视觉和身体感觉之间的协调能力。

(1) 测量方法:被测者双手叉腰,两腿并拢直立,脚尖向前,双腿紧闭。当听到口令时,用优势腿作为支撑腿,单腿站立在平地上,另一腿屈膝,提起左足(或右足),并向后跷起(或向前举起),使足离开地面(图12.12)。计时从离地腿离地开始,至离地腿落地或支撑腿移动等停表,计算闭眼单足站立的时间。数据以秒为单位,不计小数。测量两次,以最好成绩为准。"停表"标准为:身体有较大的倾倒;离地腿落地或支撑腿移位。

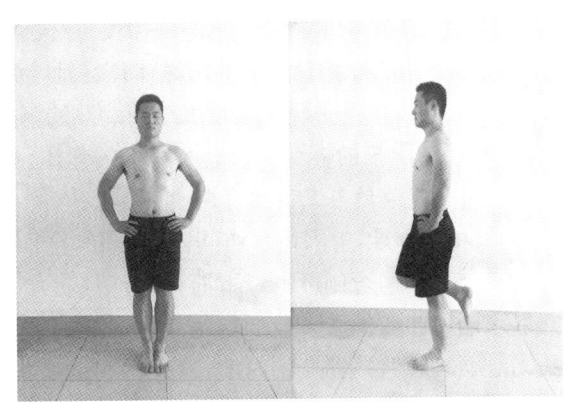

图12.12 闭眼单腿站立动作

(2)评价标准:闭眼单腿站立评价标准见表12.14。

表 12.14　闭眼单脚站立评价标准(s)

性别	年龄/岁	优	良	中	下	差
男	18	≥153	109~152	66~108	25~65	≤24
	≤19	≥158	113~157	68~112	26~67	≤25
女	18	≥132	94~131	56~93	20~55	≤19
	≤19	≥139	99~138	59~98	21~58	≤20

(3)注意事项

①场上要有人保护,尤其对患有高血压、美尼尔氏综合征及平时有眩晕现象的病人,要慎重对待。

②支撑腿移动、抬起的腿着地或与支撑腿接触、支撑腿屈膝等均为犯规。出现以上情况时,停止计时,该次测量结束。

③整个测量过程中,被测者不能睁开眼睛。

第五节　国家学生体质健康标准

一、我国学生体质健康评价制度的发展变化

中华人民共和国成立60多年来,党和国家一直非常关心和重视广大学生的身体健康,从中华人民共和国成立初期的《劳卫制》《国家学生体育锻炼标准》《大学生体育合格标准》《中学体育合格标准》《小学生体育合格标准》和初中毕业升学体育考试办法等一系列制度,到2002年在全国建立了国家学生体质健康信息数据中心,开始试行《学生体质健康标准》,2007年5月7日,中共中央、国务院印发了《关于加强青少年体育增强青少年体质的意见》,大力开展全国亿万青少年学生阳光体育运动,实施《国家学生体质健康标准》(以下简称《标准》),2013年,教育部又组织专家对《标准》的测试内容和测试标准进行了修订,对于增强学生体质、促进学校的体育工作具有积极的作用。

1.《准备劳动与卫国体育制度》

1950年8月,中国体育访问团赴苏联,全面考察和学习了苏联体育的经验,引进了《准备劳动与卫国体育制度》(以下简称《劳卫制》)。《劳卫制》的诞生开创了中华人民共和国成立以来国民体质健康事业的新纪元,也开创了学生体质健康工作的先河。1951~1963年是我国全面实施《劳卫制》的时期,这一时期也是我国国民经济的恢复时期,建设任务繁重,财政经济困难,同时又面临着"抗美援朝,保家卫国"和3年困难时期,广大学生的营养状况不良,体质健康状况很差。学生的体质和健康水平的下降与我国3年困难时期和国家的财政

困难是分不开的。经济落后、学校卫生条件差、营养不良直接导致学生体质健康水平的下降。1951年8月6日,中央人民政府政务院在《关于改善各级学校学生健康状况的决定》中指出:"增进学生身体健康,乃是保证学生完成学习任务,并培养出有强健体魄的现代青年的重大任务之一。各级人民政府、教育行政部门及各级学校教职员必须严肃注意这一问题,立即纠正忽视学生健康的思想和对学生健康不负责任的态度,切实改善各级学校的学生健康状况。"国家体委和教育部1958年10月在徐州联合召开会议,提出"四红"和"双红"标准,要求在年底完成。这种急于求成、强迫命令、违反客观规律的指导思想,导致学校群体活动步入了歧途。一时间,学校中大搞"四红""双红"运动,突击锻炼,体育课被占用,《劳卫制》项目反复测验,白天不合格,挑灯夜战进行复测,突击达标。1958年以后,由于受"大跃进"浮夸风、形式主义和连续3年困难时期的影响,《劳卫制》的健康推行受到影响,严重地挫伤了学生锻炼的积极性,使蓬勃兴起的群众体育活动受到冲击和挫折。虽然,《劳卫制》的实施经历了坎坷与挫折,但它仍然像一盏明灯指引着提高国民体质健康的方向。《劳卫制》在特定的历史条件下,为改善和提高国民的体质健康状况作出不可磨灭的巨大贡献。

2.《国家体育锻炼标准》

"文化大革命"结束后,体育在学校教育中的地位和作用被重新确立。1975年5月,经国务院批准,国家体委公布《国家体育锻炼标准条例》,要求在学校中广泛实施。该标准历经多次修改一直沿用至今。1978年,党的第十一届三中全会作出了把工作中心转移到社会主义现代化建设上来和实行改革开放的战略决策,学校的体育卫生工作也走上了健康发展的道路。这一时期,我国国民经济和各项事业都进入了良性发展的轨道。国民经济的快速增长使人民群众的生活水平得到了稳步的改善与提高。科学技术转化为生产力,使人们从事体力劳动的机会大大减少,电视机、VCD、计算机等的普及又使学生原本不多的暇余时间被静止的活动所占用,直接导致了身体运动的减少、体质健康水平的下降,"文明病"滋生、发展和蔓延。生活水平提高与生活质量下降的矛盾成为我国国民体质健康亟须解决的主要问题。

3.《国家学生体质健康标准》

"学校教育要树立健康第一的指导思想,切实加强体育工作"明确了学校体育工作的方向。进入21世纪,我国的综合国力有了极大的提高,人民的生活水平发生了翻天覆地的变化,但也给人类的健康带来了新的威胁。由于学习生活压力、营养过剩、运动不足,以及环境污染等因素所引发的非传染性疾病在全球不断蔓延,导致处于"亚健康状态"的人群不断扩大。同时我国青少年体质连续20余年下滑的现状引起了国家的重视。

2002年,为贯彻落实健康第一的指导思想,切实加强体育工作,促进学生积极参加体育锻炼,养成良好的锻炼习惯,提高学生体质健康水平,制定了《学生体质健康标准》,2004年更名为《国家学生体质健康标准》(以下简称为《标准》)。

二、研制《标准》的基本思路

《标准》的贯彻实施强调的是促进学生身体的正常生长和发育,促进形态机能的全面协调发展,促进身体健康素质的全面提高和激励学生主动自觉地参加经常性的体育锻炼。在

研制过程中,主要遵循以下几条基本原则:

(1) 有利于促进学生、家长乃至全社会对健康概念的重新认识,建立符合现代社会发展趋势的体质健康的新理念,认识到身体成分、身体形态、身体机能、身体素质和运动能力是影响人体健康水平的重要因素。

(2) 有利于目的明确地帮助和督促学生实现健康目标。

(3) 有利于引导学生选择简单易行、实效性强的项目进行锻炼,并促进学生运动技能水平的提高。

(4) 有利于科学、综合地评价学生个体的体质健康状况,对每一名学生的体质健康状况进行监控和及时反馈,激发学生自觉参加体育锻炼,培养终身追求健康生活方式的行为和习惯。

(5) 有利于减轻学生的负担。

(6) 有利于促进学校在"健康第一"的思想指导下将体育课程与《标准》既各有侧重,又相互配合,促进体育课程内容的改革,激励学生主动上好体育课,积极参与体育锻炼,全面实现体育与健康课程的目标。

(7) 有利于教育行政部门和学校的管理。

三、《标准》的要求

(1) 每个学生每学年评定一次并记入《〈国家学生体质健康标准〉登记卡》。学生毕业时的成绩和等级按毕业当年学年总和的50%与其他学年总分平均得分的50%之和进行评定。

(2)《标准》的评定等级:90.0分及以上为优秀,80.0～89.9分为良好,60.0～79.9分为及格,59.9分及以下为不及格。

(3) 学生测试成绩评定达到良好及以上者,方可参加评优及评奖;成绩达到优秀者,方可获体育奖学分。测试成绩评定不及格者,在本学年度准予补测一次,补测仍不及格,则学年成绩评定为不及格。普通高中、中等职业学校和普通高等学校学生毕业时,《标准》成绩达不到50分者按结业或肄业处理。

(4) 学生因病或残疾经医疗单位证明,体育教学部门核准,可暂缓或免予执行《标准》。

四、实施《标准》的重要意义

(1) 贯彻落实《中华人民共和国体育法》。《标准》是经国务院批准实施的我国重要的体育制度,《中华人民共和国体育法》明确规定:学校必须实施国家体育锻炼标准,对学生在校期间每天用于体育活动的时间给予保证。《标准》的实施不仅会促进学生积极锻炼,纠正和改变目前学生体质健康状况出现的突出问题,促进学生拥有健康的体魄和健全的人格,而且还是依法办学、依法执教的重要内容。

(2) 贯彻落实"健康第一"的指导思想和全国学校体育工作会议的精神。《标准》是学生体质健康的个体评价标准和学生是否能够毕业的基本条件之一,是激励学生积极参与体育锻炼、促进学生体质健康发展的一种教育手段,引导广大青少年学生努力拥有健康体魄和健康人格,将"健康第一"的指导思想落实到实处,充分发挥学校体育在素质教育中的作用。教育部、国家体育总局在《关于进一步加强学校体育工作,切实提高学生健康素质的意见》中明确提出:"全面实施《标准》。建立新生入学体质健康测试制度,高等学校、普通高中和中等职业学校要组织新生进行《标准》的测试,并将结果反馈给地方和下一级学校。"

(3) 满足社会发展对人体健康的需要。关爱生命、追求健康是现代人渴望的目标。实施《标准》对于唤起学生的健康意识、改变学生不良的生活习惯和生活方式、促进学生健康的成长,必将起到积极作用。《标准》采用的是个体评价标准,针对身体形态、身体机能、身体素质和运动能力设置了专门的测评项目,项目简便利于执行,锻炼身体实效性较强,能够帮助学生发现自身的不足和个体差异,并通过评价体系的反馈促进学生积极参加体育锻炼,使学校体育在促进国民健康素质方面起到积极作用。

(4) 发展和完善学生体质健康评价体系。评价实质上就是一种测定目标达到程度的过程。当前我国学校教育正在贯彻落实"健康第一"的指导思想,学校体育教学正在从"技能教学"向全面发展学生身心健康素质的教学方向转化,《标准》的评价就是要与体育教学目标保持一致,使评价有利于转变传统的体育教学思想、教学内容和教学手段,并起到积极的导向作用。评价既是学生形成正确的体育意识和态度、实现"健康第一"教学目标的积极因素,又是产生心理压力、胆怯、退缩或放弃体育教育的消极因素。因此,《标准》按照"健康第一"的指导思想并结合我国的国情,制定出科学的、切实可行的、操作性强的评价方法和指标体系,将评价所产生的消极因素尽量减小到最低,旨在培养学生形成终身追求健康的意识,促进学生形成正确的行为习惯和健康的生活方式。

学生体质健康评价是学校体育工作中的重要环节,也是学校教育评价体系中的重要组成部分。正确合理地对学生进行体质健康评价,对于促进学校体育和教育工作有着重要的意义。《标准》的实施对我国深化学校体育改革、完善体质健康评价体系、促进全体学生综合素质的提高,具有深刻影响和深远的历史意义。

小贴士

测试和评价的理念和内容:

1. 测试和评价的结果是自己的事,不要与其他同学比,应着眼于自己的进步和提高。

2. 测试和评价的结果是可信的,它可作为你设定锻炼目标的依据和自我评价的基点。

3. 测试和评价将涉及身体形态和身体成分,心肺耐力、肌肉的力量和耐力,柔韧性、速度、爆发力、协调性、灵敏性,以及综合运动能力等多项内容。

4. 测试和评价所涉及的这四个方面都与你终身健康有一定的联系,而每一项测试内容又都反映了你身体健康素质的一个或多个因素。

思考题：

1. 身心健康指标测量与评价的主要内容有哪些？
2. 什么叫体重身高胸围指数？如何用此指数的评价方法（公式）进行自我检测并查表评定等级？
3. 实施《国家学生体质健康标准》的意义是什么？

智永红、金凯、沈辉

参考文献

1. 王垒译.心理学与生活[M].北京:人民邮电出版社,2014.11
2. 俞国良,陈虹,全国中小学心理健康教育课题组.中学心理健康教育教师指导手册(上、下)[M].北京:开明出版社,2002.3
3. 俞国良.心理健康教育(教师用书)[M].北京:高等教育出版社,2005.1
4. 赵在九,等.北京奥运宝典[M].北京:民族出版社,2007.4
5. (英)戴维·米勒,等著.从雅典到北京[M].王承敏,等译.哈尔滨:哈尔滨出版社,2008.4
6. 李涛.宙斯的奥运笔记[M].北京:新华出版社,2008.2
7. 顾刚臣,等,奥运知识1000问[M].北京:北京体育大学出版社,1994.3
8. 吴霓,等,奥运会大观[M].北京:海洋出版社,1989.1
9. 蔡晓波,等.大学体育理论教程[M].南京:东南大学出版社,2001.9
10. 陈智勇,等.现代大学体育教程[M].北京:北京体育大学出版社,2006.6
11. 陈立国,王文成.大学体育(理论)[M].北京:高等教育出版社,2012.8
12. 孙麒麟,顾圣益.体育与健康教程[M].北京:高等教育出版社,2013.7
13. 徐本力.对负荷量、负荷强度和总负荷的概念、结构体系及科学调控中几个问题的再认识[J].体育科研,2004(6):29-32.
14. 缪伯平.谈谈体育运动中新项目图书资料的分类[J].新世纪图书馆,2010(4):26-28.
15. 宋彩珍,万义,白晋湘.我国少数民族传统体育项目分类研究[J].体育文化导刊,2010(10):117-120.
16. 陈亮.现代运动训练原则的演变[J].体育文化导刊,2011(6):69-73.
17. 贠卫祺.谈体育锻炼的原则[J].中国校外教育,2014(2):135.
18. 邓树勋,王健,乔德才,等.运动生理学[M].北京:高等教育出版社,2015.11
19. 田麦久.运动训练学[M].北京:高等教育出版社,2006.7
20. 刘晔,郑晓鸿.体能训练基本理论与实用方法[M].北京:北京体育大学出版社,2011.9
21. 杨世勇.体能训练[M].北京:高等教育出版社,2013.6
22. 田麦久,刘大庆.运动训练学[M].北京:人民体育出版社,2012.8
23. 杨世勇.体能训练学[M].成都:四川科学技术出版社,2010.12
24. 文烨.大学体育理论与基础[M].北京:高等教育出版社,2013.11
25. 毛振明.现代大学体育[M].北京:教育科学出版社,2015.7
26. 杨静宜,徐峻华.运动处方[M].北京:高等教育出版社,2008.3

27. 杨文轩.当代大学体育[M].北京:人民出版社,2005.8
28. 孙麒麟.大学生体育与健康[M].上海:上海交通大学出版社,2008.4
29. 《大学体育与健康教程》编委会.大学体育与健康教程[M].北京:人民出版社,2006.8
30. 《国家学生体质健康标准解读》编委会.国家学生体质健康标准解读[M].北京:人民教育出版社,2007.4
31. 姚鸿恩.体育保健学[M].北京:高等教育出版社,2006.8
32. 郎朝春.健康体适能与运动处方[M].北京:北京理工大学出版社,2013.11
33. 张钧,张蕴琨.运动营养学[M].2版.北京:高等教育出版社,2010.9
34. (美)丹·贝纳多特,著.高级运动营养学(Advanced Sports Nutrition)[M].安江红,译.北京:人民教育出版社,2011.10
35. 曹建民.体能与营养恢复[M].北京:北京体育大学出版社,2010.6
36. 王琳.体育保健学理论与实践[M].北京:高等教育出版社,2013.8
37. 湛先余,奥运之谜[M].武汉:湖北人民出版社,2008.2
38. 谷岱峰.保健按摩[M].北京:北京联合出版公司,2016.8
39. 阎海,马凤阁.中国传统健身术[M].北京:人民体育出版社,1990.9
40. 石爱桥.中华养生精粹[M].武汉:湖北人民出版社,2005.10
41. 高等学校新世纪体育教材编写委员会.中国传统养生[M].北京:高等教育出版社,2006.1
42. 邱丕相.中国传统体育养生学[M].北京:人民体育出版社,2007.3
43. 宋书功.养生导引秘籍[M].北京:中医古籍出版社,2010.7
44. 王光.民族传统体育养生[M].上海:上海大学出版社,2006.8
45. (英)保罗·肯尼迪.大国的兴衰(上、下)[M].王保存,等译.北京:中信出版社,2014.8
46. 李春木,段斌.中外高等院校体育教育比较研究[J].体育文化导刊,2015(11):163-167.
47. 中国儿童青少年营养与健康报告2016[R].北京,2016.5
48. 中共中央国务院关于加强青少年体育增强青少年体质的意见.中发〔2007〕7号
49. 国家中长期教育改革和发展规划纲要(2010—2020年).中发〔2010〕12号
50. 关于进一步加强学校体育工作的若干意见.国办发〔2012〕53号
51. 关于强化学校体育促进学生身心健康全面发展的意见.国办发〔2016〕27号
52. 国务院关于印发全民健身计划(2016—2020年)的通知.国发〔2016〕37号